Adobe Illustrator

SÉRIE INFORMÁTICA

Dados Internacionais de Catalogação na Publicação (CIP)
(Claudia Santos Costa – CRB 8ª/9050)

Andrade, Marcos Serafim de
Adobe Illustrator / Marcos Serafim de Andrade. – 3. ed. – São Paulo : Editora Senac São Paulo, 2025. – (Série Informática).

ISBN 978-85-396-5509-0 (impresso/2025)
e-ISBN 978-85-396-5510-6 (ePub/2025)
e-ISBN 978-85-396-5511-3 (PDF/2025)

1. Adobe Illustrator (Programa de computador). 2. Computação gráfica. I. Título. II. Série.

25-2448c CDD – 006.68
BISAC COM012000

Índice para catálogo sistemático:

1. Adobe Illustrator : Programas : Computação gráfica 006.68

Adobe Illustrator

Marcos Serafim de Andrade

3ª edição

Editora Senac São Paulo – São Paulo – 2025

Gerente/Publisher: Luís Américo Tousi Botelho
Coordenação Editorial: Verônica Marques Pirani
Prospecção: Andreza Fernandes dos Passos de Paula, Dolores Crisci Manzano, Paloma Marques Santos
Administrativo: Marina P. Alves
Comercial: Aldair Novais Pereira
Comunicação e Eventos: Tania Mayumi Doyama Natal

Revisão de Texto: Marcelo Nardeli, Alexandre Napoli
Coordenação de Arte, Projeto Gráfico e Capa: Antonio Carlos De Angelis
Editoração Eletrônica: Marcos Serafim de Andrade, Manuela Ribeiro
Impressão e Acabamento: Gráfica CS

Editora Senac São Paulo
Av. Engenheiro Eusébio Stevaux, 823 – Prédio Editora
Jurubatuba – CEP 04696-000 – São Paulo – SP
Tel. (11) 2187-4450
editora@sp.senac.br
https://www.editorasenacsp.com.br

Sumário

Apresentação

O que é a Série Informática?

A Série Informática foi criada para que você aprenda informática sozinho, sem professor! Com ela, é possível estudar os softwares mais utilizados no mercado sem dificuldade. O texto de cada volume é complementado por arquivos eletrônicos disponibilizados pela Editora Senac São Paulo.

Para utilizar o material da Série Informática, é necessário ter em mãos o livro, um equipamento que atenda às configurações necessárias e o software a ser estudado.

Neste volume, estruturado com base em atividades que lhe permitem estudar o software passo a passo, são apresentadas informações básicas para a operação do Adobe Illustrator com as atualizações lançadas até fevereiro de 2025.* Para isso, você deverá ler com atenção e seguir corretamente todas as instruções. Se encontrar algum problema durante uma atividade, volte ao início e recomece; isso vai ajudá-lo a esclarecer dúvidas e superar dificuldades.

Estrutura do livro

Este livro está dividido em capítulos que contêm uma série de atividades práticas e informações teóricas sobre o software.

Para obter o melhor rendimento possível em seu estudo, evitando dúvidas ou erros, é importante que você:

- Leia com atenção todos os itens do livro, pois sempre encontrará informações úteis para a execução das atividades.
- Conheça e respeite o significado dos símbolos colocados na margem esquerda de determinados parágrafos do texto, pois eles servem para orientar seu trabalho.
- Faça apenas o que estiver indicado no item e só execute uma sequência após ter lido a respectiva instrução.

Utilizando o material da Série Informática

É muito simples utilizar o material da Série Informática: inicie sempre pelo Capítulo 1, leia atentamente as instruções e execute, passo a passo, os procedimentos indicados no texto.

Para a execução das atividades dos capítulos, disponibilizamos os arquivos em nosso site compactados no arquivo chamado *arquivos_trabalho*.

* Em razão do dinamismo das atualizações dos softwares da Adobe, realizadas por meio do aplicativo Creative Cloud, novas modificações já poderão ter ocorrido no programa no momento em que este livro chegar ao leitor. Para acompanhar as novidades, acesse a página da Adobe com o resumo das atualizações mais recentes do Illustrator: https://helpx.adobe.com/br/illustrator/using/whats-new.html. (N. E)

Atividades

Para obter e utilizar os arquivos das atividades, execute os passos a seguir:

1. Faça o download do arquivo *arquivos_trabalho* no endereço:
   www.editorasenacsp.com.br/informatica/illustrator2025/arquivos_trabalho.zip
2. Após o download, crie uma pasta em sua área de trabalho (ou local de sua preferência) com o nome *Arquivos livro AI*.
3. Mova para a pasta *Arquivos livro AI* o arquivo baixado.
4. Em seguida, descompacte o arquivo. Nesse momento, será exibida a pasta *Arquivos de trabalho*. Essa pasta será referenciada sempre que houver a necessidade de abrir um arquivo.

Atividades prontas

Além dos arquivos para execução das atividades, também estão disponíveis os arquivos finalizados para que você possa fazer comparações ou tirar dúvidas, caso seja necessário. Para isso, execute os passos a seguir:

1. Faça o download do arquivo *arquivos_prontos* no endereço:
   www.editorasenacsp.com.br/informatica/illustrator2025/arquivos_prontos.zip
2. Mova para a pasta *Arquivos livro AI* o arquivo baixado.
3. Em seguida, descompacte o arquivo. Na sequência, será exibida a pasta *Arquivos prontos*.

Seus trabalhos

Para salvar seus trabalhos, crie uma subpasta dentro da pasta *Arquivos livro AI* com o nome *Minhas ilustrações*. Sempre que for pedido para gravar o arquivo de uma atividade, salve-o nessa pasta.

Agora que você já sabe como utilizar este material, dê início ao estudo do Adobe Illustrator partindo do Capítulo 1. E não se esqueça: leia com muita atenção e siga todos os passos para obter o melhor rendimento em seu aprendizado.

Bons estudos!

1

Conceitos básicos do Adobe Illustrator

Objetivos

- Familiarizar-se com a nova interface do Illustrator
- Interagir com a interface utilizando uma ilustração já criada

Creative Cloud

Adobe Creative Cloud é um gerenciador de download que permite baixar ou comprar qualquer programa da suíte disponíveis para desktop e dispositivos móveis. Com Creative Cloud, você pode fazer vários downloads de uma só vez.

Seu principal objetivo é facilitar o acesso aos aplicativos sempre com as últimas atualizações, download e instalação desses aplicativos. Oferece, ainda, um espaço para armazenamento de arquivos na nuvem evitando a perda de dados, e o compartilhamento para equipes, possibilitando a troca de arquivos entre usuários e dispositivos.

Para ter acesso a esse serviço, é preciso fazer uma assinatura on-line, disponível por pagamento mensal, com opções de contratos anuais ou de períodos mais curtos, de acordo com sua necessidade. No site da Adobe, você pode conferir todas os tipos de assinatura.

Os planos disponíveis possuem valores diferenciados para pessoa física, empresas, estudantes e universidades, e opções de assinatura do pacote completo ou individual para cada aplicativo.

Esse serviço traz uma série de vantagens. Veja algumas a seguir.

- São mais de 20 programas para desktop e dispositivos móveis, como Photoshop, InDesign, Illustrator, entre outros. Todos sempre atualizados, pois as novidades como novos recursos e ferramentas, por exemplo, são imediatamente disponibilizados e prontos para atualização dos softwares.
- O assinante pode abrir os softwares em qualquer máquina pelo sistema on-line. Com isso, você trabalha em seu projeto no escritório e pode continuar em outro local.
- Há muito mais integração entre os programas, além de um disco virtual com capacidade de 100 GB de armazenamento na nuvem para guardar os arquivos ou disponibilizá-los para colaboração.
- Acesso e pesquisa direta ao banco de imagens Adobe Stock.
- Acesso a milhares de fontes diretamente nos aplicativos da Creative Cloud para uso em seus trabalhos através do Adobe Fonts.
- Acesso às Bibliotecas da Creative Cloud, onde você salva, procura e compartilha arquivos das bibliotecas diretamente nos aplicativos.

Aplicativo Creative Cloud

Após fazer sua assinatura, você deve baixar e instalar o aplicativo Creative Cloud para desktop.

Assim que o aplicativo é iniciado, será solicitado seu e-mail, depois uma verificação de identidade, que você definiu no momento da compra da assinatura; em seguida, sua senha.

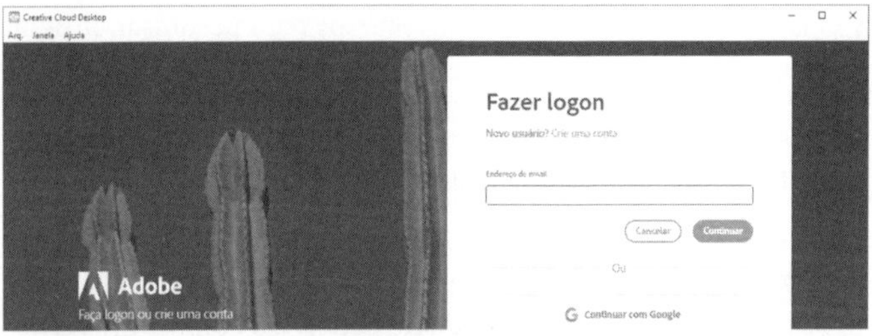

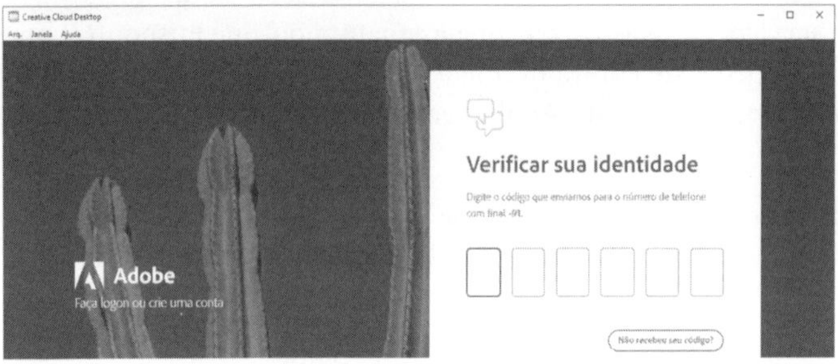

Cumpridas essas etapas, a Creative Cloud é aberta.

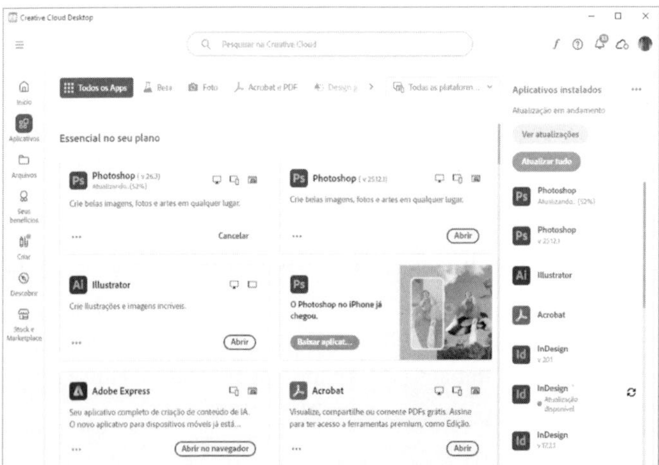

Do lado esquerdo estão os botões de navegação entre as opções do aplicativo, e o botão *Aplicativos* já está selecionado. Essa interface exibe os recursos para pesquisar, instalar e atualizar todos os programas disponíveis. Na área central estão todos os programas disponíveis no seu plano de assinatura e o status de cada um, como os instalados, os prontos para instalação e os a serem atualizados. No lado direito é exibida a lista de todos os programas instalados em seu computador, indicando se há alguma atualização disponível, e dois botões para exibir as atualizações ou atualizar tudo.

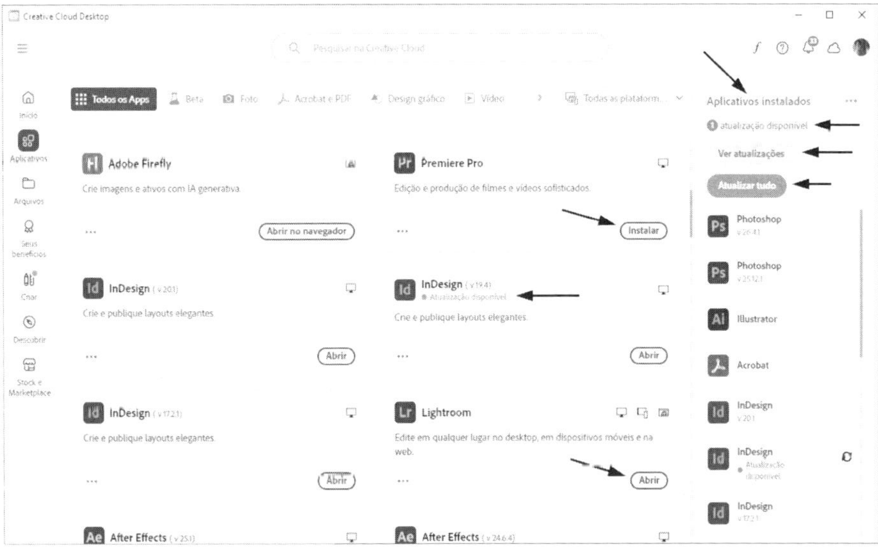

Na seção *Arquivos*, você encontra todos os seus arquivos sincronizados com a nuvem.

No processo de instalação da Creative Cloud, cria-se uma pasta em seu HD onde ficam todos os arquivos salvos na nuvem ou que tenham sido copiados para ela. Essa pasta fica em seu HD principal, na pasta *Usuários/User* (ou *win*), com o nome *Creative Cloud Files*.

A seção *Descobrir* contém dicas e pequenos tutoriais, sempre sobre os programas já instalados em seu computador.

Em *Stock e Marketplace,* você tem acesso aos plug-ins, às bibliotecas, ao *Adobe Stock* e ao *Adobe Fonts*. Este último, se clicado, abrirá seu navegador na página de pesquisa e instalação de fontes.

No canto superior direito existem quatro botões:

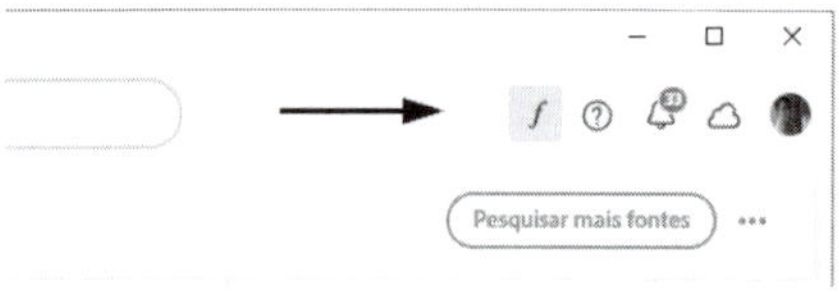

- *Adobe Fonts*: abre no aplicativo a lista de fontes ativas no computador a fim de gerenciá-las, além de recursos para pesquisar e instalar novas fontes.
- *Ajuda e recursos*: exibe opções de pesquisa sobre dúvidas ou problemas.
- *Notificações*: exibe mensagens da Adobe enviadas para sua conta.
- *Atividade na nuvem*: mostra o status de uso do disco virtual.
- *Conta*: exibe opções para gerenciar sua conta da Adobe.

Com todas essas possibilidades, não deixe de explorar esse incrível recurso, que lhe poupará tempo, aumentará sua produtividade e manterá seu foco no que realmente importa: sua criatividade.

Selecionando o idioma dos aplicativos

Você pode selecionar o idioma que deseja para uso dos aplicativos, mas precisa fazer isso antes de instalá-los.

Para isso você deve clicar no ícone *Conta*, no canto superior direito da Creative Cloud, e selecionar a opção *Preferências*. No quadro seguinte, selecione a opção *Aplicativos* do lado esquerdo e role a tela até a área *Instalando*. Depois, basta clicar na seta da caixa *Idioma de instalação padrão* e selecionar o idioma desejado. Após finalizar, todos os aplicativos que venham a ser instalados estarão no idioma selecionado.

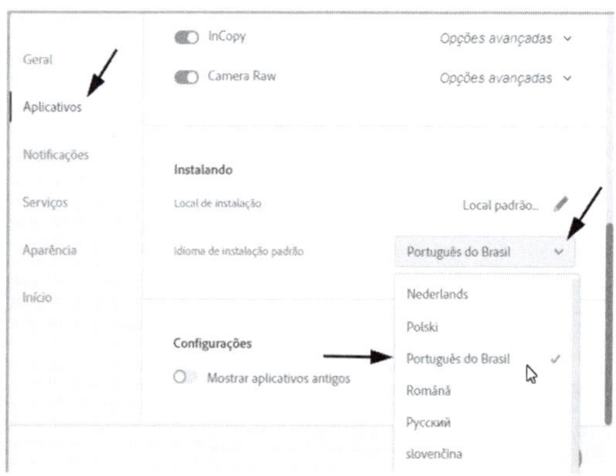

Adobe Illustrator

O Illustrator é a ferramenta de edição vetorial da Adobe que permite a criação de trabalhos sofisticados de arte para praticamente qualquer mídia, ocupando a posição de melhor software de edição vetorial.

Presente na maioria das agências de publicidade e estúdios de design, o Illustrator é a ferramenta indispensável na criação de ilustrações. Isso se deve à facilidade e rapidez de acesso às ferramentas, bem como ao compartilhamento direto de arquivos com outros aplicativos da Adobe, como Photoshop, InDesign, After Effects, etc., permitindo a criação de conteúdos para impressão e design para web e dispositivos móveis.

Toda essa integração, agora na nuvem, permite a troca de informações e arquivos, assim como a colaboração de projetos, com mais rapidez e produtividade, fazendo do Illustrator a ferramenta ideal para diretores de arte, designers gráficos, web designers, ilustradores e finalizadores.

Esse programa trabalha com a maioria dos formatos-padrão de arquivos gráficos do setor, como PDF, EPS, FXG, PSD, TIFF, GIF, JPEG, SWF, SVG, DWG, DXF, entre outros, com toda a segurança que os trabalhos impressos e digitais necessitam.

Requisitos de sistema

Para obter bom desempenho e usufruir de todos os recursos que essa poderosa ferramenta oferece, é importante observar a configuração do computador que será utilizado. Veja a seguir os requisitos necessários para a versão Windows ou macOS.

Windows

- Processador: Processador Intel multinúcleo (com suporte para 64 bits) com SSE 4.2 ou posterior ou processador AMD Athlon 64 com SSE 4.2 ou posterior.
- Sistema operacional: Windows 11 v23H2, v22H2 e v21H2, Windows 10 v22H2 e v21H2. Importante: incompatível com as versões 1507, 1511, 1607, 1703, 1709, 1803, 1809, 1903, 1909, 2004, 20H2, 21H1 do Windows 10.
- Memória RAM: 8 GB de RAM (recomenda-se 16 GB).
- Disco rígido: 2 GB de espaço livre em disco para a instalação; requer espaço adicional livre durante a instalação, sendo recomendado um SSD.
- Monitor: resolução de 1024 × 768 pixels (recomenda-se 1920 × 1080 pixels). Para usar a área de trabalho por toque no Illustrator, é necessário ter um tablet ou monitor com tela sensível ao toque executando o Windows 10 (recomenda-se Microsoft Surface Pro 3).
- GPU: Para aprimorar o desempenho do Illustrator com o recurso de desempenho de GPU, o Windows deve: ter um mínimo de 1 GB de VRAM (recomenda-se 4 GB) e ser compatível com a versão 4.0 ou posterior do OpenGL. Para ter um desempenho ideal de panorâmica e zoom, é necessário no mínimo 1,5 GB de VRAM.

- Conexão com a internet: necessária para ativação do software, validação de assinaturas e acesso aos serviços on-line.

macOS

- Processador Intel Multicore (com suporte a 64 bits) com SSE 4.2 ou posterior. Processador Apple Silicon baseado em ARM.
- Sistema operacional macOS v14 (Sonoma), v13 (Ventura) ou v12 (Monterey).
- Memoria RAM: 8 GB de RAM (recomenda-se 16 GB).
- Disco rígido: 3 GB de espaço disponível no disco rígido para a instalação; requer espaço livre adicional durante a instalação, sendo recomendado um SSD.
- Monitor: resolução de 1024 × 768 pixels (recomenda-se 1920 × 1080 pixels).
- Opcional: para usar os recursos de desempenho de GPU, o Mac deve ter, no mínimo, 1024 Mb de VRAM (recomenda-se 2 GB), e o computador deve ser compatível com Metal.
- Requer conexão com a internet para registro e ativação do software, validação de assinaturas e acesso aos serviços on-line.

Atividade 1 – Familiarizando-se com a interface

Objetivo: » Explorar a interface do Illustrator.

Tarefas:

» Conhecer os painéis e as guias.

» Manipular e ocultar os painéis.

» Personalizar o espaço de trabalho.

» Utilizar os espaços de trabalho pré-configurados.

» Testar os modos de tela.

Conhecendo a tela inicial (Home) e a área de trabalho (Workspace)

1. Inicialize o Illustrator e será exibida a tela inicial (*Home*). Nessa tela, você tem acesso a tutoriais, a modelos de documentos predefinidos e aos últimos documentos abertos no programa.

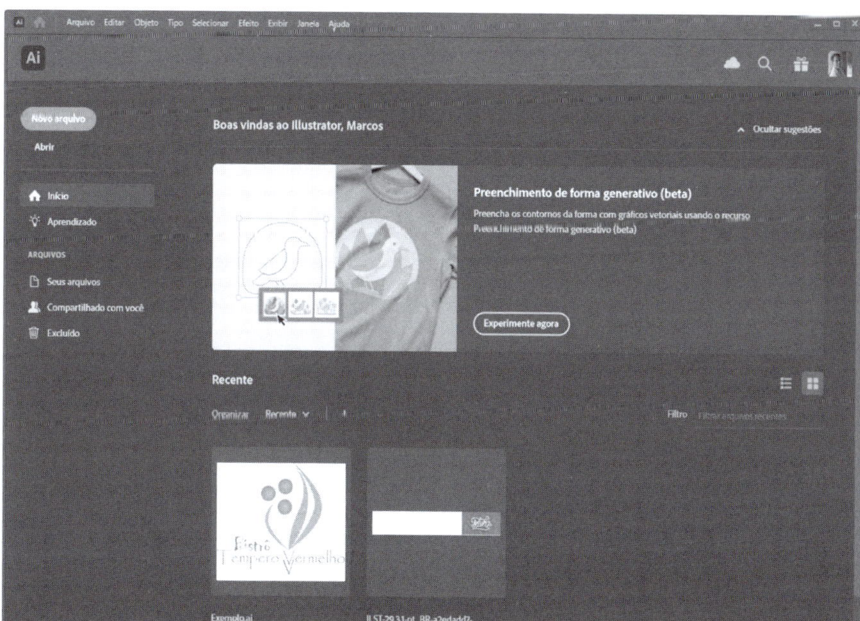

Do lado esquerdo da tela estão as seguintes opções:

- Botão *Novo arquivo* (*New file*): cria um novo documento. Também é possível criar um documento selecionando um dos vários modelos e predefinições disponíveis no Illustrator.
- Botão *Abrir* (*Open*): abre um documento existente no Illustrator.

- Botão *Início* (*Home*): clicando nesse botão, a tela inicial (*Home*) é exibida novamente.
- Botão *Aprendizado* (*Learn*): exibe uma lista de tutoriais básicos e avançados no Illustrator.
- Botão *Seus arquivos* (*Your files*): exibe uma lista de todos os documentos salvos na nuvem.
- Botão *Compartilhados com você* (*Shared with you*): exibe uma lista de todos os documentos salvos na nuvem.
- Botão *Excluído* (*Deleted*): exibe uma lista completa de documentos na nuvem que você excluiu, sendo possível restaurá-los ou excluí-los permanentemente.

Na parte superior da tela *Início* (*Home*) são apresentadas sugestões de estudo, e você pode acessar a área de aprendizado clicando no botão *Experimente agora* (*Try it now*).

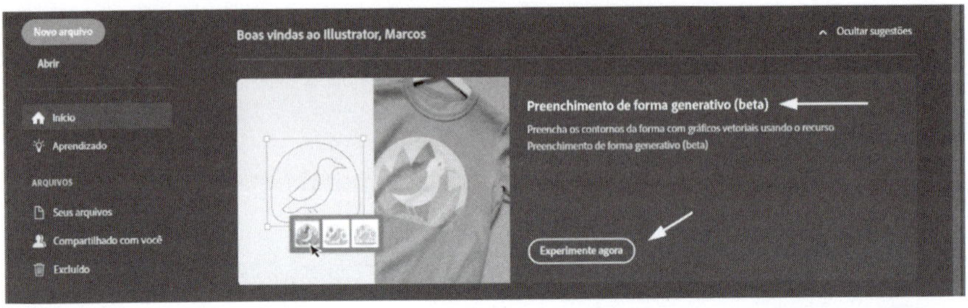

Abaixo dela, no item *Recente* (*Recent*), são exibidos os últimos documentos trabalhados no Illustrator, e permite que sejam feitas configurações para exibi-los.

- *A* - Você seleciona como os arquivos devem ser organizados escolhendo entre as opções *Recente* (*Recent*), *Nome* (*Name*), *Tamanho* (*Size*) ou *Tipo* (*Kind*). A seta ao lado desse item ajusta os arquivos em ordem crescente ou decrescente.
- *B* - Permite que se faça uma filtragem dos arquivos exibidos de acordo com o parâmetro que você desejar.
- *C* - Seleciona a forma como os arquivos são listados com as opções *Nome* (*Name*) ou *Miniatura* (*Thumbnails*).

No canto superior direito há três botões que exibem:

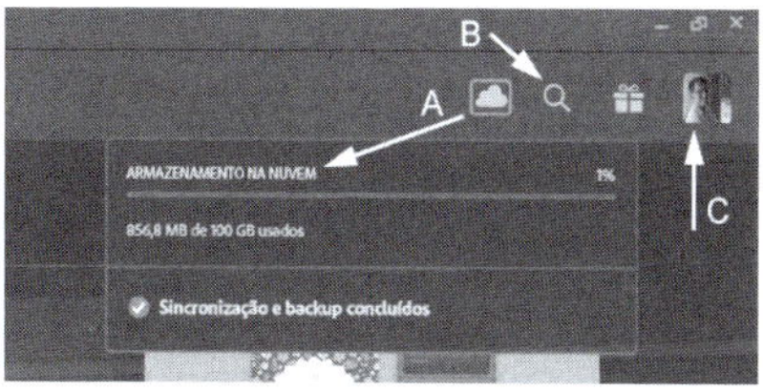

- *A* - O status de uso de seu disco virtual.
- *B* - Um sistema de pesquisa avançado para descobrir ferramentas, tutoriais, artigos e ações rápidas para agilizar seu fluxo de trabalho.
- *C* - Acesso direto à sua conta na Adobe, e nesse caso o seu browser será aberto para exibir as informações.

Por padrão, a tela *Início* sempre será exibida, mas é possível desativar essa função acessando a janela *Preferências* (*Preferences*) no menu *Editar/Preferências/Geral* (*Edit/Preferences/General*) e desmarcando o item *Exibir a tela inicial quando nenhum documento estiver aberto* (*Show The Home Screen When No Documents Are Open*).

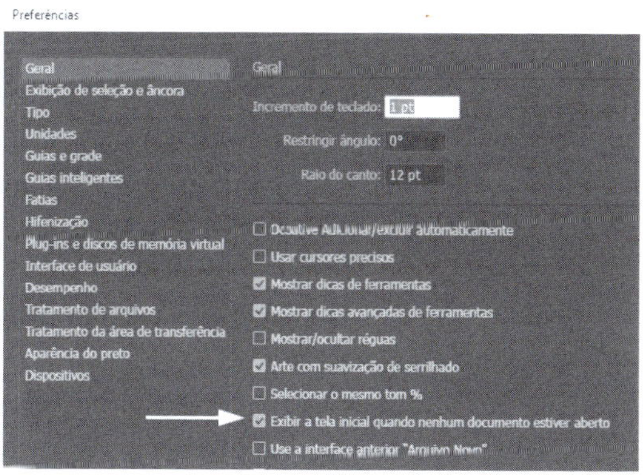

Observe que toda a interface está em tons de cinza escuro e preto, o que é comum a todos os aplicativos da Adobe. Essa opção é interessante por enfocar a ilustração em que se está trabalhando, não a interface do software. Mesmo assim, você pode escolher a cor entre quatro opções.

2. Clique no menu *Editar/Preferências* (*Edit/Preferences*) e selecione a opção *Interface de usuário* (*User Interface*).

O quadro *Preferências* (*Preferences*) será exibido na opção selecionada; do lado direito do quadro, serão exibidas as opções de ajuste. No item *Brilho* (*Brightness*), você verá as quatro opções predefinidas de brilho para a interface.

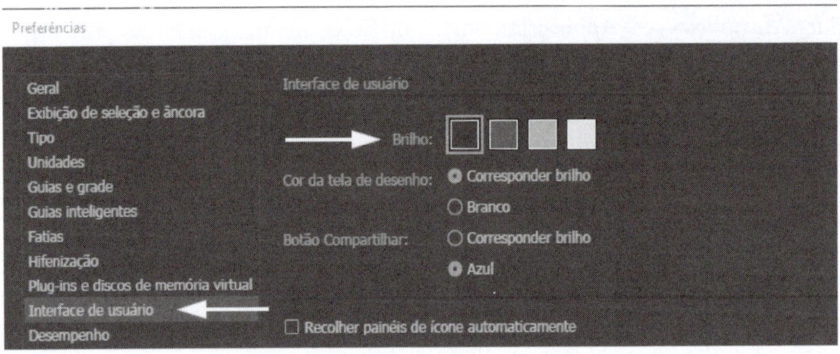

3. Clique em qualquer uma delas e a alteração será imediata.

Fique à vontade para escolher a opção que desejar, contudo, neste material foi utilizada a opção *Luz média* (*Medium Light*) (a terceira da esquerda para a direita), pois devido à impressão em preto e branco deste livro, as imagens ilustrativas ficam mais nítidas.

4. Escolhida a opção, clique no botão *OK*.

Devido à total integração entre os aplicativos da Adobe, a interface é quase padrão para todos eles (basta observar as interfaces do Photoshop e do InDesign, por exemplo).

Essa padronização de interface torna o uso e o aprendizado desses programas muito mais fáceis, e a diferença ficará a cargo dos recursos e das funções específicas de cada um deles.

5. Clique no botão *Abrir* (*Open*) na tela inicial, ou pressione as teclas de atalho *Ctrl + O*.
6. Na caixa de diálogo *Abrir* (*Open*), localize o arquivo *Exemplo.ai* na pasta *Arquivos de trabalho*, selecione-o e clique no botão *Abrir* (*Open*).

A figura a seguir mostra o espaço de trabalho do Illustrator. Não se preocupe agora com os nomes e as funções de todos os itens que a compõem; você vai conhecê-los ao longo do livro.

- A – *Barra de aplicativos* (*Application bar*): contém os menus, um botão para organizar os documentos abertos, o botão *Alternar área de trabalho* (*Workspace switcher*) e uma caixa de pesquisa na Ajuda da Adobe.
- B – Painel *Controle* (*Control*): sempre exibe as opções da ferramenta que estiver selecionada.
- C – *Barra de ferramentas* (*Toolbar*): contém todas as ferramentas e seus grupos.
- D – *Área de desenho* (*Document window*).
- E – *Quadro de painéis no encaixe vertical* (*Panels*): local onde os painéis ficam ancorados por padrão.
- F – *Início* (*Home*): exibe a tela inicial sem a necessidade de fechar os arquivos que estiverem abertos. Uma vez na tela inicial, basta clicar na seta que aparece ao lado do ícone do Illustrator, como mostrado na figura a seguir, para retornar à tela de seu arquivo.

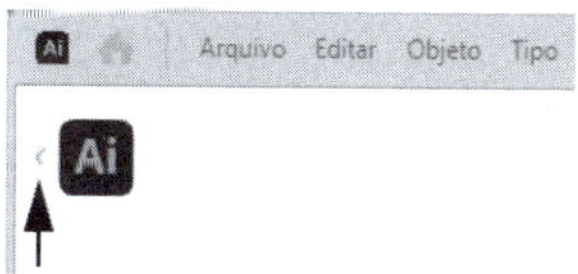

Explorando a Barra de ferramentas (Toolbar)

À esquerda da tela está a *Barra de ferramentas*, que, por padrão, fica ancorada nessa posição. As ferramentas são apresentadas em duas colunas, mas você pode configurá-las em uma coluna única clicando na seta dupla no lado esquerdo superior da barra.

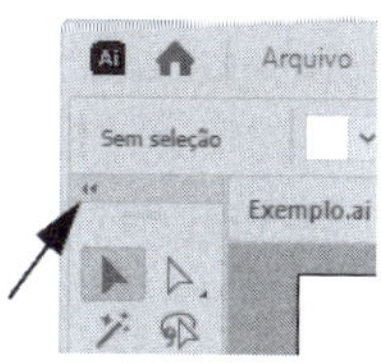

1. Para deixar o painel flutuante na área de desenho, clique na linha dupla pontilhada abaixo do topo e arraste-o para a área livre da tela. Em seguida, coloque-o novamente na posição original.

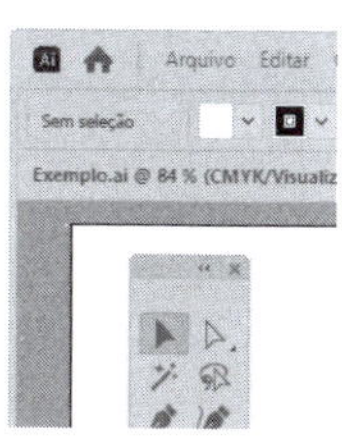

Além disso, você pode mover a *Barra de ferramentas* para a direita até que ela fique ancorada ao lado dos outros painéis.

2. Algumas ferramentas possuem uma seta à direita do ícone correspondente, indicando que se trata de um grupo de ferramentas. Clique com o botão direito do mouse na ferramenta *Texto* (*Type*) para exibir as ferramentas ocultas.

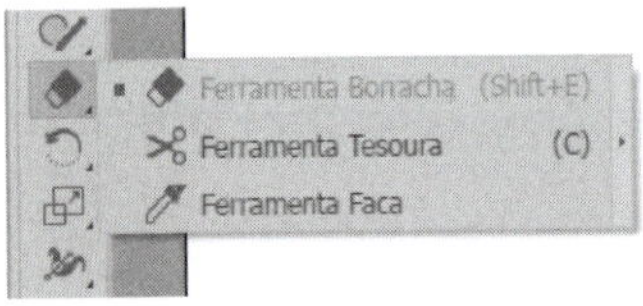

3. Observe que ao lado da lista de ferramentas há uma faixa (na borda à direita), e dentro dela uma pequena seta. Ela serve para você destacar o grupo de ferramentas do painel, deixando-as como um painel flutuante.

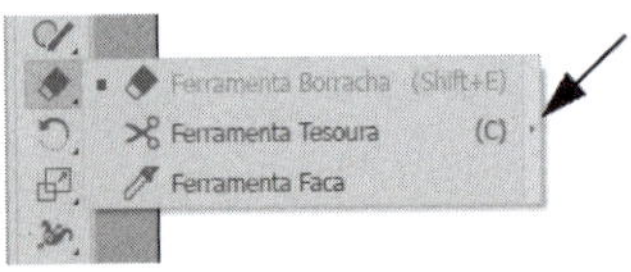

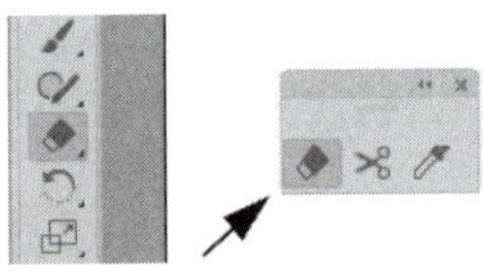

Para deixar esse painel na horizontal ou vertical, basta clicar na seta dupla no topo do painel. Se preferir ancorá-lo ao lado da *Barra de ferramentas*, leve-o próximo dele e o encaixe será automático.

4. Para fechar o grupo de ferramentas, quando ele estiver flutuante, clique no *X* ao lado da seta dupla.

5. Algumas ferramentas possuem opções que aparecem quando se dá duplo clique nelas. Clique com o botão direito do mouse na ferramenta *Retângulo* (*Rectangle*) e selecione a *Ferramenta Seguimento de linha* (*Line Segment*) para ativá-la. Em seguida, dê duplo clique nela e observe que um quadro de diálogo será exibido. Isso possibilitará definir o comprimento da linha e seu ângulo de inclinação.

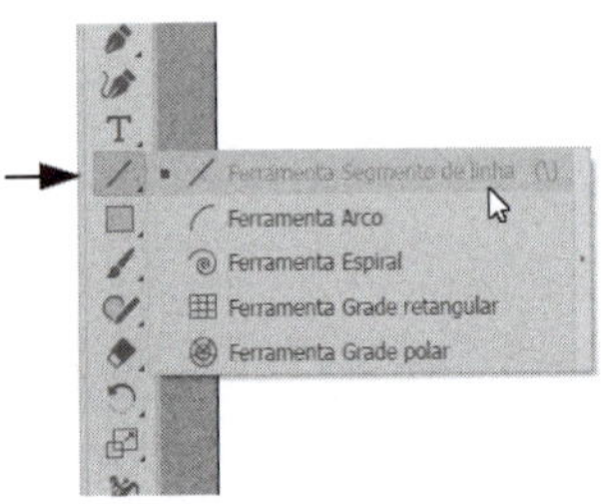

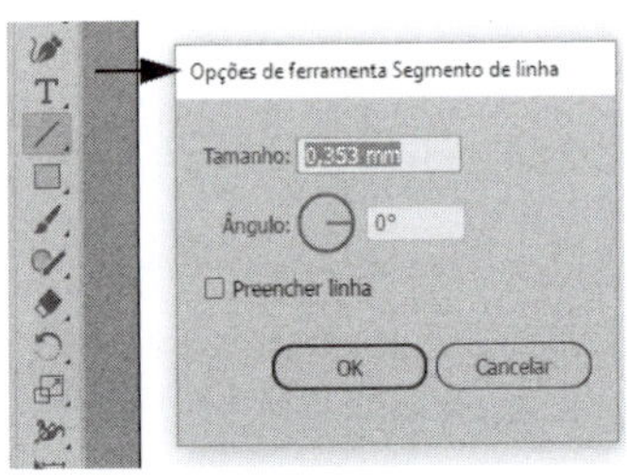

6. Clique no botão *Cancelar* (*Cancel*). Em breve, você utilizará essas opções.

O Illustrator oferece três tipos de barra de ferramentas disponíveis no menu *Janela/Barras de ferramentas* (*Window/Toolbars*):

- *Básica* (*Basic*): exibida por padrão quando o Illustrator é aberto; contém as ferramentas mais utilizadas.
- *Avançada* (*Advanced*): exibe todas as ferramentas disponíveis no Illustrator.
- *Introdução* (*Getting Started*): essa barra também reúne as ferramentas mais utilizadas, mas exibe-as em conjuntos identificados na própria barra para facilitar o aprendizado de quem está iniciando.

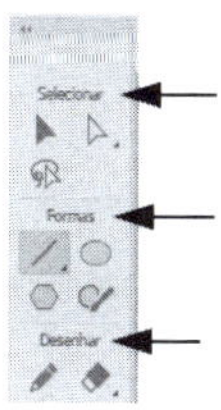

Personalizando a Barra de ferramentas

Você pode personalizar sua barra de ferramentas adicionando ou removendo ferramentas.

7. Ative a *Barra de ferramentas Básica* (*Basic*), caso ela não esteja ativa.
8. Clique no botão *Editar barra de ferramentas Básica* (*Edit Toolbar*), na parte inferior da barra, e o compartimento *Todas as ferramentas* (*All Tools*) será exibido. Ele lista todas as ferramentas disponíveis no Illustrator.

As ferramentas estão organizadas da seguinte maneira no compartimento: *Selecionar* (*Select*), *Desenhar* (*Draw*), *Tipo* (*Type*), *Pintar* (*Paint*), *Modificar* (*Modify*) e *Navegar* (*Navigate*).

As ferramentas que estiverem disponíveis serão exibidas em destaque. Para acrescentá-las à sua barra de ferramentas, basta clicar na ferramenta escolhida e arrastá-la para a barra, soltando no local desejado.

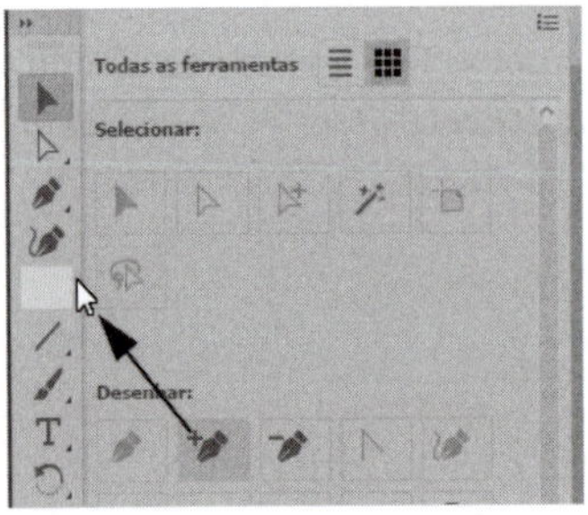

Para remover uma ferramenta, basta fazer o processo inverso, arrastando a ferramenta para cima do compartimento.

O compartimento tem um submenu com opções para selecionar a barra desejada, redefinir a barra em uso, criar uma nova barra de ferramentas ou gerenciar as existentes.

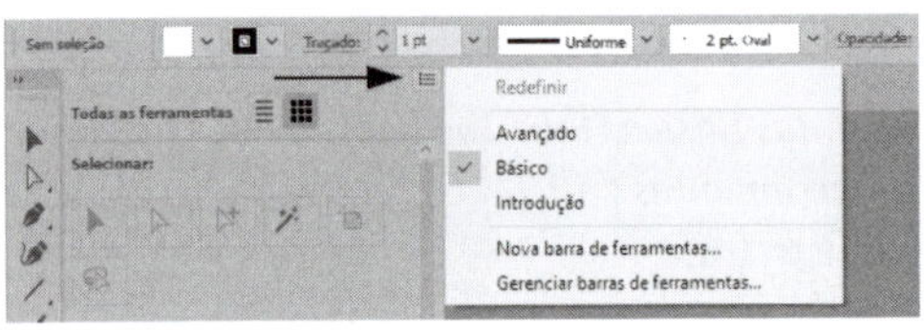

9. Abra o submenu, clique em *Nova barra de ferramentas...* (*New Toolbar*) e, no quadro de diálogo *Nova barra de ferramentas* (*New Toolbar*), digite um nome e clique em *OK*. A nova barra será criada e exibida na tela, mas ainda vazia.

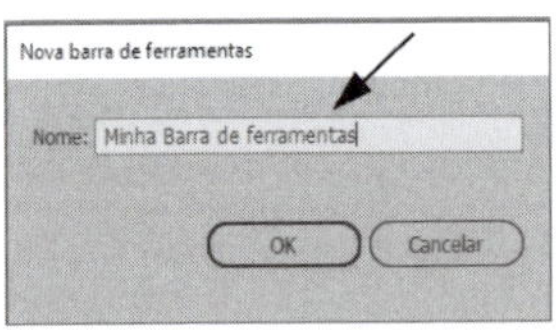

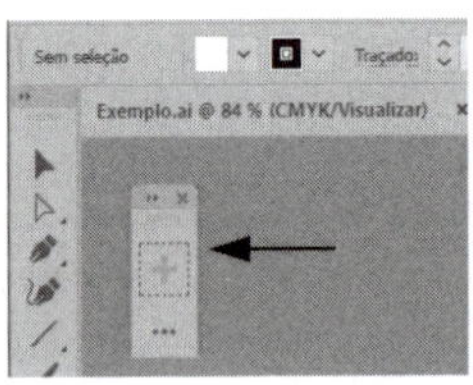

Para acrescentar ferramentas à sua nova barra, basta abrir o compartimento *Todas as ferramentas* (*All Tools*) e incluir as que desejar. Na imagem de exemplo a seguir já foram acrescentadas duas ferramentas, e uma terceira está sendo adicionada.

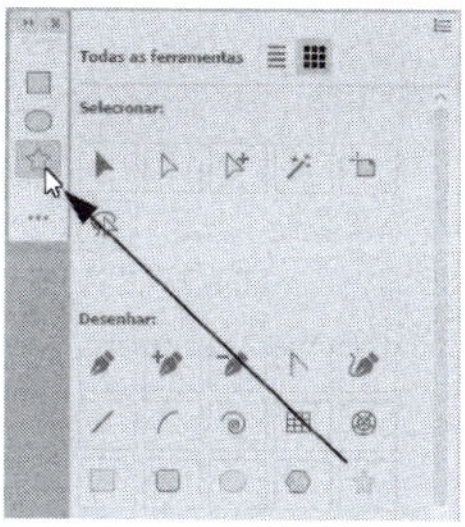

10. No submenu do compartimento, clique em *Gerenciar barra de ferramentas* (*Manage Toolbars*). No quadro de mesmo nome serão listadas todas as barras personalizadas criadas por você.

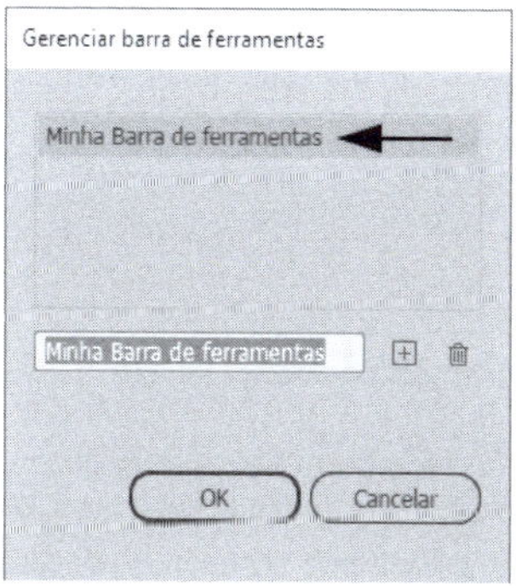

Nesse quadro, você também pode criar uma nova barra de ferramentas, clicando no ícone *Nova barra de ferramentas* (*New Toolbar*) ao lado da caixa de nome, ou apagar uma barra existente, selecionando-a na lista e clicando no ícone da lixeira.

11. Selecione a barra na lista e apague-a, pois foi apenas um teste. Em seguida, clique em *OK* para fechar o quadro.

12. Novamente no submenu do compartimento, ative a *Barra de ferramentas Avançada* (*Advanced*) para as próximas atividades.

Manipulando os painéis

Os painéis do Illustrator, ancorados do lado direito da tela, apresentam inúmeros recursos para alterar suas ilustrações. É por meio deles que você vai controlar os textos e as cores, aplicar efeitos, zoom, degradês e muito mais.

O layout dos painéis permite interagir melhor com os arquivos abertos que estão sendo trabalhados. Assim, você organiza seu espaço de trabalho e ganha mais produtividade.

1. Os painéis podem ser exibidos expandidos ou recolhidos a ícones. Clique na seta dupla da opção *Contrair a ícones (Collapse to Icons)*, no canto superior direito da área dos painéis, e eles serão recolhidos.

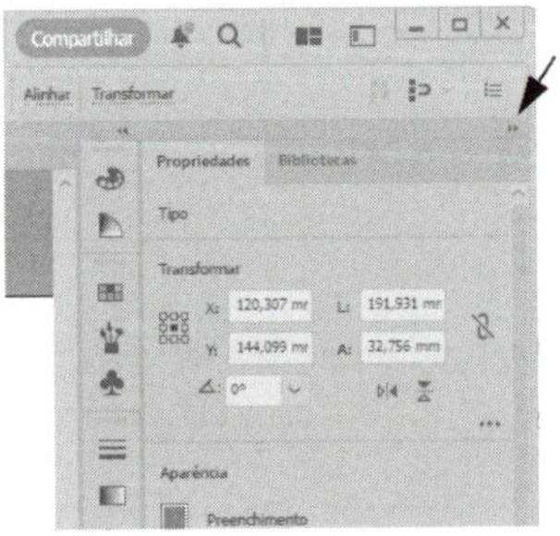

Os painéis estão organizados por grupos de afinidade, e cada grupo por guias identificadas com o nome dos respectivos painéis. Todos podem ser movidos para o espaço de trabalho, ficando flutuantes, da mesma forma que a barra de ferramentas.

Ocultando os painéis

2. Pressione a tecla *Tab* e todos os painéis, incluindo o painel *Controle* (*Control*), serão ocultados.

3. Leve o cursor até a borda direita da janela do programa e, após alguns segundos, os painéis voltarão a ser exibidos. Isso também vale para a *Barra de ferramentas*, que fica do lado esquerdo.

4. Desloque o cursor para fora dos painéis, e eles serão ocultados automaticamente.

Assim, você pode selecionar o que deseja em um dos painéis (isso também vale para a *Barra de ferramentas*) e voltar a trabalhar com sua ilustração. Essa opção libera mais área na tela para o seu trabalho.

5. Pressione a tecla *Tab* para que os painéis sejam exibidos novamente.

Personalizando o espaço de trabalho

Você observou que poderá mover cada painel para as posições que desejar, com o objetivo de organizar seu espaço de trabalho como melhor lhe convier. Para manter sempre disponível essa organização, é possível salvar o espaço de trabalho.

1. Para isso, mova alguns painéis para outras posições, deixando-os flutuantes.

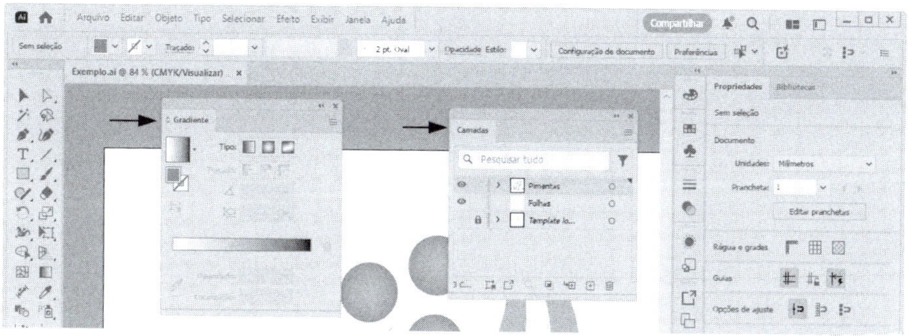

2. No menu *Janela* (*Window*), clique na opção *Espaço de trabalho/Novo espaço de trabalho* (*Workspace/New Workspace*).

3. Na caixa *Nome* (*Name*) do quadro de diálogo *Novo espaço de trabalho* (*New Workspace*), digite, por exemplo, *Meu espaço de trabalho* e clique no botão *OK*. Com isso, toda a disposição atual dos painéis será salva em um espaço de trabalho personalizado.

4. Abra o menu *Janela* (*Window*), clique em *Espaço de trabalho* (*Workspace*) e veja que sua opção faz parte do menu.

5. Feche os painéis que estão flutuando no espaço de trabalho. Basta clicar no *X* no canto superior direito de cada painel.

Sempre que o Illustrator for iniciado, a área de trabalho será exibida com as configurações da última vez em que o software foi utilizado.

1. Por exemplo, observe onde ficaram os painéis flutuantes que você deixou na área de trabalho.

2. No menu *Arquivo* (*File*), clique em *Sair* (*Exit*), ou utilize as teclas de atalho *Ctrl + Q* para fechar o programa. Se for exibida uma mensagem perguntando se você deseja salvar as alterações, clique no botão *Não* (*No*).

3. Agora, inicie o Illustrator e abra o arquivo *Exemplo.ai* novamente.

Observe que os painéis flutuantes não são exibidos, pois o Illustrator grava as informações de configuração em um arquivo exatamente da forma como estava no momento em que você fechou o programa. Além dos painéis, os menus e as teclas de atalho também podem ser personalizados, ou seja, todo o espaço de trabalho.

Lembre-se de que você salvou seu espaço de trabalho com aqueles painéis flutuantes, portanto, poderá recuperá-lo. A escolha do *Espaço de trabalho* (*Workspace*) pode ser feita no menu *Janela* (*Window*) ou na *Barra de aplicativos* (*Application bar*) no botão *Alternar espaço de trabalho* (*Workspace switcher*).

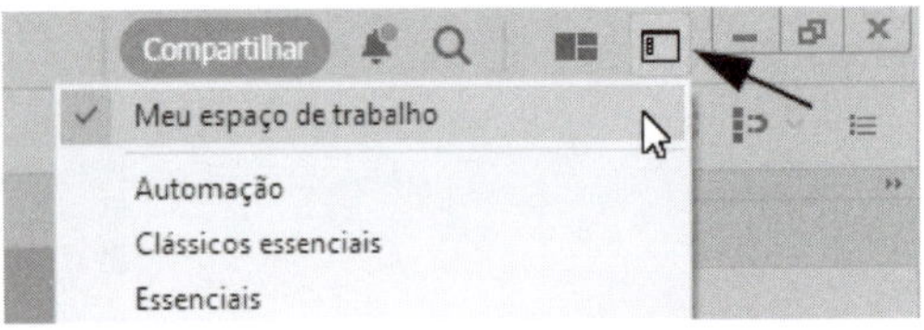

8. O espaço atualmente selecionado deverá ser o que você criou. Para visualizá-lo como era no momento em que você o salvou, clique na opção *Redefinir Meu espaço de trabalho* (*Reset Meu espaço de trabalho*).

9. Para apagar um espaço de trabalho, clique no menu *Janela/Espaço de trabalho* (*Window/Workspace*) ou no botão *Alternar espaço de trabalho* (*Workspace switcher*) na *Barra de aplicativos* (*Application bar*) e selecione a opção *Gerenciar espaços de trabalho* (*Manage Workspaces*).

10. Selecione a opção *Meu espaço de trabalho* e, em seguida, dê um clique no ícone da lata de lixo no canto inferior direito do quadro.

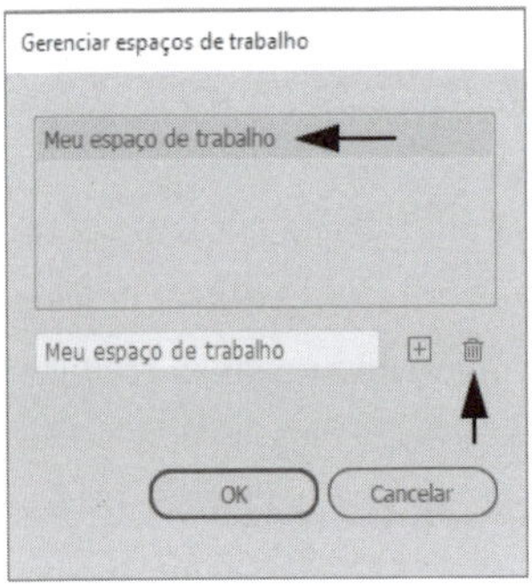

11. Será exibida uma janela pedindo a confirmação da exclusão. Clique em *Sim* (*Yes*).

12. Clique no botão *OK* para fechar a janela.

Espaços de trabalho pré-configurados

O Illustrator vem com uma série de espaços de trabalho pré-configurados, baseados nos tipos de serviços que serão executados no projeto.

13. Clique no botão *Alternar espaço de trabalho* (*Workspace switcher*) e observe as opções.

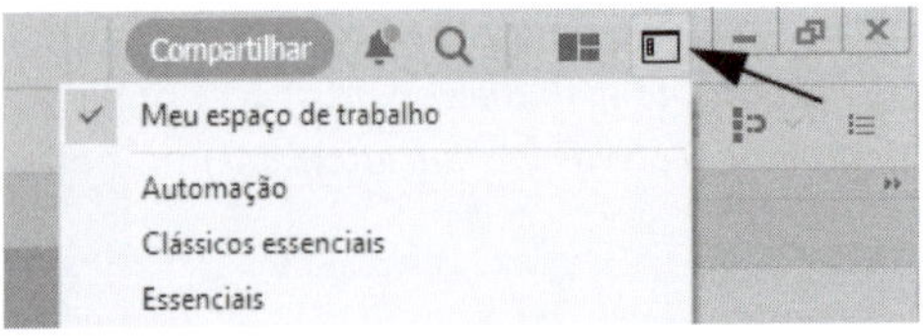

14. Clique na opção *Essenciais* (*Essentials*) para voltar ao padrão do Illustrator.

Guias de arquivos

Você pode trabalhar com vários arquivos abertos, pois eles ficam organizados em guias. Observe que toda a área livre entre os painéis da direita e da esquerda é ocupada pela janela da ilustração e no topo, à esquerda, está a guia que a identifica.

1. No menu *Arquivo* (*File*), clique em *Abrir* (*Open*); ou use as teclas de atalho *Ctrl + O*.
2. No quadro de diálogo *Abrir* (*Open*), localize o arquivo *Exemplo 2.ai* na pasta *Arquivos de trabalho*.
3. Clique no botão *Abrir* (*Open*) e observe que a janela da ilustração será aberta sobre a anterior, e sua guia será colocada em destaque ao lado da outra.

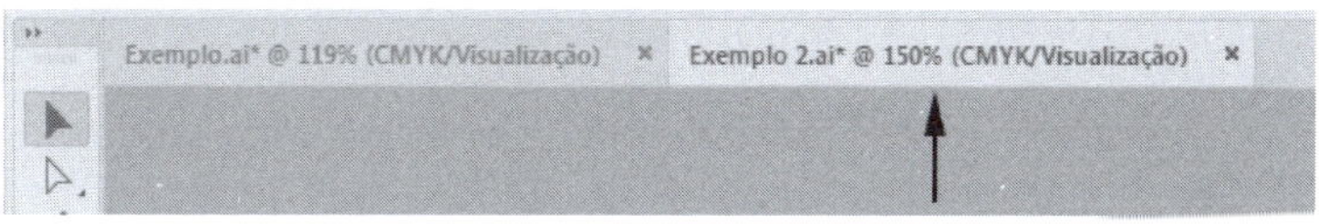

4. Clique na guia da imagem anterior para trazê-la para a frente.
5. As guias possuem o botão *Fechar* (*Close*) representado por um *X*. Feche a imagem *Exemplo 2.ai* clicando no *X*.
6. Feche o arquivo *Exemplo.ai* pressionando as teclas de atalho *Ctrl + W* , ou selecione o menu *Arquivo/Fechar* (*File/Close*).

Criando um novo documento

Com o Illustrator você pode criar documentos para vários tipos de saída, como layouts para impressão, para web, para dispositivos móveis, etc. Você vai criar um documento novo para conhecer os recursos do quadro *Novo documento*.

1. Clique no botão *Novo arquivo* (*New file*) da tela inicial e o quadro *Novo documento* (*New Document*) será exibido. Nele, você configura o novo documento e organiza a estrutura, o tamanho e a orientação, além das margens e colunas.

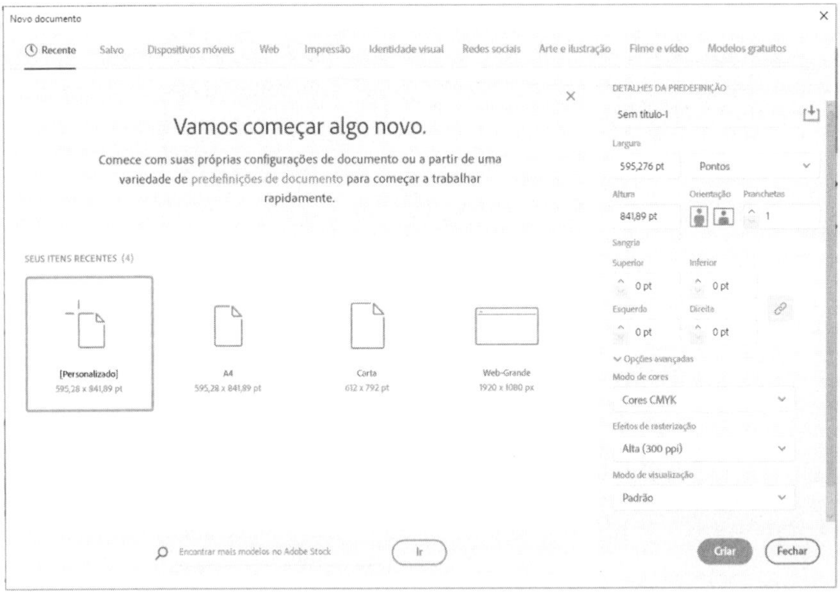

Na parte superior do quadro são exibidas as categorias e modelos de documentos predefinido:

- *Recentes* (*Your Recent Itens*): exibe os últimos documentos editados.
- *Salvo* (*Saved*): exibe os documentos e modelos salvos.
- *Dispositivos móveis* (*Mobile*): cria um documento destinado a dispositivos como e-readers, tablets ou smartphones, e também exibe opções de documentos predefinidos em branco e modelos para serem baixados da nuvem.
- *Web* (*Web*): cria um documento destinado à exibição em navegadores na internet e também exibe opções de documentos predefinidos em branco e modelos para serem baixados da nuvem.
- *Impressão* (*Print*): cria um documento destinado à impressão gráfica e exibe opções de documentos predefinidos em branco e modelos para serem baixados da nuvem.
- *Identidade visual* (*Branding*): cria um documento com especificações destinadas à criação de identidade visual com os formatos mais comuns da área.
- *Redes sociais* (*Social*): cria um documento com especificações destinadas às redes sociais mais utilizadas.
- *Arte e Ilustração* (*Art & Illustration*): cria um documento com especificações destinadas a ilustrações vetoriais mais comuns.
- *Filme e vídeo* (*Film & Video*): oferece vários tamanhos de área de corte predefinidos, específicos para vídeos e filmes.

- *Modelos gratuitos* (*Free templates*): oferece vários modelos prontos e gratuitos.

2. Mantenha selecionada a opção Recentes (*Recent*) para iniciar a configuração de seu novo documento, e na caixa *Nome* (*Name*) digite um nome para seu novo documento, por exemplo, *Teste-1*.
3. Altere a unidade de medida para *Milímetros* (*Millimeters*), e nas caixas *Largura* (*Width*) e *Altura* (*Height*) digite *210* e *297*, respectivamente.

4. Logo abaixo da caixa de unidades estão dois botões para que você possa escolher a orientação do documento: *Retrato* (*Portrait*) ou *Paisagem* (*Landscape*). Deixe a opção *Retrato* (*Portrait*), o primeiro botão, selecionada.
5. Além das opções descritas, a caixa *Novo documento* (*New Document*) possui o botão *Opções avançadas* (*Advanced Options*). Clique nele e a caixa se expandirá, exibindo mais opções.

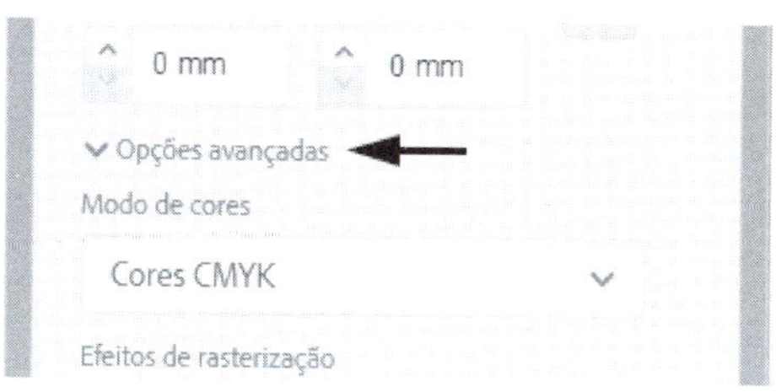

A opção *Modo de cores* (*Color Mode*) permite a escolha do modo de cor a ser utilizado no documento. Ao clicar na seta ao lado, você verá que existem duas opções: *CMYK*, para qualquer documento que venha a ser impresso, ou *RGB*, para qualquer documento que será exibido na tela.

6. Mantenha a opção *CMYK* selecionada.

A opção *Efeitos de rasterização* (*Raster Effects*) especifica a resolução para rasterizar efeitos no documento, como sombras. Essa opção é especialmente importante quando você for produzir documentos para impressão em alta resolução. Ao clicar na seta ao lado da caixa, você verá as três opções disponíveis: *Alta* (*High*) (*300 ppi*), *Média* (*Medium*) (*150 ppi*) e *Tela* (*Screen*) (*72 ppi*).

7. Selecione a opção *Alta* (*High*) (*300 ppi*).

A opção *Modo de visualização* (*Preview Mode*) especifica o modo de pré-visualização do documento e disponibiliza três opções:

- *Padrão* (*Default*): exibe o documento como foi criado.
- *Pixel* (*Pixel*): exibe o documento "pixelizado", ou seja, como se fosse uma imagem por pontos.
- *Superimposição* (*Overprint*): fornece uma pré-visualização do documento como será impresso com a separação de cores, aproximando-o de como a mistura de cor se dará, as transparências e a sobreposição de impressão.

8. Mantenha a opção *Padrão* (*Default*) e clique no botão *Criar*. O novo documento será criado.
9. Feche o documento sem salvá-lo clicando no *X* da guia do documento ou pressione as teclas de atalho *Ctrl* + *W*.

Criando documentos com base em modelos em branco

Os modelos são documentos que acompanham o Illustrator e são instalados com o programa. Uma boa variedade de modelos está disponível. Para utilizá-los, faça o seguinte:

1. No menu *Arquivo* (*File*), clique em *Novo a partir do modelo* (*New from Template*).
2. O quadro *Novo a partir do modelo* (*New from Template*) será aberto, e você verá uma pasta chamada *Modelos em branco (Blank Templates)*.
3. Abra a pasta e uma lista de modelos estará disponível para uso.

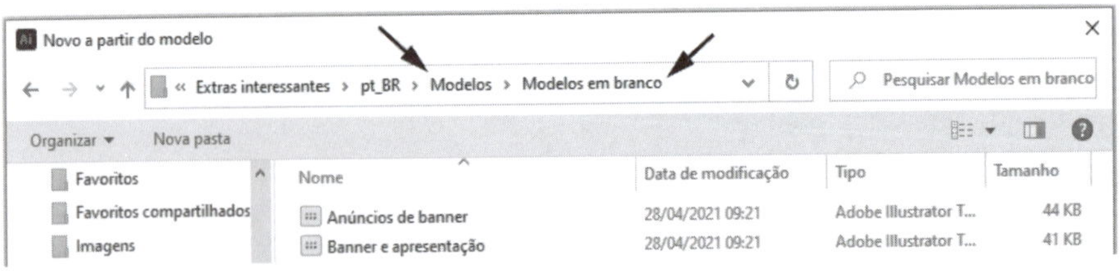

4. Selecione a opção *Caixas* (*Boxes*) e clique no botão *Novo (New)*.

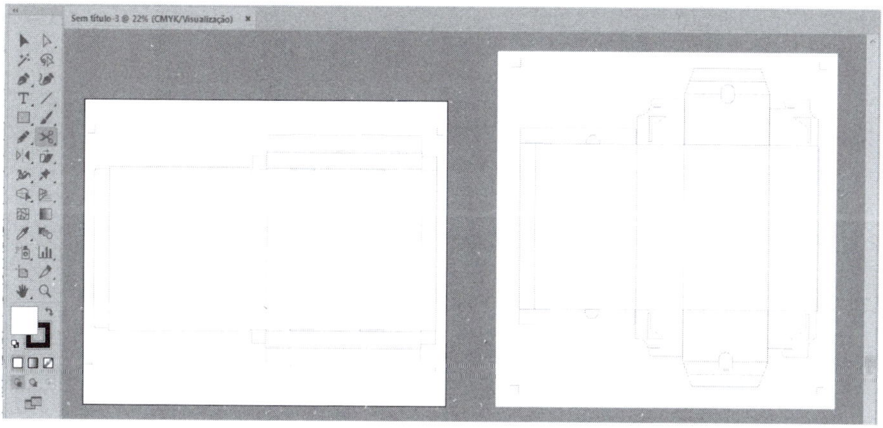

Com um modelo como esse, você pode fazer as alterações e inclusões necessárias e rapidamente ter um trabalho pronto. Esse é apenas um dos exemplos entre os vários disponíveis.

Além de usar modelos prontos, você pode criar seus próprios documentos e salvá-los como modelo para utilizar quando necessário. O Illustrator tem uma opção de salvamento exatamente para isso.

5. Agora, feche o documento sem salvá-lo.

Criando documentos com base em modelos prontos

Você tem à disposição uma grande variedade de modelos prontos para download do Adobe Stock. Com esses modelos, você cria facilmente documentos para as mais diversas aplicações.

1. Clique no botão *Criar* (*Create New*) na tela inicial; no quadro *Novo documento* (*New Document*), clique, por exemplo, na opção *Impressão* (*Print*).
2. Na área de modelos, para experimentar essa função, clique em *Women´s History Month Flyer Layout*. Observe que, do lado direito, são exibidos os detalhes do modelo.

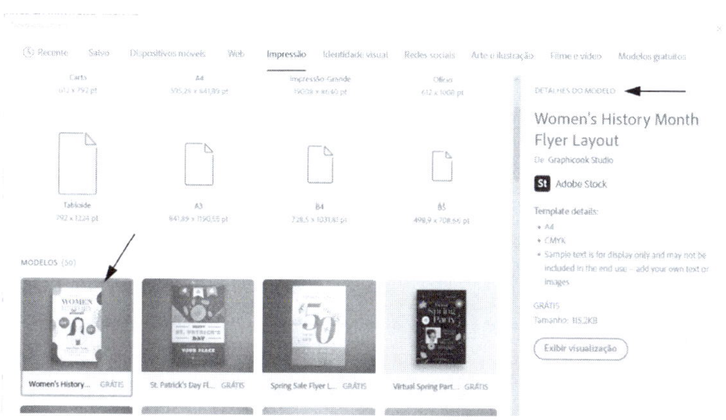

3. Clique no botão *Exibir visualização* (*See Preview*) e será apresentada uma versão maior do modelo.

4. Clique no botão *Baixar* (*Download*) para baixar o arquivo e em seguida clique em Abrir (*Open*), e o arquivo será aberto no Illustrator. A partir daí você faz as adaptações que achar necessárias em seu novo documento.

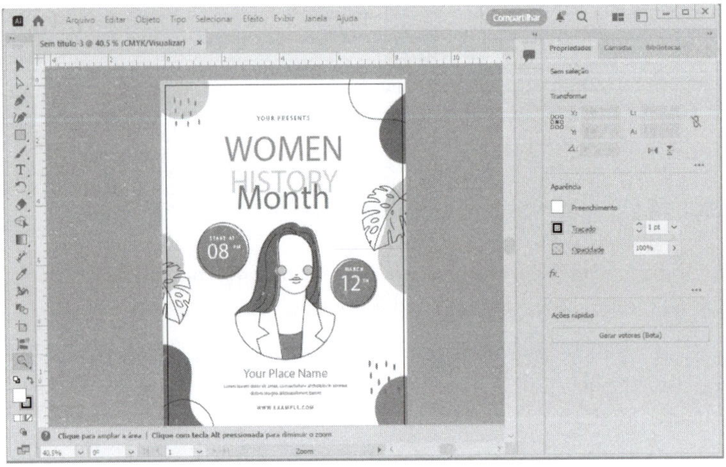

5. Como foi apenas um teste, feche o arquivo sem salvá-lo.

Conhecendo o recurso de tela grande

Quando seu trabalho exige a criação de ilustrações grandes como outdoor, peças e roupa, o Illustrator tem um recurso chamado tela grande. Com ele pode-se criar ilustrações grandes em um espaço de trabalho de até 2270 pol. × 2270 pol.

Esse recurso é acionado automaticamente quando você configura um dos seguintes itens no momento da criação de um novo documento:

- Se o tamanho da prancheta definido na caixa *Largura* (*Width*) ou *Altura* (*Height*) for maior que *227 polegadas* ou outra unidade com um valor que ultrapasse essa medida.
- Se existir uma grande quantidade de pranchetas no documento que não podem ser arranjadas no espaço de trabalho padrão.
- Se for selecionada a opção *Impressão grande* (*Print-Large*) na guia *Impressão* (*Print*) ao criar um novo documento.

1. Clique no botão *Novo arquivo* (*New file*) na tela inicial, selecione a unidade *Centímetros* (*Centimeters*) na caixa *Largura* (*Width*) e digite *780*.

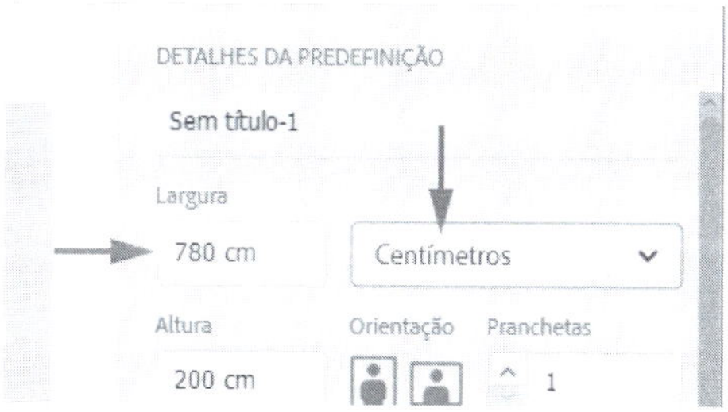

2. Pressione a tecla *Tab* para mudar de caixa e observe que, ao lado do botão *Criar* (*Create*) no canto inferior direito, aparece um pequeno ícone de um triângulo com uma exclamação.

Esse ícone indica que as dimensões configuradas são maiores que o tamanho-padrão da tela do Illustrator, e, portanto, o novo documento será criado em uma tela grande.

3. Clique em fechar, pois foi apenas um exemplo.

Atividade 2 – Interagindo com a interface

Objetivo: » Conhecer recursos que facilitam o uso do Illustrator.

Tarefas: » Conhecer a prancheta, a ferramenta *Prancheta* (*Artboard*) e o painel *Pranchetas* (*Artboards*).

» Trabalhar com sangria.

» Conhecer o painel *Controle* (*Control*).

» Trabalhar com zoom e panorâmica.

» Salvar uma ilustração.

Prancheta (Artboard)

A área que contém a ilustração, ou seja, o que deverá ser produzido, é chamada de prancheta. Tudo o que você cria no Illustrator está sobre a tela de desenho, uma espécie de mesa de trabalho. Quando cria um novo documento, você define o tamanho do papel; na verdade, você está criando uma prancheta.

Você pode criar uma ilustração do tamanho que desejar, e escolher quais partes dela deseja dar saída, criando diferentes pranchetas.

Essa facilidade permite que você crie vários itens de um projeto em um mesmo arquivo, sendo que o Illustrator comporta a criação de até 1.000 pranchetas.

1. Para entender melhor, clique no botão *Abrir* (*Open*) na tela inicial; na pasta *Arquivos de trabalho*, localize o arquivo *Modelo pranchetas.ai*, selecione-o e clique em *Abrir* (*Open*).
2. Para visualizar todos os elementos, clique em *Ajustar tudo à janela* (*Fit All in Window*) no menu *Exibir* (*View*) ou pressione as teclas de atalho *Alt + Ctrl + 0*.

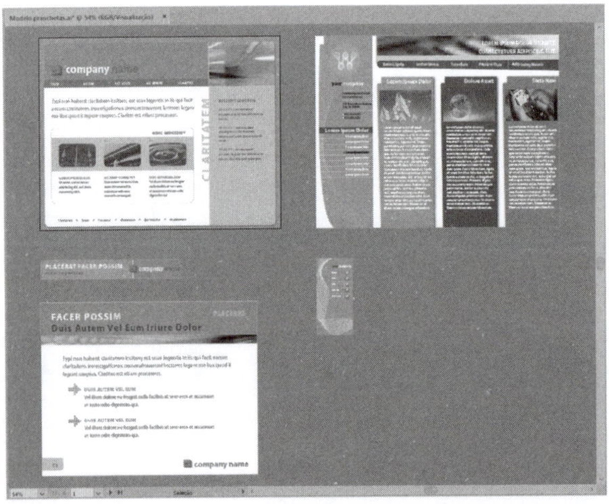

Esse arquivo é composto de cinco projetos gráficos, sendo duas páginas do site da empresa, dois *banners* e uma apresentação (modelo de slide). No canto inferior esquerdo da janela do documento está a caixa de zoom. Você pode digitar o valor do zoom a ser aplicado ou clicar na seta e selecionar uma opção.

3. Clique na seta e selecione *3,13%*. A *Tela de desenho* (*Workspace*) é o quadrado no centro da janela onde estão todas as ilustrações.

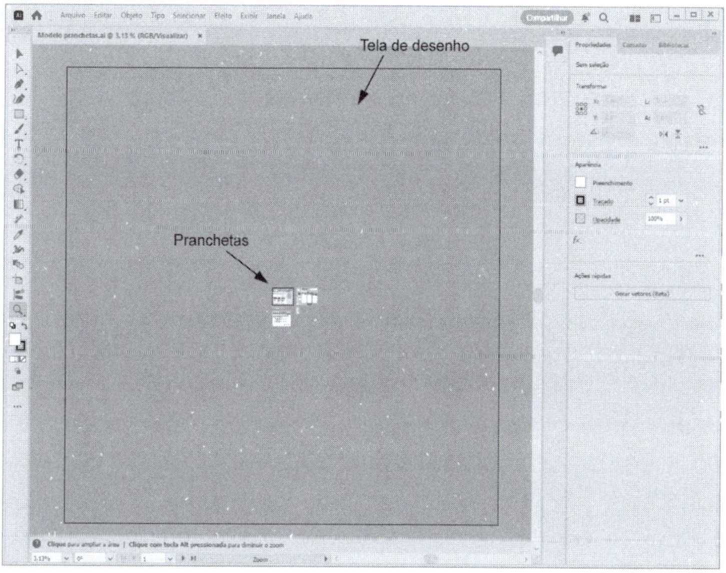

Cada um dos projetos está em uma *Prancheta* (*Artboard*) e o Illustrator as organiza como se fossem documentos à parte.

4. No menu *Exibir* (*View*), clique na opção *Ajustar prancheta à janela* (*Fit Artboard to Window*) ou pressione as teclas de atalho *Ctrl + 0*. A prancheta que estiver selecionada no momento será encaixada no espaço da janela.

5. Na base da janela do documento, existe um controle de navegação para visualização das pranchetas. Clique na seta ao lado do número e observe as cinco pranchetas do projeto.

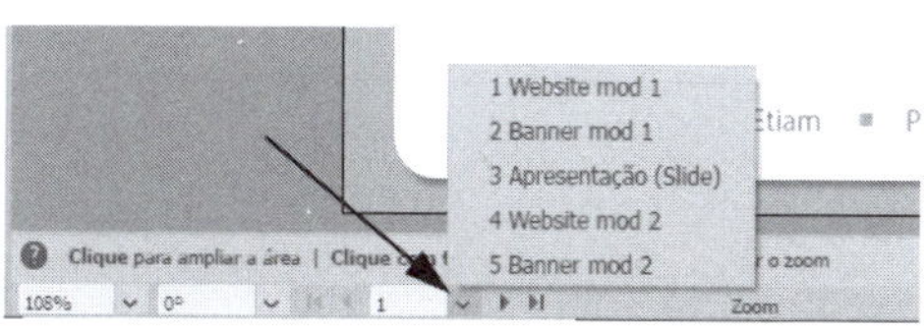

Modos de tela

O Illustrator oferece quatro modos de tela diferentes e de rápido acesso por meio do botão *Alterar modo de tela,* disponível na *Barra de ferramentas.*

1. Clique no botão *Alterar modo de tela* (*Change Screen Mode*), na base da *Barra de ferramentas*, para exibir as opções.

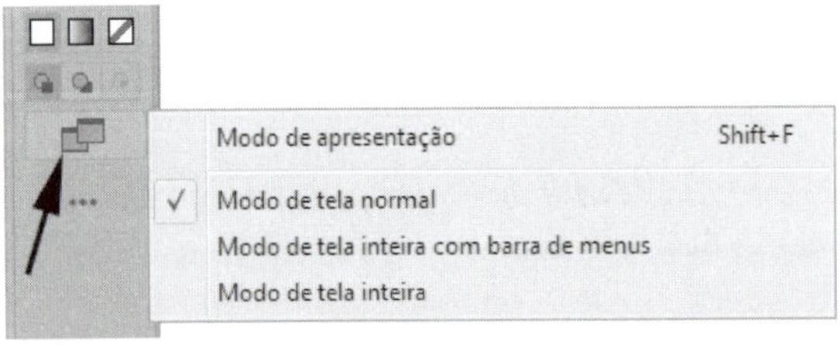

2. A opção atual é a *Modo de tela normal* (*Normal Screen Mode*). Selecione a opção *Modo de tela inteira com barra de menus* (*Full Screen Mode with Menu Bar*) e a janela da ilustração será maximizada.
3. Selecione a opção *Modo de tela inteira* (*Full Screen Mode*). Todos os itens serão ocultados e a janela da ilustração ocupará toda a tela. Aproximando o cursor da borda esquerda ou direita, os painéis serão exibidos novamente, mas somente para a escolha de opções.
4. Volte ao *Modo de tela normal* (*Normal Screen Mode*) pressionando a tecla *Esc*. Você também pode utilizar a tecla de atalho *F* para alternar entre esses modos de exibição.

A opção *Modo de apresentação* (*Presentation Mode*), que pode ser acionada pelas teclas de atalho *Shift* + *F*, ocupará toda a tela e exibirá uma prancheta de cada vez, como se fossem slides de uma apresentação do PowerPoint.

5. Clique nessa opção, ou pressione as teclas de atalho *Shift* + *F*, e use as teclas direcionais do teclado para visualizar cada prancheta.
6. Volte ao *Modo de tela normal* (*Normal Screen Mode*) pressionando a tecla *Esc*.

Ferramenta Prancheta (Artboard)

Com essa ferramenta, você cria uma nova prancheta ou seleciona e altera uma prancheta existente. Quando ativa, você pode visualizar na tela as bordas da prancheta selecionada.

1. Pressione as teclas *Alt* + *Ctrl* + *0* para encaixar todas as pranchetas na janela e ative a ferramenta *Prancheta* (*Artboard*) na barra de ferramentas. Observe a prancheta selecionada.

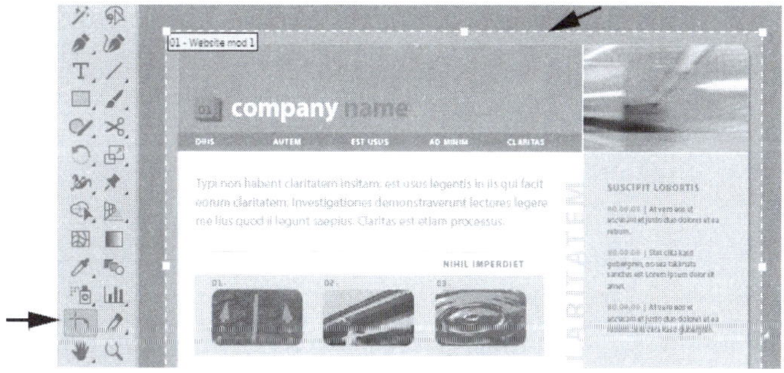

Nos painéis *Controle* (*Control*) e *Propriedades* (*Properties*) você encontra as opções para editar as pranchetas, como tamanho, posição na tela e nome, bem como para usar um tamanho predefinido, criar uma nova ou apagar a prancheta selecionada.

Para selecionar qualquer outra prancheta, basta clicar nela com a ferramenta *Prancheta* (*Artboard*); para criar uma nova com o cursor do mouse, basta clicar e arrastar para uma área vazia.

Alinhamento e distribuição de pranchetas

Você pode alinhar as pranchetas ou distribuí-las uniformemente utilizando o painel *Controle* (*Control*).

2. Ainda com a ferramenta *Prancheta* (*Artboard*) ativa, clique na prancheta de nome *03 - Apresentação* e, mantendo a tecla *Shift* pressionada, clique na prancheta *05 - Banner mod 2.*

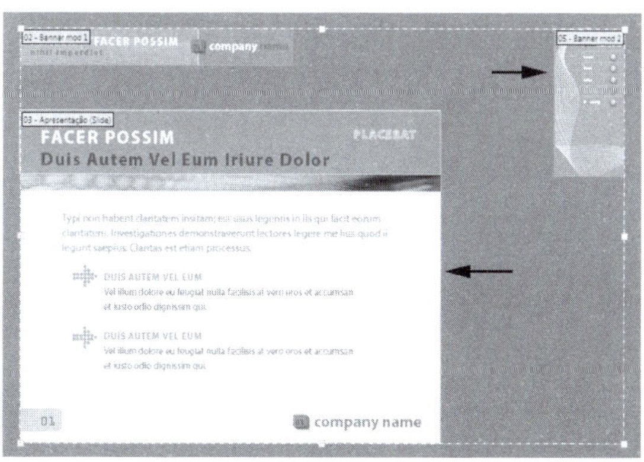

Utilizando a tecla *Shift*, você seleciona mais de uma prancheta ao mesmo tempo. No painel *Controle* (*Control*) são apresentadas as opções de alinhamento e distribuição.

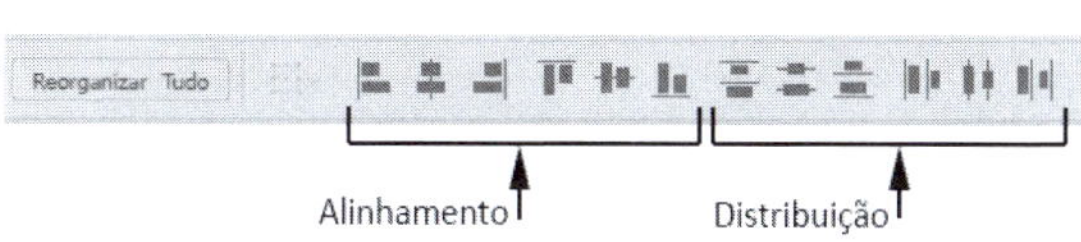

3. Clique no botão *Alinhamento vertical inferior* (*Vertical Align Bottom*), o sexto botão da esquerda para a direita, e as duas pranchetas selecionadas serão alinhadas pela base.

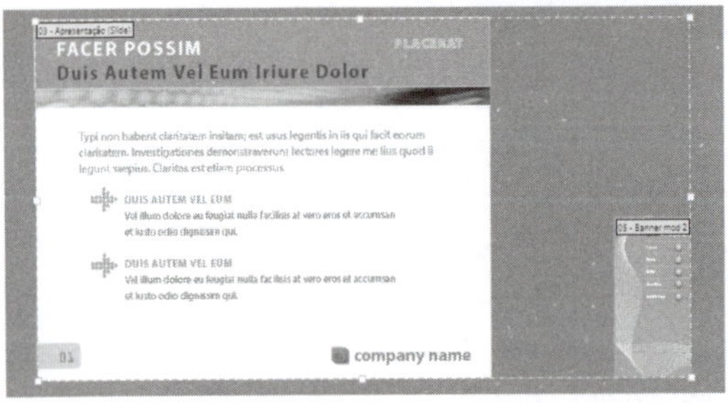

4. Ative a ferramenta *Seleção* (*Selection*) e dê um clique fora das pranchetas para desfazer a seleção.

Não deixe de experimentar as outras opções para ver os resultados e entender como eles funcionam.

Painel Pranchetas *(Artboards)*

5. Outro recurso para navegação entre as pranchetas, mas que também possui outros controles, é o painel *Pranchetas* (*Artboards*). No menu *Janela* (*Window*), clique na opção *Pranchetas* (*Artboards*) e o painel será exibido.

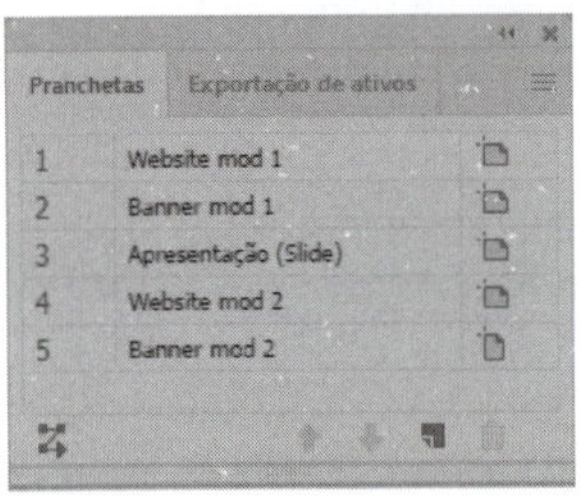

Com ele, você pode executar várias operações relacionadas às pranchetas:

- adicionar, reorganizar e excluir pranchetas;
- reordenar e renumerar pranchetas;
- selecionar e navegar por diversas pranchetas;
- especificar opções de prancheta, como predefinições, tamanho e posição relativa.

6. Você vai utilizá-lo e conhecê-lo melhor no decorrer de seu estudo, portanto feche-o.

Existem mais duas funções bem interessantes com relação às pranchetas que agilizam seu trabalho:

- É possível copiar e colar pranchetas completas entre os documentos abertos no Illustrator com os conhecidos comandos *Copiar* (*Copy*) e *Colar* (*Paste*). Pode-se arrastar e soltar pranchetas entre dois documentos abertos, usar as opções *Recortar* (*Cut*), *Copiar* (*Copy*) e *Colar* (*Paste*) no menu *Editar* (*Edit*) ou usar as teclas de atalho.

- Quando se trabalha com várias pranchetas – para vários tamanhos de tela, por exemplo –, pode ser necessário redimensionar uma delas. Para manter a integridade e as proporções do layout, você pode redimensionar a prancheta e a arte juntas. Basta selecionar a prancheta a ser redimensionada com a ferramenta *Prancheta* (*Artboard*) e, no painel *Propriedades* (*Properties*), ativar a opção *Dimensionar arte com prancheta* (*Scale artwork with Artboard*).

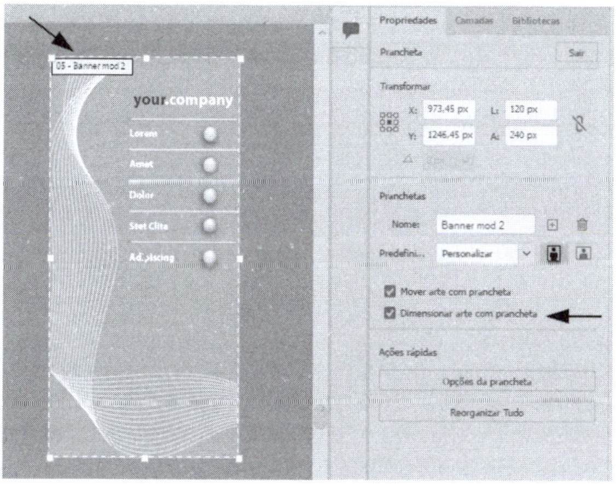

7. Feche o documento sem salvá-lo.

Definindo a sangria

Na área gráfica, a impressão de uma mídia é feita em um papel maior que o seu tamanho original por motivos de economia, ganho de tempo, etc. Por exemplo, capas de CDs não são impressas uma a uma, mas sim várias delas em um papel maior. Depois, essa impressão segue para um equipamento chamado guilhotina, e as capas são cortadas em seu tamanho final.

A sangria é uma área que vai além das medidas do documento e que permite a impressão de elementos que estão fora do tamanho do papel que foi definido para o projeto.

1. Abra o arquivo *Sangria* na pasta *Arquivos de trabalho*. Nele, você encontrará um exemplo de capa de CD.

O tamanho final dessa capa é 120 mm × 120 mm; e no Illustrator é representado pelo quadrado de contorno preto. Esse quadrado é o tamanho do documento definido no momento em que o arquivo foi criado. Ele também é a prancheta e define a área imprimível do documento. Observe que alguns elementos ultrapassam essa área.

Opção Exibição de corte (Trim View)

Nessa opção, o documento é exibido exatamente como ficará depois de pronto e já cortado no tamanho final.

2. No menu *Exibir* (*View*), clique na opção *Exibição de corte* (*Trim View*). Observe as duas imagens de antes e depois do recorte e identifique os elementos que ultrapassam o limite do documento.

3. Desligue a opção *Exibição de corte* (*Trim View*).

A sangria pode ser definida no momento da criação do documento ou em *Configurações de documento* (*Document Setup*).

4. No menu *Arquivo* (*File*), clique em *Configurações de documento* (*Document Setup*) ou utilize as teclas de atalho *Alt + Ctrl + P*.

5. No item *Sangria* (*Bleed*), clique na seta para cima da caixa *Acima* e ajuste o valor para *5 mm*. Observe que em todas as caixas o valor é alterado, pois na lateral direita o botão *Igualar todas as configurações* (*Make All Settings the Same*), representado pelo ícone de uma corrente, está ativado.

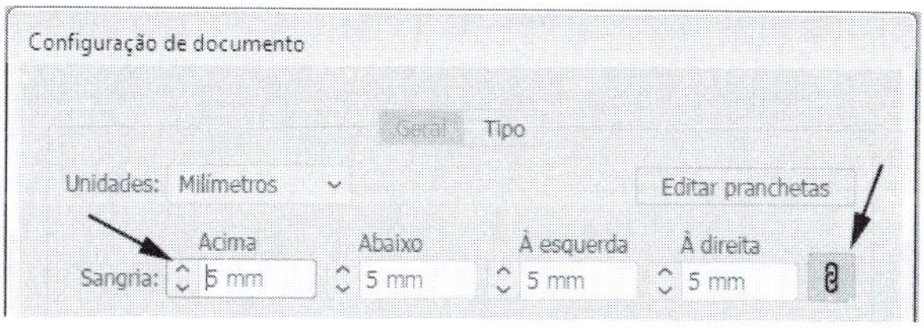

6. Clique no botão *OK* e perceba que um quadrado de contorno vermelho é acrescentado ao documento. Ele mostra a área de sangria que será impressa.

Com esse recurso, você garante que os elementos que estão dentro da área de sangria sejam impressos. Dessa forma, quando fizer o corte do documento em uma guilhotina, mesmo que aconteça um leve deslocamento, as bordas estarão impressas e sem filetes brancos da cor do papel.

Painel Controle (Control)

Esse painel oferece acesso rápido às opções relacionadas aos objetos selecionados ou à ferramenta ativa. Por padrão, o painel *Controle* (*Control*) está logo abaixo da barra de menus.

1. Assim como os outros painéis, ele também pode ser colocado em qualquer área da tela. Clique no último ícone do lado direito e um menu será exibido.

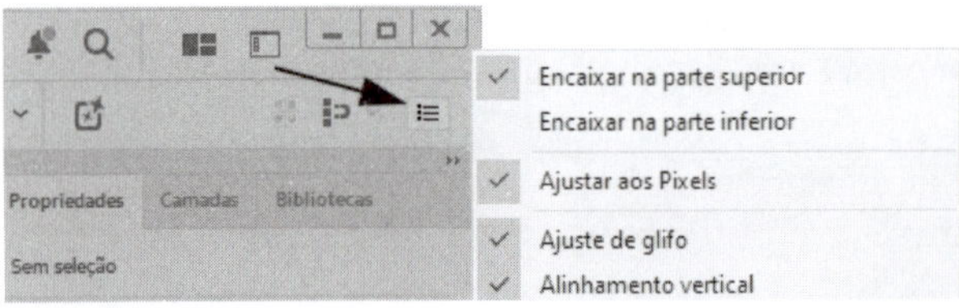

A opção-padrão é a *Encaixar na parte superior* (*Dock to Top*), mas você pode alojar o painel na parte inferior da tela, escolhendo a opção *Encaixar na parte inferior* (*Dock to Bottom*).

Além disso, você pode deixar o painel flutuando sobre a tela. Basta clicar na extremidade esquerda do painel e arrastá-lo para a tela de desenho.

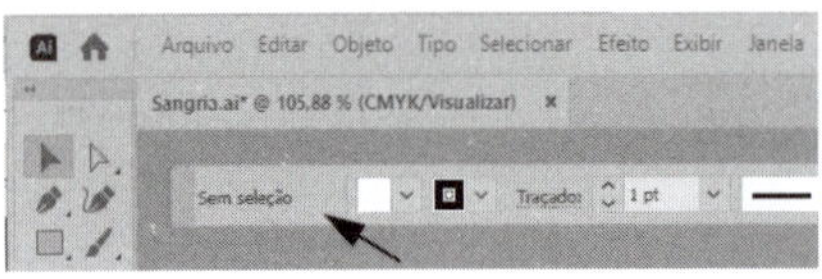

2. Deixe o painel com a opção-padrão *Encaixar na parte superior* (*Dock to Top*) selecionada.
3. Veja como está o painel *Controle* (*Control*) e, em seguida, ative a ferramenta *Tipo* (*Type*). Observe agora que o painel exibe as várias opções de configurações de texto.

4. Clique na ferramenta *Seleção* (*Selection*) para ativá-la. Em seguida, clique no quadrado laranja do fundo da ilustração para selecioná-lo e observe as mudanças no painel *Controle* (*Control*).

Nesse painel, as palavras em negrito e sublinhadas são atalhos para que você abra o painel de ajuste.

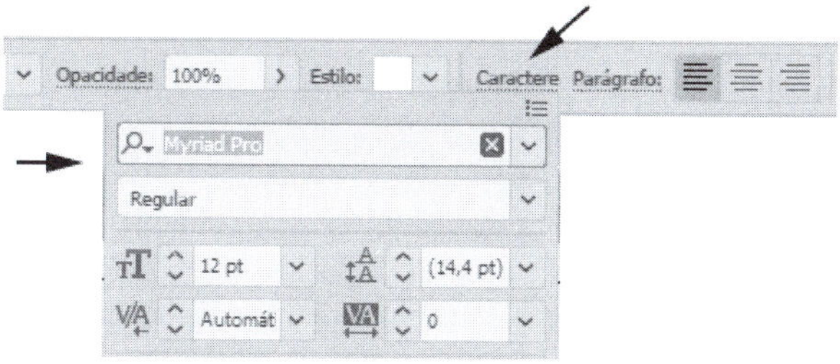

Barra de ajuda (Help Bar)

A *Barra de ajuda* (*Help Bar*) facilita ainda mais seu trabalho, pois exibe dicas específicas de contexto, atalhos de teclado e instruções passo a passo. Ela fica ancorada na base da área de desenho e pode ser desativada ou ativada no menu *Janela* (*Window*).

5. Por exemplo, ative a ferramenta *Tipo* (*Type*) e observe, na barra, as dicas exibidas.

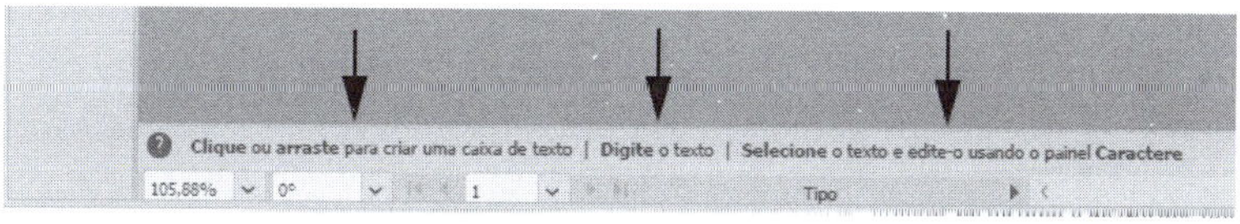

Barra de tarefas contextual (Contextual Task Bar)

A *Barra de tarefas contextual* (*Contextual Task Bar*) fica flutuante na tela e indica as próximas ações mais relevantes para o objeto ou a ferramenta selecionada. Com isso você mantém o foco no objeto em que está trabalhando. Ela pode ser desativada ou ativada no menu *Janela* (*Window*).

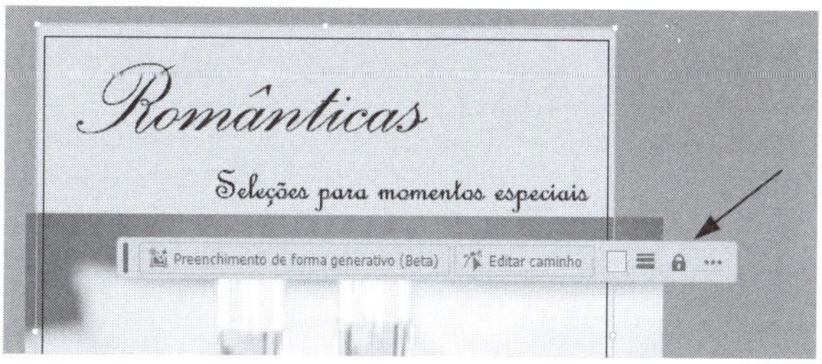

5. Feche o arquivo sem salvá-lo.

Zoom e panorâmica do Illustrator

O zoom nada mais é do que uma lente de aumento que amplia a visualização dos objetos, e não o seu tamanho físico. É uma excelente ferramenta para trabalhar com os detalhes, pois os aproxima, possibilitando maior precisão a suas criações. Já a panorâmica, realizada com a ferramenta *Mão* (*Hand*), permite mover a visualização para os lados, para cima e para baixo, quando se está com um zoom aplicado.

Configurando o desempenho GPU

As placas de vídeo possuem uma unidade de processamento gráfico chamada GPU, especializada em executar comandos para manipulação e exibição de imagens. Com o processamento acelerado pela GPU, você consegue um aumento considerável do desempenho do software. O Illustrator pode utilizar todo o potencial que sua placa de vídeo oferece, bastando ajustar sua configuração.

O benefício de uso da GPU consiste em clicar e arrastar o cursor para aumentar ou diminuir o zoom de forma interativa, o que também acontece com a ferramenta *Mão* (*Hand*) ao aplicar a panorâmica.

1. Pressione as teclas de atalho *Ctrl + O* e abra o arquivo *Ilustracao-zoom.ai*, disponível na pasta *Arquivos de trabalho*.

Se o recurso estiver disponível e habilitado, o Illustrator indica isso na guia de seu arquivo com a palavra *Visualizar* (*Preview*).

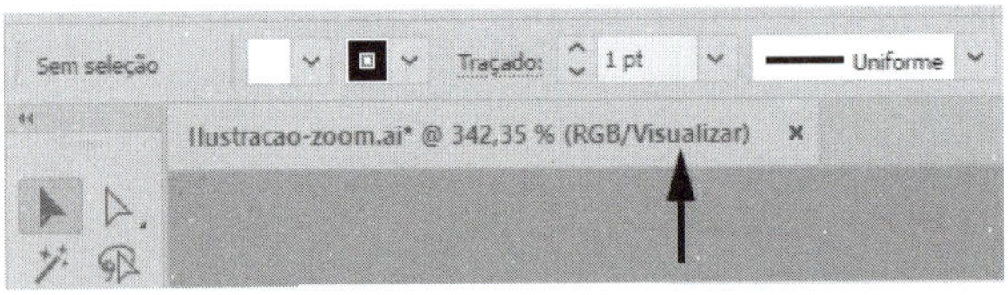

Caso contrário, ele exibirá a frase *Visualização por CPU* (*CPU Preview*):

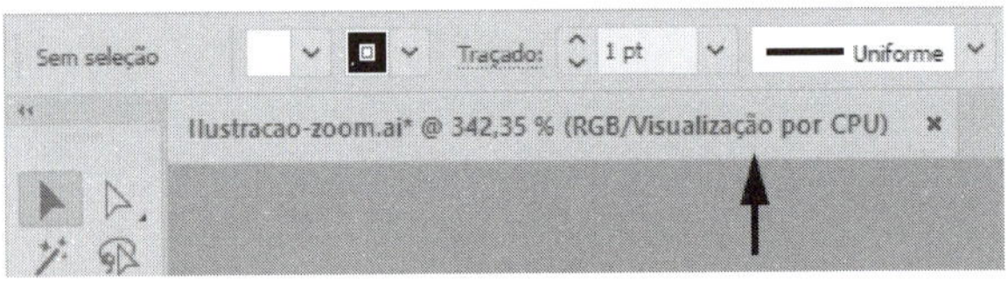

2. Para ajustar as configurações, ative a ferramenta *Seleção* (*Selection*) e clique no botão *Preferências* (*Preferences*), localizado no painel *Controle* (*Control*).
3. No quadro *Preferências* (*Preferences*), clique no item *Desempenho* (*Performance*) na lista de opções. Observe que neste exemplo uma GPU compatível foi detectada e está habilitada, e no item *Detalhes do GPU* (*GPU Details*) estão as informações da placa de vídeo.

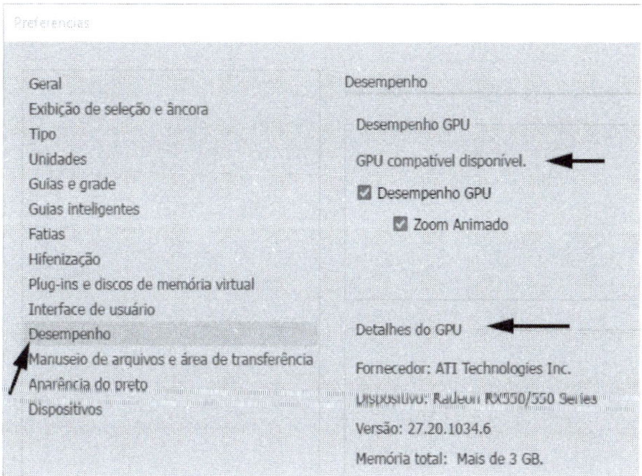

Outro benefício desse recurso é aplicado no desenho e edição de elementos em tempo real no Illustrator. Toda vez que você redimensionar ou mover um elemento de desenho, ele mostra uma exibição ao vivo dos objetos completos, e não mais aquela exibição em grade como era em outras versões.

4. Clique em *Cancelar* (*Cancel*) para fechar o quadro sem alterações.

Ferramenta Zoom *(*Zoom*)*

Existem muitos caminhos para se aplicar o zoom nas ilustrações, e o principal deles é a ferramenta *Zoom* (*Zoom*).

5. Na *Barra de ferramentas*, clique na ferramenta *Zoom* (*Zoom*) para ativá-la e leve o cursor até o conjunto de prédios à esquerda da ilustração.

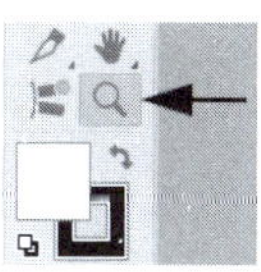

6. Para aumentar o zoom, clique e arraste o cursor para a direita e, para diminuí-lo, arraste para a esquerda. Experimente dando um zoom no conjunto de prédios à esquerda da ilustração. Se o recurso GPU não estiver disponível em seu computador, apenas clique com a ferramenta no local desejado e o zoom será aplicado. Para diminuir o zoom, mantenha a tecla *Alt* pressionada enquanto clica com o mouse.

A porcentagem de zoom aplicada na ilustração é sempre informada na guia do arquivo.

Como visto anteriormente, no canto inferior esquerdo da janela da ilustração existe uma caixa que indica a porcentagem de zoom atual. Você pode clicar na seta ao lado da caixa e uma lista de porcentagens será exibida. Basta escolher a porcentagem desejada e clicar nela ou dar um clique na caixa e digitar o valor desejado.

Ferramenta Mão *(Hand)*

Com esta ferramenta você move a ilustração na janela do documento de forma rápida e suave. Essa ação também se chama panorâmica.

1. Aplique um zoom de *400%* e ative a ferramenta *Mão (Hand)*.
2. Clique na ilustração e arraste o cursor. Perceba como você pode mover a visualização para a região que desejar.

Limite de zoom

Com o Illustrator, você tem o incrível limite de zoom de 64.000%, o que lhe permite criar e editar com muito mais precisão.

1. Para se ter ideia, aplique várias vezes o zoom na região mostrada a seguir, e você descobrirá detalhes não vistos ainda nesta ilustração.

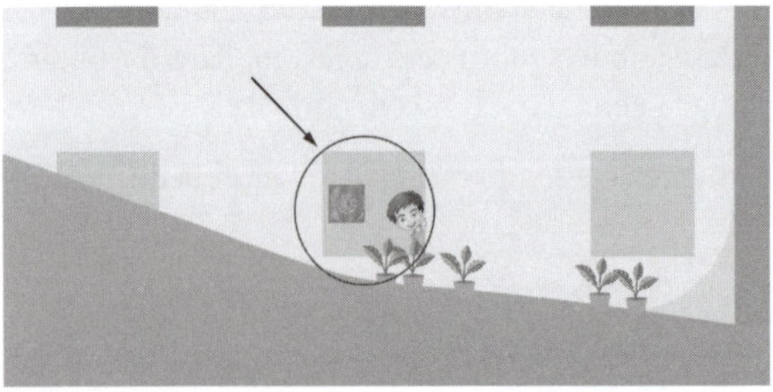

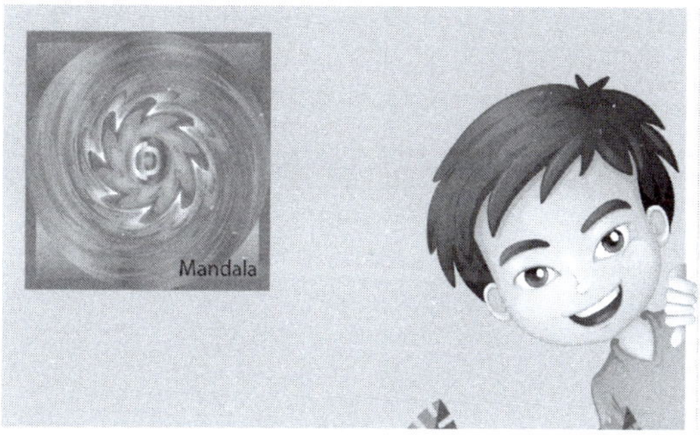

Painel Navegador *(Navigator)*

Para visualizar a sua ilustração, você ainda tem o painel *Navegador* (*Navigator*), que facilita o trabalho exibindo uma miniatura.

1. No menu *Janela* (*Window*), clique na opção *Navegador* (*Navigator*) para abrir o painel.

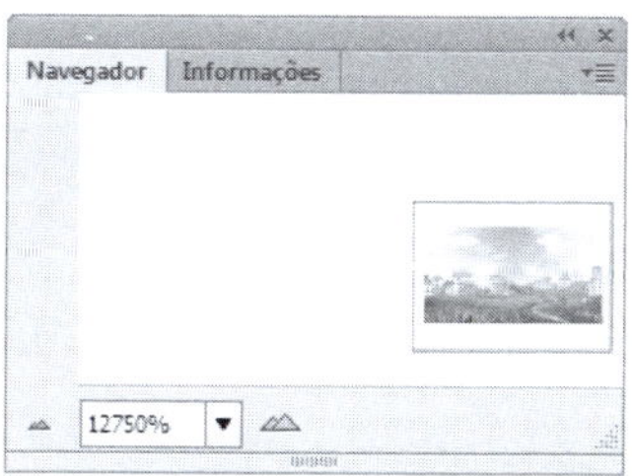

2. Para mudar o zoom pelo navegador, clique na caixa do lado esquerdo inferior do painel, digite, por exemplo, *400*, e tecle *Enter* para aplicar o zoom à ilustração. Não é preciso digitar o símbolo de porcentagem.

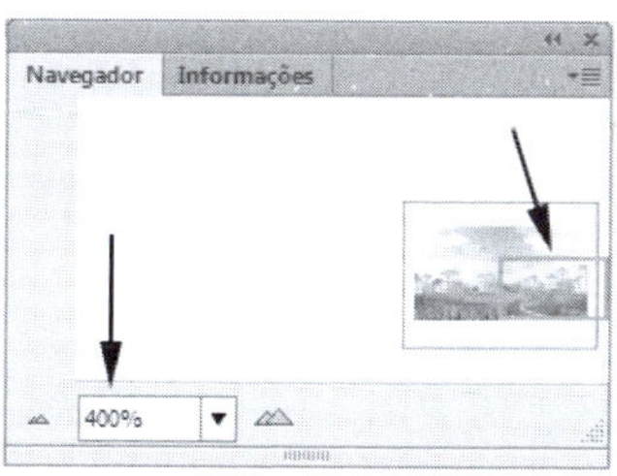

O retângulo de contorno vermelho no navegador indica a área da ilustração em que o zoom está aplicado, a *Área de visualização Proxy* (*Proxy Preview Area*), que o ajuda a navegar sobre sua ilustração.

3. Posicione o cursor sobre o retângulo vermelho no painel, clique e, mantendo o botão do mouse pressionado, movimente-o. Essa é outra forma de você navegar por sua ilustração.

Observe que, enquanto você movimenta o retângulo, a forma de visualizar sua ilustração na área de trabalho também fica diferente. Portanto, você pode ir direto a uma região da ilustração sem mudar o zoom.

Se quiser modificá-lo, clique no botão *Menos zoom* (*Zoom Out*) e *Mais zoom* (*Zoom In*), na parte inferior do painel.

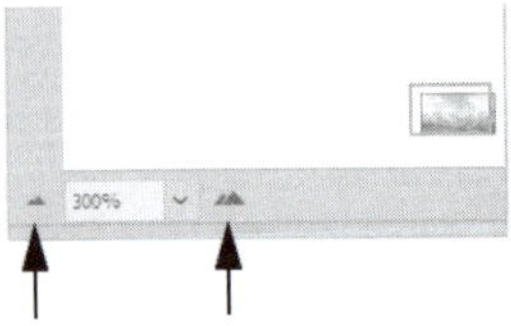

Para aplicar um zoom que encaixe a ilustração na janela, basta dar duplo clique na ferramenta *Mão* (*Hand*). E para aplicar um zoom de 100%, dê duplo clique na ferramenta *Zoom* (*Zoom*).

SALVANDO A ILUSTRAÇÃO

No momento de salvar sua ilustração, o Illustrator disponibiliza um quadro com diversas opções de configuração para manter a compatibilidade do arquivo, além de outros detalhes. Conheça um pouco dessas opções:

1. Dê duplo clique na ferramenta *Mão* (*Hand*) para encaixar a ilustração na tela.
2. Para não salvar essa ilustração sobre a original, abra o menu *Arquivo* (*File*) e clique na opção *Salvar como* (*Save As*).
3. No quadro de diálogo *Salvar como* (*Save As*), localize a pasta *Minhas Ilustrações*.
4. Na caixa *Nome*, altere o nome para *Ilustracao1*.
5. Na caixa *Tipo*, mantenha a opção *Adobe Illustrator* (**.AI*) selecionada e, em seguida, clique no botão *Salvar*. Será exibido o quadro *Opções do Illustrator*.

No menu de opções da caixa *Versão* (*Version*) existem várias opções para salvar o arquivo. Elas são disponibilizadas para que você possa abrir o arquivo em versões anteriores do Illustrator.

6. Deixe a opção *Illustrator 2020* selecionada.
7. As demais serão exploradas em outras atividades para seu melhor entendimento. Clique no botão *OK* para salvar a ilustração.
8. No menu *Arquivo* (*File*), clique em *Fechar* (*Close*) ou pressione as teclas de atalho *Ctrl + W*.

Salvando arquivos na nuvem

Você também pode salvar seus trabalhos na nuvem e acessá-los em qualquer dispositivo, acessando-os, depois, diretamente da tela *Inicial* (*Home*).

Toda vez que você estiver trabalhando com um documento salvo na nuvem, ele será automaticamente salvo na nuvem durante o trabalho, e é possível acompanhar o histórico de versões, além de poder reverter para uma versão anterior quando necessário.

Quando quiser salvar seu documento na nuvem, clique no botão *Salvar documento na nuvem* do quadro *Salvar como* (*Save As*).

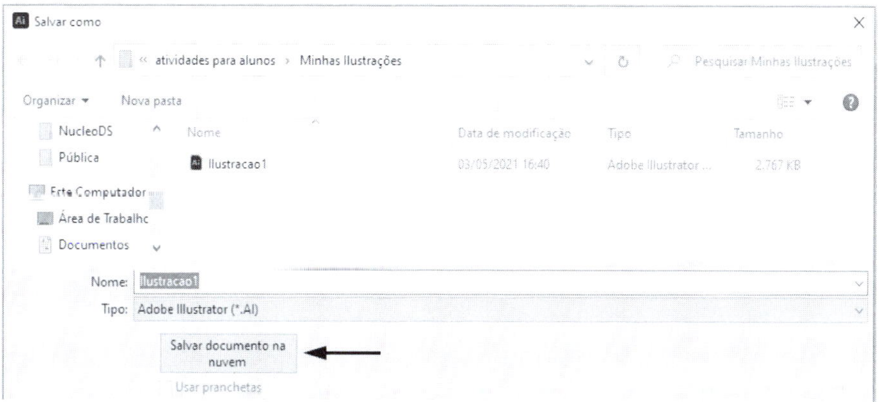

Um novo quatro será exibido mostrando os documentos existentes. No canto superior direito é possível criar novas pastas e alternar a forma de exibição dos arquivos.

Anotações

2

Iniciando o trabalho com ilustrações

Objetivos

» Entender a diferença entre imagem vetorial e de varredura

» Trabalhar com as ferramentas básicas do programa

» Conhecer comandos que facilitam e agilizam a construção de uma ilustração

» Iniciar o trabalho com cores e texto

Ilustração digital

O que vem a ser uma "ilustração digital"? Ilustração é um desenho, uma arte; já digital é aquilo que é produzido em computador, de maneira não analógica.

Mais que isso, uma ilustração digital é na verdade uma imagem vetorial. No computador, você pode criar dois tipos de imagens: a imagem vetorial (vetor) e a imagem de varredura ou mapa de bits (raster).

Imagem vetorial

A imagem vetorial é gerada por softwares para desenho gráfico, como o Illustrator, muito utilizado na criação de desenhos e ilustrações, ou o AutoCAD, amplamente usado em projetos de engenharia e arquitetura. Esse tipo de imagem é criada por meio de equações matemáticas. Por exemplo, para desenhar uma reta são necessários dois pontos e suas coordenadas. Retas e curvas são denominadas vetores.

Veja um exemplo de imagem vetorial. A imagem da direita exibe apenas os traços do desenho, enquanto a da esquerda está totalmente finalizada e colorizada.

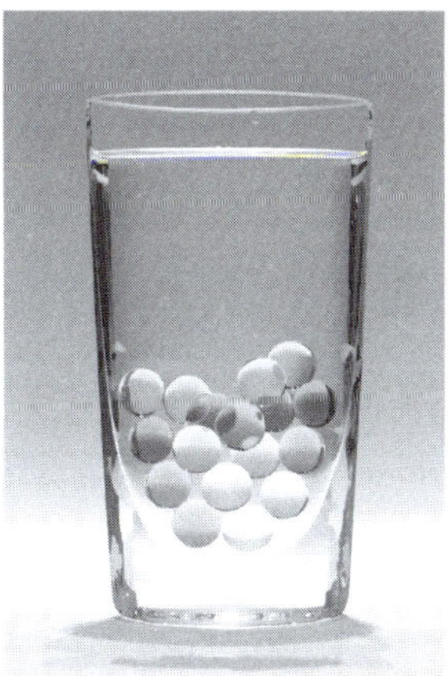

Imagem de varredura

A imagem de varredura, ou mapa de bits, é formada por milhões de pontos agrupados, denominados pixels, em diferentes tonalidades de cor. Para entender melhor esse conceito, lembre-se dos tempos de escola. Certamente, você deve ter feito um trabalho de artes utilizando canetas coloridas para criar um desenho formado por pontos.

Por incrível que pareça, é dessa forma que os programas gráficos que trabalham com imagens de varredura – como o Photoshop – criam e editam as imagens. Os pequenos pontos que formavam o desenho de seu trabalho de artes são nada mais, nada menos que os pixels de hoje. Observe no detalhe os pixels da imagem digitalizada e exibida no Photoshop.

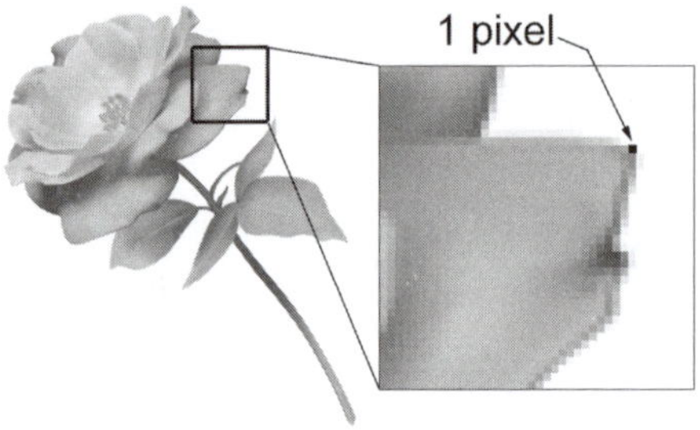

Para ver a diferença entre uma imagem de varredura e uma imagem vetorial, observe o detalhe destacado nas figuras. O primeiro detalhe é a ampliação de uma imagem vetorial produzida no Illustrator, enquanto o de baixo é de uma imagem de varredura tratada no Photoshop.

Uma das vantagens de se produzir ilustrações num software vetorial é a possibilidade de ampliar a imagem sem a perda de qualidade. Imagine o logotipo de uma empresa utilizado em diversas mídias. Você tanto pode utilizá-lo em um cartão de visitas como em um grande banner promocional, pois existe a possibilidade de ampliá-lo ou reduzi-lo sem a perda de qualidade.

Construindo um logotipo

Nas atividades a seguir, você vai construir a primeira parte de um logotipo para uma empresa fictícia chamada ContraSenso, como mostra a figura a seguir, e terá contato com as primeiras ferramentas do Illustrator.

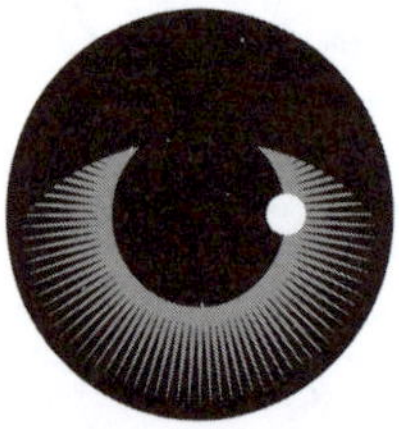

Atividade 1 – Construindo um logotipo (parte 1)

Objetivo: » Criar a ilustração de um olho para explorar as ferramentas básicas e a manipulação de desenhos.

Tarefas: » Criar o fundo do olho, conhecer a ferramenta *Elipse* (*Ellipse*), as cores de contorno, o preenchimento e aprender a salvar a ilustração.

» Criar a íris do olho e explorar a ferramenta *Estrela* (*Star*); aprender como criar uma cor e selecionar objetos.

» Criar a pálpebra do olho e saber como agrupar, copiar e colar objetos, além de conhecer algumas opções do painel *Pathfinder* (*Pathfinder*).

Criando o fundo do olho

A primeira etapa na construção do logotipo será a criação do olho que compõe a ilustração.

1. Clique no botão *Novo arquivo* (*New file*) na tela inicial.
2. Na caixa *Nome* (*Name*), digite *Logo ContraSenso*, selecione a unidade de medida *Milímetros* (*Millimeters*) e ajuste o tamanho do documento para *297 mm* de largura (*width*) × *210 mm* de altura (*height*).
3. Em *Modo de cores* (*Color Mode*), selecione *Cores CMYK*; e em *Efeitos de rasterização* (*Raster Effects*), selecione *Alta* (*High*) (*300 ppi*) caso essa opção não seja a padrão. Esses modos de cor e resolução serão utilizados porque você criará o logo para impressão.
4. Deixe as demais configurações como estão e clique no botão *Criar* (*Create*) para iniciar seu novo documento.

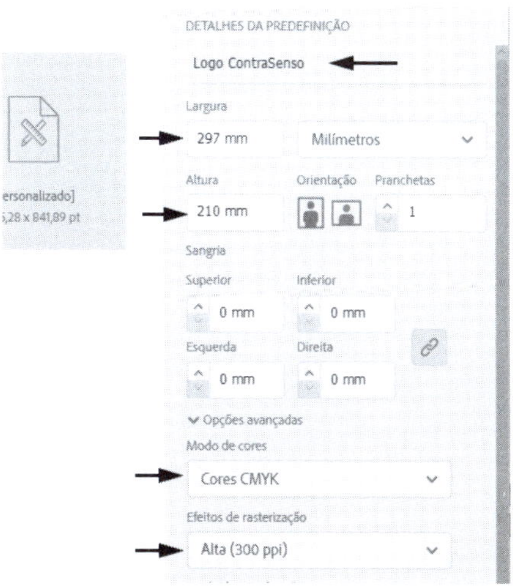

5. Por se tratar de um trabalho que será impresso, clique no botão *Alternar área de trabalho* (*Workspace Switcher*) e selecione a opção *Impressão e prova* (*Printing and Proofing*).

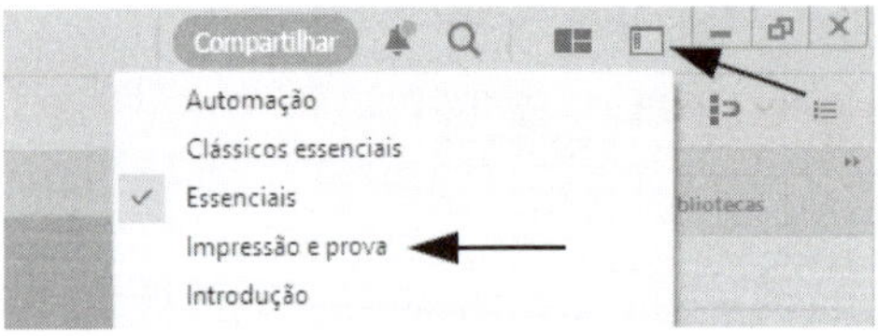

Ferramenta Elipse (Ellipse)

6. Com o botão direito do mouse, clique na ferramenta *Retângulo* (*Rectangle*) na *Barra de ferramentas* e selecione a ferramenta *Elipse* (*Ellipse*).

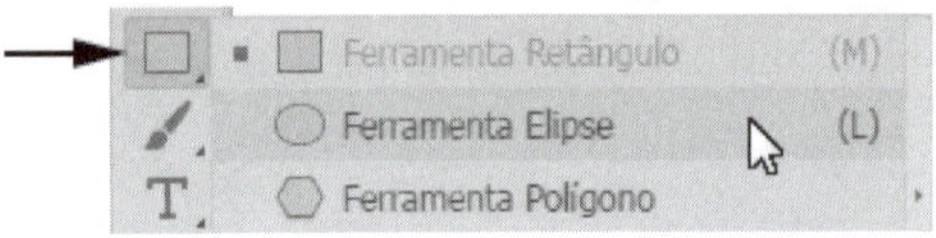

Essa ferramenta permite a criação de elipses, mas pode também criar círculos perfeitos quando associada à tecla *Shift*. Dessa forma, você vai criar o fundo do olho.

7. Leve o cursor até a prancheta e mantenha a tecla *Shift* pressionada. Em seguida, clique e arraste o cursor para desenhar o círculo, liberando o botão do mouse no final, e depois a tecla *Shift*. Não se preocupe agora com o tamanho.

Ferramenta Seleção (Selection)

8. Ative a ferramenta *Seleção* (*Selection*). Ela é utilizada para selecionar os objetos, movê-los e alterar suas dimensões por meio dos controles disponíveis no próprio objeto.

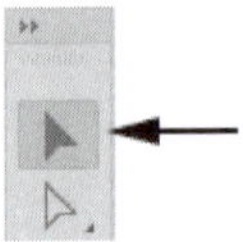

Todo objeto criado no Illustrator é formado por um contorno e um preenchimento. O círculo foi criado com as configurações atuais do Illustrator e, caso você não tenha alterado nenhuma característica anteriormente, ele deverá estar com preenchimento branco e uma linha de contorno preta bem-fina.

Alterando o preenchimento e contorno [*Painel* Controle (Control)]

Quando o objeto está selecionado, o painel *Controle* (*Control*) exibe opções para manipulá-lo e alterar suas características.

9. Clique na seta ao lado da primeira caixa do painel *Controle* (*Control*) para abrir o quadro de opções de cores de preenchimento e selecione a opção *Nenhum* (*None*) para retirar qualquer preenchimento do círculo.

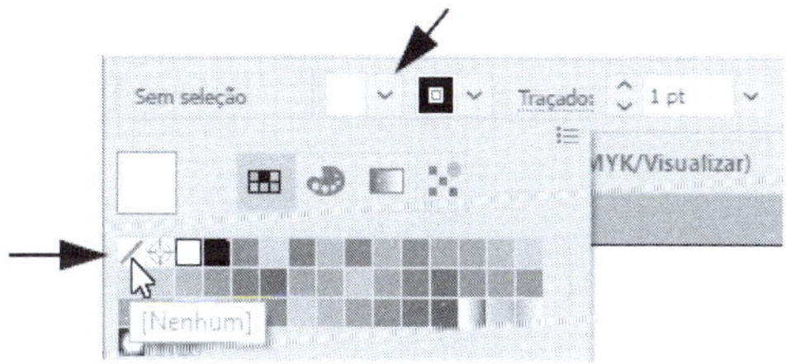

10. Clique na seta ao lado da segunda caixa para escolher a cor de contorno e selecione a cor *Vermelho CMYK* (*CMYK Red*).

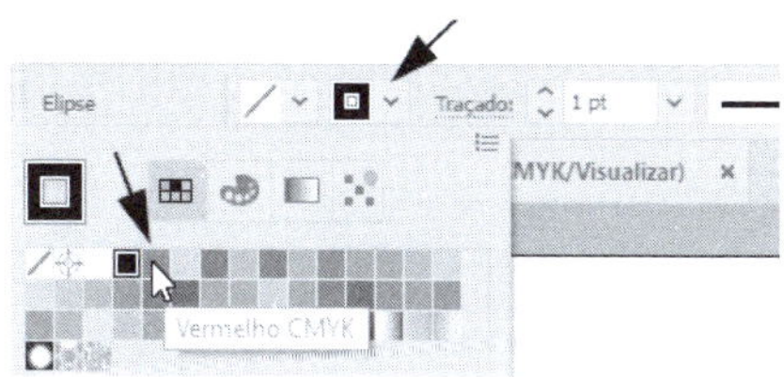

11. Clique na seta ao lado da terceira caixa [*Traçado* (*Stroke*)] para escolher a espessura do contorno e selecione *4 pt*.

Com essas alterações, você viu como é fácil mudar algumas características do objeto.

Alterando o objeto de forma livre

Com a ferramenta *Seleção* (*Selection*) ativada e o objeto selecionado, você pode ver os pontos de ancoragem do objeto criado, representados por um pequeno quadrado, que permite alterar seu tamanho e sua forma.

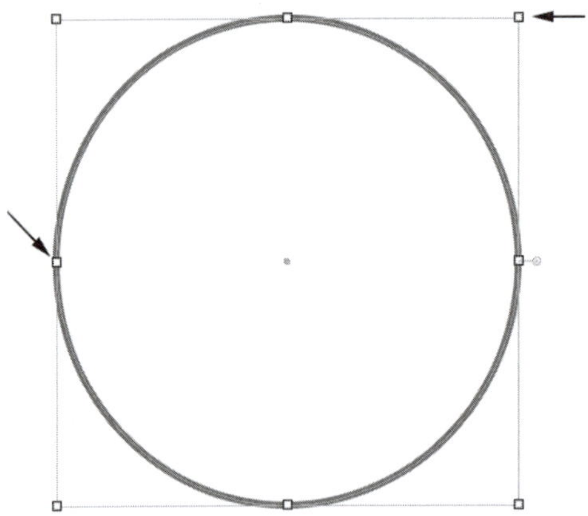

Os pontos localizados nos vértices permitem a alteração da altura e da largura ao mesmo tempo. No entanto, para alterar o objeto proporcionalmente, basta manter a tecla *Shift* pressionada enquanto faz a alteração. Já os pontos localizados no centro das laterais permitem a alteração da largura e da altura. Para efetuar qualquer alteração com a ferramenta *Seleção* (*Selection*), basta pousar o cursor sobre o ponto desejado, clicar e arrastar.

12. Clique em um dos pontos de ancoragem dos cantos do objeto e, mantendo a tecla *Shift* pressionada, altere sua dimensão. Observe que a largura e a altura são alteradas proporcionalmente.

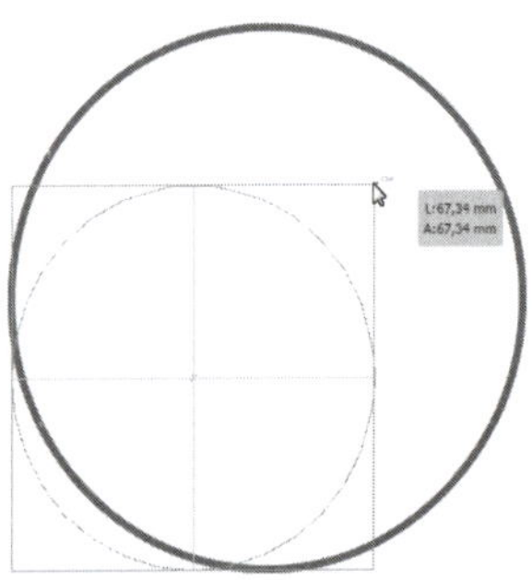

13. Libere o botão do mouse e o objeto estará alterado.

Alterando o objeto com o painel Controle *(*Control*)*

Algumas alterações envolvendo tamanho, posição em relação à prancheta, rotação e inclinação dos objetos podem ser feitas no painel *Controle* (*Control*).

Dependendo da resolução e do tamanho de seu monitor, o painel *Controle* (*Control*) se adaptará e você poderá identificar as diferenças de um para outro. Por exemplo, se você usa um monitor convencional de 17 pol, o painel exibirá o link *Transformar* (*Transform*), que permite abrir um quadro para fazer todas essas alterações. Mas se estiver utilizando um monitor LCD de 22 pol widescreen, o Illustrator terá mais espaço na horizontal e exibirá no próprio painel *Controle* (*Control*) as caixas para você fazer essas alterações.

Depois dessas explicações, continue seu trabalho tendo em mente essas diferenças.

Nas caixas *X* e *Y*, você muda a posição do objeto na área de trabalho; nas caixas *L* e *A*, você muda a largura e a altura do objeto, respectivamente.

14. Com o objeto selecionado, clique no botão *Restringir proporções de largura e altura* (*Constrain Width and Height Proportions*) para ativá-lo (caso esteja desativado). Seu ícone é de uma corrente e, quando ativo, ficará com o fundo cinza escuro.

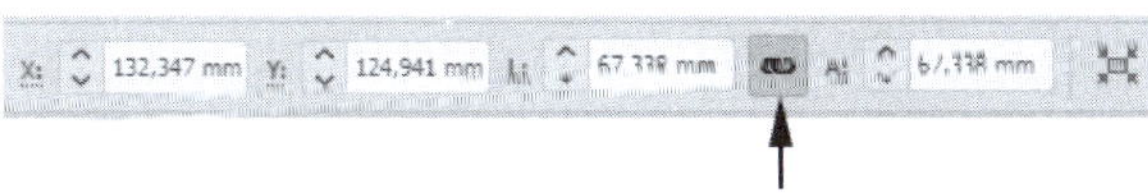

Dessa forma, qualquer alteração que você fizer na caixa *Largura da elipse* (*Ellipse Width*) será feita também na caixa *Altura da elipse* (*Ellipse Height*), pois a proporcionalidade será mantida.

15. Clique na caixa *Largura da elipse* (*Ellipse Width*) e altere o valor para *100*. Não é necessário colocar a unidade de medida, pois o Illustrator utiliza a unidade que já estava na caixa.

16. Tecle *Enter* e a alteração será feita no objeto. Observe que a caixa *Altura da elipse* (*Ellipse Height*) também foi alterada, assumindo a mesma medida.

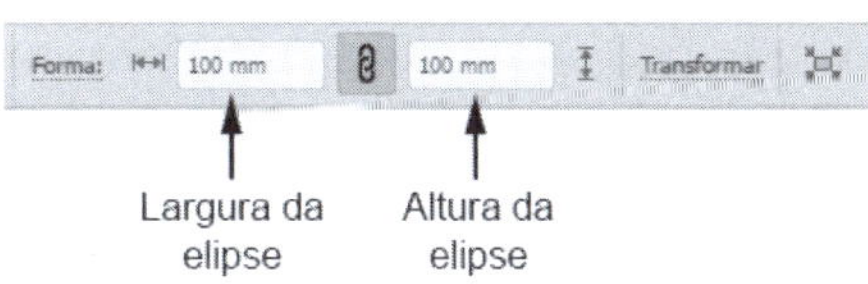

17. Clique novamente na seta da primeira caixa do painel *Controle* (*Control*) e selecione o *Preto* (*Black*) para alterar o preenchimento do círculo; na segunda caixa, remova a cor de contorno clicando na opção *Nenhum* (*None*), pois nesta atividade ela não será necessária.

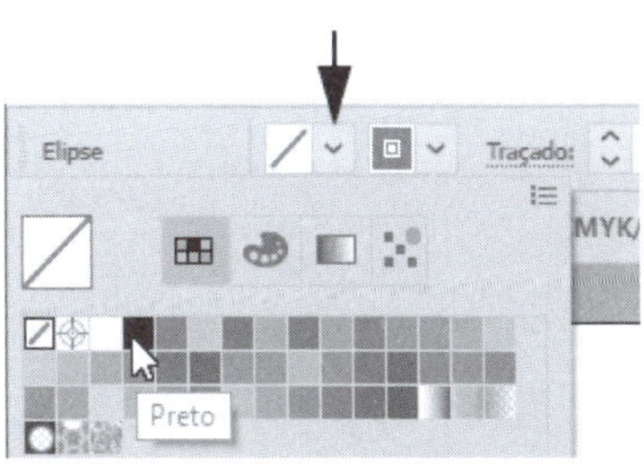

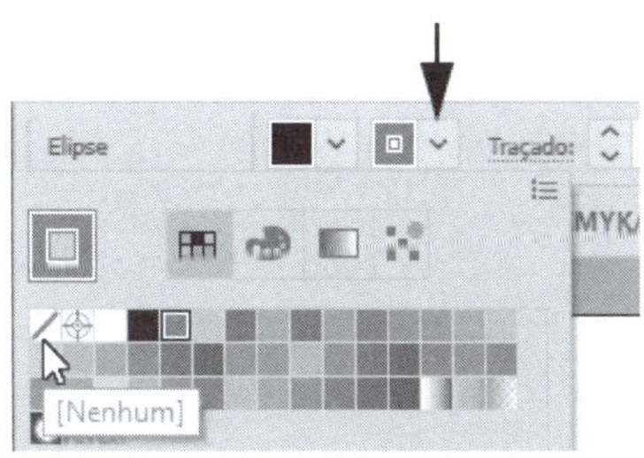

18. No menu *Arquivo* (*File*), clique na opção *Salvar* (*Save*), ou utilize as teclas de atalho *Ctrl + S*. No quadro *Salvar como* (*Save As*), localize a pasta *Minhas Ilustrações*.

19. Observe que na caixa *Nome* aparecerá o nome que você definiu quando criou o documento, bem como na caixa *Tipo*, a opção *Adobe Illustrator* (**.AI*) já estará selecionada por padrão. Em seguida, clique no botão *Salvar*.

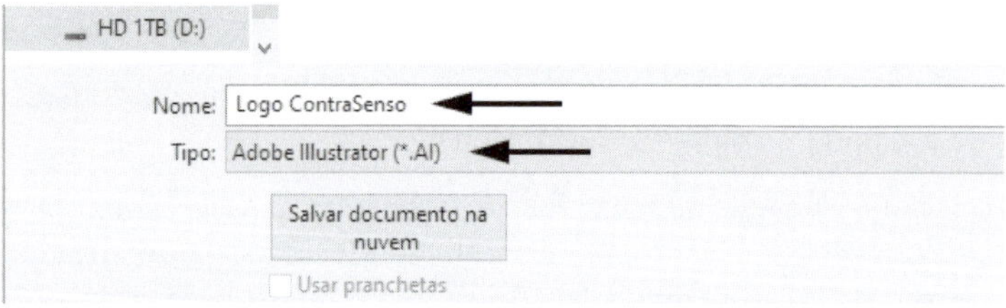

20. No quadro *Opções do Illustrator* (*Illustrator Options*), mantenha a versão para *Illustrator 2020* e ative a caixa de opção *Criar arquivo compatível com PDF* (*Create PDF Compatible File*), caso ela ainda não esteja ativada, pois assim você poderá importar esse arquivo em outros trabalhos. Em seguida, clique no botão *OK*.

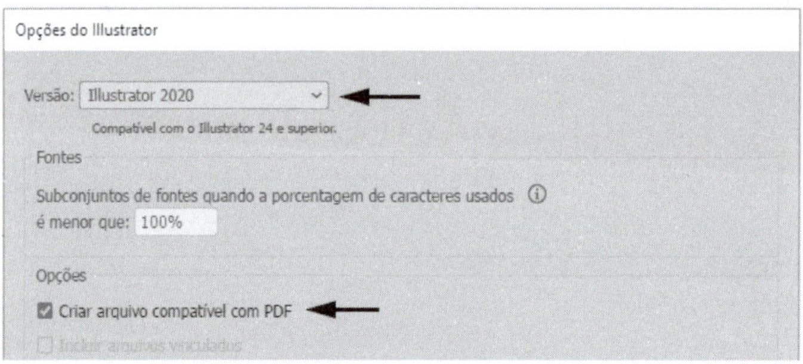

Criando a íris do olho

Na construção da íris, você conhecerá mais ferramentas e procedimentos que auxiliarão na criação de ilustrações de modo preciso.

Ferramenta Estrela (Star)

1. Clique na ferramenta *Elipse* (*Ellipse*) na barra de ferramentas com o botão direito do mouse e selecione a ferramenta *Estrela* (*Star*) para ativá-la.

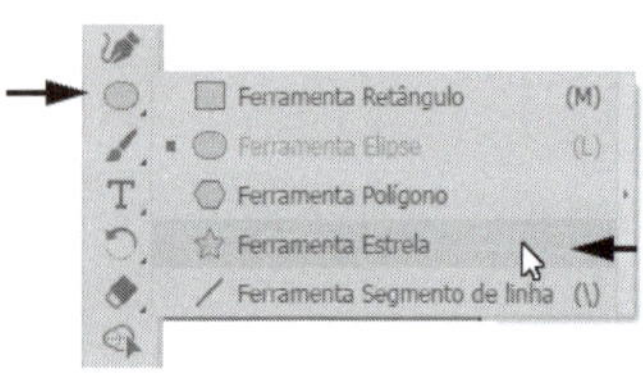

Boa parte das ferramentas que criam elementos no Illustrator possui duas formas de trabalho:

- Você pode clicar e arrastar o cursor do mouse sobre a área de desenho e definir o tamanho do elemento manualmente.
- Ou dar apenas um clique, e o Illustrator abrirá um pequeno quadro de diálogo para você dar entrada nas dimensões desejadas. Esse quadro vai variar de acordo com a ferramenta escolhida.

2. Depois de ativar a ferramenta *Estrela* (*Star*), leve o cursor até a área de desenho e dê um clique: o quadro de diálogo *Estrela* (*Star*) será exibido.
3. Altere os valores de acordo com os dados a seguir:
    - na caixa *Raio 1* (*Radius 1*), altere o valor para *46 mm* para definir o raio externo (ou maior);
    - na caixa *Raio 2* (*Radius 2*), altere o valor para *25 mm* para definir o raio interno (ou menor);
    - na caixa *Pontos* (*Points*), altere o valor para *100*, pois isso definirá o número de pontas da estrela.
4. Clique no botão *OK* para finalizar e a estrela estará criada.
5. Ative a ferramenta *Seleção* (*Selection*), dê um clique fora da estrela para desfazer a seleção e veja o resultado.

Estrela selecionada.

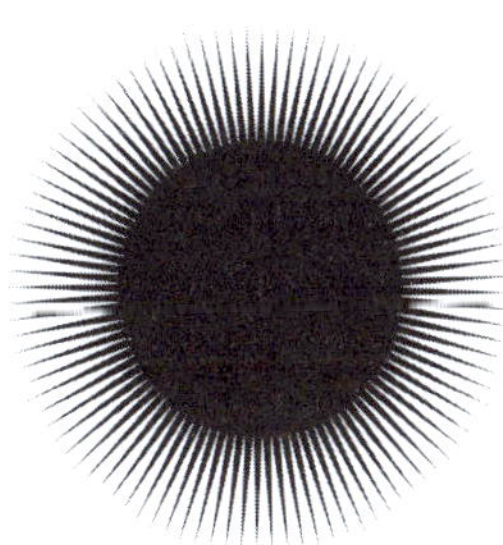

Estrela sem seleção.

6. Clique novamente na estrela para selecioná-la.

Criando uma cor

A cor que será utilizada na íris deverá ser criada. Para isso, você utilizará o painel *Cor* (*Color*) que, por padrão, está no topo dos painéis, do lado direito.

7. Clique no ícone para exibir o painel *Cor* (*Color*). Os símbolos no canto superior esquerdo do painel indicam a parte do objeto à qual será atribuída a cor.

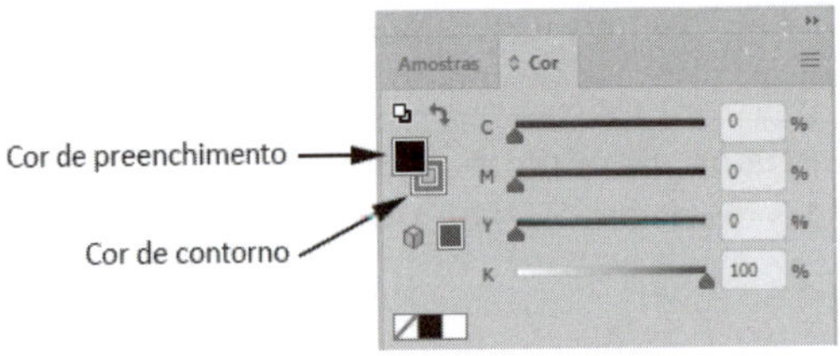

8. Esse objeto não deverá ter contorno. Portanto, clique no quadrado referente à cor de contorno e, então, clique no item *Nenhum* (*None*) para remover a cor.

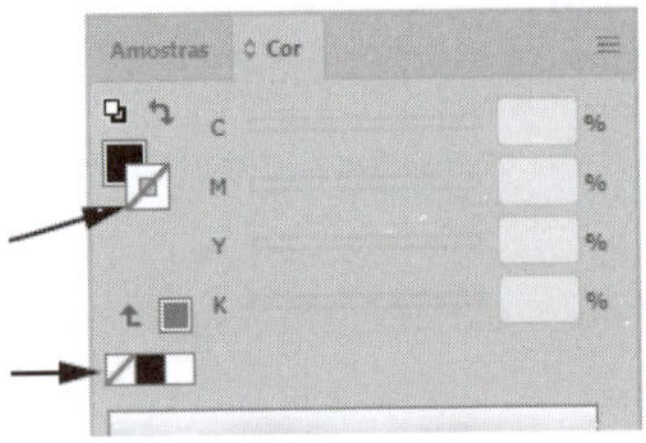

9. Clique no quadrado referente à cor de preenchimento para alterá-la.

Apenas recordando: quando você criou o documento, o padrão de cores escolhido foi o *CMYK*, pois o intuito é imprimir o documento. Logo, no painel *Cor* (*Color*), você terá os controles de cada uma dessas cores.

10. Utilize os controles deslizantes ou digite os valores diretamente nas caixas de cada cor para alterar. Imediatamente, a cor será atribuída à estrela, pois ela está selecionada.

- C (ciano) = 79.
- M (magenta) = 15.
- Y (amarelo [*yellow*]) = 0.
- K (preto [*black*]) = 0.

Todas as cores possuem um código hexadecimal, mesmo as criadas por você, e o painel *Cor* (*Color*) gera esse código automaticamente. Observe que no canto inferior direito do painel há uma caixa que exibe esse código.

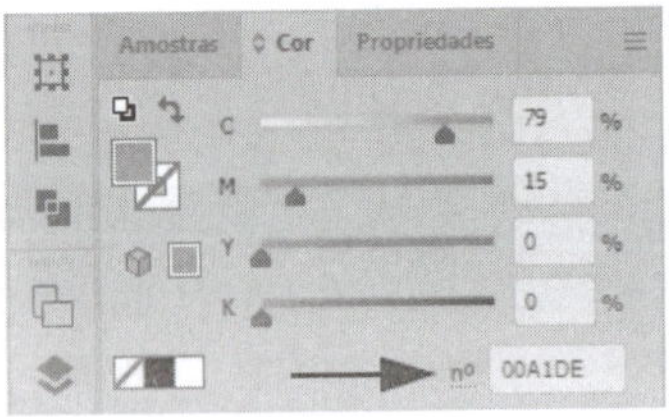

Ao clicar no símbolo de número, o código é copiado para a área de transferência. Dessa forma, você pode aplicá-lo em outro software sem precisar digitar os valores de cada componente da cor.

Alinhando objetos

Para colocar a íris sobre o fundo do olho de forma que os dois objetos fiquem centralizados, você utilizará o recurso de alinhamento.

O Illustrator possui recursos de alinhamento de objetos na vertical e na horizontal muito simples de serem utilizados. Quando você seleciona mais de um objeto, o painel *Controle* (*Control*) exibe as opções de alinhamento.

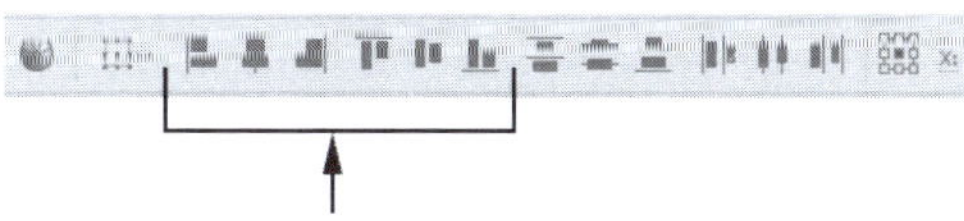

Ao lado esquerdo dos botões de alinhamento do objeto está o botão em que você escolhe em relação a que o alinhamento será feito. Quando houver apenas um objeto selecionado, os botões de alinhamento entre objetos não são exibidos.

11. Clique no círculo para selecioná-lo e depois no botão *Alinhar* (*Align*) no painel *Controle* (*Control*). Em seguida, clique na opção *Alinhar à prancheta* (*Align to Artboard*).

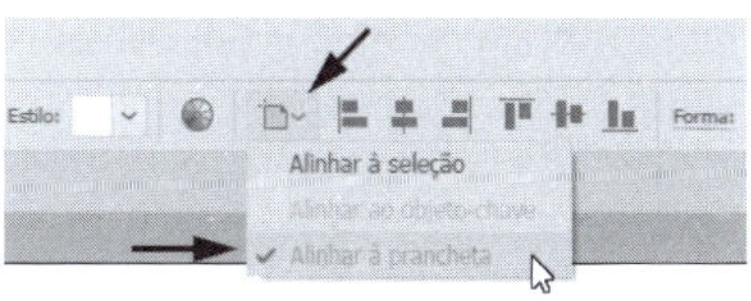

12. Com essas opções, você vai centralizar o círculo na prancheta. Dê um clique nos botões *Alinhamento horizontal centralizado* (*Horizontal Align Center*) e *Alinhamento vertical centralizado* (*Vertical Align Center*).

Alinhando com a opção Objeto-chave (Key Object)

Agora, você precisa alinhar a estrela com o círculo. Bastaria selecionar os dois e clicar nos botões de alinhamento. Mas, nesse caso, o Illustrator deslocaria os dois objetos de sua posição. Você precisa manter o círculo no centro da página, para utilizá-lo como referência.

13. Com a ferramenta *Seleção* (*Selection*), selecione a estrela e, com a tecla *Shift* pressionada, dê um clique no fundo do olho para selecioná-lo.

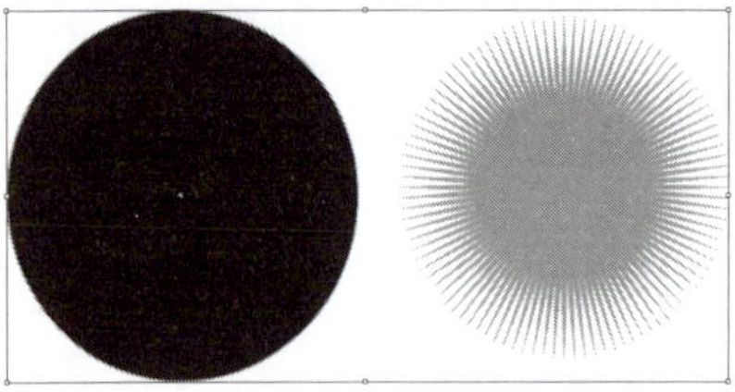

Você também pode selecionar os objetos clicando com a ferramenta *Seleção* (*Selection*) em uma área externa a eles e arrastar o cursor para criar uma seleção que englobe pelo menos uma parte dos objetos que serão selecionados.

14. Clique no botão *Alinhar à seleção* (*Align to Selection*) no painel *Controle* (*Control*) e selecione a opção *Alinhar ao objeto-chave* (*Align to Key Object*). O objeto-chave é o objeto de referência que será utilizado para alinhar os demais objetos selecionados.

Veja que uma linha azul mais grossa agora contorna o objeto-chave. A estrela foi definida como objeto-chave, pois foi o último objeto desenhado e está na área de seleção.

15. Clique no círculo e ele passará a ter a linha azul mais grossa, indicando que agora ele é o objeto-chave.
16. Clique no botão *Alinhamento horizontal centralizado* (*Horizontal Align Center*) e *Alinhamento vertical centralizado* (*Vertical Align Center*). Veja que os dois objetos foram alinhados pelo centro, mas o que se moveu foi apenas a estrela.

Para realizar esses alinhamentos, além do painel *Controle* (*Control*) há também o painel *Alinhar* (*Align*), acessado pelas teclas de atalho *Shift + F7* ou pelo menu *Janela/Alinhar* (*Window/Align*). Nele, você encontrará as mesmas opções do painel *Controle* (*Control*), além de outras que serão vistas mais adiante.

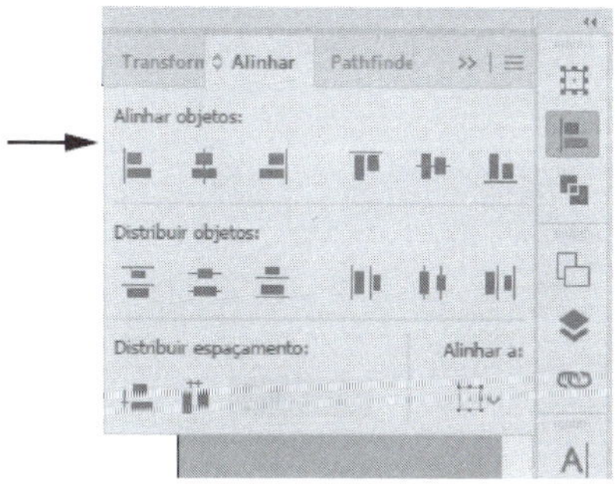

17. Ative a ferramenta *Elipse* (*Ellipse*) novamente e dê apenas um clique na área do desenho para exibir o quadro *Elipse* (*Ellipse*).

18. Altere os valores de *Largura* (*Width*) e *Altura* (*Height*) para *45 mm*, que definem o diâmetro, e clique no botão *OK* para criar o círculo.

19. Ainda com o círculo selecionado, altere sua cor para *Preto* (*Black*), caso não seja a cor do preenchimento. Para isso, basta clicar na cor escolhida no painel *Amostras* (*Swatches*).

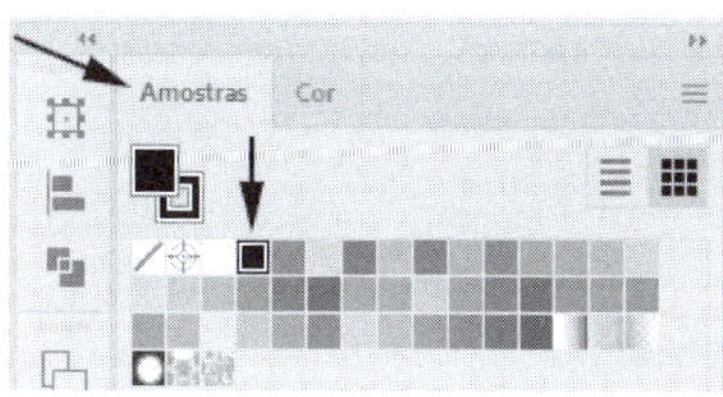

Esse painel fornecerá a você uma série de cores, gradientes e padrões predefinidos. Mas, além disso, ele é usado principalmente para controlar as cores, os gradientes e os padrões de preenchimento de seu projeto, podendo armazená-los para facilitar a utilização.

20. Com a ferramenta *Seleção* (*Selection*), selecione os três objetos. Mantenha a tecla *Shift* pressionada e vá clicando nos objetos ou, se preferir, clique fora deles e arraste o cursor, englobando pelo menos uma parte de cada um.

21. No painel *Controle* (*Control*), selecione a opção *Alinhar ao objeto-chave* (*Align to Key Object*) e clique na estrela para defini-la como objeto-chave.

22. No painel *Alinhar* (*Align*), clique no botão *Alinhamento horizontal centralizado* (*Horizontal Align Center*) e *Alinhamento vertical centralizado* (*Vertical Align Center*).

23. Para finalizar esta etapa, ainda com a ferramenta *Elipse* (*Ellipse*), crie um círculo de *10 mm* de diâmetro.

24. Posicione a ferramenta *Seleção* (*Selection*) no centro do novo círculo, clique e arraste, levando-o até a lateral esquerda da pupila.

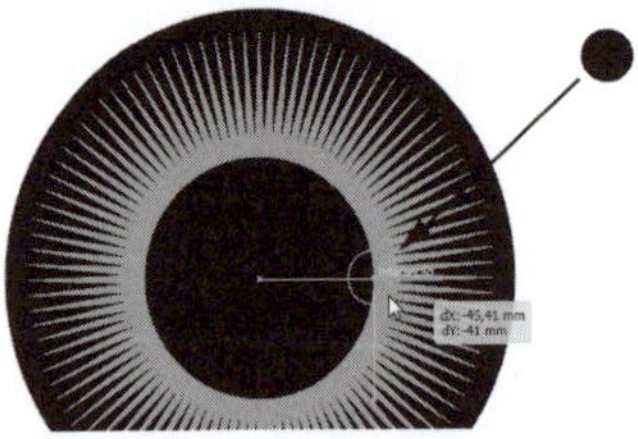

25. Ainda com o círculo selecionado, e usando o painel *Amostras* (*Swatches*), altere a cor de preenchimento para *Branco* (*White*) e retire a cor de contorno. Em seguida, desfaça a seleção para ver o resultado.

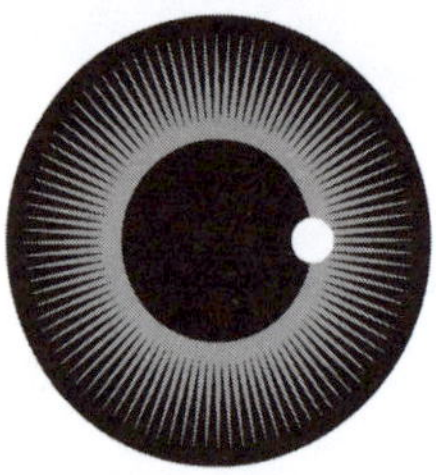

26. Abra o menu *Arquivo* (*File*) e clique na opção *Salvar* (*Save*). Nunca se esqueça de salvar seu trabalho com frequência.

CRIANDO A PÁLPEBRA

Para finalizar o olho, você vai criar a pálpebra utilizando novas ferramentas e recursos.

Agrupando objetos

Para evitar o deslocamento acidental dos objetos criados, é importante agrupá-los. Para isso, você tem o recurso *Agrupar* (*Group*).

1. Com a ferramenta *Seleção* (*Selection*), selecione todos os objetos e pressione as teclas de atalho *Ctrl + G*, ou abra o menu *Objeto* (*Object*) e clique na opção *Agrupar* (*Group*).

> Você também pode clicar com o botão direito do mouse nos objetos selecionados e, no menu de contexto, clicar na opção *Agrupar* (*Group*).

Copiando e colando objetos

2. Com a ferramenta *Elipse* (*Ellipse*), crie um novo círculo com o mesmo diâmetro do fundo do olho (*100 mm*).
3. Altere a cor de preenchimento para *Preto* (*Black*) e faça uma cópia desse círculo pressionando as teclas *Ctrl + C* ou utilizando o menu *Editar/Copiar* (*Edit/Copy*).

Se você utilizar as teclas de atalho *Ctrl + V* para colar o objeto copiado, a cópia será colocada sobre ele, mas ficará deslocada. O Illustrator possui duas opções para colar uma cópia no menu *Editar* (*Edit*).

4. Abra o menu *Editar* (*Edit*) e selecione a opção *Colar na frente* (*Paste in Front*). Assim, a cópia do objeto será colocada exatamente sobre a original.

> A opção *Colar atrás* (*Paste in Back*) fará a cópia ser colocada atrás do objeto original.

5. Altere a cor da cópia do objeto para *Amarelo CMYK* (*CMYK Yellow*), apenas para diferenciar. Essa cópia será utilizada para recortar o círculo preto e formar a pálpebra.
6. Pressione as teclas de atalho *Shift + F8* para exibir o painel *Transformar* (*Transform*). Observe que esse painel está no mesmo grupo dos painéis *Alinhar* (*Align*) e *Pathfinder* (*Pathfinder*).
7. Clique no botão *Restringir proporções de largura e altura* (*Constrain Width and Height Proportions*) para desativar essa opção, pois você vai alterar apenas a altura do círculo.

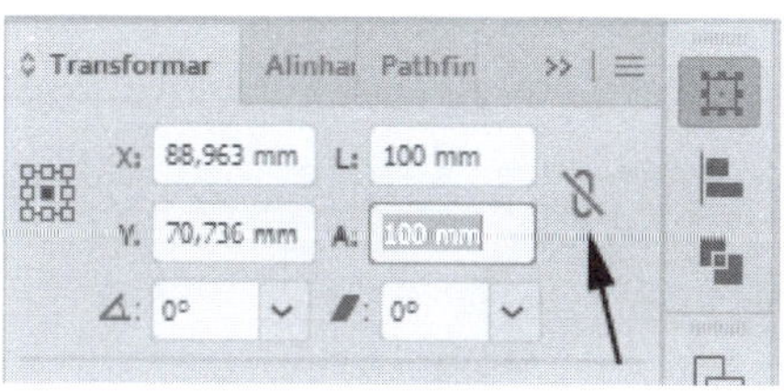

8. Na caixa *A* (*H*), digite *68 mm* e tecle *Enter*. Essa dimensão é apenas uma sugestão para a sua ilustração ficar igual à original. Se quiser, você pode também experimentar outras medidas.
9. Selecione os dois objetos e, no painel *Controle* (*Control*) ou *Alinhar* (*Align*), selecione a opção *Alinhar à seleção* (*Align to Selection*) e clique em *Alinhamento vertical inferior* (*Vertical Align Bottom*).

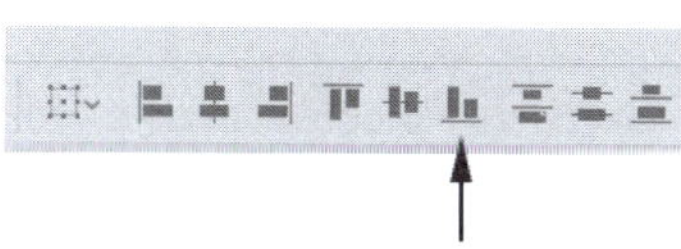

Opção Modos de forma *do painel* Pathfinder *(*Pathfinder*)*

Você utilizará a elipse para recortar o círculo preto e, assim, obter a pálpebra do olho. Para fazer esse tipo de recorte, utilize o painel *Pathfinder* (*Pathfinder*).

10. Clique na guia do painel *Pathfinder* (*Pathfinder*) para exibi-lo ou pressione as teclas de atalho *Shift + Ctrl + F9*.

O painel *Pathfinder* (*Pathfinder*) oferece duas opções de trabalho: os botões *Modos de forma* (*Shape Modes*) e os botões *Pathfinders* (*Pathfinders*). Nesta etapa do trabalho, você utilizará os botões *Modos de forma* (*Shape Modes*).

Essa opção permite combinar os objetos selecionados para obter novas formas, mas sem recortar os objetos. Da esquerda para a direita, na fileira de botões *Modos de forma* (*Shape Modes*), você terá as alternativas:

- *Unir* (*Unite*): soma os objetos selecionados para formar um novo.
- *Menos frente* (*Minus Front*): elimina o objeto superior e a área que ele cobre do objeto inferior.
- *Interseção* (*Intersect*): mantém apenas a área de interseção entre os objetos sobrepostos.
- *Excluir* (*Exclude*): elimina a área de interseção entre os objetos sobrepostos.

11. Com os dois objetos selecionados, clique no segundo botão da opção *Modos de forma* (*Shape Modes*) e veja o resultado.

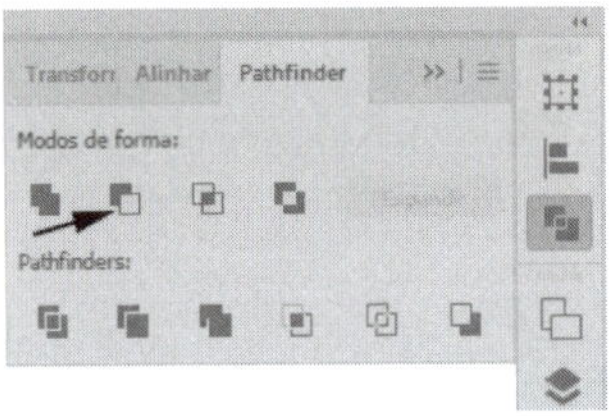

12. Agora, selecione esse novo objeto e o grupo do olho. No painel *Alinhar* (*Align*), ative a opção *Alinhar ao objeto-chave* (*Align to Key Object*).

13. Clique no grupo do olho para defini-lo como objeto-chave; em seguida, clique nos botões *Alinhamento horizontal centralizado* (*Horizontal Align Center*) e depois *Alinhamento vertical superior* (*Vertical Align Top*).

14. Com a ferramenta *Seleção* (*Selection*), desfaça a seleção e veja como ficará o olho finalizado.

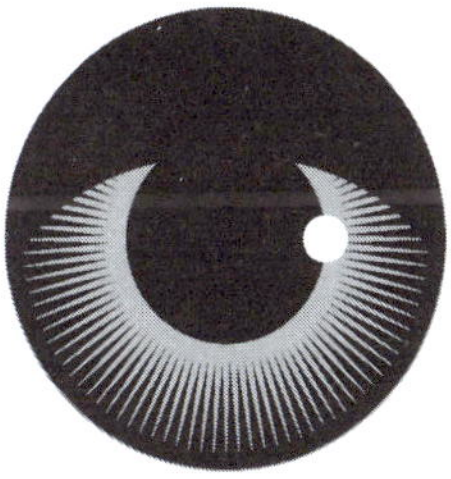

15. Selecione todos os objetos e pressione *Ctrl + G* para agrupar tudo; em seguida, salve sua ilustração.

Atividade 2 – Construindo um logotipo (parte 2)

Objetivo:

» Finalizar a ilustração do logotipo para explorar as ferramentas básicas e a manipulação de objetos.

Tarefas:

» Construir o plano de fundo do logotipo utilizando as ferramentas *Retângulo arredondado* (*Rounded Rectangle*) e *Conta-gotas* (*Eyedropper*).

» Trabalhar com réguas e linhas-guia para alterar a unidade de medida e a origem das réguas.

» Conhecer a opção *Encaixar no ponto* (*Snap to Point*).

» Conhecer e utilizar o painel *Propriedades* (*Properties*).

» Copiar e girar objetos.

» Finalizar o logotipo conhecendo a ferramenta *Tipo* (*Type*).

As ferramentas Forma

Até o momento você conheceu e utilizou, de forma básica, as ferramentas *Retângulo* (*Rectangle*) e *Elipse* (*Ellipse*). Elas fazem parte do conjunto de ferramentas *Forma*, e a maioria delas possui recursos dinâmicos que evitam a troca de ferramentas quando forem necessárias determinadas edições, facilitando e agilizando sua produtividade. Com esse recurso, você pode ajustá-las interativamente com a própria ferramenta de criação.

Entre as ferramentas *Forma* que possuem esses recursos estão *Retângulo* (*Rectangle*), Retângulo arredondado (*Rounded Rectangle*), *Elipse* (*Ellipse*), *Polígono* (*Polygon*) e *Segmento de linha* (*Line Segment*), e cada uma tem sua particularidade quanto a esse recurso.

Ferramenta Retângulo arredondado (Rounded Rectangle)

1. Desloque o desenho do olho para a área externa da prancheta.
2. Ative a ferramenta *Retângulo arredondado* (*Rounded Rectangle*). Essa ferramenta permite a criação de retângulos com cantos arredondados. Caso a ferramenta não esteja disponível na Barra de ferramentas (*Toolbars*), acesso o menu Janela (*Window*)/Barras de ferramentas (*Toolbars*) e selecione a opção Avançado (*Advanced*).

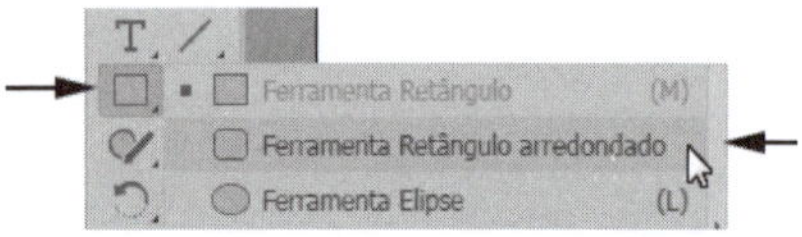

3. Leve o cursor até a prancheta, clique e arraste para desenhar o retângulo, sem se preocupar com as dimensões. Observe os diversos controles disponíveis que servem para sua edição [válidos também para a ferramenta *Retângulo* (*Rectangle*)].

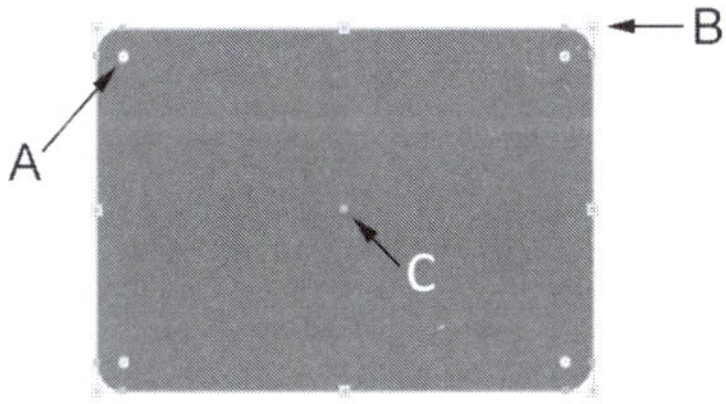

- A – Ajuste do raio dos cantos: quatro pequenos círculos nos cantos do retângulo permitem a edição do raio, bastando clicar e arrastar qualquer um deles para fazer o ajuste. Se você atingir o limite do raio, um arco vermelho aparece.

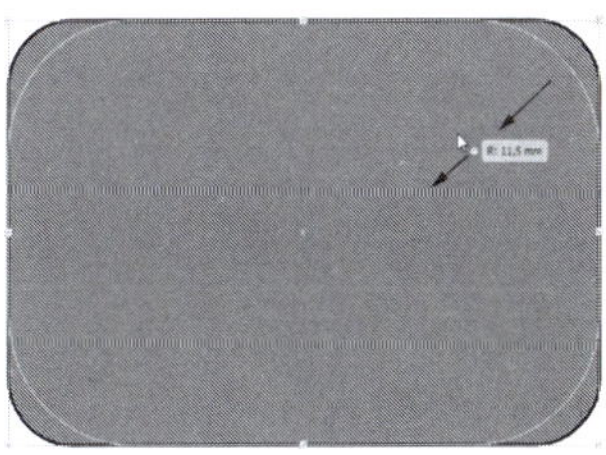

- B – Ajuste das dimensões e rotação: são oito pequenos quadrados exibidos nos cantos e laterais do retângulo. Com os dos cantos você altera a altura e a largura ao mesmo tempo; com os das laterais, altera apenas uma dimensão de cada vez. Todos eles permitem fazer a rotação do retângulo, bastando posicionar o cursor não em cima, mas ao lado deles. Dessa forma, uma seta curva será mostrada, e ao clicar e arrastar você estará girando o retângulo.

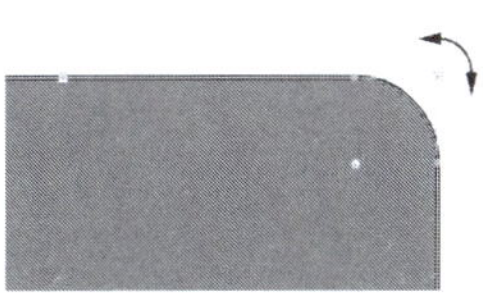

- C – Ajuste da posição: controle único, no centro do retângulo, que permite ajustar a posição dele na prancheta.

Criando um retângulo de forma precisa

Se você já tiver as dimensões exatas de seu retângulo, poderá criá-lo, como fez com a ferramenta *Elipse* (*Ellipse*). Nesse caso, você precisa criar um quadrado de 30 mm de lado e 6 mm de raio nos cantos.

4. Com a ferramenta *Seleção* (*Selection*), apague o retângulo criado anteriormente.

5. Ative a ferramenta *Retângulo arredondado* (*Rounded Rectangle*), dê um clique na área da prancheta e será exibido o quadro de mesmo nome. Digite *30 mm* nas caixas *Largura* (*Width*) e *Altura* (*Height*) e *6 mm* para o raio do canto. Clique no botão *OK* e o quadrado estará criado.

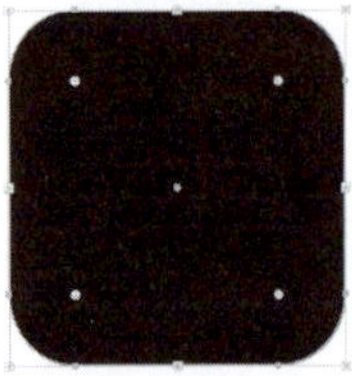

Observe que o preenchimento do retângulo é o mesmo usado para a pálpebra. Essa é uma característica do Illustrator: para qualquer novo objeto assumem-se as características de contorno e preenchimento usadas no último objeto criado.

Ferramenta Conta-gotas (Eyedropper)

A ferramenta *Conta-gotas* (*Eyedropper*) permite a cópia dos atributos de aparência de um objeto para outro.

6. Mantenha o quadrado selecionado e ative a ferramenta *Conta-gotas* (*Eyedropper*). O cursor adquire a forma da ferramenta.

7. A cor que será aplicada nesse pequeno quadrado é a mesma da íris do olho. Portanto, leve o cursor até a íris do olho, dê um clique e observe que o quadrado assume a mesma cor (azul) de preenchimento e de contorno.

8. Salve seu arquivo.

Explorando as réguas e guias

Para facilitar o trabalho de posicionamento de todos os pequenos quadrados que formarão o plano de fundo do logotipo, você conhecerá mais dois recursos do Illustrator: as réguas e as guias. São excelentes recursos para trabalhos que exijam precisão no posicionamento de objetos.

As réguas (rulers)

Com o auxílio das réguas, você posiciona imagens ou elementos de forma precisa. As réguas ficam posicionadas na parte superior e na lateral esquerda da janela da ilustração.

1. Ative a ferramenta *Seleção* (*Selection*) e, no menu *Exibir* (*View*), clique na opção *Réguas/Mostrar réguas* (*Rulers/Show Rulers*) ou pressione as teclas de atalho *Ctrl + R*.

Como padrão, a origem das réguas (0,0) fica no canto superior esquerdo da janela da ilustração.

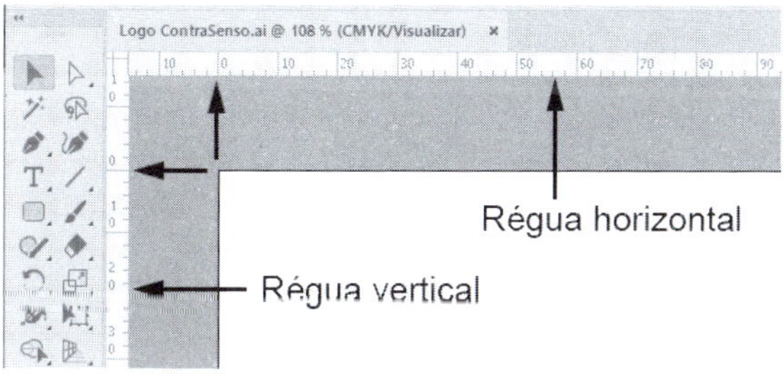

Alterando a unidade de medida das réguas

A unidade de medida das réguas deve ser *Milímetros* (*Millimeters*), pois, quando você criou o documento, definiu essa unidade para uso – mas você pode alterá-la a qualquer momento.

2. Para escolher a unidade de medida da régua, clique com o botão direito do mouse em qualquer uma das réguas e um menu será exibido. Para esta atividade, mantenha a unidade *Milímetros* (*Millimeters*).

Réguas globais *(*Global Rulers*)*

Quando você acessou o menu *Exibir* (*View*) para mostrar as réguas, deve ter percebido que há duas opções: *Mostrar réguas* (*Show Rulers*) e *Alterar para réguas globais* (*Change to Global Rulers*).

A opção *Mostrar réguas* (*Show Rulers*), que você ativou anteriormente, exibe as réguas de prancheta, ou seja, cada vez que você selecionar uma prancheta de trabalho, o ponto de origem das réguas é alterado para o canto superior esquerdo da prancheta selecionada.

Se você alterar para *Réguas globais* (*Global Rulers*), mesmo selecionando outra prancheta do seu trabalho, a origem das réguas permanecerá inalterada.

Independentemente dessas opções, você pode mudar a origem das réguas a qualquer momento, dispondo-a onde desejar. Basta clicar no cruzamento das réguas e arrastar o cursor para a posição desejada, e a origem será alterada.

Guias (guides)

As guias ajudam a alinhar os objetos de sua ilustração, como no caso do logotipo. Quando trazidas para a página do desenho, são tratadas como objeto e podem ser movidas, selecionadas, alinhadas e excluídas facilmente por meio dos mesmos recursos aplicados a objetos. Além disso, elas podem ser bloqueadas, evitando que sejam deslocadas por acidente, movidas ou excluídas. Não são visíveis na impressão, pois são apenas um recurso de tela para facilitar o trabalho.

Para criar uma guia, basta clicar em uma das réguas e arrastar o cursor para a prancheta, pois com ele virá uma nova guia.

3. Clique na régua horizontal. Mantendo o botão do mouse pressionado, arraste o cursor para a área da prancheta e solte a guia na posição *30 mm*. Em seguida, repita o procedimento para criar uma guia vertical, também deixando-a na posição *30 mm*.

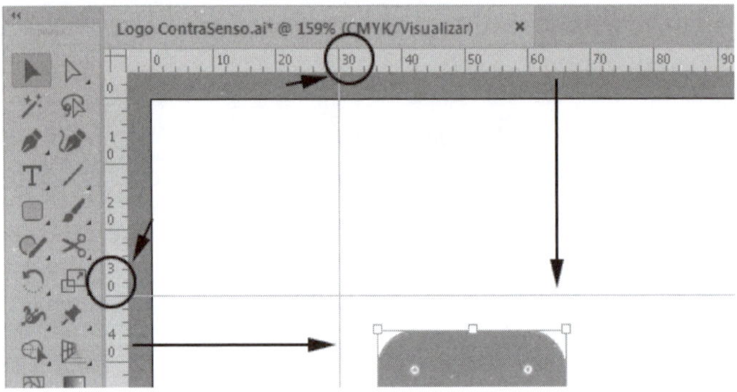

Opção Encaixar no ponto (Snap to Point)

Com a opção *Encaixar no ponto* (*Snap to Point*) acionada, você poderá movimentar um objeto por um de seus pontos de ancoragem e fazer com que ele seja atraído por um ponto de ancoragem de outro objeto ou por uma guia, posicionando-os exatamente um sobre o outro. Isso facilita quando se quer alinhar objetos.

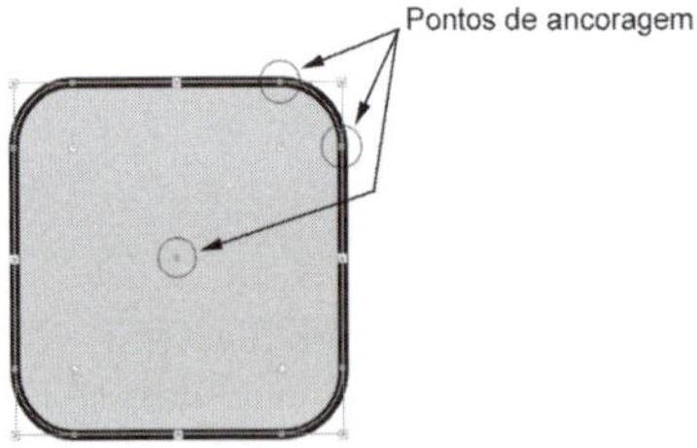

4. Abra o menu *Exibir* (*View*) e clique na opção *Encaixar no ponto* (*Snap to Point*), caso ela não esteja selecionada, ou utilize as teclas de atalho *Alt* + *Ctrl* + ~. Essa opção permite que, ao mover um objeto, ele cole na guia ou em um dos pontos de ancoragem de outro objeto, como se fosse um ímã.

5. Selecione o quadrado, clique no ponto central e movimente-o até o cruzamento das guias. Observe que, ao aproximar o ponto do cruzamento das guias, o objeto será posicionado automaticamente.

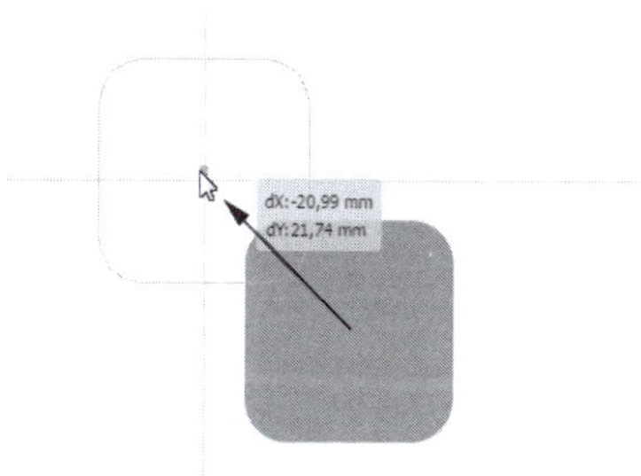

Eliminando linhas-guia (guidelines)

6. Para eliminar uma linha-guia, basta selecioná-la, dando um clique nela, e pressionar a tecla *Delete*. Proceda dessa forma e elimine as duas linhas-guia.

Criando guias horizontais e verticais com uma ação

Quando você necessitar criar duas linhas-guia, sendo uma vertical e outra horizontal, é possível fazê-lo com um único comando.

7. Posicione o cursor no canto superior esquerdo da janela, no cruzamento das réguas, clique com o botão esquerdo do mouse e, mantendo a tecla *Ctrl* pressionada, arraste o cursor para a prancheta.
8. Observe que duas guias acompanham o cursor. Posicione-o no centro do quadrado (elas devem se encaixar automaticamente no centro).

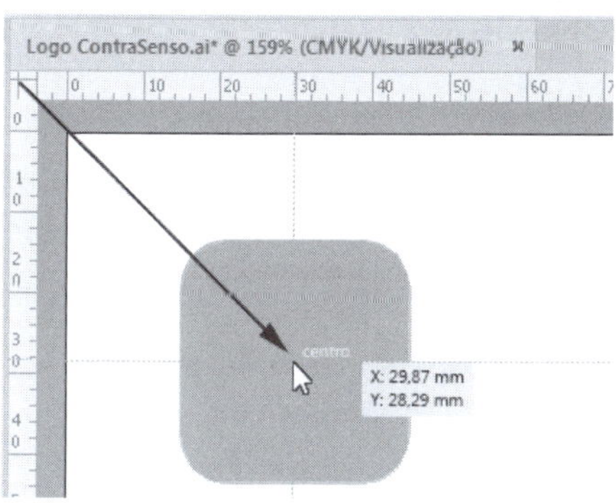

9. Libere o botão do mouse e depois a tecla *Ctrl*.

Copiando objetos

Serão necessárias quatro cópias do quadrado posicionadas uma ao lado da outra. Para começar, faça uma cópia do quadrado, mas dessa vez use a ferramenta *Seleção* (*Selection*).

10. Com a ferramenta *Seleção* (*Selection*), clique no quadrado e mantenha a tecla *Alt* pressionada enquanto movimenta a sua cópia. Para finalizar a cópia, solte o botão do mouse e depois a tecla *Alt*.

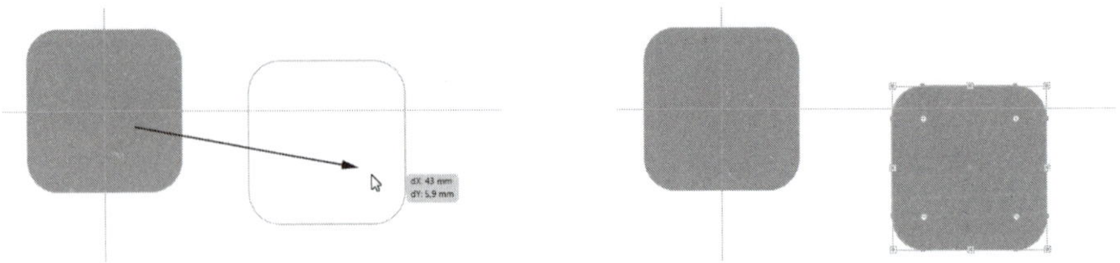

11. Faça mais três cópias do quadrado, sem se preocupar com o posicionamento delas.

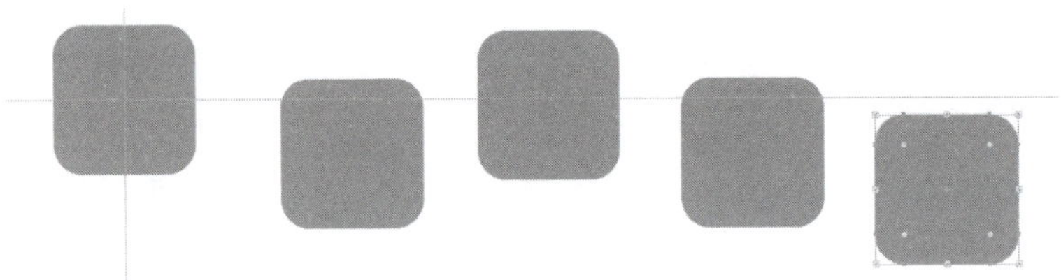

Alinhando os objetos

Você precisa deixar os quadrados alinhados e com uma distância de 3 mm entre eles. O recurso de objeto-chave do painel *Alinhar* (*Align*) torna esse trabalho muito simples.

12. Ative o painel *Alinhar* (*Align*) pressionando as teclas de atalho *Shift + F7*.
13. Selecione todos os quadrados mantendo a tecla *Shift*.
14. Dê um clique no primeiro quadrado para defini-lo como objeto-chave. Note que a borda dele ficará mais grossa e de cor azul.

> Quando você escolhe o objeto-chave clicando nele, automaticamente a opção *Alinhar ao objeto-chave* (*Align to Key Object*), do painel *Alinhar* (*Align*), é ativada.

15. No painel *Alinhar* (*Align*), digite *3 mm* na caixa *Distribuir espaçamento* (*Distribute Spacing*) e clique na opção *Distribuição do espaçamento horizontal* (*Horizontal Distribute Spacing*) do painel *Alinhar* (*Align*). Observe que todos os quadrados ficarão com o espaçamento de 3 mm entre eles e que o quadrado definido como objeto-chave não foi movido.

16. Para alinhar os quadrados na vertical, clique no botão *Alinhamento vertical superior* (*Vertical Align Top*) no painel *Alinhar* (*Align*).

Guias inteligentes (Smart Guides)

As guias inteligentes são um ótimo recurso para alinhar e posicionar os objetos. Elas são exibidas automaticamente enquanto você desenha uma forma, cria uma seleção ou move algum item em seu projeto. Você tem a opção de ocultar as guias inteligentes se não precisar delas e, diferentemente das guias comentadas antes, elas não ficam expostas na ilustração, pois são temporárias.

17. Dê um clique fora dos quadrados para desfazer a seleção.
18. No menu *Exibir* (*View*), clique no item *Guias inteligentes* (*Smart Guides*), caso elas não estejam ativas.
19. Clique no último quadrado e faça uma cópia dele.
20. Em seguida, arraste a cópia para baixo do último quadrado. Observe que as guias temporárias são exibidas sempre que o objeto entra em uma posição de alinhamento com algum outro objeto da prancheta.

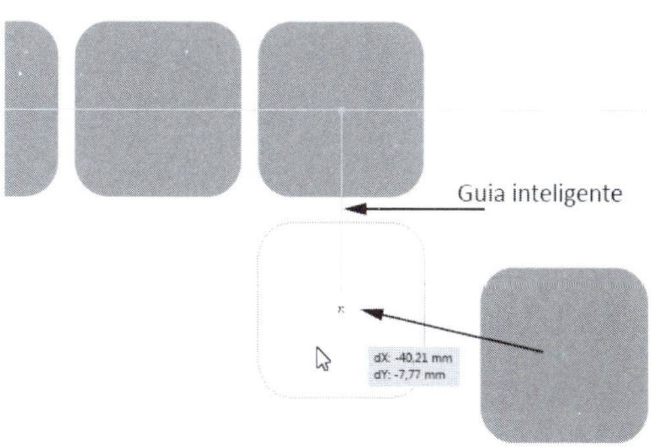

21. Apague a cópia e as guias vertical e horizontal, pois não serão mais necessárias.

> Se você quiser eliminar todas as linhas-guia de uma só vez, abra o menu *Exibir* (*View*) e clique na opção *Guias* (*Guides*) e *Limpar guias* (*Clear Guides*).

22. Selecione todos os quadrados e pressione as teclas *Ctrl + G* para agrupá-los.

23. Faça duas cópias do grupo e posicione-as logo abaixo do grupo original.

24. Selecione os três grupos e clique no primeiro para defini-lo como objeto-chave.

25. No painel *Alinhar* (*Align*), clique no botão *Alinhamento horizontal à esquerda* (*Horizontal Align Left*) para alinhar os três grupos.

26. Mantenha a medida de *3 mm* na caixa *Distribuir espaçamento* (*Distribute Spacing*) do painel *Alinhar* (*Align*) e clique na opção *Distribuição do espaçamento vertical* (*Vertical Distribute Spacing*). Assim, os grupos ficarão também com 3 mm de distância entre eles na vertical.

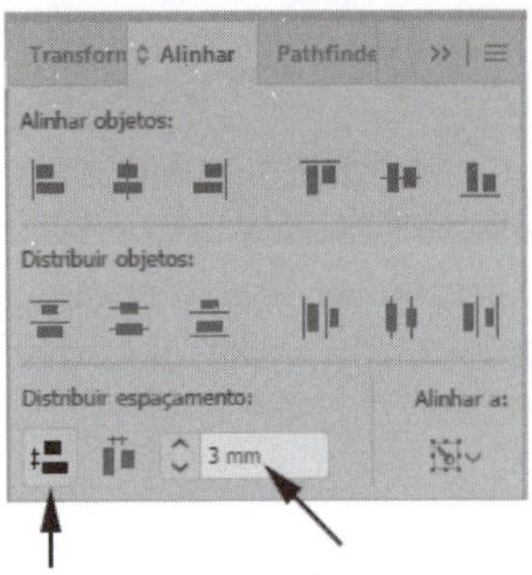

27. Ainda com os grupos selecionados, clique com o botão direito do mouse em qualquer área da página e, em seguida, no menu aberto, clique em *Desagrupar* (*Ungroup*). Se preferir, use as teclas de atalho *Shift + Ctrl + G*.

28. Apague os quadrados, conforme o exemplo, selecionando-os e teclando *Delete*.

O recurso Guias de distância das Guias inteligentes

Outro recurso para ter mais controle e precisão no posicionamento de objetos e grupos são as *Guias de distância*, que fazem parte das *Guias inteligentes*. Quando você seleciona um objeto ou grupo, essas guias mostram distâncias para auxiliar no posicionamento.

29. Por exemplo, selecione o último quadrado da direita e pressione a tecla Alt. As *Guias de distância* exibem a posição exta do objeto em relação à prancheta.

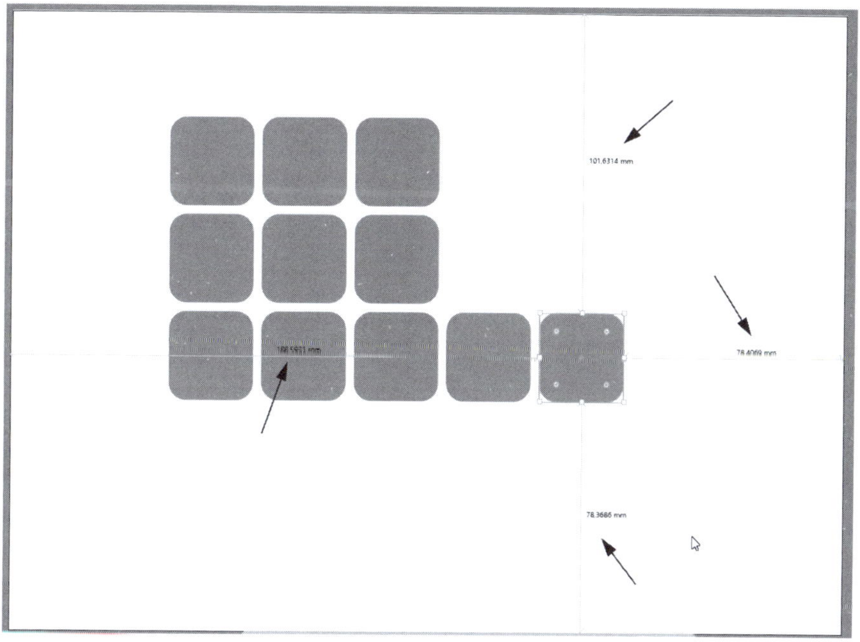

30. Para ver a distância entre dois objetos, mantenha o mesmo quadrado selecionado, posicione o mouse sobre outro quadrado de sua escolha e, sem clicar, pressione a tecla *Alt*.

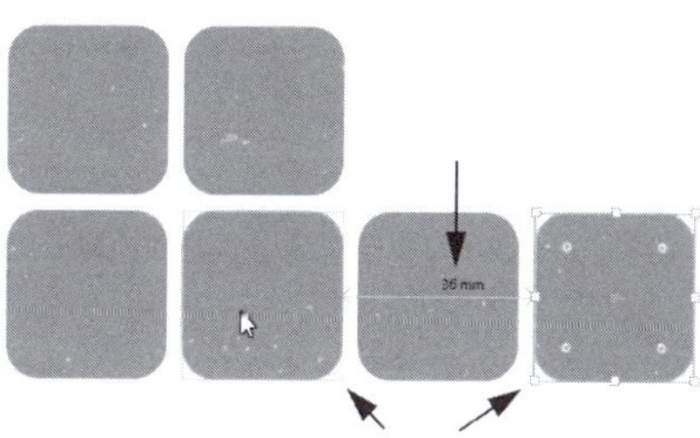

PAINEL PROPRIEDADES (PROPERTIES)

Até agora você conheceu alguns painéis com recursos específicos, e existem vários outros, mas um painel foi desenvolvido para dar mais agilidade ao processo de trabalho, pois disponibiliza configurações de acordo com a tarefa que está sendo executada. Trata-se do painel *Propriedades* (*Properties*), que reúne os principais recursos dos outros painéis do Illustrator.

1. Mantenha a ferramenta *Seleção* (*Selection*) ativa, desfaça a seleção de qualquer objeto e ative o painel *Propriedades* (*Properties*) no menu *Janela/Propriedades* (*Window/Properties*).

Esse painel é dinâmico, então se a ferramenta *Seleção* (*Selection*) estiver ativa e não houver objeto selecionado, você terá à disposição os controles para pranchetas, réguas, grades, guias e algumas opções de ajustes e preferências. Além disso, na base do painel são exibidos alguns botões de ação rápida.

2. Selecione o olho criado anteriormente, faça uma cópia e coloque-o na prancheta.

No painel *Propriedades* (*Properties*) é informado que o objeto selecionado é um grupo, e logo abaixo se tem os mesmos controles do painel *Transformar* (*Transform*), *Aparência* (*Appearance*), *Alinhar* (*Align*) e *Pathfinder* (*Pathfinder*). No canto inferior direito de cada opção está um botão no formato de três pontos para exibir mais opções. Na base do painel estão os botões de ação rápida disponíveis.

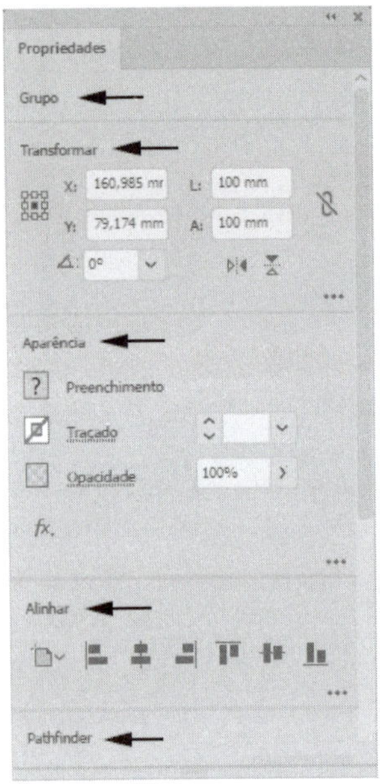

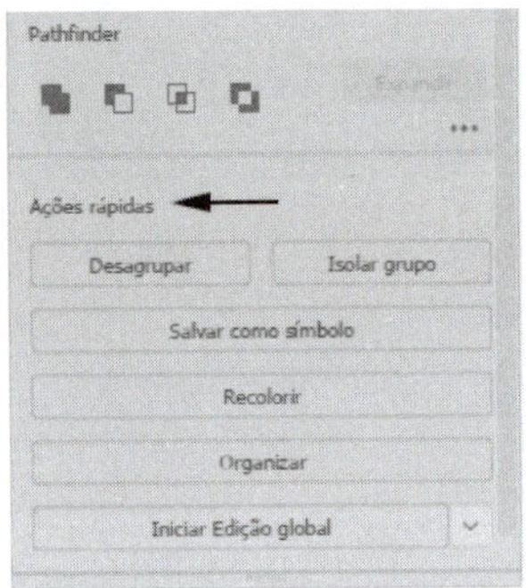

3. No painel *Propriedades* (*Properties*), em *Transformar* (*Transform*), acione o botão *Manter proporções de largura e altura* (*Maintain Width and Height proportions*), pois isso manterá a proporcionalidade no momento da modificação, e altere a largura digitando *63 mm* na caixa *L* (*W*). Tecle *Enter* para finalizar.

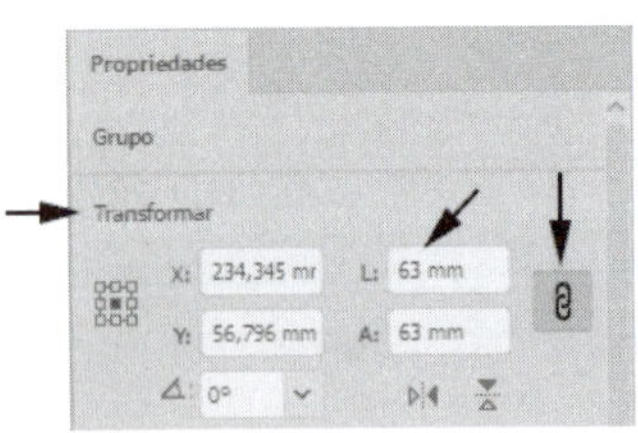

4. Posicione o olho como mostra as figuras a seguir, observando as guias inteligentes para o perfeito encaixe.

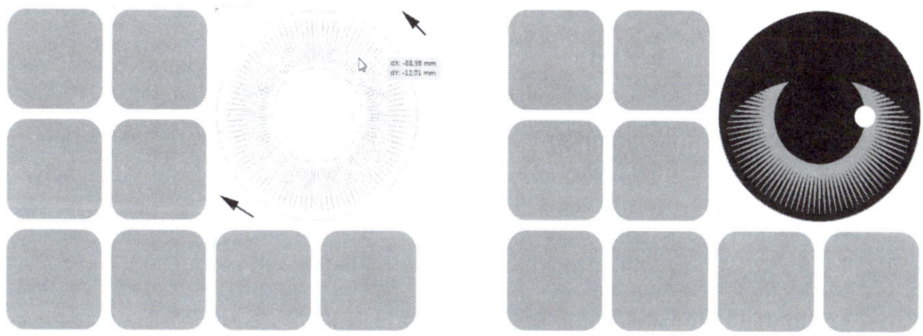

Girando um objeto

5. Selecione o segundo quadrado da segunda fileira e, no painel *Propriedades* (*Properties*), em *Transformar* (*Transform*), digite *8* na caixa *Girar* (*Rotate*) para girar o quadrado no sentido anti-horário em 8º.

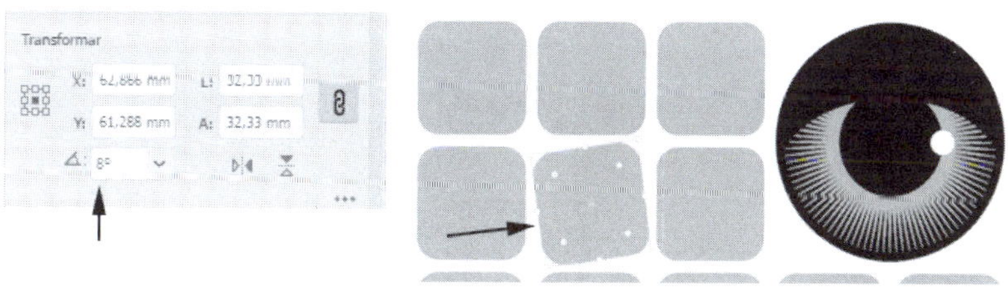

6. Em *Aparência*, do painel *Propriedades* (*Properties*), clique no preenchimento e altere a cor do quadrado girado para *Vermelho CMYK* (*CMYK Red*).
7. Apague os quadrados marcados com um X, como mostra a figura a seguir. Esses espaços serão preenchidos com texto.

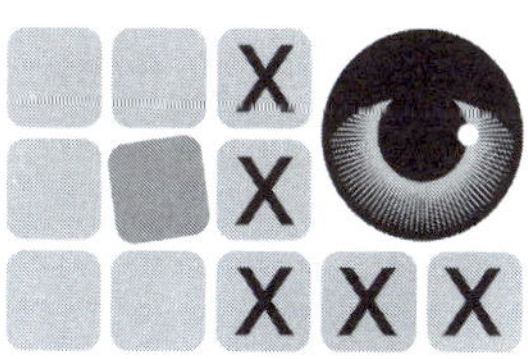

8. Salve a ilustração pressionando as teclas *Ctrl + S*.

Ferramenta Tipo (Type)

Na etapa final do logotipo, você vai inserir os textos explorando a ferramenta *Tipo* (*Type*).

1. Ative a ferramenta *Tipo* (*Type*) na *Barra de ferramentas*.

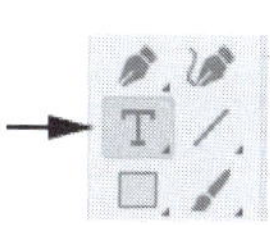

2. Posicione o cursor em uma área vazia e dê um clique. Uma caixa de texto com texto falso será exibida, aguardando sua digitação.

3. Digite *SENS* em letras maiúsculas e, em seguida, ative a ferramenta *Seleção* (*Selection*).

Localizando uma família de fontes

Você vai utilizar a família Impact, e para localizá-la basta clicar na seta ao lado da caixa e depois na lista, ou simplesmente digite o nome da família na caixa e o Illustrator a localizará para você, facilitando o trabalho.

4. No painel *Controle* (*Control*), localize a caixa *Definir família de fontes* (*Set the font family*). Digite *Impact* nessa caixa, e a família será exibida. Caso você não tenha essa fonte em seu computador, use outra e depois faça o ajuste de tamanho necessário.

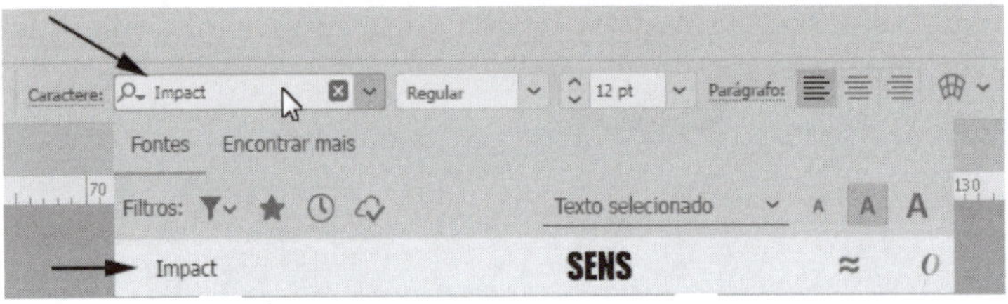

5. Clique no nome da família para aplicar ao texto selecionado. Na caixa *Tamanho da fonte* (*Font size*), digite *95*.

6. Ainda com o texto selecionado, digite *-90* na caixa *Girar* (*Rotate*) no item *Transformar* (*Transform*) do painel *Propriedades* (*Properties*), para girar o texto 90º no sentido horário.

7. Posicione o texto no logotipo, como mostra a figura a seguir, e altere a cor usando a ferramenta *Conta-gotas* (*Eyedropper*), deixando com a mesma cor azul dos quadrados.

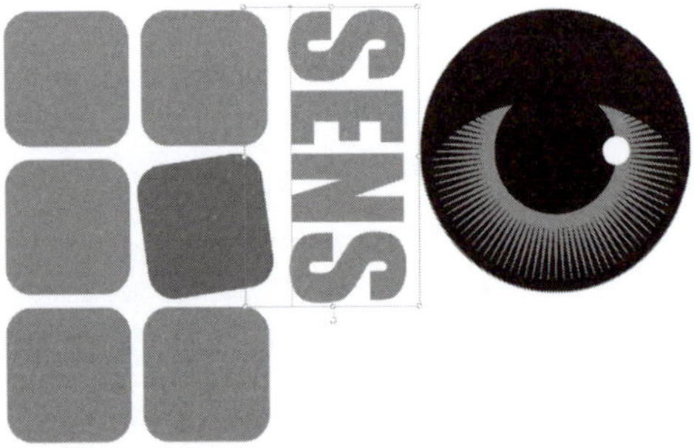

8. Com a ferramenta *Tipo* (*Type*), crie outro texto digitando *NTRA* e mantenha as mesmas configurações do texto anterior, incluindo a cor. Em seguida, posicione o texto como mostra a figura a seguir.

9. Crie mais um texto digitando a letra *O*. Mantenha a mesma fonte, aplique o tamanho de *100 pontos* e a mesma cor do quadrado vermelho.

10. Gire a letra O em -45º e posicione-a como mostra a figura a seguir.

Opção Alinhar aos limites do glifo *(*Align to Glyph Bounds*)*

O Illustrator oferece um recurso a mais para o alinhamento de objetos com textos chamado *Alinhar aos limites do glifo* (*Align to Glyph Bounds*). Sempre que você cria um texto, o mesmo fica alojado em uma caixa delimitadora.

11. Crie outro texto digitando apenas a letra *C*, com as mesmas características dos textos anteriores, e ative a ferramenta *Seleção* (*Selection*). Posicione-o como mostrado a seguir. Observe a caixa delimitadora do texto criado.

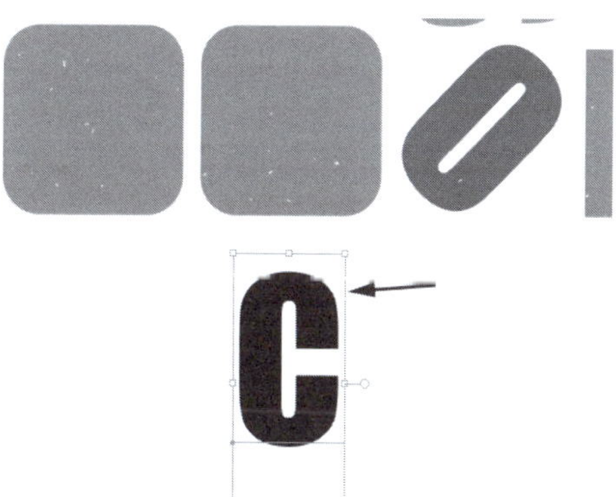

12. Você deve colocar esse texto sobre o quadrado e fazer o alinhamento. Selecione o texto e o quadrado e clique sobre o quadrado para defini-lo como objeto-chave.

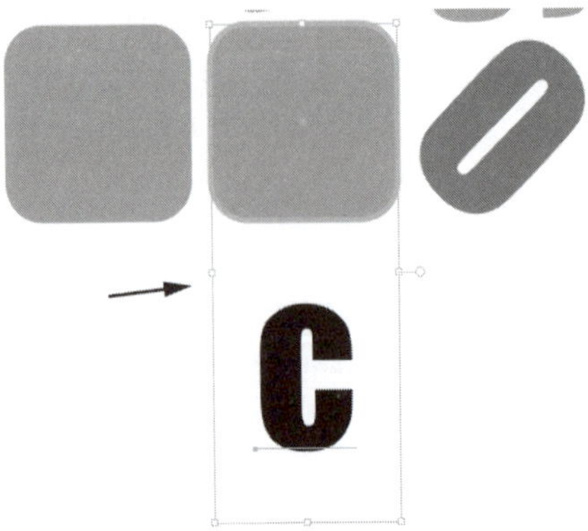

13. O texto deve ficar alinhado com o centro do quadrado na vertical e com a lateral direita dele. Portanto, no painel *Alinhar* (*Align*) clique no botão *Alinhamento horizontal à direita* (*Horizontal Align Right*) e *Alinhamento vertical centralizado* (*Vertical Align Center*). Veja que o alinhamento foi feito com base na caixa delimitadora do texto, e não pela letra.

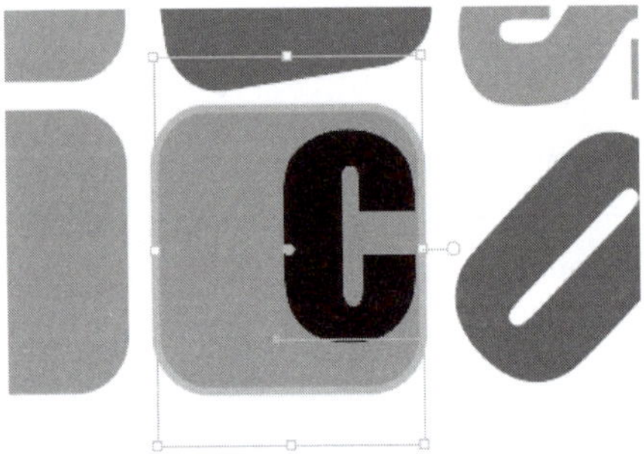

14. Pressione *Ctrl+Z* para desfazer o alinhamento e clique novamente no quadrado para defini-lo como objeto-chave.

15. No menu de opções do painel *Alinhar* (*Align*), clique em *Alinhar aos limites do glifo* (*Align to Glyph Bounds*) e selecione a opção *Texto de ponto* (*Point Text*).

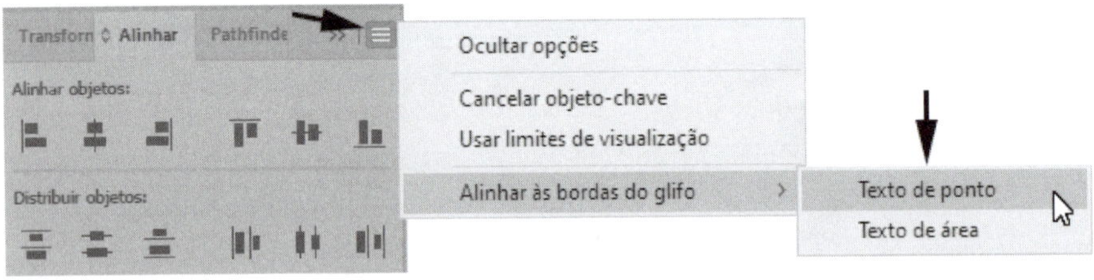

16. Agora, clique novamente nos botões *Alinhamento horizontal à direita* (*Horizontal Align Right*) e *Alinhamento vertical centralizado* (*Vertical Align Center*). Veja que agora a letra está perfeitamente alinhada com o quadrado, independentemente do tamanho de sua caixa delimitadora.

17. Altere a cor do texto para branco, selecione todos os objetos que compõem o logotipo e agrupe-os por meio das teclas de atalho *Ctrl + G*.

> Até agora você agrupou objetos individuais, mas, com essa última ação, agrupamos objetos e o grupo do olho. Se o grupo criado for desfeito, o grupo do olho permanecerá unido. Se precisar desagrupar tudo de uma vez, basta clicar com o botão direito sobre o grupo e, no menu de contexto, clicar na opção *Desagrupar tudo*.

18. Apague o desenho do olho que está fora da prancheta.

> Se o logotipo ficar posicionado fora da área do desenho, é só selecioná-lo e movê-lo para dentro.

19. Seu logotipo está finalizado. Salve a ilustração pressionando *Ctrl + S*.

Anotações

3

Trabalhando de forma artística

Objetivos

- Trabalhar com alinhamento de objetos
- Aplicar gradientes
- Trabalhar com camadas
- Conhecer a ferramenta *Polígono* (*Polygon*) e os pincéis
- Girar objetos
- Criar e manipular curvas
- Distorcer objetos com a ferramenta *Redemoinho* (*Twirl*)
- Ajustar texto a um caminho
- Ajustar a sangria

Liberdade de criação

Por se tratar de um software de ilustração digital, o Illustrator oferece uma fantástica variedade de ferramentas que darão plena liberdade de criação para ilustradores e desenhistas, permitindo a elaboração de efeitos que pareciam ser possíveis somente quando feitos à mão.

No capítulo anterior, você explorou o Illustrator de forma mais técnica, trabalhando com medidas precisas, réguas, entre outros recursos que pareciam desenho técnico. Com isso, você percebeu como esse software pode ser poderoso para esse tipo de aplicação.

Neste capítulo, você trabalhará de forma livre e artística, portanto, não se preocupe caso sua ilustração não fique exatamente igual ao exercício sugerido.

Atividade 1 – Desenvolvendo um postal

Objetivo: » Conhecer as ferramentas e recursos artísticos do Illustrator.

Tarefas:

- » Criar retângulos com a ferramenta *Retângulo* (*Rectangle*).
- » Alinhar objetos.
- » Criar gradientes com o painel *Gradiente* (*Gradient*).
- » Trabalhar com polígonos e suas características visuais.
- » Utilizar e explorar o recurso de camadas.
- » Desenhar espirais, aplicar pincéis na linha de contorno e girar objetos.
- » Importar arquivos com o comando *Inserir* (*Place*).

Você já deve ter pegado um postal em um bar, restaurante ou café, com propaganda de algum produto ou serviço de uma empresa. Esses postais surgiram da necessidade de uma mídia de divulgação de baixo custo, que tivesse, no entanto, uma proposta inovadora e cuja comunicação não ocorresse de modo invasivo, mas de forma agradável e cativante.

Nesta atividade, você criará um postal para a divulgação da marca de uma empresa fictícia fabricante de mel, como o exemplo a seguir.

Criando a base do postal

1. Pressione as teclas de atalho *Ctrl + N* para criar um novo documento e configure os itens do quadro como indicado a seguir:

- Nome (*Name*): *Postal Apiário*
- Largura (*Width*): *148 mm*

- Altura (*Height*): *105 mm*
- Unidade (*Unit*): *Milímetros*
- Orientação (*Orientation*): *Paisagem*
- Modo de cores (*Color Mode*): Cores *CMYK*
- Efeitos de rasterização (*Raster Effects*): *Alta* (*300 ppi*)

Você vai criar um retângulo com as mesmas dimensões do documento para servir de fundo para o postal.

2. Ative a ferramenta *Retângulo* (*Rectangle*) e clique em qualquer região do documento para abrir a figura. Preencha as caixas *Largura* (*Width*) com *148 mm* e *Altura* (*Height*) com *105 mm*; em seguida, clique em *OK*.
3. Por padrão, o retângulo deve aparecer com a cor branca no preenchimento e o contorno em preto. No painel *Propriedades* (*Properties*), clique em *Traçado* (*Stroke*) no item *Aparência* (*Appearance*) e remova a cor de contorno.

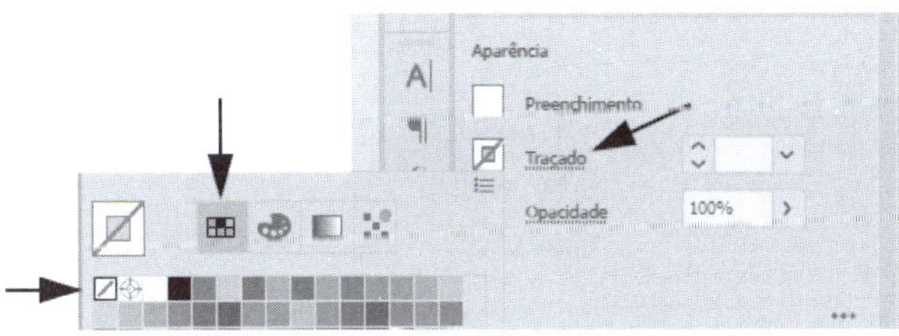

4. Mantenha o retângulo selecionado. No painel *Controle* (*Control*), configure o alinhamento pela prancheta e clique nos botões *Alinhamento horizontal centralizado* (*Horizontal Align Center*) e *Alinhamento vertical centralizado* (*Vertical Align Center*).

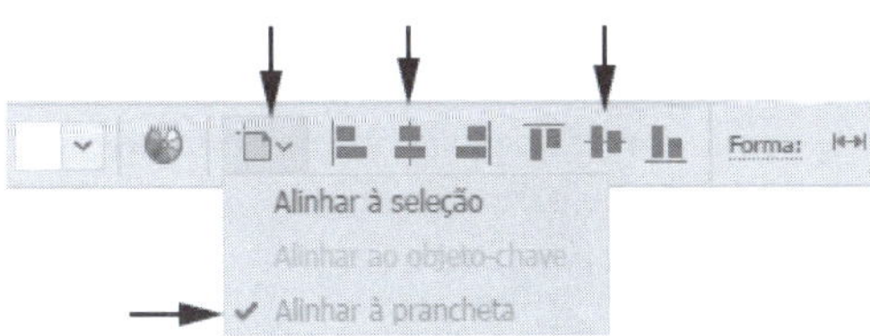

5. Salve o arquivo na pasta *Minhas ilustrações*.

Trabalhando com o painel Gradiente (Gradient)

O Illustrator tem um painel exclusivo para criação e aplicação de degradês nos objetos chamado *Gradiente* (*Gradient*).

1. Clique fora do retângulo para desfazer a seleção. Se ele estiver selecionado, assim que você ativar o painel para criar um novo gradiente, imediatamente ele será aplicado ao objeto.

2. Clique no ícone do painel *Gradiente* (*Gradient*) para exibi-lo ou pressione as teclas de atalho *Ctrl + F9*.

3. Clique na barra do degradê para exibir os controles que definem as cores.

4. Dê duplo clique no controle da cor inicial e será exibido o painel para a escolha da cor desejada. Serão apresentadas duas opções: *Cor* (*Color*) e *Amostras* (*Swatches*) (as mesmas dos respectivos painéis); clique no botão *Amostras* (*Swatches*) e selecione a cor laranja (*C = 0, M =50, Y = 100, K = 0*). Para saber o nome da cor, basta pousar o cursor sobre ela e o nome será exibido.

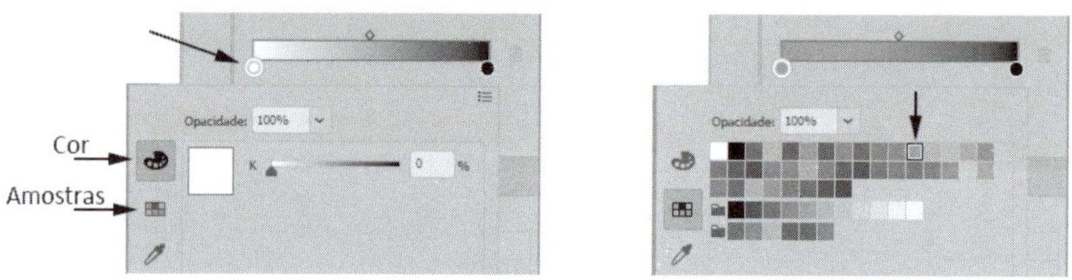

5. Dê duplo clique no controle da cor final e selecione a cor vermelha (*C = 0, M = 80, Y = 95, K = 0*), como indica a figura a seguir.

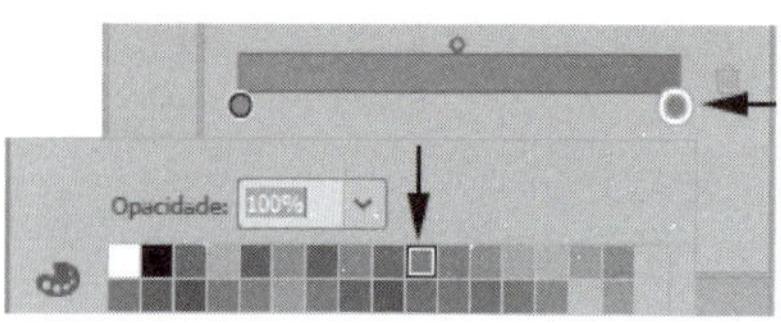

6. O degradê do retângulo deverá ter três cores. Portanto, posicione o cursor do mouse logo abaixo da barra de gradiente e dê um clique para criar um novo controle de cor. Você pode acrescentar quantos controles desejar, de acordo com o seu projeto.

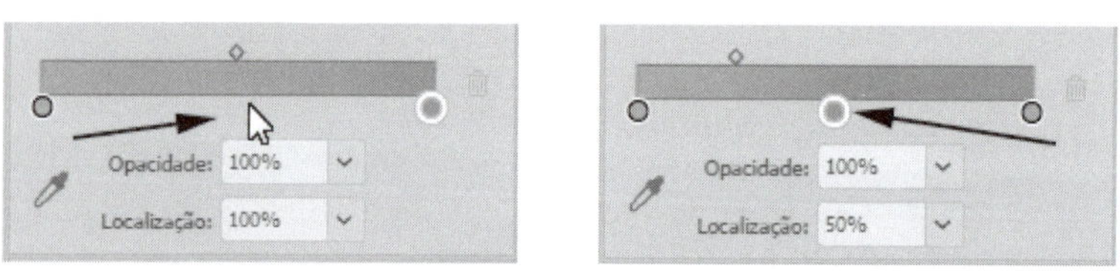

7. Dê duplo clique nesse novo controle e selecione a cor marrom (*C = 30, M = 50, Y = 75, K = 10*), como indica a figura a seguir.

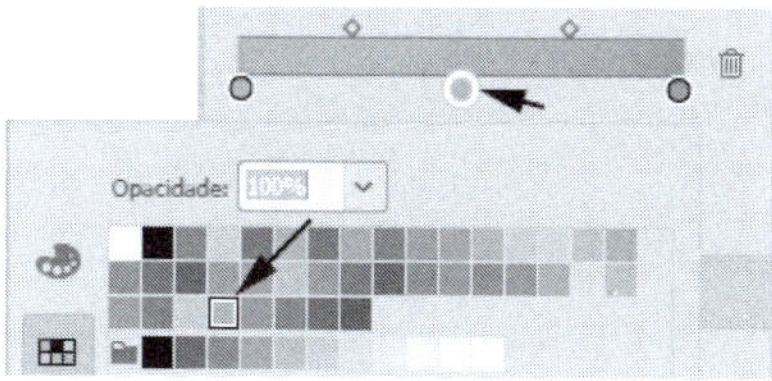

Os controles inferiores da barra de degradê armazenam a cor escolhida e servem para ajustar a posição das cores na barra de degradê. Os pequenos controles superiores em forma de losangos servem para ajustar a posição de transição de uma cor para outra.

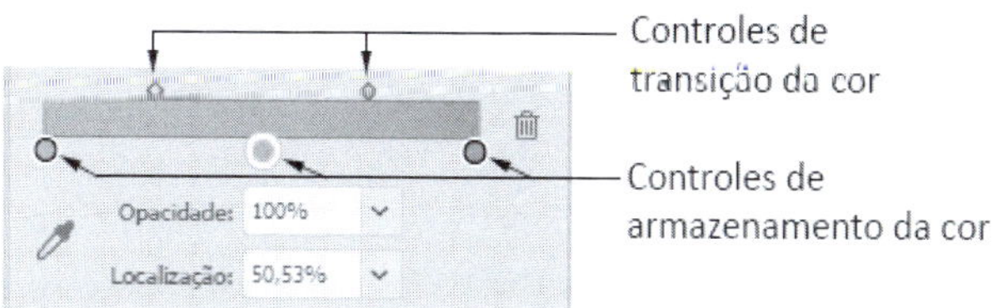

O ajuste dessas posições pode ser feito manualmente com o cursor do mouse, clicando e deslizando, ou numericamente na caixa *Localização* (*Location*). Além disso, você pode controlar a opacidade (transparência) de cada cor na caixa *Opacidade* (*Opacity*), bastando selecionar a cor e ajustar o valor desejado.

8. Clique no controle da cor marrom (o central) para selecioná-lo. Na caixa *Localização* (*Location*), digite ou selecione *50%*. Dessa forma, ele ficará no centro da barra.
9. Com a ferramenta *Seleção* (*Selection*), clique no retângulo para selecioná-lo e, em seguida, clique na amostra do degradê criado no painel *Gradiente* (*Gradient*).

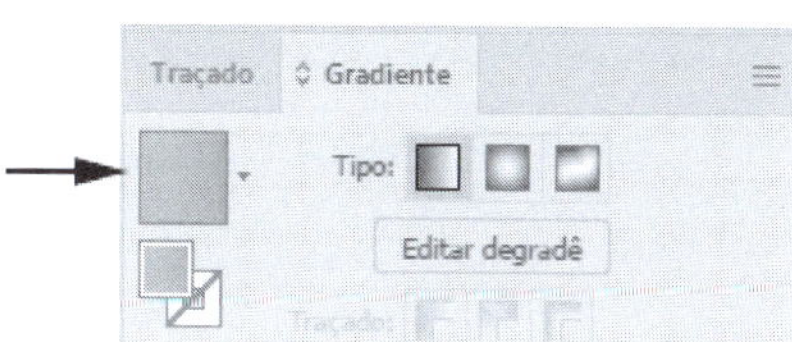

10. O degradê foi aplicado da esquerda para a direita, porém, para este trabalho, ele deve ficar de cima para baixo. Ajuste o ângulo de inclinação para -90° na caixa ângulo do painel *Gradiente* (*Gradient*).

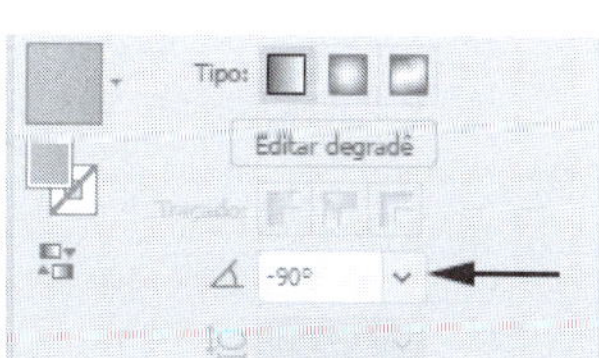

O degradê utilizado aqui foi do tipo *Degradê Linear* (*Linear Gradient*), mas você pode escolher mais dois no item *Tipo*: o *Degradê Radial* (*Radial Gradient*) e o *Degradê de forma livre* (*Freeform Gradient*).

11. Ative a ferramenta *Seleção* (*Selection*) e clique fora do retângulo para desfazer qualquer seleção.

Opção Criar gradiente (Create Gradient) do painel Amostras (Swatches)

Outra forma rápida e simples de criar um gradiente é pelo painel *Amostras* (*Swatches*).

12. Ative o painel *Amostras* (*Swatches*) e clique na cor *Amarelo CMYK* para redefinir a cor de preenchimento.

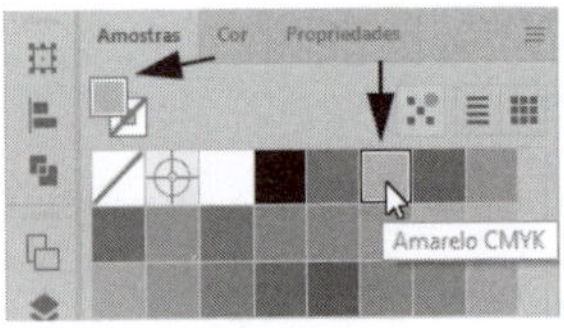

13. Crie um novo retângulo de 80 mm x 60 mm.
14. Ative a ferramenta *Seleção* (*Selection*) e mantenha o retângulo selecionado.
15. No painel *Amostras* (*Swatches*), clique na cor *Vermelho CMYK* para selecioná-la.
16. Mantenha a tecla *Ctrl* pressionada e clique nas cores *Verde CMYK* e *Ciano CMYK* para selecioná-las em conjunto.
17. Abra o menu do painel e clique na opção *Criar gradiente* (*Create Gradient*). Um gradiente com as cores escolhidas será aplicado ao retângulo selecionado.

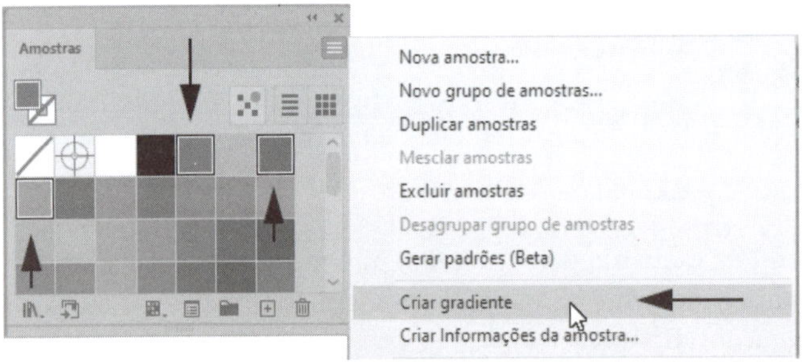

A partir daí você pode fazer os ajustes que desejar no gradiente, como visto anteriormente.

18. Apague o novo retângulo, pois foi criado apenas para um teste, e salve o arquivo.

Criando a colmeia

Para chegar ao resultado da colmeia do fundo do postal, você usará vários polígonos de seis lados (hexágonos) arranjados como se formassem uma colmeia.

> Procure criar os objetos fora da área da ilustração e depois movê-los para a posição final.

Ferramenta Polígono (Polygon)

1. Ative a ferramenta *Polígono* (*Polygon*). Essa ferramenta é mais uma do conjunto de ferramentas *Forma* e permite a construção de polígonos de vários lados.

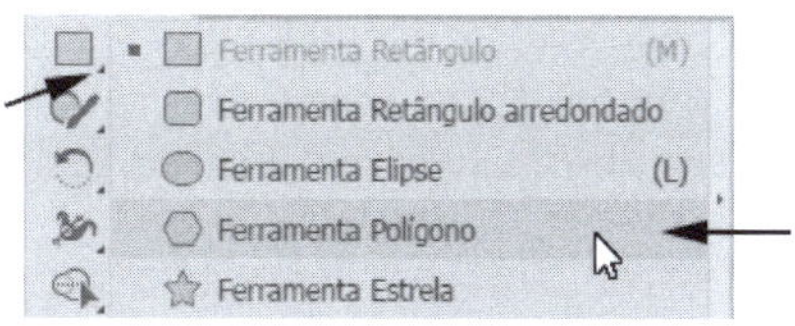

2. Antes de criar o polígono, acesse o painel *Propriedades* (*Properties*), retire a cor de preenchimento selecionando *Nenhum* (*None*) e aplique a cor *Amarelo CMYK* para o contorno.

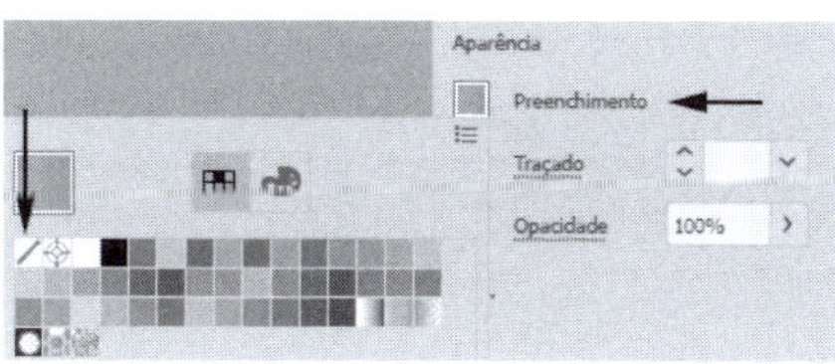

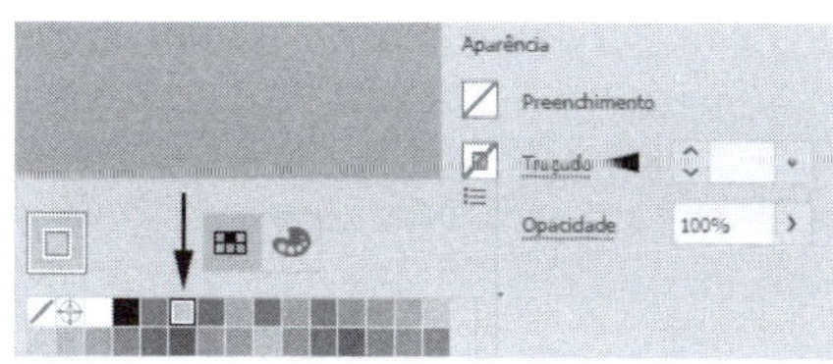

3. Dê um clique na prancheta para exibir o quadro de diálogo *Polígono* (*Polygon*), altere o raio (*Radius*) para *22 mm* e o número de lados (*Sides*) para *6* (hexágono).

> Quando desenhar um polígono com o cursor do mouse, você pode alterar o número de lados utilizando as setas para cima ou para baixo do teclado.

4. Clique no botão *OK* para finalizar e, em seguida, ative a ferramenta *Seleção* (*Selection*).

Assim como o retângulo ou a elipse, o polígono também é dinâmico e permite a alteração do raio dos cantos e do número de lados com a ferramenta *Seleção* (*Selection*) ou a própria ferramenta *Polígono* (*Polygon*), assim que você o desenhar. Enquanto o polígono estiver selecionado, controle os pontos para que essas alterações sejam executadas, conforme mostra a figura a seguir. Além disso, essas alterações também estão disponíveis no painel *Propriedades* (*Properties*).

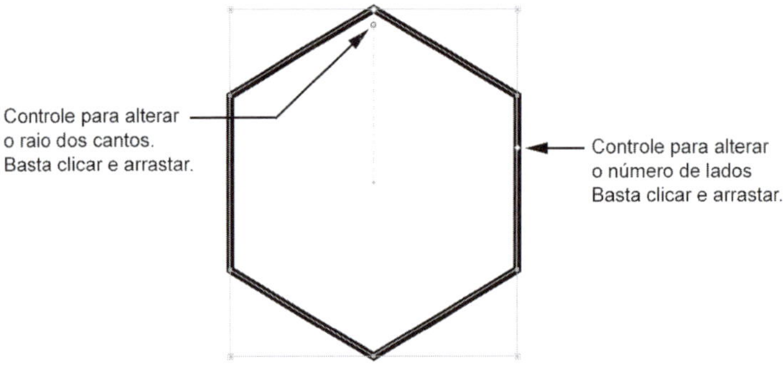

Painel Pincéis (Brushes)

O estilo da linha de contorno de qualquer elemento criado no Illustrator pode ser configurado por meio da caixa *Definição de pincel* (*Brush Definition*), presente no painel *Controle* (*Control*). Além dela, você também pode trabalhar com o painel *Pincéis* (*Brushes*).

5. Com o hexágono selecionado, tecle *F5* para exibir o painel *Pincéis* (*Brushes*).

Por padrão, esse painel exibe apenas alguns pincéis para sua escolha, mas você pode carregar uma série de bibliotecas disponíveis que acompanham o programa.

6. Clique no canto superior direito do painel para exibir o menu e selecione as opções *Abrir biblioteca de pincéis/Artístico/LápisCarvãoGiz_artístico* (*Open Brush Library/Artistic/Artistic_ChalkCharcoalPencil*) na sequência.

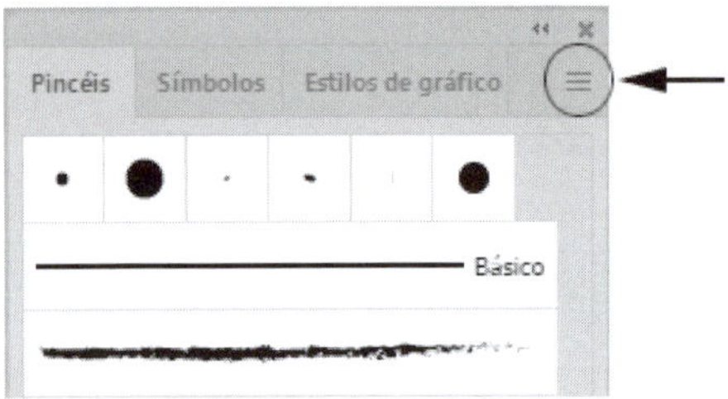

7. Será exibido um painel flutuante com a biblioteca escolhida. Selecione a opção *Carvão Fino* (*Charcoal-Thin*) e imediatamente ela será aplicada ao hexágono, que já deverá estar selecionado antes da escolha.

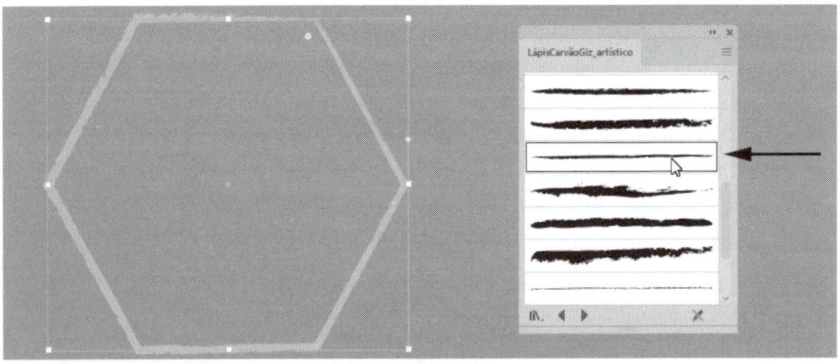

8. No painel *Controle* (*Control*), clique na seta ao lado da caixa do item *Traçado* (*Stroke*) e selecione a espessura *2 pt* para aumentar a linha de contorno do hexágono. Em seguida, desfaça a seleção e veja que a linha estará com o aspecto de desenho feito a carvão.

9. Para montar a colmeia é preciso reduzir o tamanho do hexágono. Selecione o hexágono novamente e, no painel *Controle* (*Control*), altere a altura [caixa *A*:(*H*:)] para *20 mm*, sem esquecer de manter o botão *Restringir proporções de largura e altura* (*Constrain Width and Height Proportions*) ativo.

10. Para montar a colmeia, desloque o hexágono para a tela de desenho, ou seja, fora da prancheta. Esse procedimento é opcional.

11. Abra o menu *Exibir* (*View*) e clique na opção *Encaixar no ponto* (*Snap to Point*), caso ela não esteja habilitada. Por padrão, ela já deverá estar ativada quando o Illustrator for iniciado.

12. Faça três cópias do hexágono utilizando as teclas *Ctrl* + *C* e *Ctrl* + *V* ou, mantendo a tecla *Alt* pressionada, clique no contorno do hexágono e arraste-o, criando uma cópia.

13. Clique no ponto de ancoragem do canto superior esquerdo de uma das cópias e movimente-a posicionando-a sobre o ponto de ancoragem do hexágono original, conforme a figura a seguir. Quando os pontos de ancoragem estiverem exatamente uns sobre os outros, a seta de movimentação ficará branca.

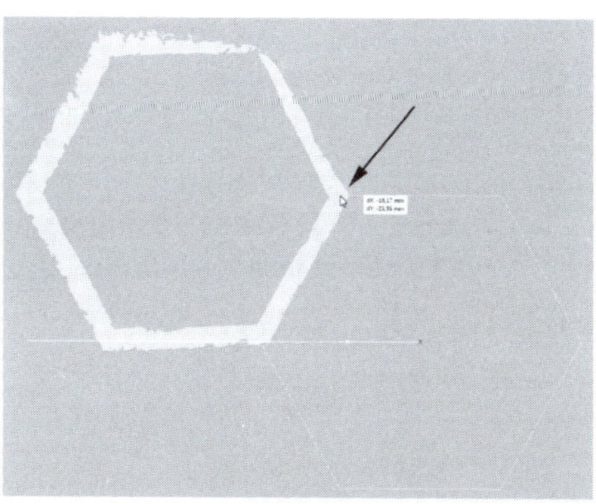

14. Organize os hexágonos como mostra a figura a seguir.

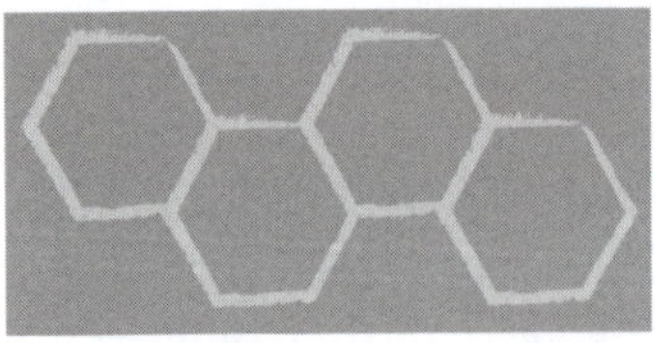

15. Selecione todos os hexágonos e agrupe-os pressionando as teclas de atalho *Ctrl* + *G*.

16. Faça uma cópia do grupo, organize-a como mostra a figura a seguir e agrupe-a para compor a colmeia.

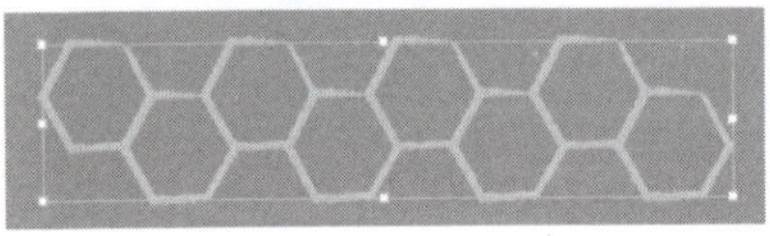

17. Com a ferramenta *Seleção* (*Selection*), posicione a colmeia sobre o postal.

18. Salve o arquivo.

Painel Aparência (Appearance)

Você pode aplicar vários tipos de efeitos nos objetos ou grupos de objetos utilizando duas categorias de efeitos: os efeitos do Illustrator e os do Photoshop. Eles estão no menu *Efeito* (*Effect*) e também no painel *Aparência* (*Appearance*), o que facilita muito a aplicação e a edição de ambos.

19. Mantenha a colmeia selecionada.

20. Clique na aba do painel *Aparência* (*Appearance*) para exibi-lo ou pressione as teclas de atalho *Shift* + *F6*. Observe que já existe um objeto no painel, o grupo que forma a colmeia, e abaixo de *Conteúdo* (*Contents*) serão colocados todos os atributos que venham a ser aplicados no grupo.

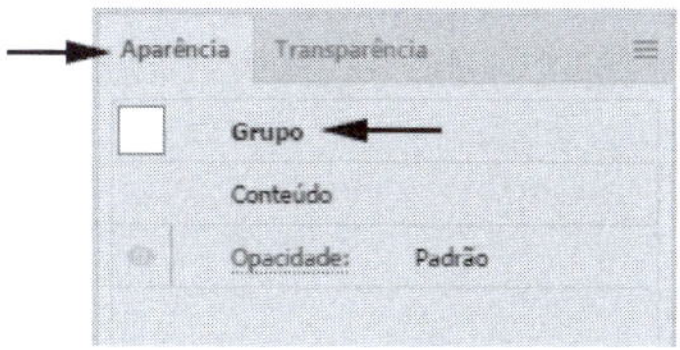

21. Clique no botão *Adicionar novo efeito* (*Add New Effect*), localizado na base do painel.

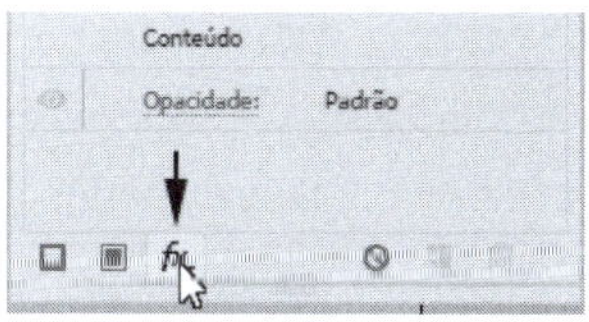

22. No menu que se abrirá, localize o item *Efeitos do Illustrator* (*Illustrator Effects*) e selecione as opções *Estilizar/Sombra* (*Stylize/Drop Shadow*).

23. No quadro *Sombra* (*Drop Shadow*), habilite a opção *Visualizar* (*Preview*) e veja que a sombra, com os ajustes-padrão, será aplicada ao grupo. Com essa opção, você visualizará o efeito aplicado antes de finalizar os ajustes.

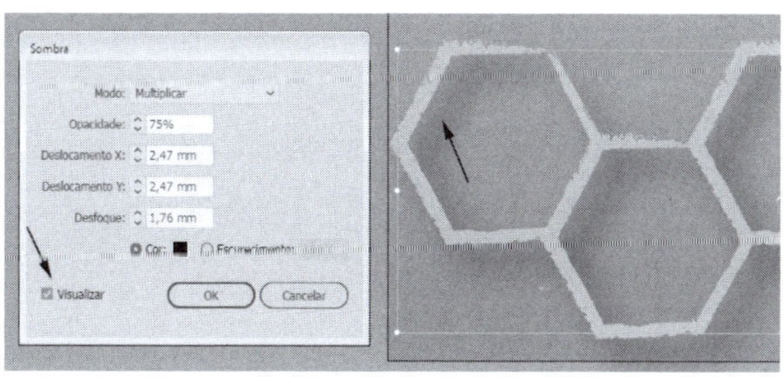

Nesse quadro você encontrará os seguintes ajustes:

- *Modo* (*Mode*): ajusta o modo de combinação da sombra com o fundo.
- *Opacidade* (*Opacity*): ajusta a porcentagem de transparência da sombra.
- *Deslocamento X* (*X Offset*) e *Deslocamento Y* (*Y Offset*): ajustam a distância que a sombra ficará do objeto nas direções dos eixos X e Y.
- *Desfoque* (*Blur*): ajusta a distância da sombra em relação às bordas do objeto, o que visualmente significa o tamanho da sombra.
- *Cor* (*Color*): permite a escolha da cor para a sombra.
- *Escurecimento* (*Darkness*): permite que você altere a intensidade da sombra em porcentagem.

24. Altere o valor dos seguintes itens:

- *Opacidade* (*Opacity*) = *60%*.
- *Deslocamento X* (*X Offset*) = *2 mm*.
- *Deslocamento Y* (*Y Offset*) = *2 mm*.
- *Desfoque* (*Blur*) = *1 mm*.

25. Mantenha as demais opções e clique no botão *OK*.

Observe que o efeito foi adicionado ao painel *Aparência* (*Appearance*), e o ícone do olho ao lado dele permitirá que você retire a visualização do efeito nos objetos quando desejar.

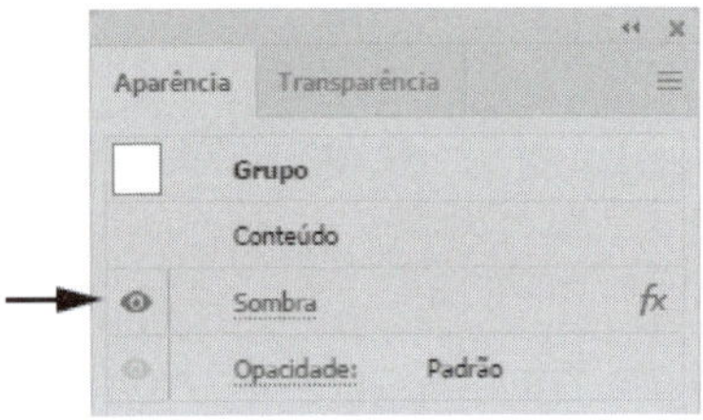

Isso abre uma extensa gama de possibilidades, pois você poderá aplicar vários efeitos a um mesmo objeto e visualizar cada um deles, ou poderá combiná-los para decidir qual será o melhor visual de seu trabalho. Para editar o efeito, basta clicar no nome dele para abrir o quadro referente.

Na base do painel, além do botão *Adicionar novo efeito* (*Add New Effect*), existem ainda os seguintes:

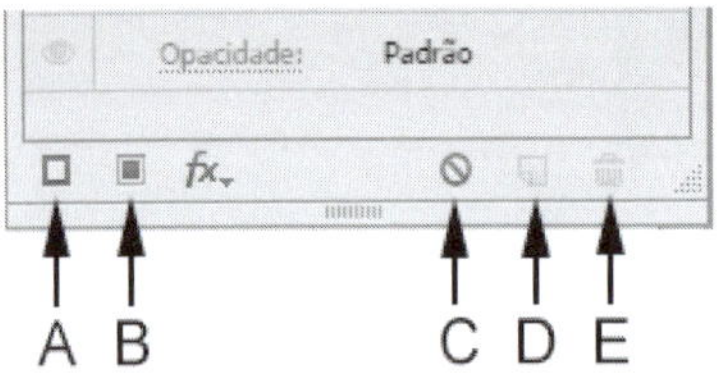

- A – *Adicionar novo traçado* (*Add New Stroke*).
- B – *Adicionar novo preenchimento* (*Add New Fill*).
- C – *Limpar aparência* (*Clear Appearance*).
- D – *Duplicar item selecionado* (*Duplicate Selected Item*).
- E – *Excluir item selecionado* (*Delete Selected Item*).

26. Clique na barra do efeito *Sombra* (*Drop Shadow*) para selecioná-lo, mas não clique no nome, pois assim ele abrirá o quadro para alterar o efeito.

27. Clique no botão *Duplicar item selecionado* (*Duplicate Selected Item*) e o painel fará uma cópia do efeito. Se necessário, clique na base do painel para aumentar sua altura e assim visualizar melhor a lista.

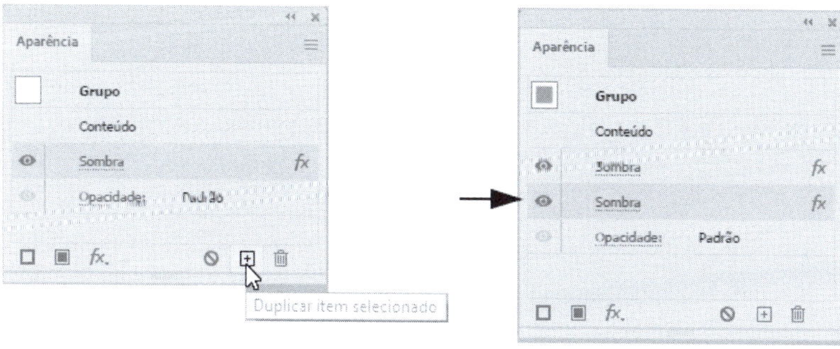

28. Clique no ícone do olho do efeito *Sombra* (*Drop Shadow*) original, o que ficou acima da cópia, para desabilitar sua visualização.

29. Clique no nome da cópia do efeito e, no quadro *Sombra* (*Drop Shadow*), altere a opção da caixa *Modo* (*Mode*) para *Subexposição de cor* (*Color Dodge*). Em seguida, clique no botão *OK* e veja o resultado.

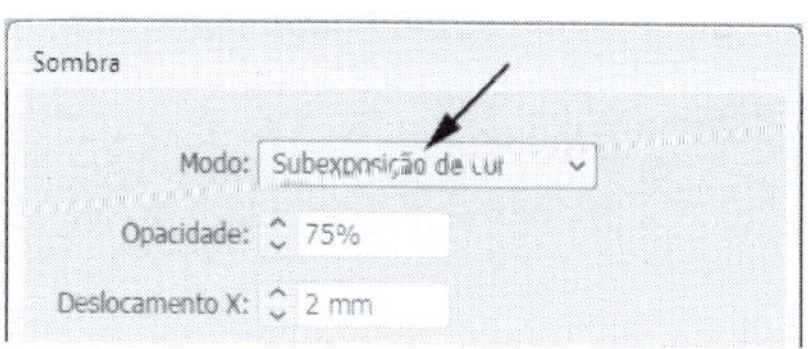

Com esse exemplo, você pode ter uma ideia das possibilidades que esse recurso oferece para o trabalho com ilustrações.

30. Desabilite a visualização desse efeito e habilite o anterior.

31. Salve o arquivo, por segurança.

Trabalhando com camadas (layers)

Ao trabalhar com ilustrações complexas, compostas por diversos objetos, a manipulação delas acaba se tornando difícil, principalmente a seleção individual, pelo fato de haver objetos sobre objetos.

O recurso de camadas do Illustrator é a solução perfeita para produzir um trabalho mais organizado e prático, pois ele ajudará você a gerenciar todos os objetos em sua ilustração.

Imagine as camadas como se fossem pastas nas quais você armazena cada objeto ou grupo de objetos de sua ilustração. Dessa forma, você poderá organizar o empilhamento desses objetos. Tudo isso com a facilidade de poder movê-los de um lado para o outro.

Por padrão, todos os objetos que você cria são colocados na mesma camada. No entanto, você poderá criar novas camadas para organizar seu trabalho ou criar as camadas posteriormente e mover os objetos para elas.

Painel Camadas (Layers)

Com o painel *Camadas* (*Layers*), você pode selecionar, ocultar, travar objetos de sua ilustração e até mudar os atributos de aparência. Por causa da integração dos produtos da Creative Cloud, as camadas do Illustrator podem ser compartilhadas, por exemplo, com o Photoshop.

Criando camadas (layers)

Como exemplo, você poderia ter criado uma camada para colocar a colmeia. Mas isso não foi pedido justamente para que você percebesse a mobilidade de objetos entre camadas, agora que conhecerá esse recurso.

1. Clique no ícone do painel *Camadas* (*Layers*) ou pressione a tecla *F7* para expandir o painel.
2. Observe que no painel *Camadas* (*Layers*) existe apenas uma camada chamada *Camada 1* (*Layer 1*).

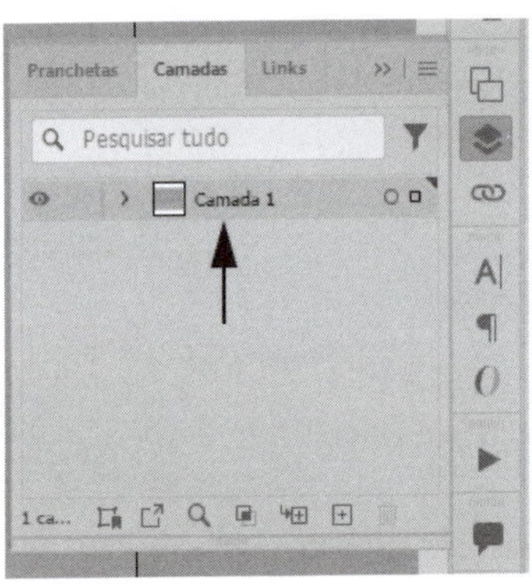

3. A pequena seta ao lado da miniatura da camada indica que existe mais de um objeto compondo essa camada. Clique na seta para expandi-la.

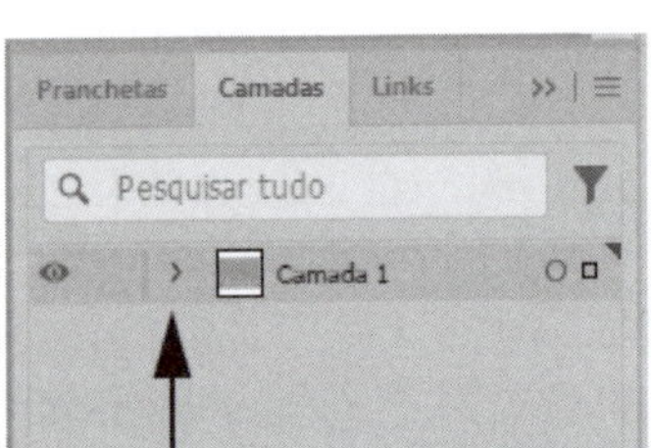

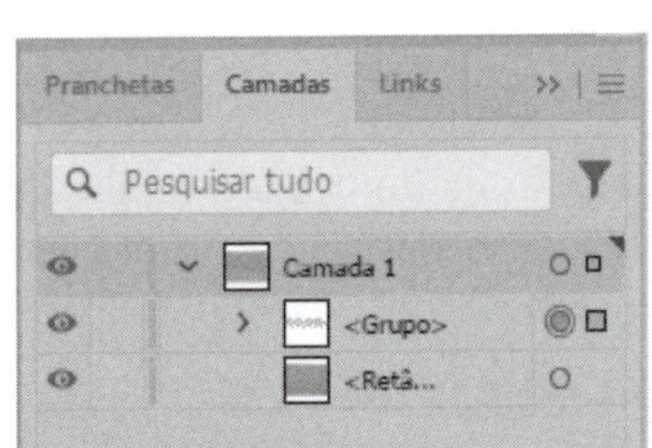

4. Veja que a *Camada 1* (*Layer 1*) é composta de duas outras camadas: a camada *Grupo* (*Group*), que é o grupo de hexágonos que forma a colmeia, e a camada *Retângulo* (*Rectangle*), que é o retângulo de fundo. Clique na seta ao lado da camada *Grupo* (*Group*) para expandi-la.

O ícone do olho na frente da camada indica que ela está visível. Ao clicar nele, você estará ocultando a visualização da camada. Para aumentar a altura do painel, posicione o cursor na borda da base. Quando o cursor se transformar em uma seta, clique nela e arraste a.

Perceba que a camada *Grupo* (*Group*) é composta por mais duas camadas, que são exatamente os dois grupos de quatro hexágonos que você criou para formar a colmeia.

5. Clique na seta ao lado da primeira camada *Grupo* (*Group*) que está dentro da camada *Grupo* (*Group*) principal. Observe que dentro dessa camada haverá quatro objetos, que são os quatro hexágonos que você agrupou antes de fazer as cópias.

Com isso, você já deve ter percebido a forma como o Illustrator organizou os objetos de sua ilustração. Todos esses elementos estão dentro da *Camada 1* (*Layer 1*).

Organizando as camadas

Agora você vai organizar as camadas e, a partir disso, vai criar uma nova camada para cada elemento do postal.

6. Primeiro, clique na seta ao lado da *Camada 1* (*Layer 1*) para recolhê-la. Depois, clique no penúltimo botão na base do painel *Camadas* (*Layers*) para criar uma nova *Camada* (*Layer*).

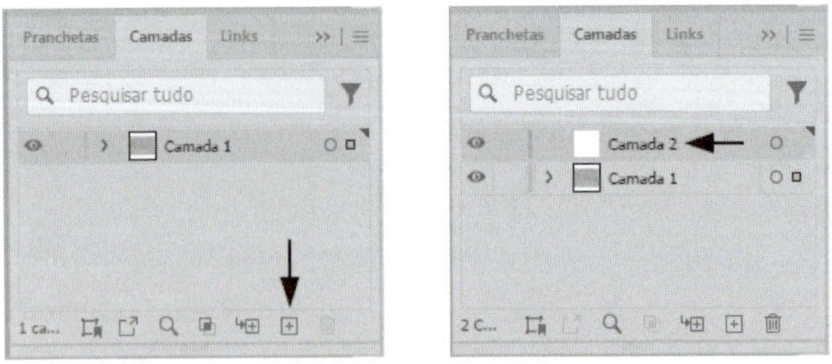

7. Na sequência, dê duplo clique no nome da *Camada 2* (*Layer 2*) para editá-lo e digite *Colmeia*. Tecle *Enter* para finalizar a edição. Isso identificará que essa camada contém a colmeia.

8. Faça o mesmo com a *Camada 1* (*Layer 1*) e altere seu nome para *Fundo Postal*.

9. Agora, você deve colocar a colmeia na camada criada para ela. Com a ferramenta *Seleção* (*Selection*), clique na colmeia para selecioná-la.

10. No painel *Camadas* (*Layers*), clique na camada *Colmeia* para selecioná-la. Quando estiver selecionada, a camada ficará destacada em azul no painel.

11. Clique com o botão direito do mouse sobre qualquer ponto da colmeia para exibir o menu de contexto. Em seguida, selecione a opção *Organizar* (*Arrange*) e depois clique na opção *Enviar para camada atual* (*Send to Current Layer*).

Com essa opção, você muda o objeto selecionado de sua camada atual para a camada selecionada.

12. Clique na seta em frente às camadas para expandi-las e veja as alterações.

Perceba como esse painel vai lhe ajudar a produzir ilustrações de forma organizada e com grande facilidade de edição. Cada coluna do painel tem uma função, como descrito a seguir:

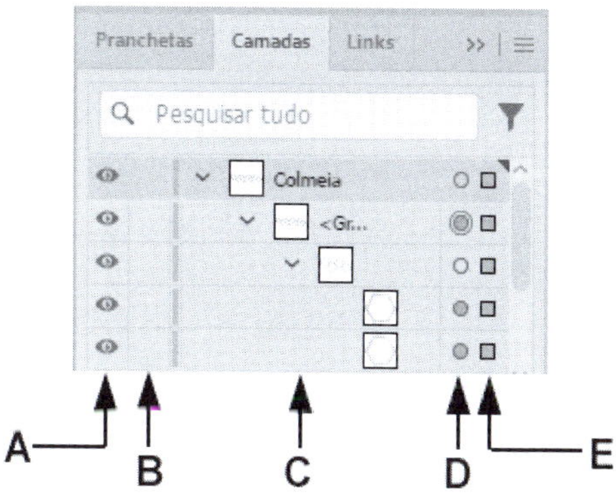

- A – *Coluna de visibilidade*: exibe o ícone de um olho, indicando que os objetos da camada estão visíveis. Para ocultar os objetos, basta dar um clique no ícone e eles desaparecem.
- B – *Coluna de edição*: nessa coluna pode-se bloquear a edição do conteúdo da camada. Ao clicar nela o ícone de um cadeado é exibido.
- C – *Coluna de listagem*: exibe a listagem das camadas e subcamadas da ilustração.
- D – *Coluna de destino*: indica se os itens da camada estão selecionados e ativos para terem seus atributos alterados. Quando o ícone exibido for um anel duplo, significa que está selecionado; quando for um anel único, indica que não está selecionado.
- E – *Coluna de seleção*: sempre que um ou mais itens estiverem selecionados na camada, uma caixa de cor é exibida. Se apenas alguns itens estiverem selecionados, essa caixa de cor será um pouco menor.

Como descrito no item B, é possível bloquear a edição de um objeto clicando-se na coluna em frente a ele. Para desbloquear, você deve clicar novamente ou fazê-lo no próprio objeto. Existe uma opção que exibe no objeto bloqueado o mesmo ícone do cadeado, informando que ele está bloqueado.

13. No painel *Camadas* (*Layers*), clique na coluna em frente ao primeiro objeto da lista da colmeia para bloqueá-lo. Observe a colmeia e veja a indicação do cadeado.

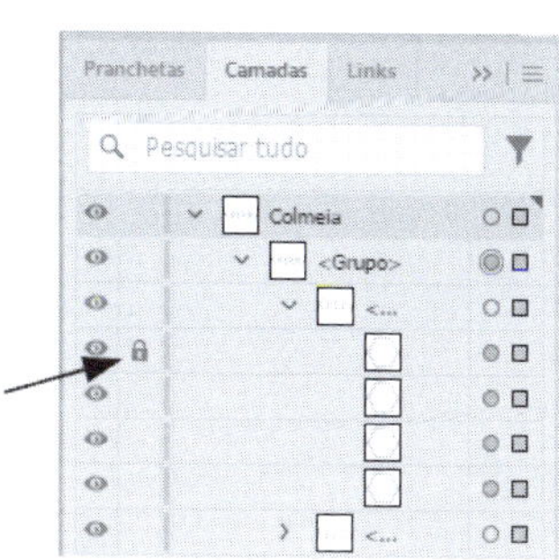

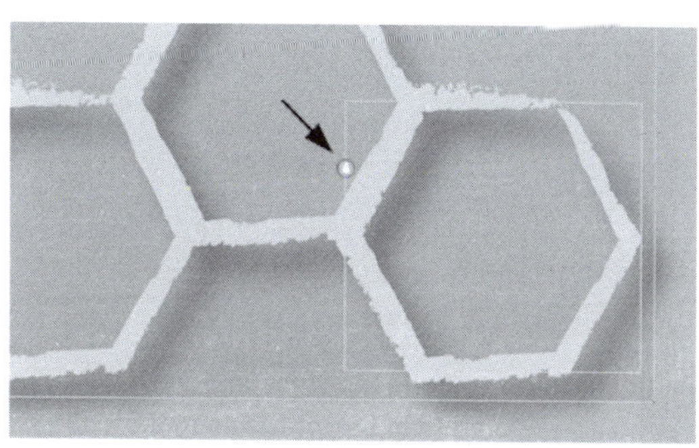

14. Para desbloquear, clique no ícone do cadeado no próprio objeto. Essa facilidade evita a necessidade de abrir o painel *Camadas* (*Layers*) e localizar o objeto em questão.

Caso o ícone não apareça, verifique no menu *Editar/Preferências/Exibição de seleção e âncora* (*Edit/Preferences/Selection & Anchor Display*) se a opção *Selecionar e desbloquear objetos na tela* (*Select and Unlock Objects on Canvas*) está ativa.

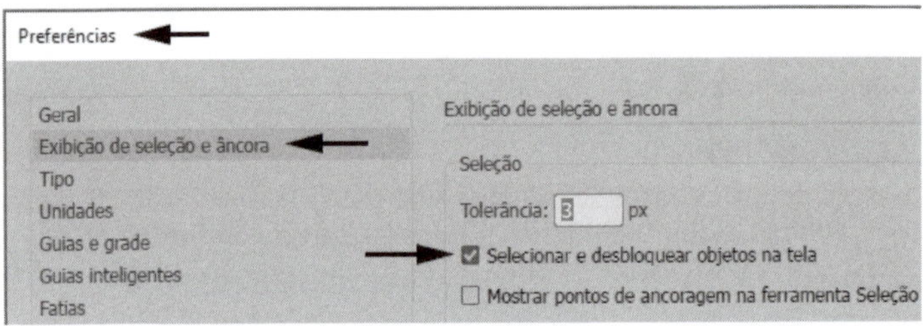

15. Para finalizar, salve a ilustração.

Desenhando espirais

É muito simples criar espirais no Illustrator, pois há uma ferramenta específica para isso.

1. Você deve acrescentar uma camada específica para a espiral que será criada. Selecione a camada *Colmeia*, caso ela não esteja selecionada, pois, assim que criar a nova camada, ela ficará acima de todas as outras.

2. Crie uma nova camada e altere seu nome para *Espiral*.

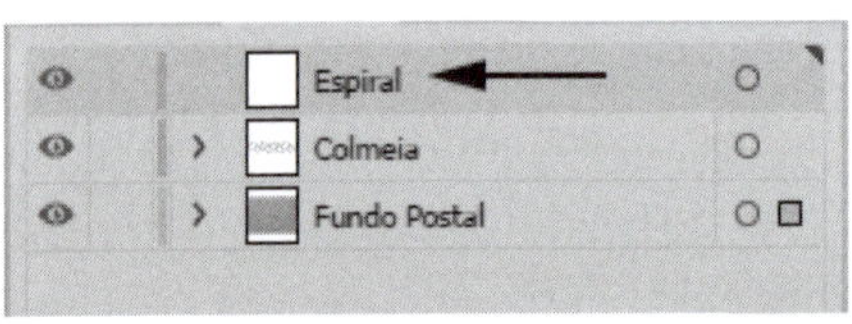

Ferramenta Espiral (Spiral)

3. Clique na ferramenta *Segmento de linha* (*Line Segment*) com o botão direito do mouse e selecione a ferramenta *Espiral* (*Spiral*).

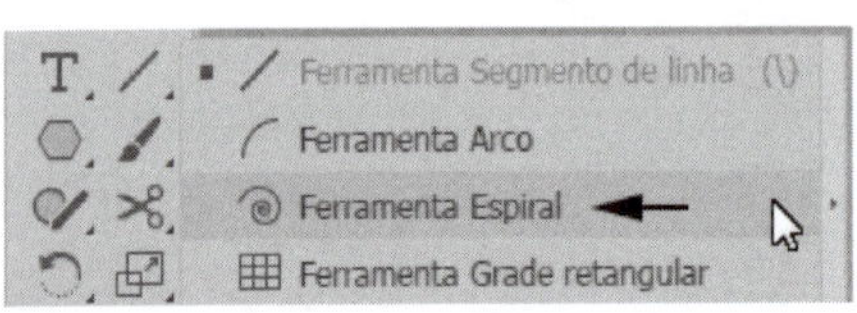

Assim como outras ferramentas, você pode criar a espiral de duas formas. Para isso, basta clicar na área de desenho e arrastar o cursor; ou, se preferir, dar apenas um clique para exibir o quadro de configuração.

4. Dê um clique na tela de desenho e o quadro *Espiral* (*Spiral*) será exibido.

O quadro *Espiral* (*Spiral*) oferece as seguintes opções:

- *Raio* (*Radius*): define a distância do centro da espiral até o ponto final dela.
- *Decréscimo* (*Decay*): define a taxa na qual cada curva da espiral deve diminuir em relação à curva anterior a ela.
- *Segmentos* (*Segments*): define quantos segmentos a espiral terá, pois cada curva da espiral consiste de quatro segmentos.
- *Estilo* (*Style*): define a direção da espiral.

5. Altere o raio da espiral para *40 mm* e clique em *OK*.

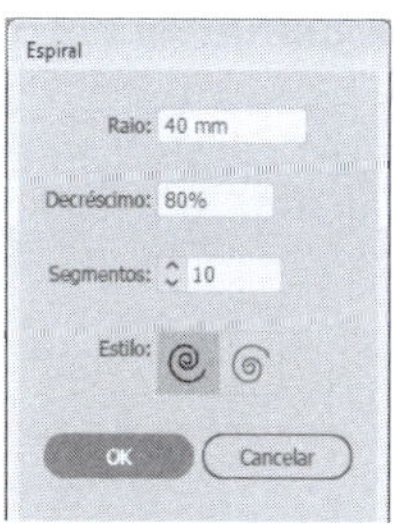

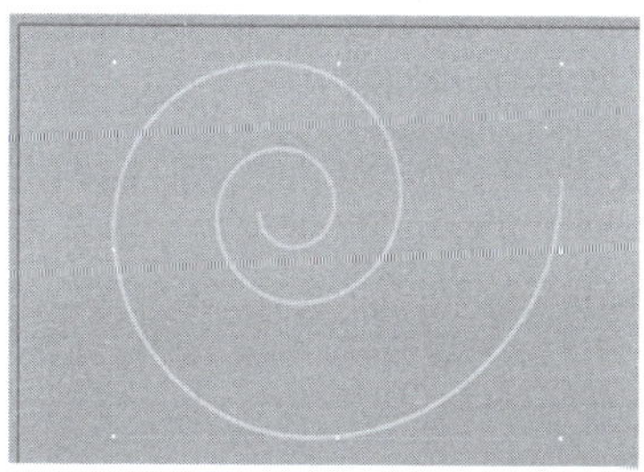

As medidas solicitadas para a definição dos objetos são apenas sugestões para que o resultado final de sua ilustração fique similar ao sugerido. Isso não impede que você use outras medidas. Fique à vontade para experimentar.

6. Ative a ferramenta *Seleção* (*Selection*) e, com a espiral selecionada, utilize o painel *Controle* (*Control*) para alterar a cor da linha para um verde mais escuro. Como sugestão, clique no verde que fica exatamente abaixo do *Verde CMYK* (*CMYK Green*).

Biblioteca de pincéis

A biblioteca de pincéis é uma coleção de pincéis predefinidos que já vem no Illustrator.

7. Abra novamente a biblioteca *LápisCarvãoGiz_artístico* (*Artistic_ChalkCharcoal Pencil*), usada para definir o traçado dos hexágonos da colmeia. Caso a tenha fechado, clique no canto superior direito do painel e, no menu, selecione as opções *Abrir biblioteca de pincéis/Artístico/LápisCarvãoGiz_artístico* (*Open Brush Library/Artistic/Artistic_ChalkCharcoalPencil*) na sequência.

8. Ainda com a espiral selecionada, clique no pincel *Giz* (*Chalk*) e veja o resultado.

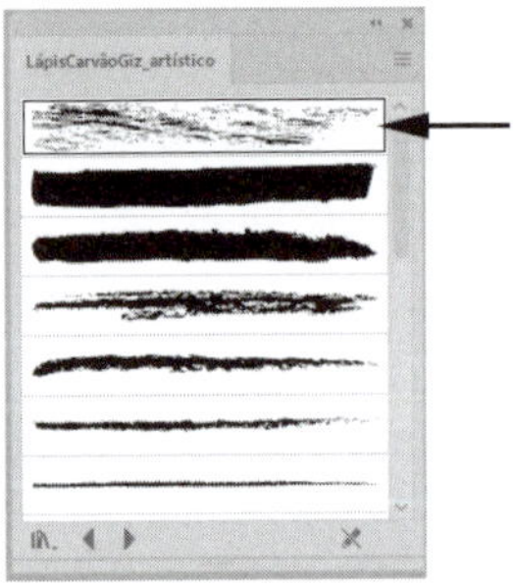

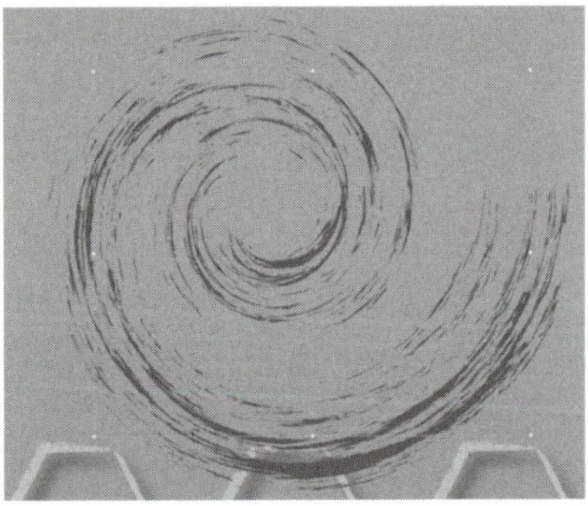

Girando objetos

Você pode girar os objetos pelos pontos de ancoragem localizados nos cantos da seleção ou pelo quadro *Girar* (*Rotate*), quando quiser utilizar um ângulo preciso.

9. Para que a espiral fique como a ilustração original, será preciso girá-la. Para isso, clique no menu *Objeto/Transformar/Girar* (*Object/Transform/Rotate*), e o quadro *Girar* (*Rotate*) será exibido. Na caixa *Ângulo* (*Angle*), digite *-30*. Em seguida, clique em *OK*.

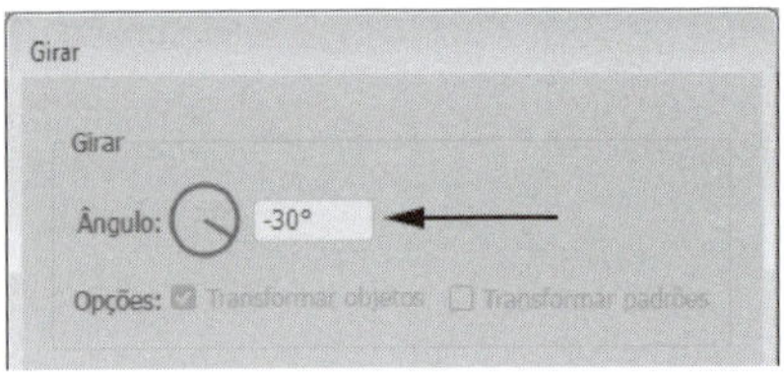

10. Com a ferramenta *Seleção* (*Selection*), posicione a espiral na ilustração como mostra a figura a seguir.

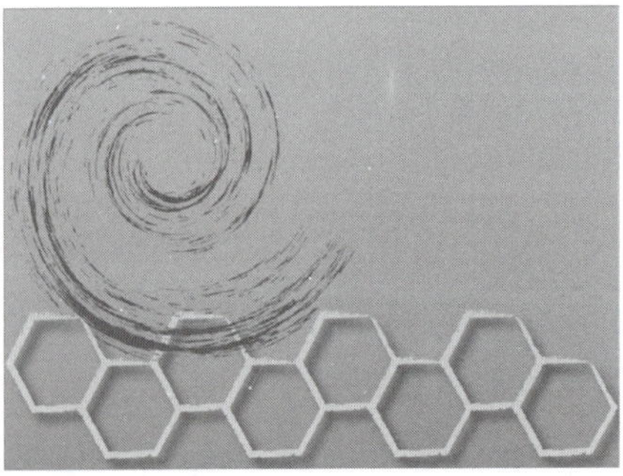

Nesse caso, a espiral deverá ficar abaixo da colmeia. Portanto, você pode usar as camadas para reorganizar os objetos.

11. No painel *Camadas* (*Layers*), clique e arraste a camada *Espiral* para baixo, posicionando-a entre as camadas *Colmeia* e *Fundo Postal*. Veja que uma linha azul mais grossa é exibida entre essas duas camadas.

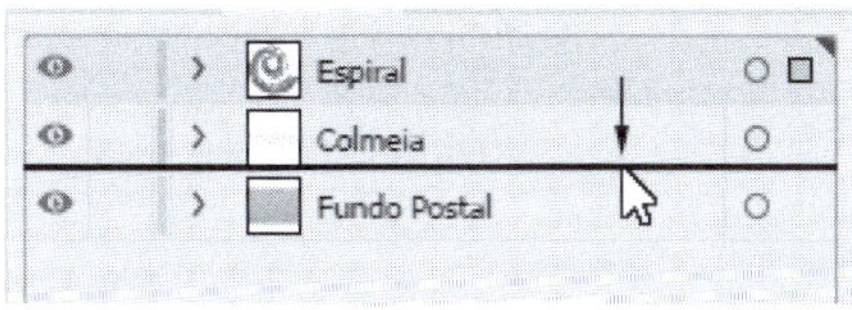

12. Agora basta soltar o botão do mouse e a camada será reposicionada.

13. Salve seu arquivo.

Comando Inserir (Place) – importando arquivos

O comando *Inserir* (*Place*) é o principal meio para importar arquivos para o Illustrator, pois dispõe de várias opções de controle do arquivo importado. A grande vantagem desse comando é possibilitar a criação de um vínculo entre o Illustrator e o arquivo importado.

O Illustrator pode importar uma série de formatos de arquivos, como imagens bitmap, PDF, EPS, DCS, arquivos do AutoCAD, arquivos do Photoshop em PSD e arquivos do próprio Illustrator.

Nesta etapa, você vai importar um logotipo feito no Illustrator e duas imagens no formato PNG.

1. Mantenha a camada *Colmeia* selecionada no painel *Camadas* (*Layers*) e crie uma nova camada para receber o logotipo. Mude seu nome para *Logo*.

Você deve ter percebido que o Illustrator atribui uma cor para cada nova camada criada. Essa cor pode ser vista em uma estreita faixa colocada ao lado da camada no painel *Camadas* (*Layers*).

Essa cor serve para você identificar com facilidade a qual camada um objeto pertence. Quando selecionado, o objeto exibe linhas que indicam isso, e essas linhas terão a cor da camada.

2. Abra o menu *Arquivo* (*File*), clique na opção *Inserir* (*Place*) e será exibido o quadro de diálogo *Inserir* (*Place*).

3. Localize a pasta *Arquivos de trabalho* e selecione o arquivo *Logo-Apiário.ai*.

4. Clique no botão *Inserir* (*Place*) e o arquivo será carregado no cursor (observe a miniatura do arquivo ao lado do cursor), aguardando você definir onde ele deve ser inserido.

Os números ao lado indicam quantos arquivos estão carregados no cursor, pois você pode selecionar vários arquivos ao mesmo tempo e ir colocando nas posições que desejar a cada clique.

5. Clique fora da prancheta e o logotipo será carregado.

6. Reduza o tamanho do logotipo para *70 mm* × *70 mm* e posicione-o como mostra a figura a seguir.

7. Faça a importação de mais duas imagens chamadas *Abelhas1.png* e *Abelhas2.png* e posicione-as como na figura a seguir. Ajuste o tamanho com os controles que você já viu.

8. Salve seu arquivo e feche-o.

Atividade 2 – Desenvolvendo um flyer

Objetivo: » Criar um flyer explorando ferramentas de distorção e texto.

Tarefas:
» Distorcer objetos com a ferramenta *Redemoinho* (*Twirl*).
» Criar e manipular curvas com a ferramenta *Curvatura* (*Curvature*).
» Ajustar um texto a um caminho com a ferramenta *Tipo no caminho* (*Type on a Path*).
» Ajustar a sangria do documento.

Nesta atividade, você desenvolverá um flyer explorando mais uma série de ferramentas que aguçarão sua criatividade. Ao final, você deverá ter produzido uma ilustração como a apresentada abaixo.

Distorcendo objetos

O Illustrator possui ferramentas específicas para a distorção dos objetos de sua ilustração. É possível distorcê-los utilizando a ferramenta *Transformação livre* (*Free Transform*), que distorce o objeto livremente, ou uma das ferramentas de remodelagem. Com elas, você tem a vantagem de ajustar as configurações de distorção.

Ferramenta Redemoinho (Twirl)

A ferramenta *Redemoinho* (*Twirl*) cria distorções no objeto, provocando redemoinhos.

1. Abra o arquivo *Café Paris.ai*, disponível na pasta *Arquivos de trabalho*.

Trata-se de um arquivo previamente preparado com um fundo e uma ilustração, para você se concentrar nas ferramentas que serão abordadas aqui. Observe no painel *Camadas* (*Layers*) que ele possui duas camadas, sendo uma para a torre e outra para o fundo. Ambas estão bloqueadas para evitar alguma alteração acidental.

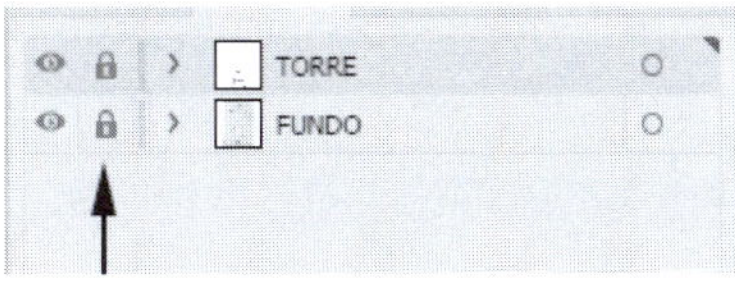

2. Desabilite a visualização das duas camadas clicando no ícone do olho à esquerda.

3. Selecione a camada *FUNDO* e clique no botão *Criar nova camada* (*Create New Layer*). Em seguida, dê duplo clique no nome da nova camada e altere para *Arabesco*.

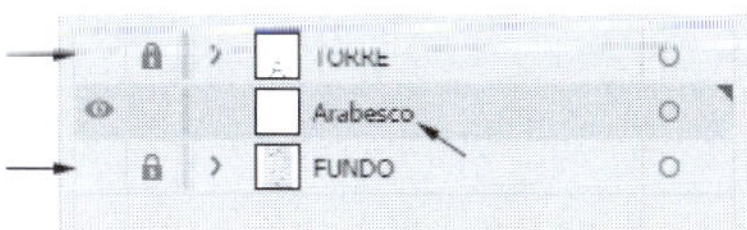

4. Crie um quadrado de *34 mm* × *34 mm* e retire a cor de contorno. No preenchimento, aplique uma cor laranja de sua escolha.

5. Clique com o botão direito do mouse na ferramenta *Largura* (*Width*) e selecione a ferramenta *Redemoinho* (*Twirl*).

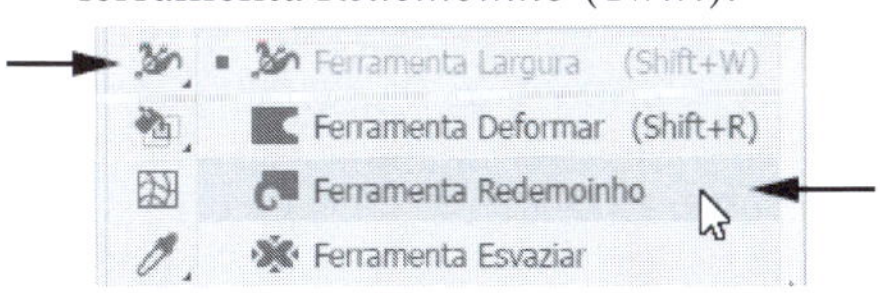

6. Depois de selecionar a ferramenta, dê duplo clique nela para abrir o quadro de opções da ferramenta *Redemoinho* (*Twirl Tool Options*).

A ferramenta *Redemoinho* (*Twirl*) funciona como um pincel para criar os redemoinhos. Por meio do quadro de opções, você altera o tamanho do redemoinho. Para isso, será preciso substituir o valor dos itens *Largura* (*Width*) e *Altura* (*Height*). Dessa maneira, você vai alterar o diâmetro da figura. Porém, se as duas opções tiverem valores diferentes, a figura terá o formato de uma elipse.

7. Clique na seta ao lado da caixa *Largura* (*Width*) e selecione *40 pt*. Em seguida, faça o mesmo na caixa *Altura* (*Height*).

Se você optar por configurar a ferramenta como uma elipse, no item *Ângulo*, é possível selecionar o ângulo de inclinação. Com o item *Intensidade* (*Intensity*), você pode controlar a velocidade em que o redemoinho é produzido, isto é, quanto maior o valor, mais rápido ele será criado.

8. Altere o item *Intensidade* (*Intensity*) para *25%*, deixe as outras opções com os valores-padrão e clique em *OK*.

9. Para produzir o redemoinho, leve a ferramenta até o canto superior esquerdo do quadrado, como mostra a figura a seguir, depois clique e mantenha o botão do mouse pressionado, soltando apenas quando estiver na forma que você desejar.

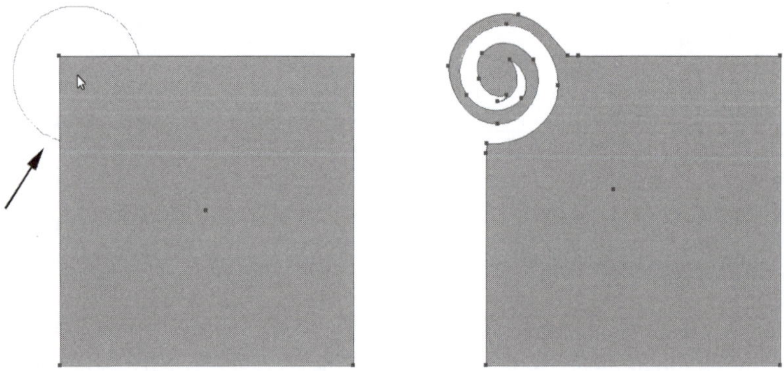

Para alterar o sentido de rotação da ferramenta, quando o redemoinho for gerado, abra novamente o quadro de opções e mude o valor do item *Taxa de redemoinho* (*Twirl Rate*). Para ângulos negativos, o sentido será alterado.

10. Em qualquer ponto onde você clicar será criado um novo redemoinho. Portanto, faça as configurações que desejar para produzir essa ilustração. A figura a seguir mostra um exemplo de como ficará, mas lembre-se de que nesse caso você está livre para criar.

11. Salve o arquivo na pasta *Minhas ilustrações* com o nome *Café Paris - Final.ai.*

Degradê de forma livre (Freeform Gradient)

Degradê de forma livre (*Freeform Gradient*) é mais uma opção para criar degradês, sendo diferente das opções *Linear* (*Linear*) e *Radial* (*Radial*) por permitir a criação de vários pontos de degradê de forma livre no objeto, sequencial ou aleatoriamente.

São dois modos de aplicação: *Pontos* (*Points*), que permite a criação de sombreamento ao redor das áreas de transição de cor, e *Linhas* (*Lines*), que faz o sombreamento ao redor de uma linha.

1. Selecione o objeto criado e ative a ferramenta *Gradiente* (*Gradient*). No painel *Gradiente* (*Gradient*), clique no tipo *Degradê de forma livre* (*Freeform Gradient*) e ative a opção *Pontos* (*Points*).

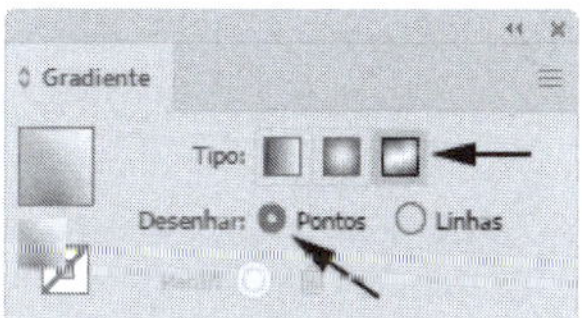

2. Um gradiente-padrão poderá ser aplicado ao objeto. Se esse for o caso, clique nos pontos de degradê e arraste-os para fora do objeto para eliminá-los. Assim, você terá apenas o contorno para criar os novos pontos.

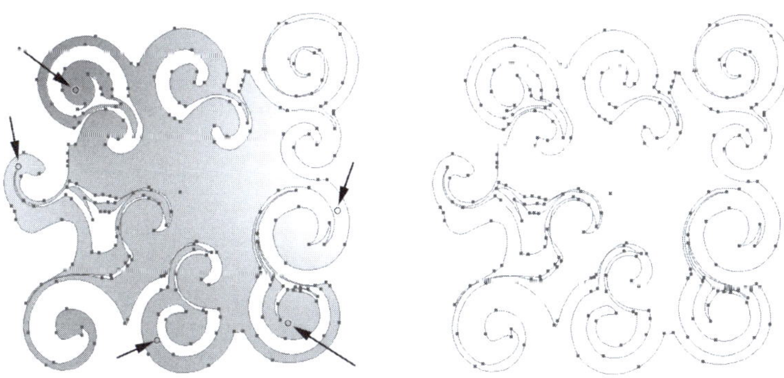

3. Em seguida, leve o cursor até o objeto e clique em alguns locais para criar os novos pontos de degradê. Por padrão, a cor branca é usada nos novos pontos. Veja o exemplo a seguir.

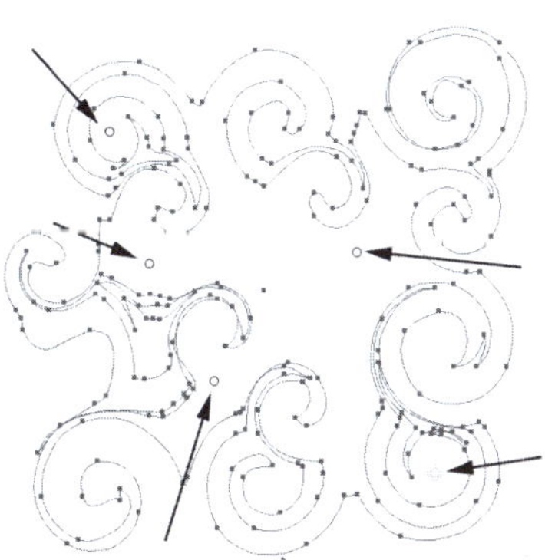

4. Para aplicar uma cor ao ponto de degradê, basta dar duplo clique no ponto e o quadro de cores será exibido. Selecione a opção *Amostras* (*Swatches*) e escolha uma cor para o ponto.

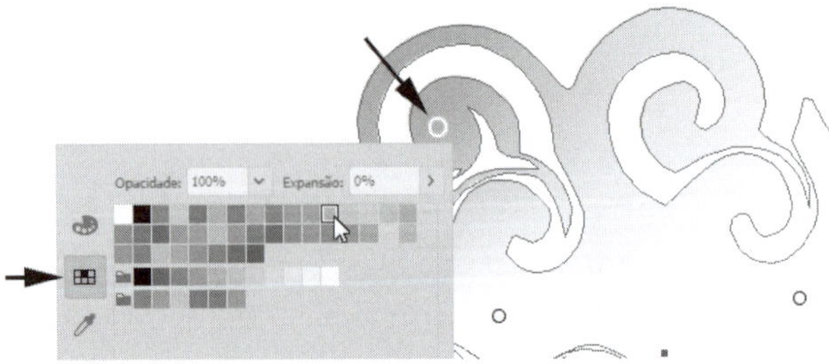

5. Repita o procedimento até aplicar cor a todos os pontos criados.

Com esses pontos, além de aplicar a cor, pode-se regular a expansão da cor, que é a área circular ao redor do ponto.

Isso pode ser feito no painel *Gradiente* (*Gradient*): selecione o ponto e altere o valor na caixa *Localização* (*Location*). Outra opção é posicionar o cursor sobre o ponto até surgir um círculo tracejado, sobre cuja borda um outro pequeno círculo aparece. Use esse pequeno círculo para efetuar a expansão, clicando e arrastando-o.

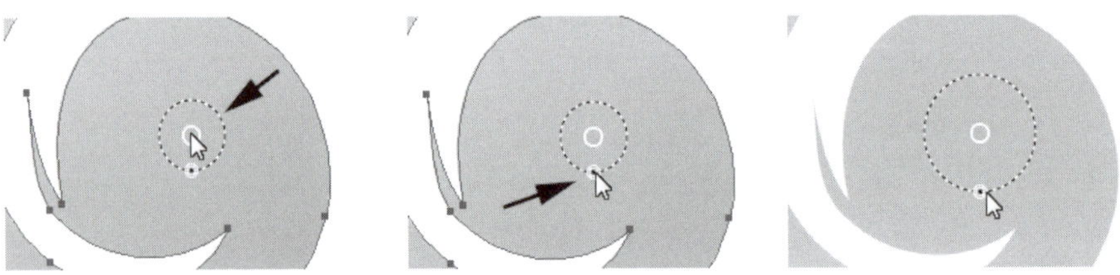

Com a opção *Linhas* (*Lines*) do *Degradê de forma livre* (*Freeform Gradient*), os pontos que você cria serão interligados um ao outro por uma linha à medida que eles são criados, e o degradê será aplicado ao redor da linha que os interliga. Veja o exemplo a seguir.

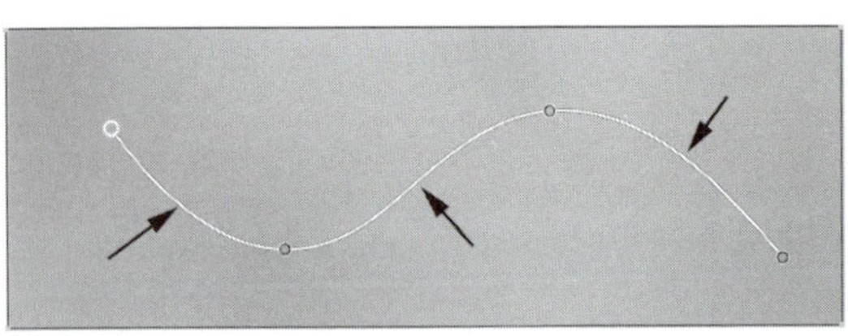

6. No painel *Camadas* (*Layers*), ative a visualização das camadas *TORRE* e *FUNDO*.

7. Redimensione o objeto e posicione-o como mostrado a seguir.

8. Faça uma cópia do objeto e, no painel *Propriedades* (*Properties*), clique no botão *Virar horizontalmente* (*Flip Horizontally*). Por fim, coloque-o do outro lado da torre.

9. Salve o arquivo.

Ferramenta Curvatura (Curvature)

Com essa ferramenta, o desenho de linhas e curvas (chamado pelo Illustrator de caminho) torna-se mais intuitivo e simples. Com ela, você pode criar, editar, adicionar ou remover pontos de seu desenho, sem a necessidade de trocar ferramentas.

1. Selecione a camada *TORRE* no painel *Camadas* (*Layers*), crie uma nova camada e altere o nome dela para *Subtítulo*.
2. Desabilite a visualização de todas as camadas, exceto da nova camada criada.
3. Selecione a ferramenta *Curvatura* (*Curvature*), leve o cursor até a prancheta e dê um clique para definir o primeiro ponto.

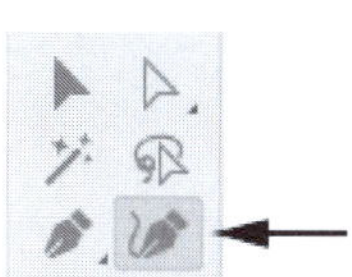

4. Em seguida, mova o cursor para a direita e para baixo e clique novamente para definir o segundo. A partir desse momento, você visualizará a curvatura elástica que mostra como ficará seu desenho assim que você definir o terceiro ponto.

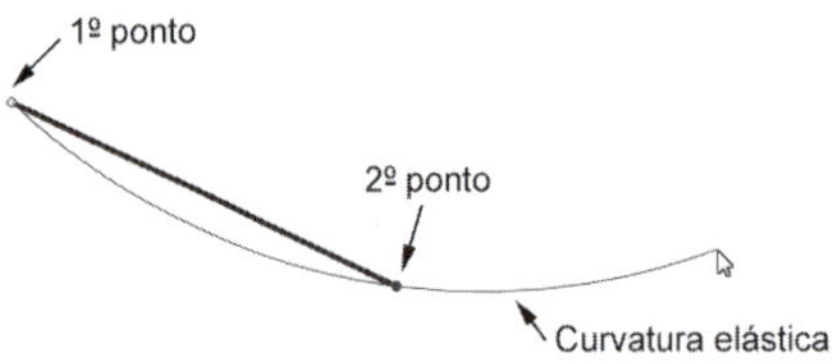

5. Clique para definir o terceiro ponto, como mostra a figura a seguir.

6. Em seguida, clique no quarto ponto. Seu desenho deve finalizar nesse ponto.

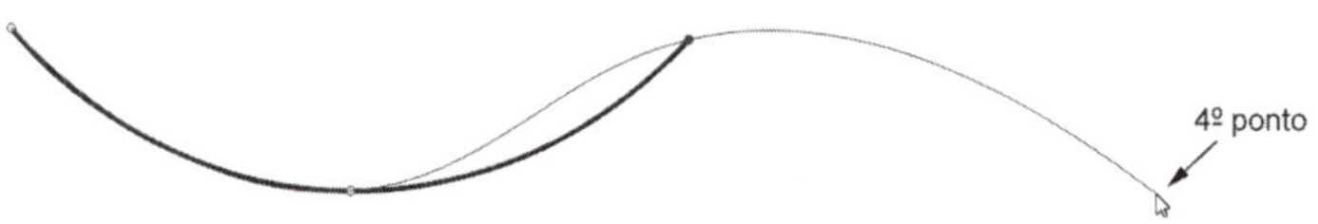

7. Perceba que a ferramenta continuará ativa. Para realmente finalizar, pressione a tecla *ESC*. Ative a ferramenta *Seleção* (*Selection*)

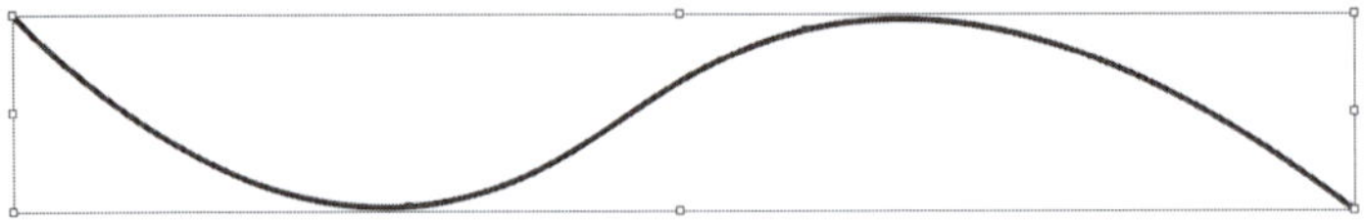

Conheça mais algumas facilidades dessa ferramenta:

- Para criar uma forma fechada, basta clicar com o cursor no primeiro ponto criado. O desenho obedecerá às características de cor de preenchimento, bem como cor e espessura do traçado, definidas no painel *Controle* (*Control*).

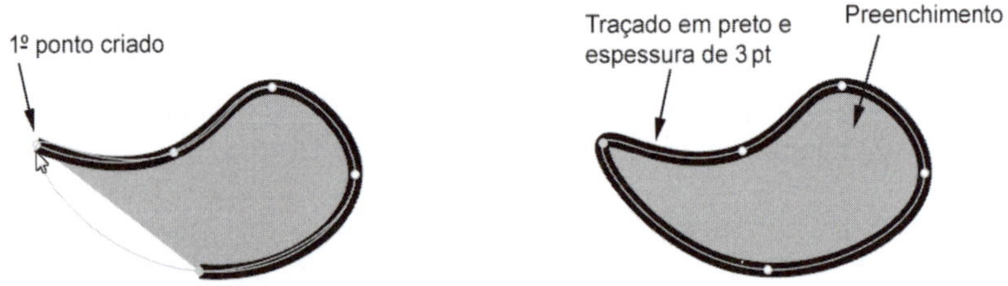

- Para alternar entre pontos suaves ou pontos de cantos (o que criará segmentos retos), clique duas vezes em um ponto.

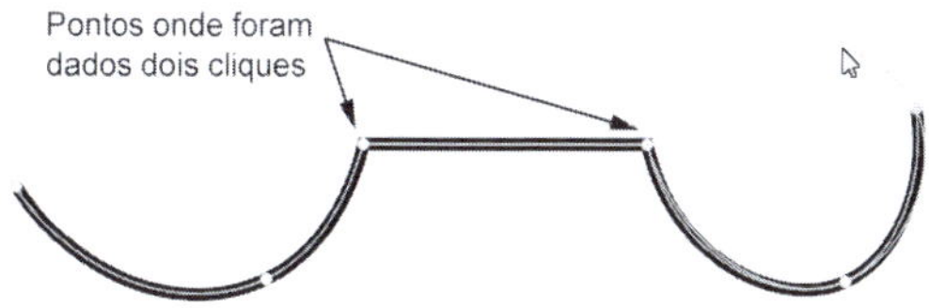

- Para mover um ponto, clique nele com a ferramenta e arraste-o para a nova posição.

- Para excluir um ponto, clique nele com a ferramenta e pressione *Delete*. A curva é mantida e redefinida com os pontos restantes.

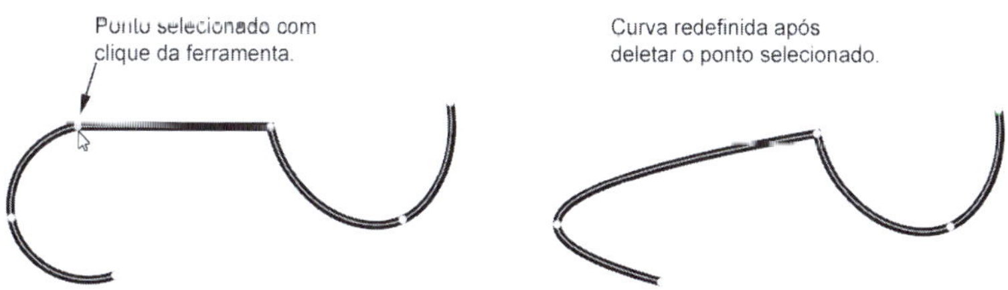

8. Para que a linha curva que você criou seja adequada ao projeto, altere as dimensões para 90 mm de largura e 7 mm de altura, utilizando o painel *Controle* (*Control*) ou o painel *Propriedades* (*Properties*).

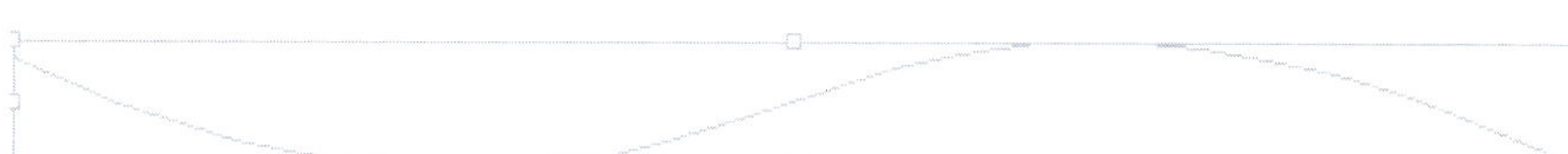

9. No painel *Controle* (*Control*), remova a cor de preenchimento.

Ferramenta Tipo no caminho (Type on a Path) – ajustando texto a um caminho

É possível criar um texto ao longo de um caminho, ou seja, fazer um texto acompanhar uma linha curva. O Illustrator possui uma ferramenta específica para isso.

1. Clique na ferramenta *Tipo* (*Type*) (T) para exibir as outras ferramentas e selecione a ferramenta *Tipo no caminho* (*Type on a Path*) ( ).

2. Observe que o cursor muda seu formato em relação ao cursor de texto normal. Leve-o até o início da linha curva e dê um clique: uma amostra de texto selecionado será exibida e o cursor ficará aguardando a digitação.

3. Configure a fonte para *Garamond*, estilo *Bold* e tamanho *12*.

> Se você não tiver a fonte Garamond, use outra fonte e faça o ajuste de tamanho necessário.

4. Digite o texto *Um pedacinho da França em Santo André!* e veja que o texto flui sobre a linha curva.

5. Clique na ferramenta *Seleção* (*Selection*) para finalizar a edição do texto.

Quando se cria um texto ajustado a um caminho, este não é exibido, pois serve apenas de base para o texto. Enquanto o texto estiver selecionado, três pequenas linhas verticais serão exibidas: no início, no centro e no fim do caminho.

A linha central permite o ajuste da posição do texto no caminho, enquanto as outras duas possibilitam abrir ou fechar o espaço horizontal. Neste último caso, você pode dividir o texto em vários caminhos independentes.

6. Por padrão, quando se ativa a ferramenta *Tipo* (*Type*), a cor de preenchimento é alterada para preto. Mantenha essa cor para o texto.

7. Agora ative a visualização de todas as camadas e, com a ferramenta *Seleção* (*Selection*), mova o texto para a sua posição final.

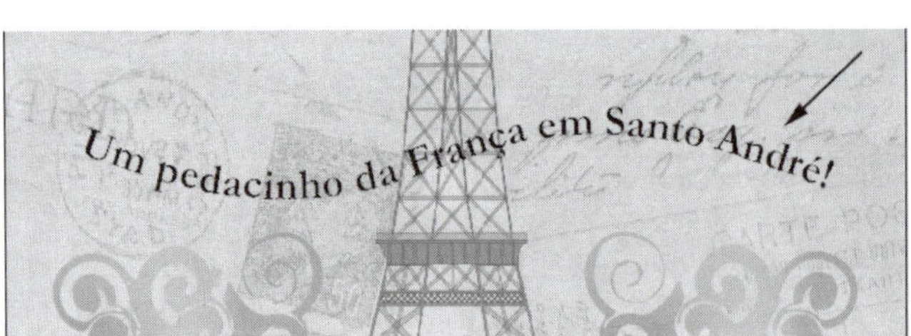

8. No painel *Camadas* (*Layers*), mantenha a camada *Subtítulo* selecione e crie uma nova mudando o nome para *Títulos*.

9. Ative a ferramenta *Texto* (*Type*), clique na prancheta e configure o texto com tamanho *100 pt*, fonte *Embassy BT* e cor *Azul CMYK* (*CMYK Blue*). Caso não tenha essa fonte em seu computador, substitua pela que achar melhor.

9. Digite a palavra *Paris*.

10. Repita o procedimento e digite a palavra *Café*, mas, dessa vez, com tamanho *48 pt* e cor vermelha.

11. Posicione as palavras como mostrado a seguir.

12. Salve a ilustração.

Ferramenta Objetos no caminho

Além de aplicar um texto a um caminho, é possível fazê-lo também com objetos. A ferramenta *Objetos no caminho* (*Objects on Path*) permite anexar e alinhar objetos a um caminho curvo ou reto. Uma vez anexados, você pode girá-los, alterar os pontos de fixação, ajustar o espaçamento, embaralhar e movê-los ao longo do caminho sem perder o alinhamento. Se for necessário editar o caminho ou adicionar/remover objetos, aqueles que já foram anexados serão reorganizados automaticamente.

1. Crie uma nova camada acima da camada *Títulos* e altere o nome para *Ilustração*.

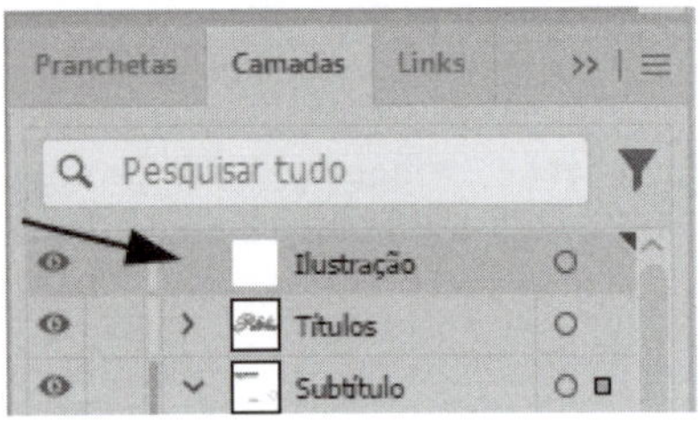

2. No menu *Arquivo* (*File*), clique em *Inserir* (*Place*) ou pressione as teclas de atalho *Shift+Ctrl+P*.
3. Localize e selecione o arquivo *Croissant* e clique no botão *Inserir* (*Place*).
4. Clique no botão *OK* e dê um clique fora do postal para importar a imagem.
5. Reduza o tamanho da imagem para *30 mm* de altura e largura e posicione-a sobre o postal, como mostrado a seguir.

6. Crie um círculo com *30 mm* de diâmetro e, em seguida, ajuste a espessura do traçado para *1 pt* e a cor de contorno para um marrom, como mostrado a seguir.

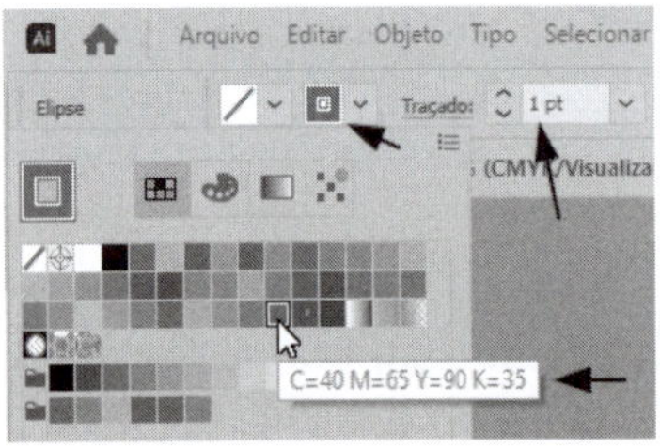

7. Com a ferramenta *Seleção* (*Selection*), selecione a imagem e o círculo e, em seguida, clique sobre a imagem para defini-la como objeto principal.
8. Clique nos botões de alinhamento: *Alinhamento horizontal centralizado* (*Horizontal Align Center*) e *Alinhamento vertical centralizado* (*Vertical Align Center*). Dessa forma, os dois estarão centralizados, mas a imagem não será movida do local original.

9. Ative a ferramenta *Estrela* (*Star*), clique na prancheta e ajuste os valores de *Raio 1* para *3 mm*, *Raio 2* para *1,2 mm* e *Pontos* para *5*. Em seguida, clique no botão *OK* para criar a estrela.

10. Com a estrela selecionada, remova a cor de contorno e aplique a cor *Azul CMYK* (*Blue CMYK*) no preenchimento.

11. Faça quatro cópias da estrela.

12. Selecione todas as estrelas e ative a ferramenta *Objetos no caminho* (*Objects on Path*).

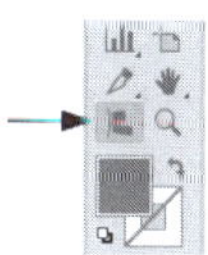

13. Posicione a ferramenta sobre o contorno do círculo para que o cursor adquira a forma da ferramenta. Basta dar um clique e as estrelas serão anexadas e distribuídas no contorno (ou caminho) do círculo.

Agora as estrelas e o contorno do círculo estão agrupados e, com a ferramenta *Objetos no caminho* (*Objects on Path*) ainda ativa, você pode ver os controles de ajuste disponíveis no próprio grupo.

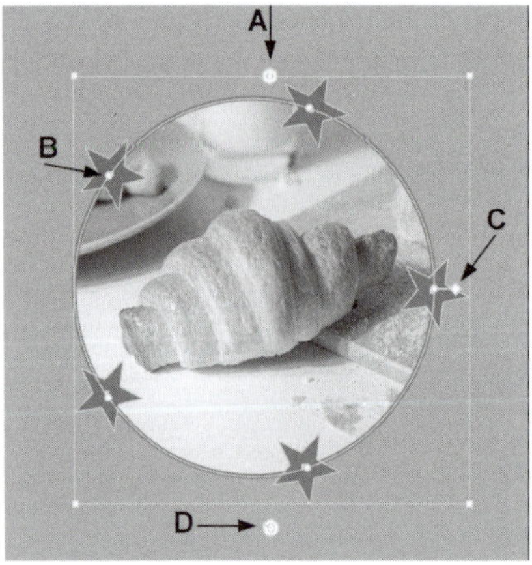

- A - Widget *Espaço*: esse controle ajusta o espaçamento e a distribuição dos objetos no caminho. Clicando e arrastando sobre esse controle, o espaçamento é alterado, mas o primeiro objeto fica ancorado. Mantendo a tecla *Alt* pressionada, o espaçamento é alterado, mas os objetos são movidos em direção ao centro do caminho.
- B - Widget *Selecionar/Mover*: esse controle permite colocar o objeto selecionado no lugar de outro. Basta clicar e arrastar o objeto que deseja mover e colocá-lo sobre outro objeto, e eles trocarão de lugar.
- C - Widget *Mover tudo*: esse controle move os objetos ao longo do caminho, mas mantém a distância entre eles.
- D - Widget *Girar tudo*: esse controle permite girar todos os objetos em seus pontos de fixação.

14. Clique e arraste o widget *Espaço* (*Space*) para a esquerda, alternado o espaço entre as estrelas, como mostrado a seguir.

15. Em seguida, clique no widget *Mover tudo* (*Move All*), arraste e deixe o grupo de estrelas como mostrado a seguir.

16. Salve o arquivo e seu postal estará pronto.

ALTERANDO A SANGRIA

Conforme visto no Capítulo 1, você precisará alterar a sangria para evitar problemas na hora de refliar (recortar) o flyer impresso. Sendo assim, você deverá aumentar o fundo para dar uma folga para o corte.

1. No painel *Camadas* (*Layers*), desligue o bloqueio da camada *FUNDO* dando um clique no cadeado. Em seguida, selecione o fundo do flyer.

2. No painel *Controle* (*Control*), mantenha o botão *Restringir proporções de largura e altura* (*Constrain Width and Height Proportions*) ativo e altere a largura para *113 mm*. Isso fará o fundo sangrar 4 mm na largura e 5,65 mm na altura de cada lado em relação à prancheta.

3. Desfaça a seleção do fundo do flyer clicando fora da prancheta e, no painel *Controle* (*Control*), clique no botão *Configuração de documento* (*Document Setup*).

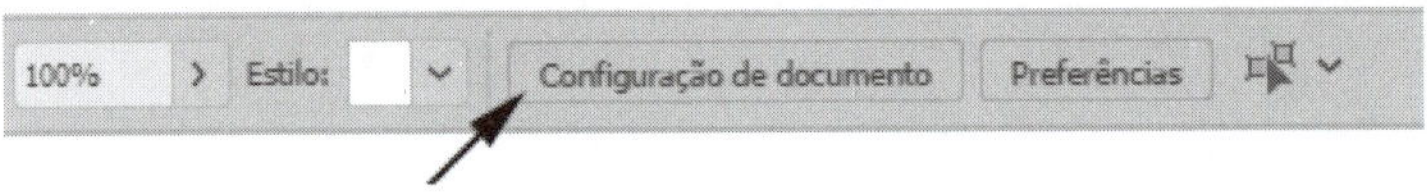

4. Altere a medida da sangria para *4 mm* e clique em *OK*.

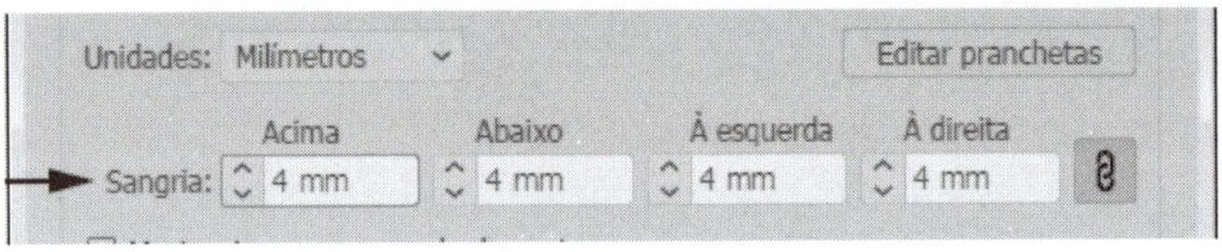

5. No menu *Arquivo* (*File*), clique em *Imprimir* (*Print*) para exibir o quadro *Imprimir* (*Print*).

6. Clique no item *Marcas e sangria* (*Marks and Bleed*) e ative a caixa *Marcas de aparagem* (*Trim Marks*) para exibir as marcas de corte.

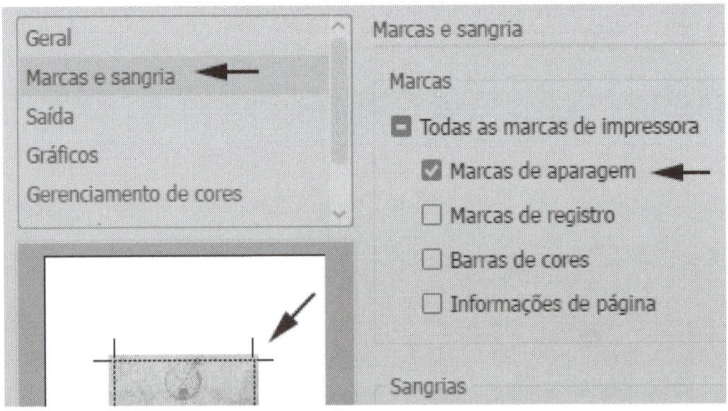

7. Se você tiver uma impressora ou um driver para gerar um PDF instalados em sua máquina, clique no botão *Imprimir* (*Print*). Caso contrário, clique em *Cancelar* (*Cancel*).

8. Agora o seu flyer está pronto. Salve a ilustração e feche o arquivo.

Anotações

4
Desenvolvendo trabalhos profissionais

Objetivos

- Vetorizar imagens
- Criar grupo de cores
- Trabalhar com o painel *Guia de cores* (*Color Guide*) e o recurso *Cor em tempo real*
- Conhecer a ferramenta *Gradiente* (*Gradient*) e a *Biblioteca de amostras* (*Swatch Library*)
- Importar pincéis
- Trabalhar com o modo *Isolar grupo selecionado* (*Isolate Selected Group*)
- Utilizar a ferramenta *Mesclagem* (*Blend*)
- Trabalhar com *Tipo de área* (*Area Type*)
- Trabalhar com *Máscara de recorte* e *Máscara de opacidade*

Uso profissional do Illustrator

A partir deste capítulo, você trabalhará de forma mais técnica e receberá dicas para o desenvolvimento de trabalhos mais próximos do ambiente profissional no qual o Illustrator é utilizado. Para isso, você desenvolverá o projeto de um anúncio para um restaurante fictício chamado "Bistrô Tempero Vermelho".

Atividade 1 – Vetorizando uma imagem

Objetivo: » Vetorizar uma imagem digitalizada.

Tarefas: » Usar a ferramenta *Caneta* (*Pen*) e as ferramentas de seu grupo para desenhar caminhos.

» Utilizar o recurso *Camada modelo* (*Template Layer*).

» Ajustar a forma dos caminhos.

O que é vetorização?

Existem dois tipos de formatos quando você converte documentos, textos ou desenhos em arquivos eletrônicos: raster e vetor.

Como um arquivo raster é criado por uma série de pontos independentes, ele é essencialmente uma “fotografia” do documento. O aumento do tamanho de um arquivo raster (esticar/ampliar o desenho) é semelhante ao efeito de um aumento de pixels individuais, e isso faz as linhas e as formas parecerem serrilhadas.

Arquivos vetoriais são constituídos por vetores, ou seja, entidades definidas matematicamente como uma série de pontos unidos por linhas. Cada vetor é uma entidade independente com propriedades como cor, forma, contorno, tamanho e posição na tela, inclusas em sua definição. Por isso é possível mover e alterar suas propriedades repetidas vezes e manter a nitidez e a resolução originais, sem afetar os demais componentes do desenho.

A ferramenta Caneta (Pen) e seu grupo de ferramentas

Ao desenhar no Illustrator, você cria linhas denominadas caminhos. Um caminho é formado por um ou mais segmentos, curvos ou retos, e pode ser fechado, como um círculo ou retângulo, ou aberto, como uma curva. O início e o fim de cada segmento são marcados por um ponto chamado âncora, e é por meio desses pontos que você pode alterar um caminho.

Você já conheceu a ferramenta *Curvatura* (*Curvature*) para criar curvas livremente, mas o Illustrator possui outros recursos específicos para criar e alterar os caminhos, como a ferramenta *Caneta* (*Pen*) e suas subferramentas, essenciais para a vetorização.

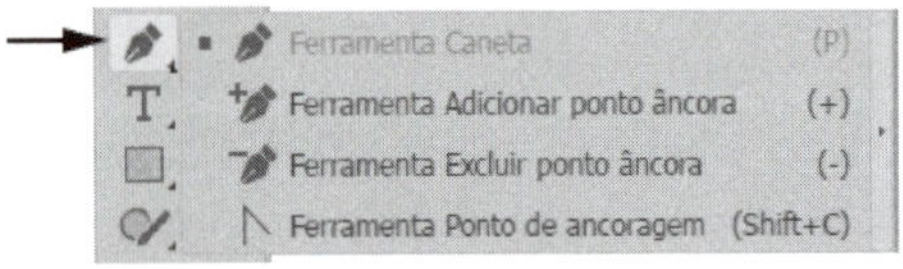

Esse conjunto de ferramentas permite os seguintes procedimentos:

- Ferramenta *Caneta* (*Pen*): utilizada para desenhar novos caminhos.

- Ferramenta *Adicionar ponto âncora* (*Add Anchor Point*): utilizada para criar novos pontos de ancoragem em um caminho existente.
- Ferramenta *Excluir ponto âncora* (*Delete Anchor Point*): utilizada para excluir pontos de ancoragem de um caminho existente.
- Ferramenta *Ponto de ancoragem* (*Anchor Point*): utilizada para converter os pontos de ancoragem em cantos vivos ou curvos, e também para definir a curvatura por meio da linha direcional.

Veja na figura a descrição dos pontos de ancoragem quando um caminho é selecionado:

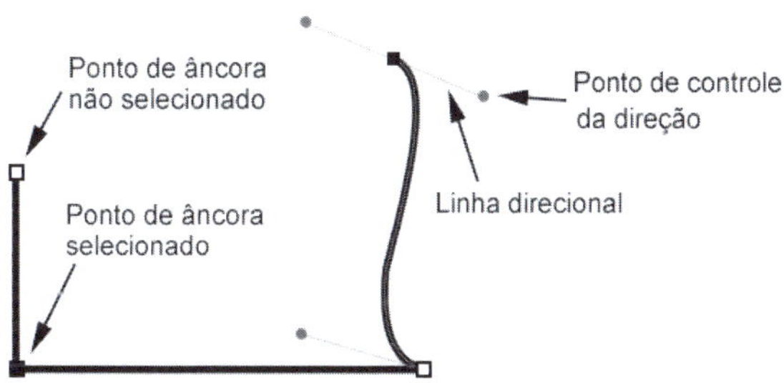

Vetorizando no Illustrator

Nesta atividade, você fará a vetorização manual para explorar melhor os recursos da ferramenta *Caneta* (*Pen*) e as demais ferramentas desse grupo.

Uma empresa não tem o arquivo do seu logo, ou um impresso de boa qualidade. Forneceu apenas um papel impresso em baixa qualidade com o logo em tons de cinza para ser digitalizado. Aqui você já terá essa digitalização com a qual será feita a vetorização do logo.

1. Clique no botão *Novo arquivo* (*New File*) na tela inicial ou pressione as teclas de atalho *Ctrl + N*.
2. Na janela *Novo documento* (*New Document*), configure os itens listados a seguir e depois clique em *Criar*.

- Nome: *Logo-restaurante*
- Tamanho: *250 de largura × 176 de altura*
- Unidade: *Milímetros*
- Orientação: *Paisagem*
- Modo de cores: *Cores CMYK*

3. No painel *Controle* (*Control*), clique no botão *Alternar área de trabalho* (*Switch Workspace*) e selecione *Redefinir Impressão e prova* (*Reset Printing and Proofing*) para voltar ao padrão do Illustrator.

4. No menu *Janela* (*Window*), clique na opção *Barras de ferramentas* (*Toolbars*) e selecione *Avançado* (*Advanced*).

Camada modelo (Template Layer)

A opção *Camada modelo* (*Template Layer*) cria uma camada bloqueada para edição que não é impressa, servindo perfeitamente para o trabalho de vetorização. Além disso, ela é exibida com 50% de opacidade para facilitar a visualização das linhas que forem desenhadas.

1. No menu *Arquivo* (*File*), clique na opção *Inserir* (*Place*) e, no quadro de diálogo *Inserir* (*Place*), localize o arquivo *logo-restaurante-base* na pasta *Arquivos de trabalho*. Mantenha apenas a opção *Modelo* (*Template*) do quadro selecionada, como indica a figura a seguir.

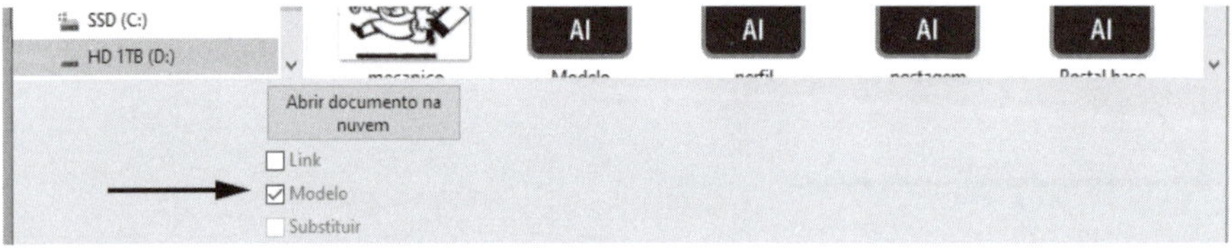

2. Clique no botão *Inserir* (*Place*) para trazer a imagem para a área de trabalho. Ativando-se a opção *Modelo* (*Template*), a imagem será importada e automaticamente colocada em uma *Camada modelo* (*Template Layer*).

Caso você tenha importado a imagem sem ativar essa opção, é possível converter uma camada comum em uma camada modelo. Para isso, basta dar duplo clique na camada e selecionar a opção *Modelo* (*Template*) na janela *Opções de camada* (*Layer Options*).

No painel *Camadas* (*Layers*) é colocado um ícone que indica se tratar de uma *Camada modelo* (*Template Layer*). Por padrão, ela também estará bloqueada para evitar alterações.

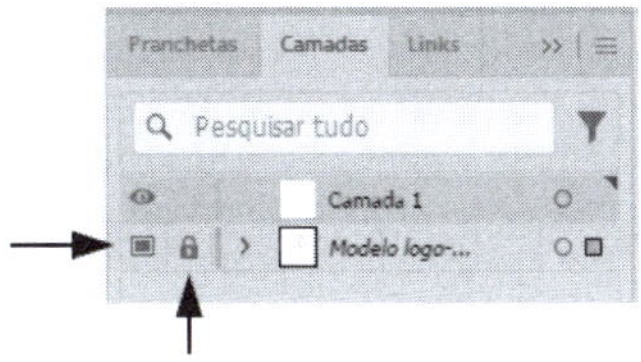

Criando e ajustando um caminho

O logotipo é formado por três folhas e três pequenos círculos, para dar a ideia do formato da pimenta, em referência ao nome do bistrô.

1. Com a ferramenta *Zoom* (*Zoom*), amplie a região como mostra a figura a seguir.

2. Para facilitar o acesso às ferramentas do grupo da ferramenta *Caneta* (*Pen*), destaque-as da *Barra de ferramentas*. Clique com o botão direito do mouse na ferramenta *Caneta* (*Pen*), leve o cursor até a lateral direita da lista de ferramentas e clique para destacá-las.

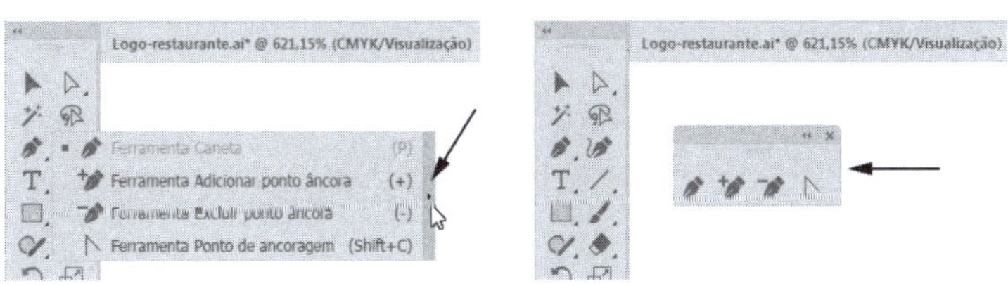

Desenhando o primeiro caminho: ferramenta Caneta *(*Pen*)*

3. Ative a ferramenta *Seleção* (*Selection*). No painel *Controle* (*Control*), retire a cor de preenchimento e selecione a cor preta para o contorno.

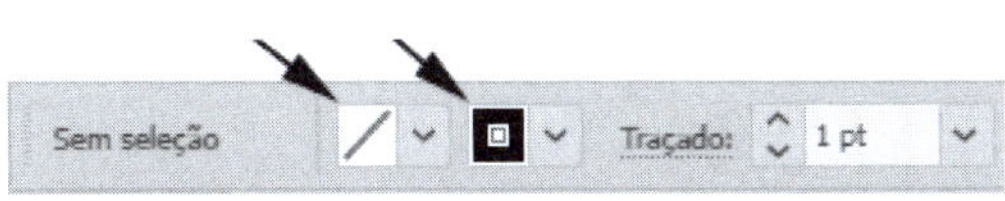

4. Ative a ferramenta *Caneta* (*Pen*) na caixa flutuante para iniciar o traçado do caminho que formará o desenho da folha menor.

5. Posicione o cursor na parte superior da folha menor, clique e arraste-o para a lateral esquerda. Dessa forma, você criará o primeiro ponto de ancoragem suave, pois se você desse apenas um clique, seria criado um ponto de ancoragem de canto vivo.

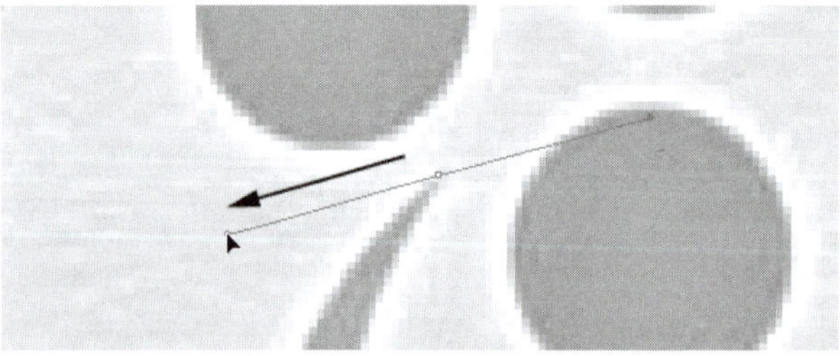

6. Posicione o cursor na parte inferior do desenho da folha e dê apenas um clique. Assim, a linha será criada entre o novo ponto de ancoragem e o anterior.

7. Leve o cursor até o ponto inicial e veja que aparecerá um pequeno círculo quando o cursor estiver exatamente sobre o ponto de ancoragem. Em seguida, dê um clique e o caminho será fechado.

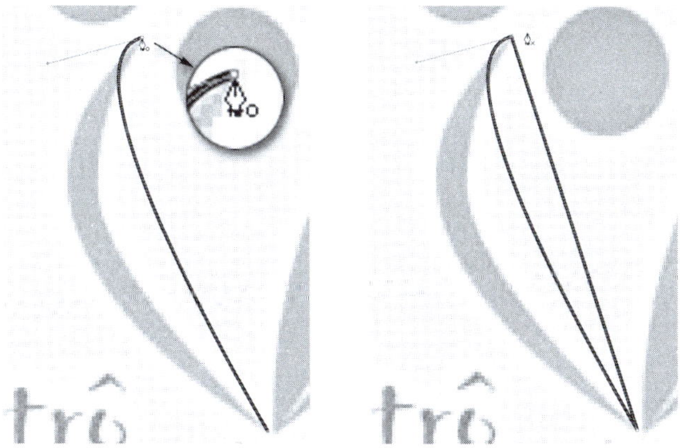

Ajustando um caminho: ferramenta Seleção direta *(*Direct Selection*)*

8. Para ajustar a forma do caminho, selecione a ferramenta *Ponto de ancoragem* (*Anchor Point*).

Com esse recurso, diferentemente da ferramenta *Seleção* (*Selection*), você pode selecionar um ponto de ancoragem individual ou um caminho, clicando diretamente sobre eles. Outra vantagem é poder selecionar um objeto independentemente de ele pertencer a um grupo.

9. Posicione o cursor sobre um ponto da curva esquerda e observe que uma seta preta e uma pequena curva (além da palavra "caminho") indicam que ele está sobre um caminho (veja no detalhe da imagem abaixo).

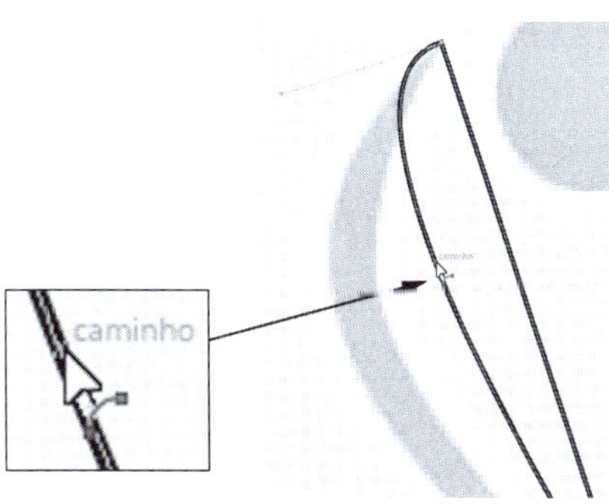

10. Clique e mantenha o botão do mouse pressionado enquanto faz o ajuste da curva, de forma que coincida com o desenho da imagem. Para fazer ajustes finos, você pode clicar e arrastar as alças dos pontos de ancoragem. Observe a sequência de imagens a seguir.

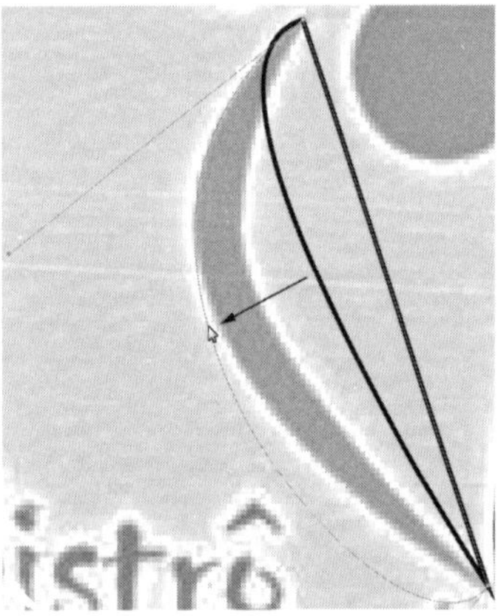

Clique e arraste a curva.

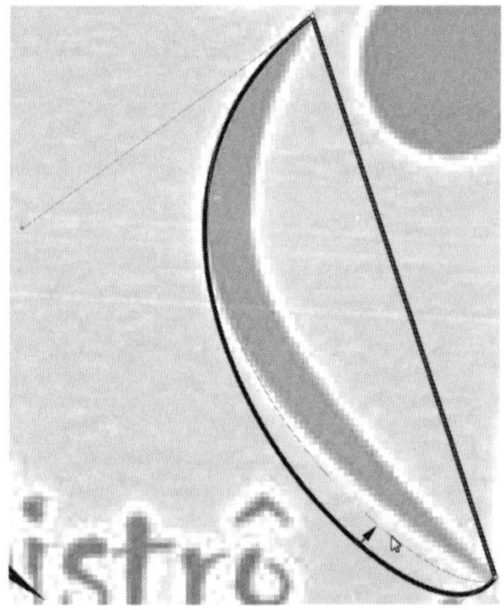

Clique na parte inferior e arraste a curva para cima.

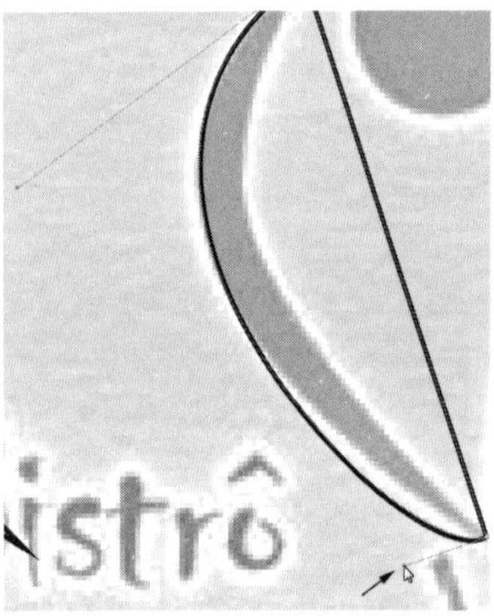

Clique na alça do ponto inferior e ajuste.

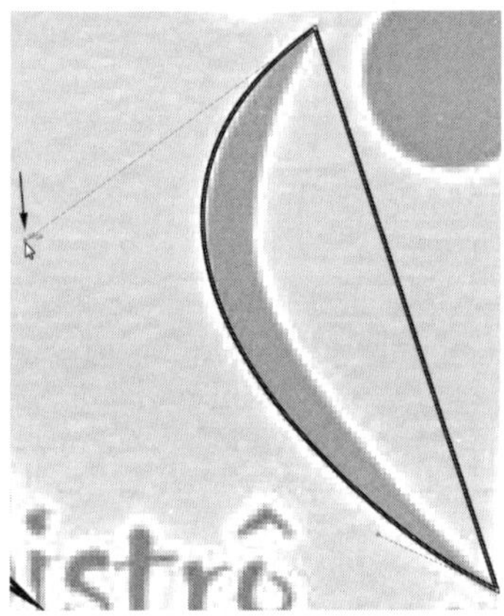

Clique na alça do ponto superior e ajuste.

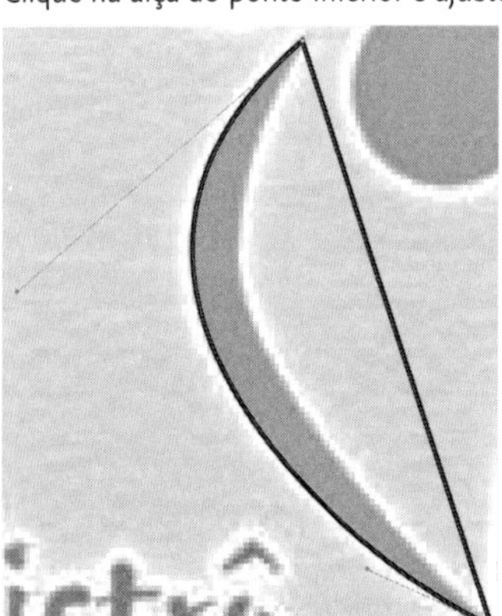

Curva completamente ajustada ao modelo.

11. Execute os mesmos procedimentos para fazer o ajuste do outro lado. Observe na imagem a seguir como ficarão as duas curvas ajustadas ao modelo:

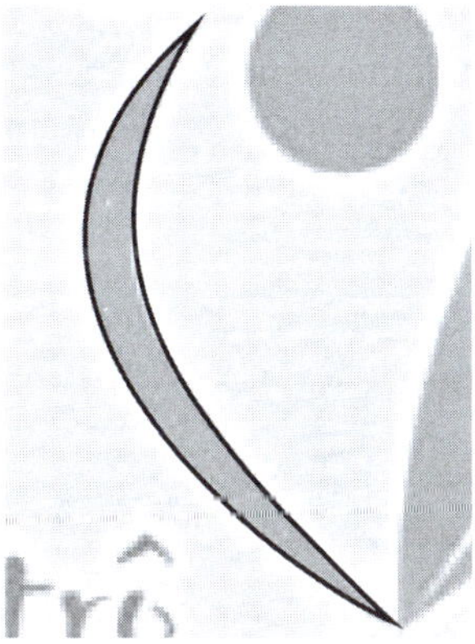

Você também pode acrescentar novos pontos de ancoragem à curva quando for necessário. Basta ativar a ferramenta *Adicionar ponto âncora* (*Add Anchor Point*) e clicar no ponto onde deseja criar o novo ponto de ancoragem. Para eliminar um ponto de ancoragem, selecione a ferramenta *Excluir ponto âncora* (*Delete Anchor Point*).

Fechando um caminho aberto

No caso da segunda folha, você vai desenhar apenas uma curva e em seguida ajustá-la, como fez com a folha anterior. Somente depois você completar essa segunda folha, conhecendo o recurso para fechar um caminho aberto.

12. Aplique um zoom na folha do meio do logotipo.

13. Com a ferramenta *Caneta* (*Pen*), clique na ponta superior da folha e arraste-a para a esquerda para criar o primeiro ponto de ancoragem.

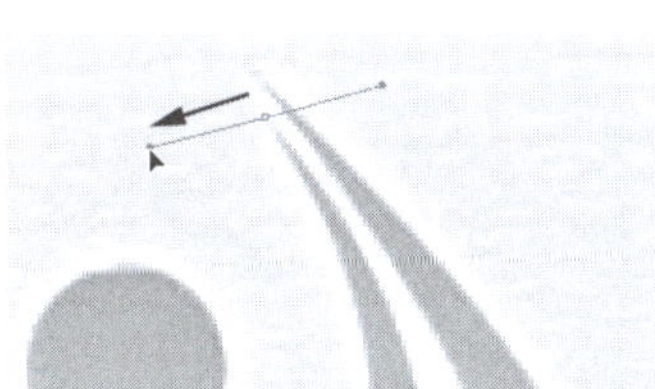

14. Clique e arraste para a direita na parte inferior da folha, e a linha será criada.

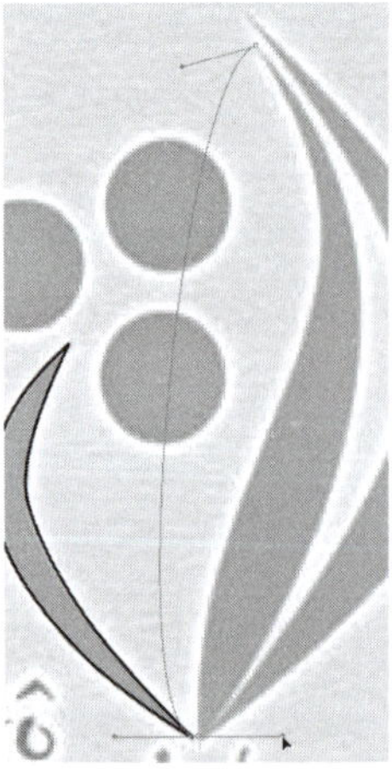

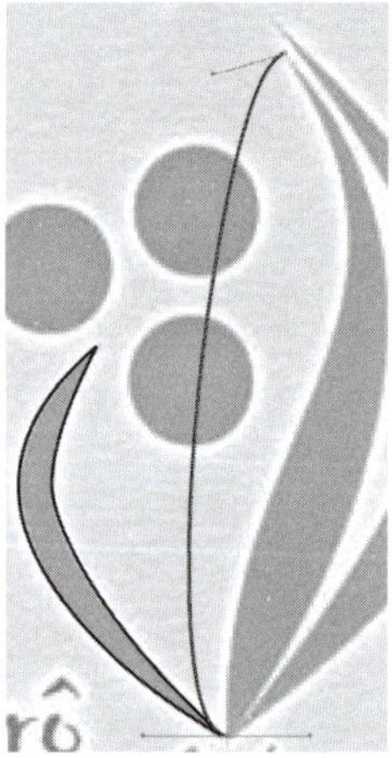

15. Com a ferramenta *Ponto de ancoragem* (*Anchor Point*), faça o ajuste da curva da mesma forma que na outra folha.

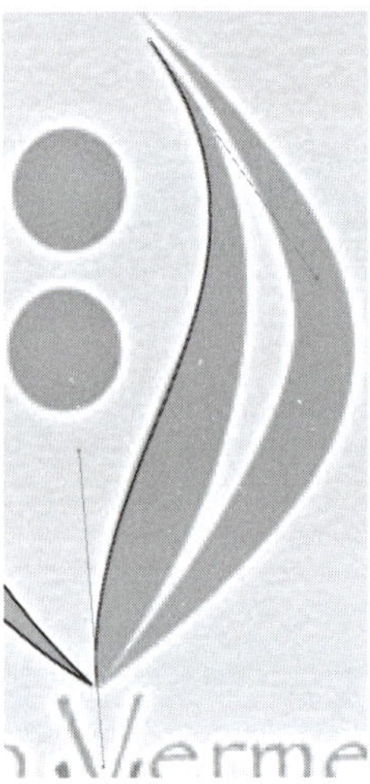

16. Ative a ferramenta *Seleção direta* (*Direct Selection*).

17. Clique no primeiro ponto de ancoragem da curva para selecioná-lo. Enquanto o ponto não está selecionado, ele é representado por um pequeno quadrado vazado. Contudo, depois de selecioná-lo, você verá um quadrado preenchido. Observe nas imagens ampliadas.

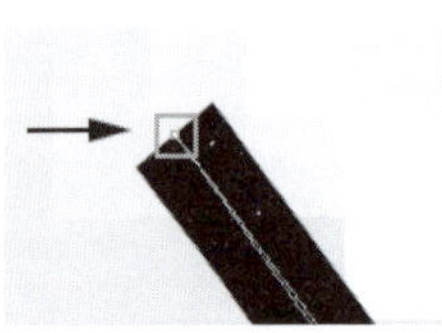

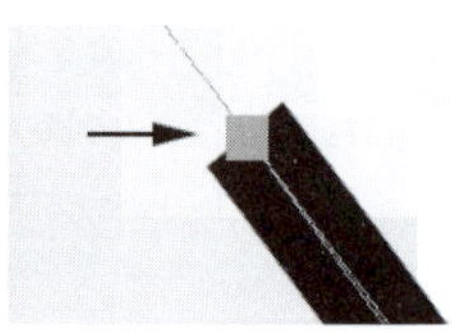

18. Com a tecla *Shift* pressionada, clique no segundo ponto de ancoragem para também selecioná-lo.

19. No menu *Objeto* (*Object*), clique na opção *Caminho/Junção* (*Path/Join*) ou pressione as teclas de atalho *Ctrl* + *J*. Dessa maneira, o caminho será fechado.

20. Com a ferramenta *Ponto de ancoragem* (*Anchor Point*), faça o ajuste da curva de acordo com o modelo.

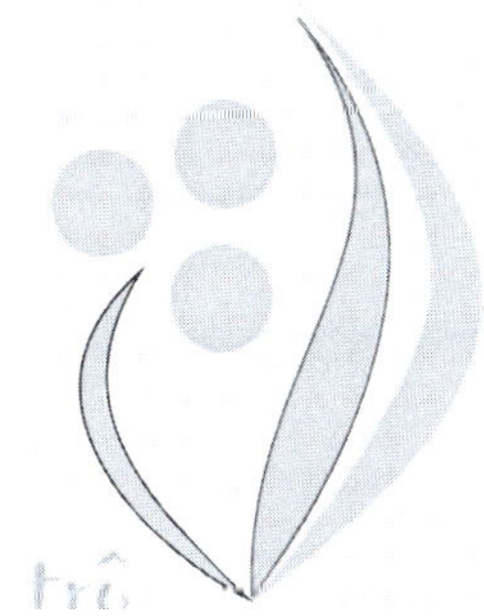

21. Pressione *Ctrl* + *S* para salvar o arquivo em sua pasta *Minhas ilustrações*. Como é a primeira vez que você o salva, é exibido o quadro *Opções do Illustrator* (*Illustrator Options*). Não se esqueça de manter a versão *Illustrator 2020* e ativar a opção *Criar arquivo compatível com PDF* (*Create PDF Compatible File*).

Duplicando um caminho

Para fazer a última folha do logotipo, você não precisa criar um novo caminho. Veja que a folha da direita tem quase o mesmo formato que a folha da esquerda, portanto você pode usar o caminho criado para economizar tempo.

22. Com a ferramenta *Seleção* (*Selection*), mantenha a tecla *Alt* pressionada, clique no caminho da primeira folha desenhada e arraste o cursor para a direita. Veja que será feita uma cópia do caminho. Solte o botão do mouse e depois a tecla *Alt*.

Refletindo objetos

Refletir um objeto significa invertê-lo, com base em um eixo imaginário. Isso pode ser feito utilizando-se as ferramentas *Transformação livre* (*Free Transform*) e *Refletir* (*Reflect*) ou o comando *Refletir* (*Reflect*).

23. Nesse caso, para inverter o caminho, abra o menu *Objeto* (*Object*) e clique na opção *Transformar/Refletir* (*Transform/Reflect*) para exibir o quadro de mesmo nome.

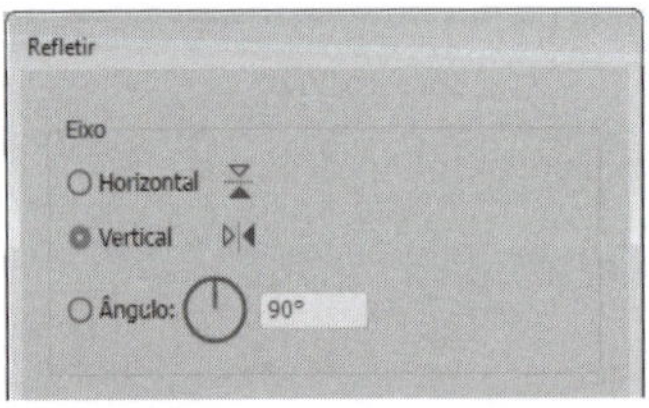

Nesse quadro, você pode especificar o eixo [*Horizontal* (*Horizontal*) ou *Vertical* (*Vertical*)] de referência para a reflexão do objeto ou definir um ângulo na caixa *Ângulo* (*Angle*). A opção *Visualizar* (*Preview*) permite que se veja o resultado antes de finalizar o comando. Se for preciso manter o objeto original e fazer um cópia refletida, basta clicar no botão *Copiar* (*Copy*).

24. Ative a opção *Visualizar* (*Preview*), selecione a opção *Vertical* (*Vertical*) e, em seguida, clique em *OK*.

25. Mova o caminho posicionando-o sobre a folha que ainda não foi desenhada, coincidindo com o ponto inferior.

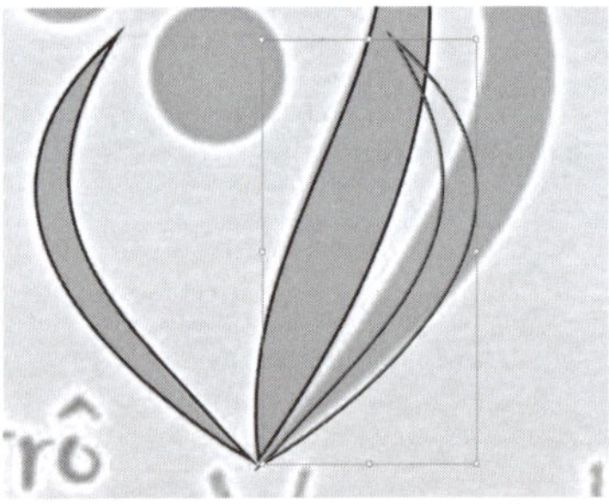

26. Desfaça a seleção clicando fora do caminho. Depois, clique com a ferramenta *Seleção direta* (*Direct Selection*) no ponto de ancoragem superior e mova-o até a ponta superior da folha.

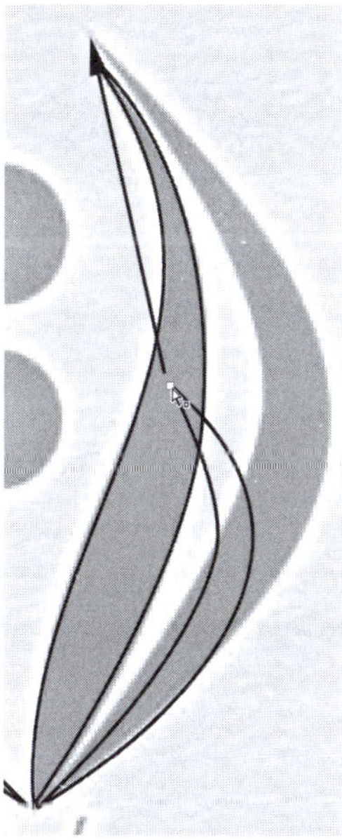 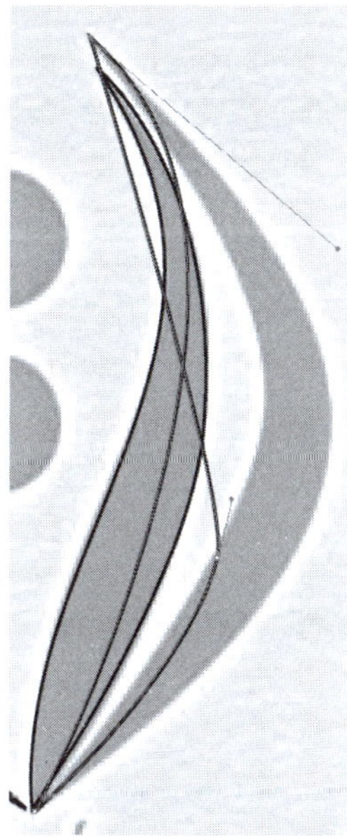

27. Com a ferramenta *Ponto de ancoragem* (*Anchor Point*), faça os ajustes das curvas para coincidir com as curvas da folha.

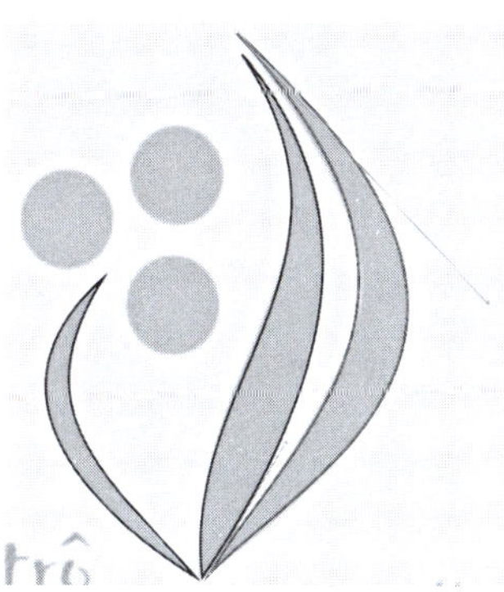

28. No painel *Camadas* (*Layers*), dê duplo clique no nome *Camada 1* (*Layer 1*) e altere o nome para *Folhas*.

29. Crie uma nova camada para as pimentas clicando no botão *Criar nova camada* (*Create New Layer*), no painel *Camadas* (*Layers*), e altere o nome para *Pimentas*.

30. Ative a ferramenta *Elipse* (*Ellipse*) e, com as teclas *Shift* e *Alt* pressionadas, clique no centro de uma das pimentas e desenhe um círculo.

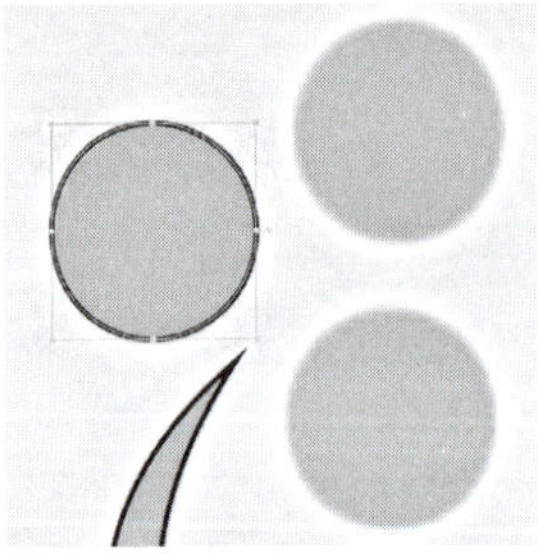

31. Faça duas cópias do círculo e posicione-as sobre as outras pimentas.
32. Desabilite a visualização da camada *Modelo logo-restaurante* clicando no símbolo ao lado da camada e veja como ficará a vetorização do logotipo.

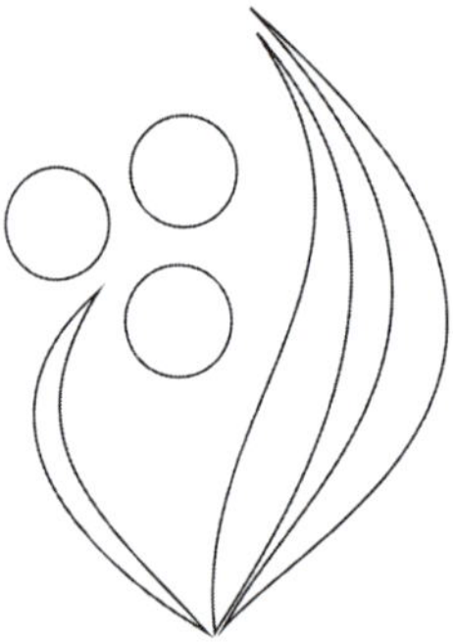

Apagando uma camada

33. Clique na camada *Modelo logo-restaurante* e arraste-a para a lixeira para apagá-la, pois agora ela não será mais necessária.

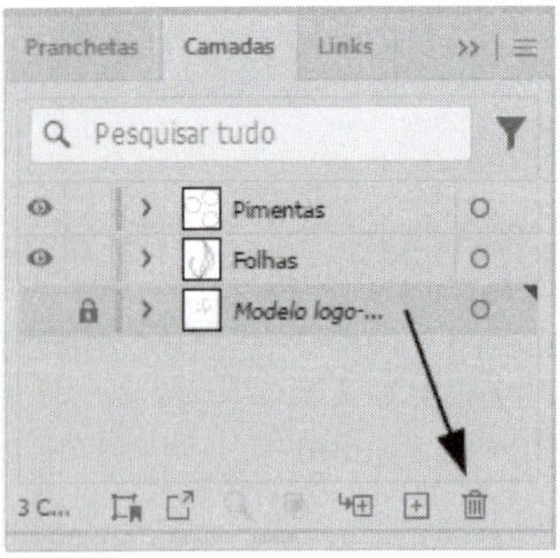

34. Para concluir, salve o arquivo, e a vetorização do logotipo estará pronta.

Apesar de ser uma tarefa simples, foi possível mostrar como é fácil trabalhar com as ferramentas de construção de caminhos e reproduzir um logotipo existente.

Recursos do painel Controle (Control) para caminhos

Quando você utiliza as ferramentas de criação e manipulação de caminhos, ou mesmo a ferramenta *Seleção direta* (*Direct Selection*) (desde que haja pelo menos um ponto âncora selecionado), o painel *Controle* (*Control*) exibe opções para esse trabalho, da mesma forma que para outras ferramentas.

1. Aplique um zoom em uma área em branco de sua prancheta.
2. Ative a ferramenta *Retângulo* (*Rectangle*), crie um pequeno retângulo e altere seu preenchimento para uma cor de sua escolha. Não se preocupe com as dimensões.
3. Com o retângulo selecionado, ative a ferramenta *Seleção direta* (*Direct Selection*) e selecione, por exemplo, o ponto âncora no canto superior esquerdo do retângulo. Observe no painel *Controle* (*Control*) as opções de trabalho.

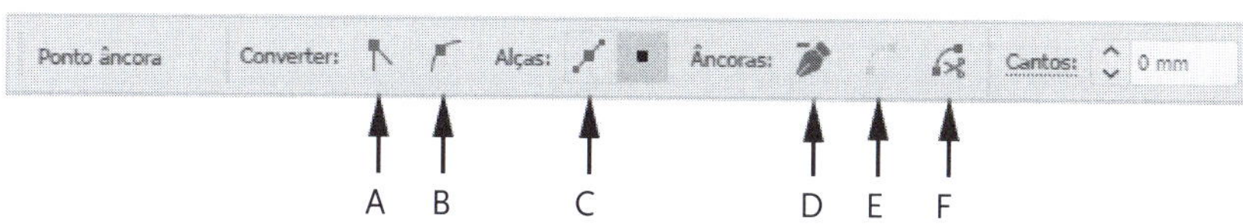

- A – Converte um ponto de um caminho em ponto de vértice.
- B – Converte um ponto de um caminho em ponto suave.
- C – O item *Alças* (*Handles*) possui dois botões que permitem que as alças dos pontos âncora selecionados sejam exibidas ou não, sendo que o botão da esquerda as exibe e o da direita as oculta.
- D – Apaga os pontos âncora selecionados.
- E – Conecta dois pontos âncora finais selecionados em um caminho aberto.
- F – Recorta um caminho no ponto ou nos pontos âncora selecionados.

4. Dê um clique no botão *Converter pontos âncora selecionados em suave* (*Convert Selected Anchor Points to Smooth*) e veja o resultado. O canto do retângulo é suavizado e vira uma curva.

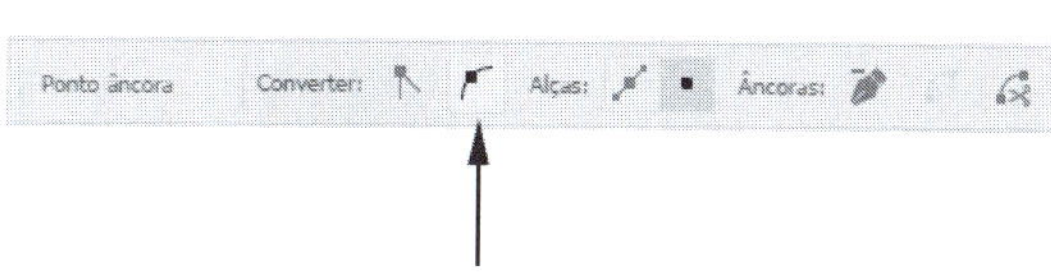

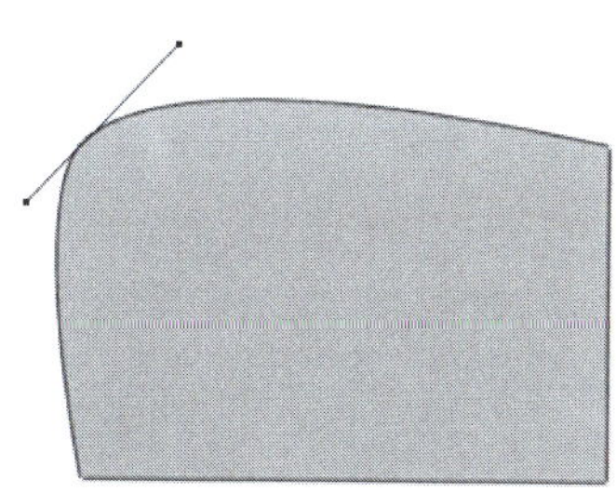

5. Selecione o canto inferior direito do retângulo e converta-o também em suave.
6. Com a tecla *Shift* pressionada, selecione o primeiro ponto convertido em suave para que você tenha dois pontos selecionados.

7. Dessa forma, você visualizará as alças dos dois pontos selecionados. Caso não esteja visualizando, clique no botão *Mostrar alças de múltiplos pontos âncora selecionados* (*Show Handles for Multiple Selected Anchor Points*).

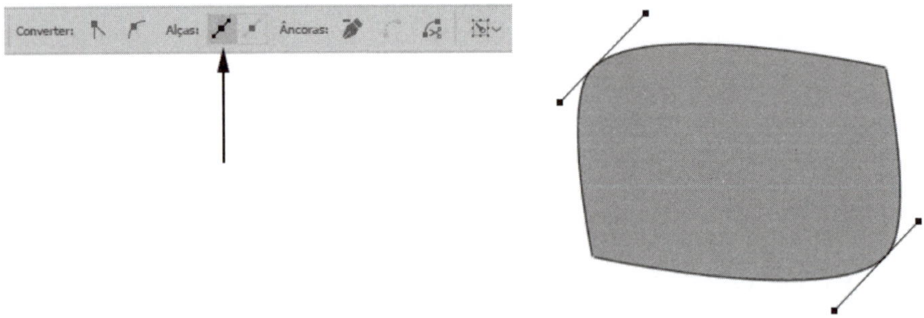

Para ocultá-los, basta clicar no botão *Ocultar alças de múltiplos pontos âncora selecionados* (*Hide Handles for Multiple Selected Anchor Points*), ao lado do anterior.

8. Agora, selecione o ponto âncora do canto superior direito, clique no botão *Remover pontos âncora selecionados* (*Remove Selected Anchor Points*) e veja como ficará o objeto.

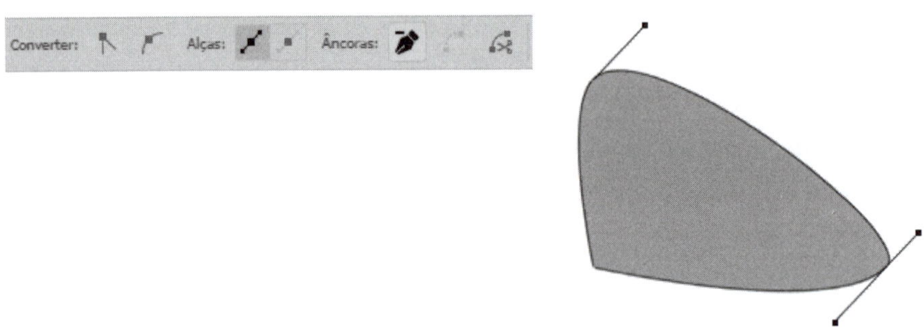

9. Selecione o ponto inferior esquerdo do objeto e clique no botão *Recortar caminho nos pontos âncora selecionados* (*Cut Path at Selected Anchor Points*).

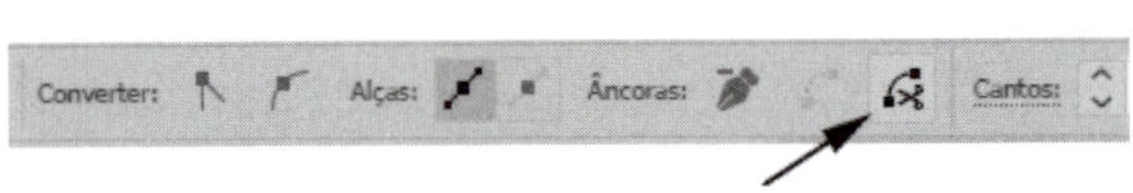

10. Com a ferramenta *Seleção direta* (*Direct Selection*), clique e arraste um dos pontos para modificar o caminho, que agora está aberto.

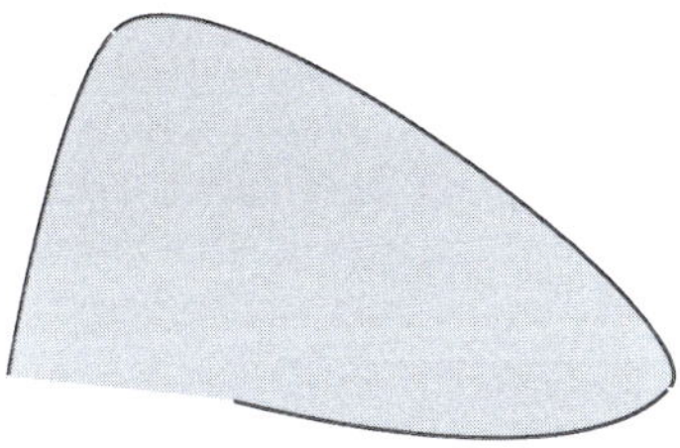

11. Por último, para conectar os pontos finais do caminho e fechá-lo, selecione os pontos finais e clique no botão *Conectar pontos finais selecionados* (*Connect Selected End Points*).

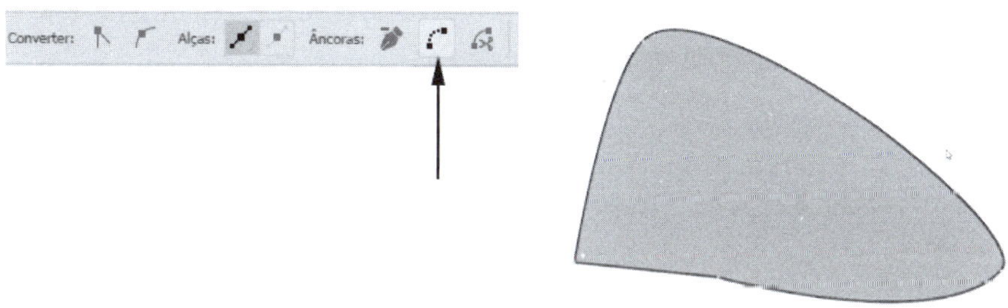

Barra de tarefas contextual

A *Barra de tarefas contextual* (*Contextual Task Bar*) facilita e agiliza seu trabalho no Illustrator, pois permite o acesso às próximas ações mais usadas para o objeto e a ferramenta selecionados, da mesma forma que o painel *Controle*. Por ser uma barra flutuante na tela, ela garante que seu foco permaneça no objeto em que está trabalhando.

12. Utilizando o objeto que você acabou de editar, selecione qualquer um dos pontos âncora com a ferramenta *Seleção direta* (*Direct Selection*).

Observe a *Barra de tarefas contextual* (*Contextual Task Bar*) e o painel *Controle* (*Control*) e perceba que as mesmas ferramentas estão disponíveis.

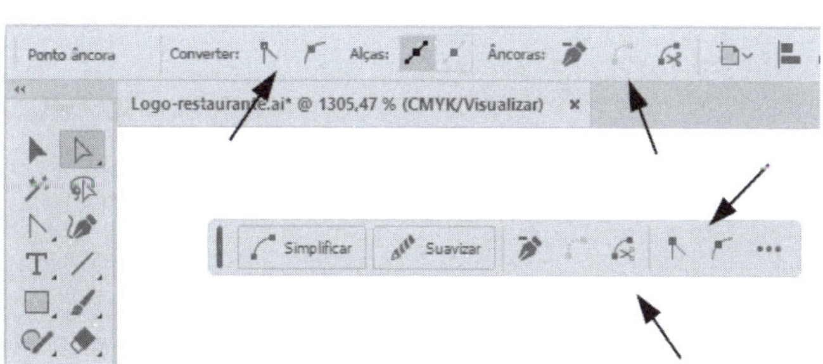

Pode-se mover a *Barra de tarefas contextual* (*Contextual Task Bar*) para qualquer posição da tela, redefinir sua posição ou fixá-la. Para ocultá-la, acesse o menu *Janela/ Barra*

de Tarefas Contextual (*Window/Contextual Task Bar*) ou clique no botão *Mais opções* (*More Options*), *na* própria barra.

13. Apague esse objeto, que serviu apenas para mostrar os recursos, e salve seu arquivo.

Atividade 2 – Colorindo e finalizando o logotipo

Objetivo: » Colorir o logotipo e inserir os textos.

Tarefas:

» Conhecer a área da *Barra de ferramentas* que trabalha com as cores de preenchimento e contorno.

» Criar novas cores utilizando o painel *Cor* (*Color*).

» Criar um grupo de cores personalizadas utilizando o painel *Amostras* (*Swatches*).

» Criar e aplicar um gradiente aos elementos do logotipo.

» Aplicar cores aos elementos do logotipo.

» Escolher fontes e aplicar textos que formam o logotipo.

Criando grupo de cores no Illustrator

No Illustrator, você pode criar cores para preenchimento e contorno dos objetos basicamente de duas formas: utilizando o seletor de cores ou o painel *Cor* (*Color*). Você já criou uma cor anteriormente utilizando o painel *Cor* (*Color*), mas essa tarefa também pode ser feita com o seletor de cores.

Até agora você selecionou as cores de preenchimento e contorno pelo painel *Controle* (*Control*) ou pelo painel *Propriedades* (*Properties*), mas outra forma de escolher essas cores é por meio da *Barra de ferramentas*.

1. Observe, na parte inferior da *Barra de ferramentas*, os pequenos quadrados que representam as cores de preenchimento (*Fill*) e traçado (*Stroke*).

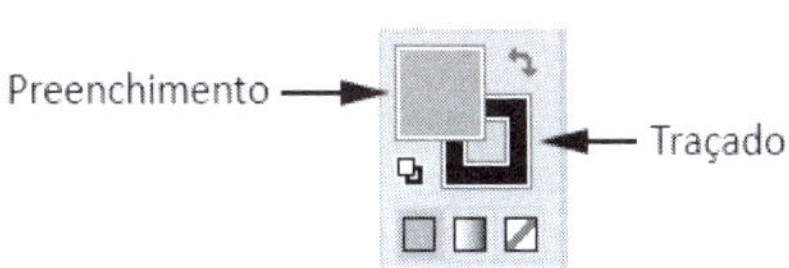

2. Dê um clique no quadrado que representa a cor do traçado e ele passará para a frente do quadrado de preenchimento.

A pequena seta curva acima e à direita dos quadrados faz a alternação entre o preenchimento e o traçado, além de alternar as cores entre eles.

Em ambas as posições, basta ir ao painel *Cor* (*Color*) ou *Amostras* (*Swatches*) e clicar na cor desejada para defini-la no quadrado. Os três pequenos quadrados logo abaixo dos quadrados principais sempre estarão exibindo, respectivamente, a última cor selecionada, o último degradê escolhido e a opção de remover a cor, seja de preenchimento, seja de traçado.

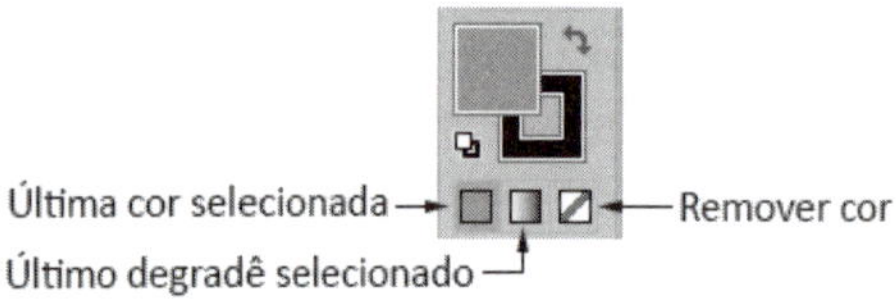

Seletor de cores (Color Picker)

3. Na *Barra de ferramentas*, clique no quadrado referente ao preenchimento para colocá-lo na frente e dê duplo clique nele para exibir o quadro *Seletor de cores* (*Color Picker*).

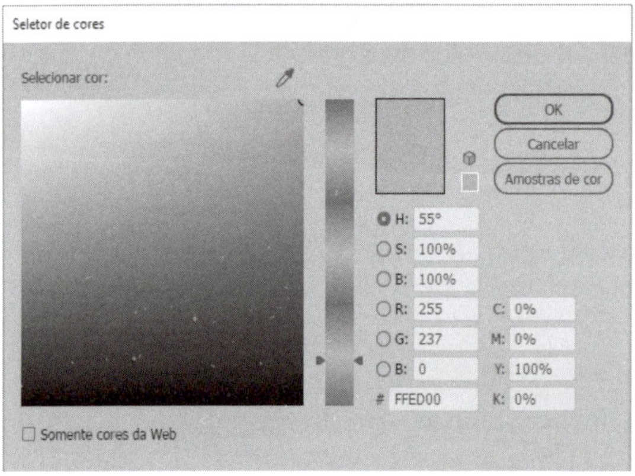

Para escolher o tom da cor a ser utilizada, basta deslizar as setas no retângulo vertical no centro do quadro e, no quadrado à esquerda, clicar para escolher a saturação da cor. Se você tiver os valores da cor, pode entrar com os dados nas caixas *H*, *S* e *B*, *R*, *G* e *B* ou *C*, *M*, *Y* e *K*. Além disso, se for preciso coletar uma amostra de cor dentro do próprio trabalho, você pode acionar a ferramenta *Conta-gotas* (*Eyedropper*) sem fechar o quadro, pois ela está disponível logo acima do quadrado de cor.

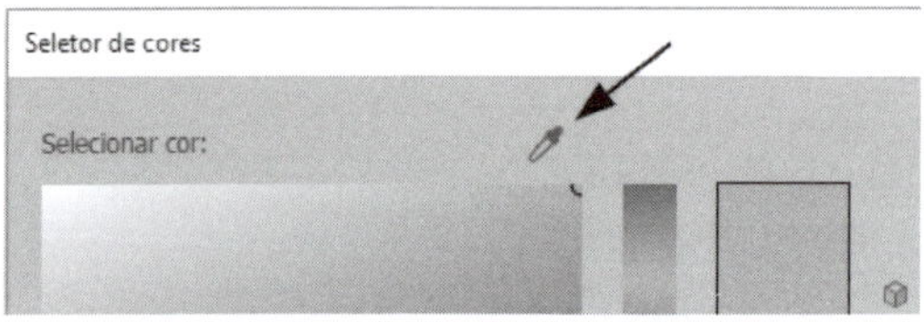

4. Clique no botão *Cancelar* (*Cancel*) para fechar o quadro.

Painel Cor (Color)

Para criar um grupo de cores, o caminho mais simples é trabalhar com o painel *Cor* (*Color*). Nele, você terá os controles para a criação das cores.

5. Tecle *F6* para exibir o painel *Cor* (*Color*) e, se preferir, arraste-o para a área de trabalho, para facilitar o processo.

Painel Amostras (Swatches)

6. Para estocar o grupo de cores, você utilizará o painel *Amostras* (*Swatches*), que é uma biblioteca de cores e padrões de preenchimento. Clique na guia do painel para exibi-lo e também destaque-o.

7. Clique no botão do canto superior esquerdo do painel *Amostras* (*Swatches*) para abrir o menu e selecione a opção *Exibição em miniaturas médias* (*Medium Thumbnail View*).

8. Posicione o cursor na base do painel *Amostras* (*Swatches*), clique e arraste a borda para aumentar um pouco sua altura, exibindo mais grupos de cores.

9. O painel *Cor* (*Color*) possui três visualizações diferentes que são escolhidas na seta dupla que está à frente do nome. Clique duas vezes na seta dupla para que sejam exibidos os ajustes de cor. No primeiro clique, você recolhe o painel por completo; no segundo, exibe o painel com os controles.

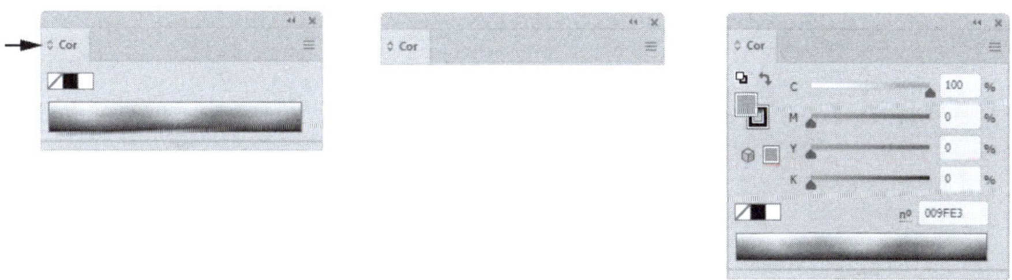

Criando cores

As cores utilizadas no logotipo já estão definidas, pois são padrão. Nesse caso, o cliente já as forneceu. A primeira cor que será criada é o verde das folhas.

10. No painel *Cor* (*Color*), utilize os botões deslizantes de cada cor ou digite os valores nas respectivas caixas para criar a cor conforme mostrado a seguir.

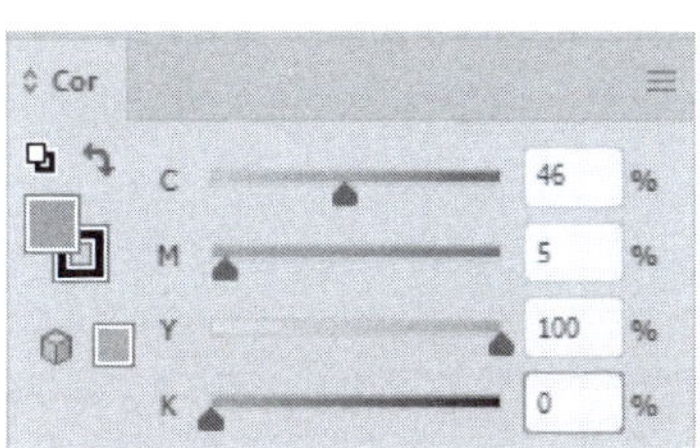

O painel *Cor* (*Color*) já exibe as caixas das quatro cores (*CMYK*), pois, ao criar o documento, você escolheu a opção *Impressão*, ou seja, definiu que o trabalho está sendo desenvolvido para ser impresso.

11. Na base do painel *Amostras* (*Swatches*), clique no botão *Novo grupo de cores* (*New Color Group*) para exibir a janela *Novo grupo de cores* (*New Color Group*). Na caixa *Nome* (*Name*), digite *Logotipo* para dar um nome ao novo grupo.

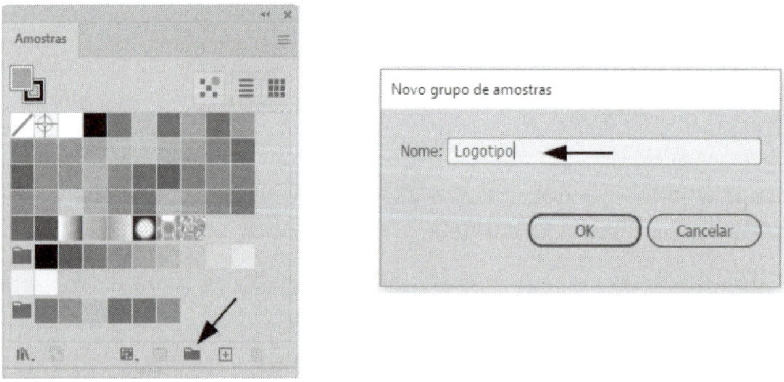

12. Clique no botão *OK* e observe que uma nova pasta foi criada no painel *Amostras* (*Swatches*), na qual serão armazenadas as cores do seu trabalho.

13. Clique no quadrado *Preenchimento* (*Fill*) do painel *Cor* (*Color*), que exibe a cor criada, e arraste-o para cima da pasta do grupo *Logotipo* no painel *Amostras* (*Swatches*). Observe que a cor foi colocada no grupo.

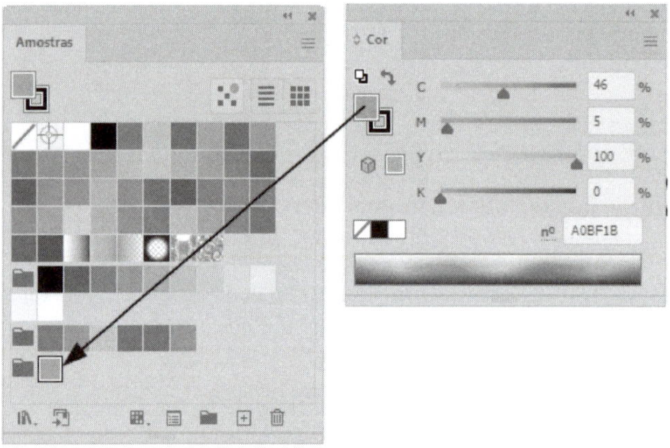

Quando arrastar a cor, tome o cuidado de colocá-la exatamente sobre a pasta, pois, caso contrário, ela será acrescentada às cores que estão fora da pasta.

14. Procedendo da mesma forma, crie as demais cores que serão usadas para colorir o logotipo, conforme a tabela a seguir.

Nome da cor	C	M	Y	K
Vermelho-pimenta	0	100	100	0
Laranja-pimenta	0	50	100	0
Verde-texto	100	0	100	0

Quando você cria uma nova cor e a acrescenta a um grupo no painel *Amostras* (*Swatches*), ou ao próprio painel, o nome dessa cor serão os valores CMYK. Basta pousar o cursor sobre a cor para ver o nome dela.

15. É muito simples alterar o nome da cor. Por exemplo, dê duplo clique na cor verde mais clara do grupo para abrir a janela *Opçoes de amostra* (*Swatch Options*).

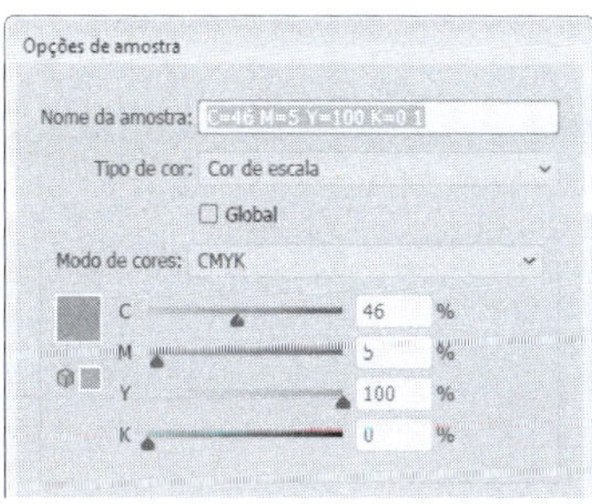

Com a caixa *Opções de amostra* (*Swatch Options*), você poderá alterar outras configurações da cor, como o tipo, o modo de cor e também os valores, caso você queira substituir a própria cor.

16. Na caixa *Nome da amostra* (*Swatch Name*), altere o nome para *Verde-folha* e clique em *OK*.

17. Faça o mesmo para as outras cores, alterando os nomes conforme a tabela do passo 14.

Recurso de pesquisa no painel

Dependendo do seu projeto, pode haver uma grande quantidade de cores no painel *Amostras* (*Swatches*). Para facilitar seu trabalho, o painel possui um campo de pesquisa para encontrar a cor desejada mais rapidamente.

Para exibir o campo de pesquisa, basta selecionar essa opção no menu do painel e depois digitar o nome da cor desejada.

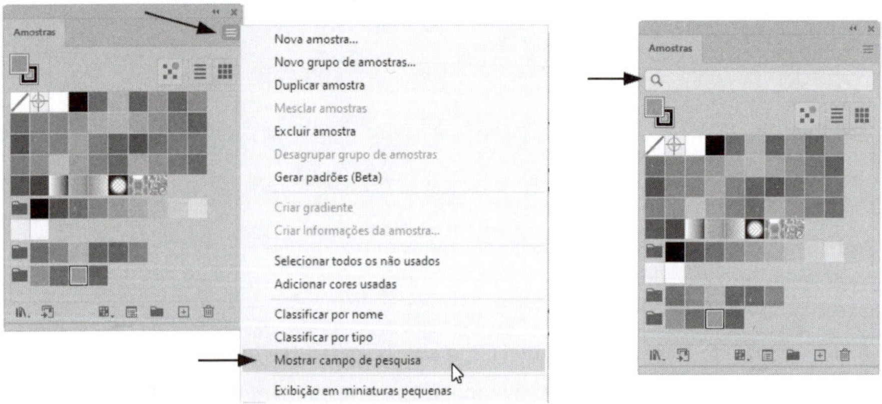

Código hexadecimal de cores

Qualquer cor possui um código hexadecimal que pode ser utilizado na maioria dos programas de design gráfico. Se as cores de um projeto já estiverem definidas e você tiver seus códigos hexadecimais, economizará um bom tempo na criação das cores.

O painel *Cor* (*Color*) informa o código da cor escolhida e permite copiá-lo para a área de transferência ao clicar no símbolo de "número" (nº).

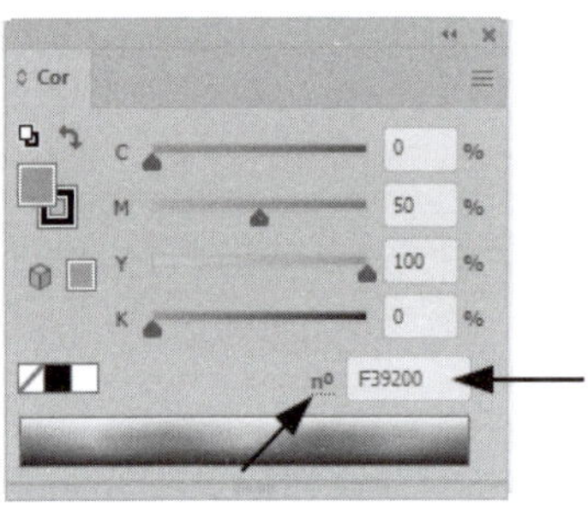

Colorindo o logotipo

Depois de criar o grupo de cores, fica fácil colorir o logotipo. Sempre que você tiver as cores definidas para um projeto, procure proceder dessa forma, criando um grupo de cores para facilitar e organizar o seu trabalho.

1. Selecione as três folhas do logotipo e dê um clique na cor *Verde-folha*, no grupo de cores criado.
2. Para eliminar a cor do contorno das folhas, clique no item *Traçado* (*Stroke*) do painel *Cor* (*Color*). Em seguida, clique no quadrado com um risco vermelho na diagonal para eliminar a cor.

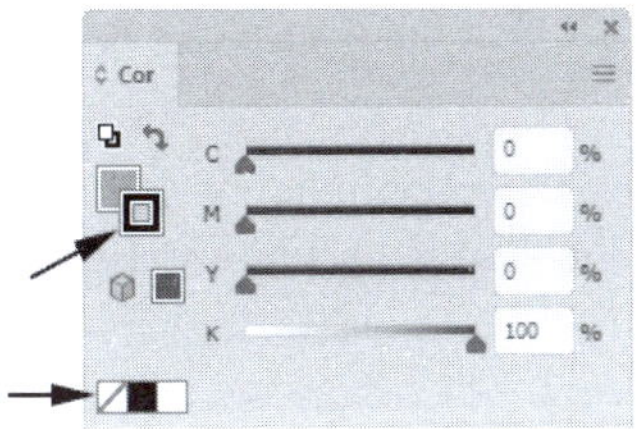

3. Os círculos receberão um gradiente com as cores *Vermelho-pimenta* e *Laranja--pimenta*. Selecione os três círculos e elimine a cor de contorno da mesma forma que foi feito nas folhas.

4. Tecle *Ctrl + F9* para abrir o painel *Gradiente* (*Gradient*), clique no preenchimento e depois na amostra para aplicá-lo. Em seguida, clique na amostra de gradiente para exibir os controles.

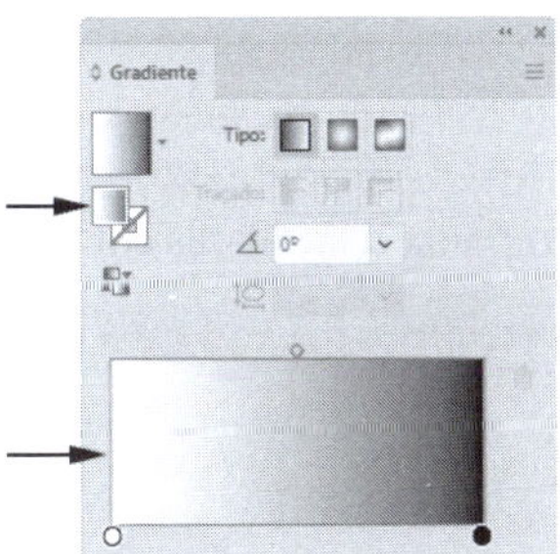

5. No painel *Amostras* (*Swatches*), clique na cor *Laranja-pimenta* e arraste-a para cima do controle da cor inicial do gradiente no painel *Gradiente* (*Gradient*).

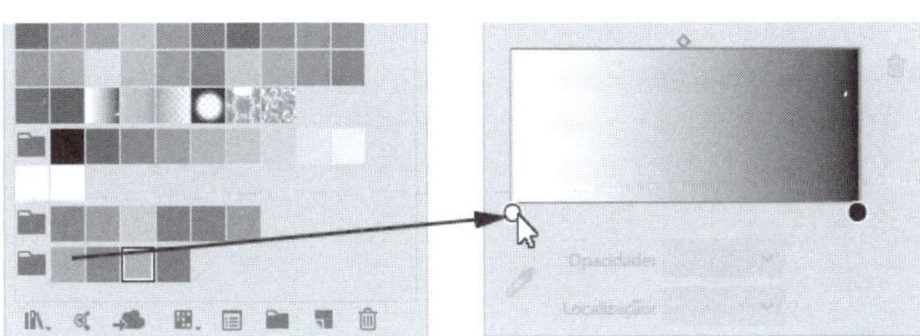

6. Faça o mesmo com a cor *Vermelho-pimenta*, mas arraste-a para o final do gradiente.

7. Em seguida, no item *Tipo* (*Type*) do painel *Gradiente* (*Gradient*), clique na opção *Radial* (*Radial*)

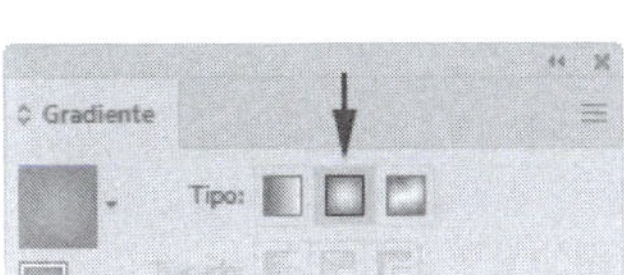

Perceba que, ao trabalhar com o recurso de grupo de cores, fica mais simples a colorização de um trabalho, sem falar na organização.

Outro recurso que o painel *Amostras* (*Swatches*) oferece é a possibilidade de se criar grupos de amostras que contêm cores, padrões e gradientes, permitindo que você organize melhor suas amostras.

8. Clique no botão *Alternar área de trabalho* (*Switch Workspace*) e selecione a opção *Redefinir Impressão e prova* (*Reset Printing and Proofing*). Isso fará todos os painéis voltarem à sua posição original.

9. Selecione todos os objetos e agrupe-os utilizando as teclas de atalho *Ctrl + G*.

10. Salve seu arquivo.

Acrescentando o texto do logotipo

Para finalizar o logotipo, você acrescentará o texto com o nome do restaurante. As fontes utilizadas neste trabalho serão *Papyrus* e *Chiller*. Caso você não as tenha em seu computador, faça a instalação utilizando os arquivos que você baixou da internet. As fontes foram colocadas na pasta *Fontes* dentro da pasta *Arquivos de trabalho*.

1. Dê duplo clique na ferramenta *Zoom* (*Zoom*) para exibir a prancheta e mantenha o logotipo selecionado.

2. No painel *Controle* (*Control*), digite *91* na caixa *L* (*W*) (largura) e desfaça a seleção do logotipo.

3. No painel *Camadas* (*Layers*), selecione a camada *Pimentas* e clique no botão *Criar nova camada* (*Create New Layer*).

4. Altere o nome dessa nova camada para *Textos*.

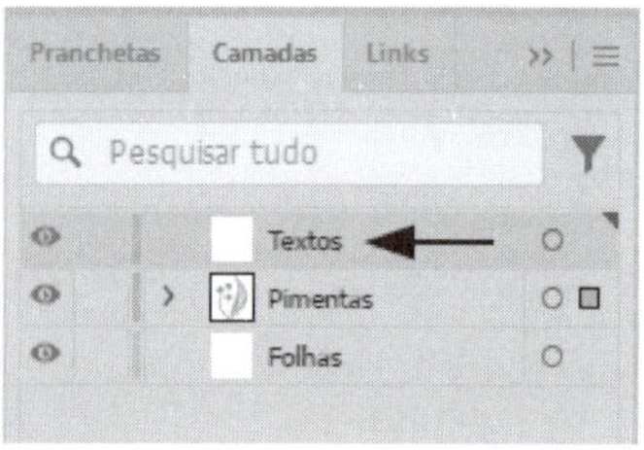

Criando e formatando o texto

Com a ferramenta *Tipo* (*Type*) ativa, ou a ferramenta *Seleção* (*Selection*) com um texto selecionado na prancheta, o painel *Controle* (*Control*) exibe os recursos para escolha e formatação de texto.

5. Ative a ferramenta *Tipo* (*Type*), clique na prancheta e digite o texto *Tempero Vermelho*. Não se preocupe com tipo de fonte, tamanho, etc.

6. Ative a ferramenta *Seleção* (*Selection*) e mantenha o texto selecionado.

7. Clique na seta da caixa do item *Caractere* (*Character*) no painel *Controle* (*Control*) para exibir a lista de fontes disponíveis.

Essa lista possui alguns recursos para facilitar a escolha da melhor fonte para seu projeto.

- A – O texto selecionado na prancheta é utilizado como exemplo para mostrar como ficará com cada uma das fontes.
- B – Três opções de tamanho de exibição do texto de amostra.
- C – Lista de opções do texto de amostra. Se houver um texto selecionado na prancheta, a opção *Texto selecionado* (*Selected Text*) é ativada automaticamente.
- D – Opções para filtrar a lista de fontes por classificação, favoritas, adicionadas recentemente ou fontes ativadas.

8. Localize e selecione na lista a fonte *Papyrus*. Você pode digitar o nome no campo de pesquisa para encontrar rapidamente a fonte desejada.

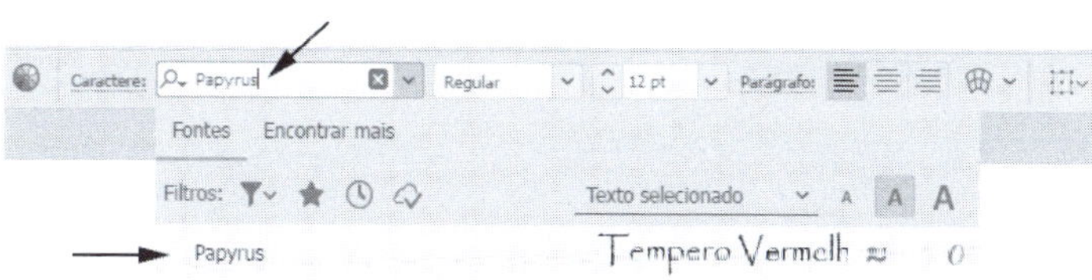

9. Clique sobre o nome da fonte para aplicá-la ao texto e, na caixa *Tamanho* (*Size*), altere o valor para *65 pt*.

10. Com o texto ainda selecionado, clique na opção *Preenchimento* (*Fill*) do item *Aparência* (*Appearance*) no painel *Propriedades* (*Properties*) e selecione a cor *Vermelho-pimenta* criada no grupo de cores *Logotipo*.

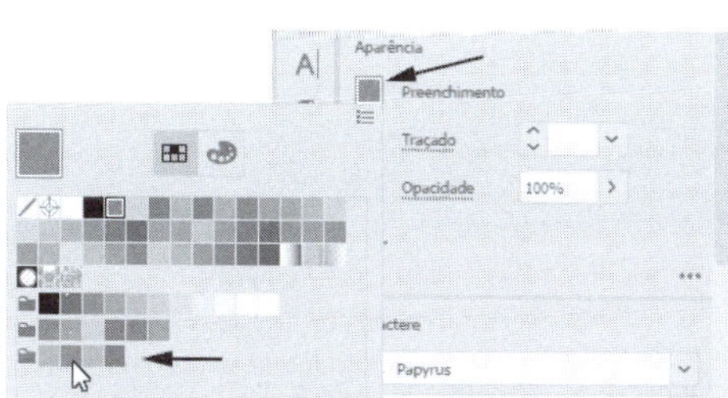

11. Posicione o texto ajustando a posição da letra V exatamente embaixo das folhas do logotipo.

12. Com a ferramenta *Tipo* (*Type*), clique em outra área e digite apenas uma letra V em maiúscula com o mesmo tamanho do texto anterior.

13. Ative a ferramenta *Seleção* (*Selection*), aplique a cor *Verde-texto* e posicione a letra logo abaixo da letra V em vermelho.

14. Para finalizar, ative novamente a ferramenta *Tipo* (*Type*), clique em uma área em branco e configure a fonte para *Chiller* e o tamanho para *86 pt*.

15. Digite a palavra *Bistrô*, aplique a cor *Verde-texto* e posicione a palavra como na figura a seguir.

16. Com esses passos, a criação do logotipo do restaurante está finalizada. Salve o arquivo.

Atividade 3 – Estudo de cores

Objetivo: » Explorar os recursos para o estudo de cores de uma ilustração.

Tarefas: » Fazer o estudo de cores utilizando o painel *Guia de cores* (*Color Guide*).

» Fazer o estudo de cores utilizando o recurso *Recolorir arte*.

Cores processadas x cores spot

O modo de cores apropriado para trabalhos direcionados à web é o RGB (red, green e blue). Até agora você desenvolveu trabalhos no Illustrator utilizando o modo de cores CMYK, destinado a todo tipo de material que será impresso em gráficas, ou seja, impressão offset ou digital.

Quando o modo CMYK é utilizado, você tem duas opções de aplicação de cores: cores processadas e cores spot.

Cores processadas

As cores processadas são criadas a partir da mistura das quatro cores básicas do modo CMYK (cyan, magenta, yellow e black). Na prática, você faz a mistura de cada uma das tintas em quantidades certas para produzir uma cor específica. Por exemplo, para obter a cor verde das folhas do logotipo, será preciso fazer uma mistura de 46% de ciano (cyan), 5% de magenta e 100% de amarelo (yellow). Nesse caso, não foi preciso utilizar a cor preta (black). As cores processadas geralmente são utilizadas quando seu trabalho possui uma gama muito grande de cores, o que poderia provocar um custo muito alto caso você utilizasse cores spot, pois, para cada cor, seria preciso adquirir uma tinta spot.

Cores spot

As cores spot são tintas prontas, misturadas e previamente preparadas, que podem ser encontradas em lojas de tintas especializadas na área gráfica. Existe uma gama considerável de cores spot disponível no mercado e de diferentes marcas, como Folcotone, Toyo, Trumatch. Uma das mais conhecidas e com mais opções é a escala Pantone.

Dependendo do trabalho que será impresso, é melhor utilizar as cores spot, não só pelo custo, como também pela garantia de que a cor impressa será exatamente a que você escolheu. É importante lembrar que a escolha da cor é feita por uma escala impressa, que poderá ser obtida em lojas especializadas ou fabricantes de tintas gráficas.

Cores processadas e spot no Illustrator

Com o Illustrator, você poderá criar cores processadas definindo as porcentagens de cada uma das quatro cores básicas (CMYK), ou utilizar cores spot com o uso das bibliotecas de cores de escalas padrão de mercado, que você poderá escolher pelo painel *Amostras* (*Swatches*).

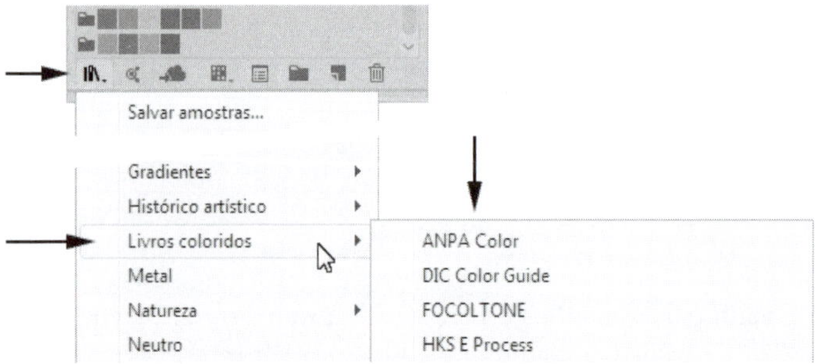

Liberdade total na escolha de cores

O Illustrator oferece excelentes recursos que facilitam a tarefa do estudo de cores. Trata-se do painel *Guia de cores* (*Color Guide*) e do recurso *Cor em tempo real*, que reproduzem um ambiente desenhado especificamente para explorar e criar combinações de cores, que podem ser salvas e reutilizadas posteriormente.

O objetivo desta atividade é mostrar como funcionam esses recursos. Sendo assim, você utilizará um logotipo já criado.

Preparando o logo para ser trabalhado

Você utilizará uma cópia do logotipo do restaurante, mas deverá remover todas as cores.

1. Abra o arquivo *Logo-restaurante.ai* criado nas atividades anteriores, caso o tenha fechado.
2. No menu *Arquivo* (*File*), clique na opção *Salvar como* (*Save As*) e, em seguida, salve o arquivo como *Estudo cores Logo*, preservando assim o arquivo original.
3. Selecione todos os objetos do logotipo pelo menu *Selecionar/Tudo* (*Select/All*) ou utilize as teclas de atalho *Ctrl* + *A*.
4. No menu *Objeto* (*Object*) clique em *Desagrupar* (*Ungroup*) ou pressione as teclas de atalho *Shift* + *Ctrl* + *G*.
5. Ainda com todos os objetos selecionados, aplique uma cor azul qualquer no preenchimento por meio do painel *Controle* (*Control*) ou *Propriedades* (*Properties*).
6. Retire a seleção dos objetos que formam o logotipo clicando em uma área em branco.

Trabalhando com o painel Guia de cores (Color Guide)

O painel *Guia de cores* (*Color Guide*) é uma poderosa ferramenta que auxilia na escolha, no gerenciamento e na criação de grupos de cores durante o desenvolvimento de um trabalho. Com ele, você poderá encontrar rapidamente a cor exata que procura, testar novas combinações de cores baseadas em regras de harmonia sugeridas pelo painel ou encontrar cores que combinem entre si.

1. Destaque o painel *Cor* (*Color*) e deixe-o flutuante na área de trabalho.
2. No menu *Janela* (*Window*), clique em *Guia de cores* (*Color Guide*), ou pressione as teclas *Shift* + *F3*, para exibir o painel.

As cores exibidas na parte superior do painel são as cores ativas, baseadas em regras clássicas de harmonia de cores. A cor em destaque é chamada cor base, por meio da qual o painel cria as regras de harmonia.

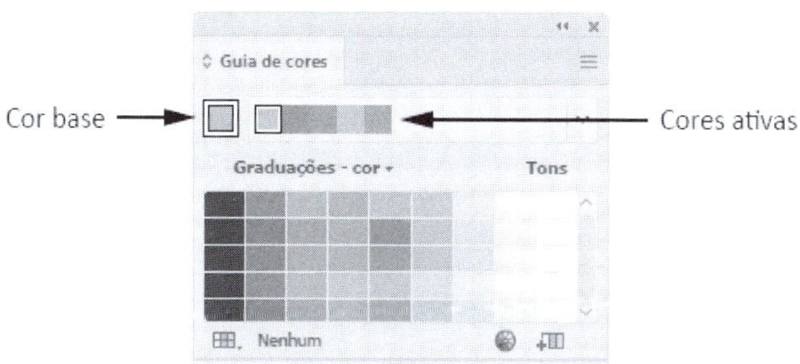

3. Por exemplo, selecione um tom de verde qualquer no espectro de cores do painel *Cor* (*Color*) e dê um clique na cor.

Observe no painel *Guia de cores* (*Color Guide*) que a cor base será alterada para o verde escolhido, e imediatamente as cores ativas também serão alteradas.

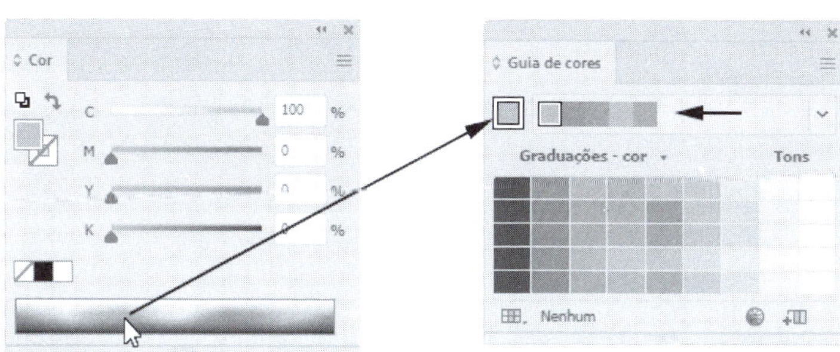

A escolha da cor base também poderá ser feita por meio do painel *Amostras* (*Swatches*), ou clicando em um dos objetos de sua ilustração. Nesse último caso, será preciso clicar na cor base do painel *Guia de cores* (*Color Guide*) para atualizar as cores ativas.

4. Por exemplo, selecione uma das folhas do logotipo e veja que a cor base mudará para o azul aplicado por você anteriormente, mas as cores ativas não se alterarão. Para atualizar, clique no botão *Definir como cor base* (*Set Base Color to the Current Color*) do painel.

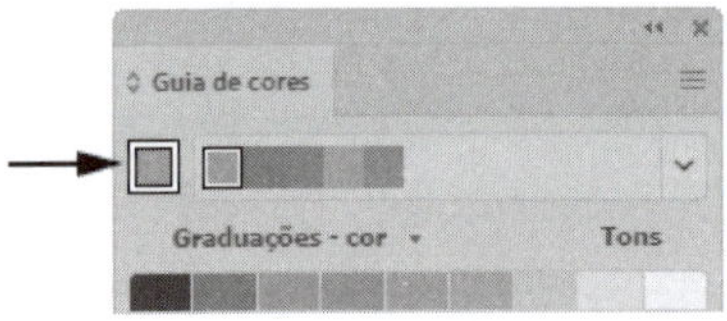

Você também pode escolher uma cor na grade de variação e criar uma regra de harmonia para ela. Basta clicar sobre a cor escolhida e depois clicar no botão *Definir como cor base* (*Set Base Color to the Current Color*).

5. Existem diversas regras de harmonia disponíveis no painel. Clique na seta ao lado da caixa de cores ativas e um menu será aberto, exibindo uma lista com as regras de harmonia.

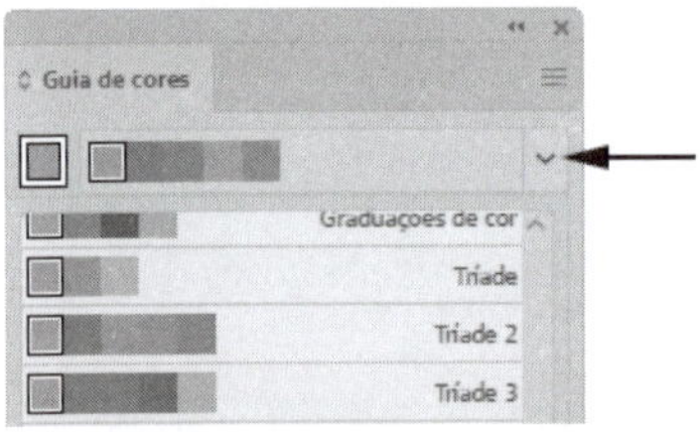

Perceba que, em qualquer uma das regras, a primeira cor não se alterará, pois é a cor base que você selecionou.

6. Vamos supor que você queira pintar as folhas do logotipo e gostaria de experimentar uma série de cores em tons de verde. Desfaça a seleção da folha, escolha um tom de verde no espectro de cores do painel *Cor* (*Color*) e clique sobre a cor.
7. Clique na seta ao lado da caixa de cores ativas e selecione a regra *Análoga 2* (*Analogous 2*): as cores ativas serão alteradas para a regra escolhida.
8. Abaixo das cores ativas, o painel exibirá uma grade de variações das cores da regra escolhida. Ele pode ser redimensionado, portanto clique no canto inferior direito do painel e aumente o tamanho para exibir toda a grade de variações das cores.

Perceba que as cores da regra de harmonia escolhida [*Análoga 2* (*Analogous 2*)] ficarão exatamente no meio da grade, abaixo do pequeno triângulo. E para cada cor você tem as variações para mais claro [à direita, indicadas pelo texto *Tons* (*Tints*)] ou mais escuro [à esquerda, indicadas pelo texto *Graduações-cor* (*Shades*)], conforme a figura a seguir.

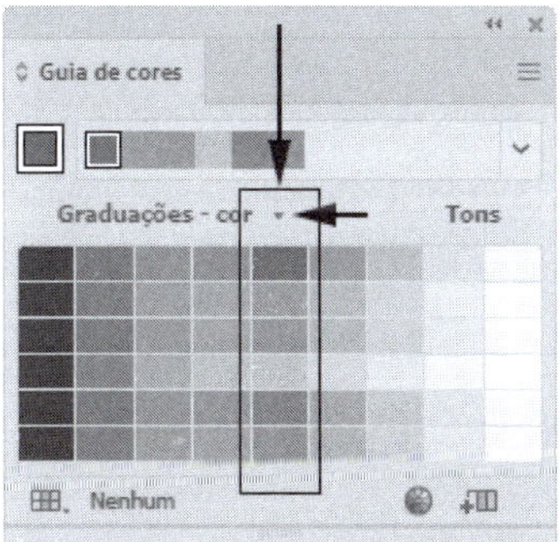

Aplicando cor aos objetos

9. A aplicação de uma cor do painel *Guia de cores* (*Color Guide*) a um objeto é muito simples. Escolha um tom de verde, clique na cor e arraste-a até o objeto, por exemplo, uma das folhas do logotipo. Ao liberar o botão do mouse, a cor será aplicada.

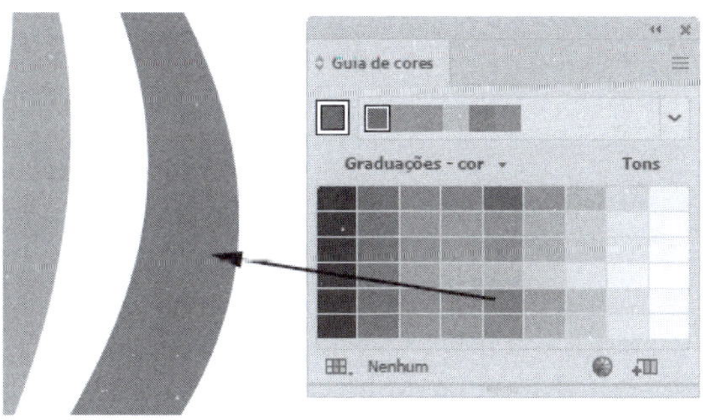

10. Faça o mesmo para as outras duas folhas do logo, escolhendo outros tons de verde.

> Você também poderá selecionar os objetos e depois simplesmente clicar na cor, mas, para aplicar outras cores nos demais objetos, é preciso desfazer a seleção.

Os círculos devem ser preenchidos com um gradiente, e você poderá escolher as cores também com o painel *Guia de cores* (*Color Guide*).

11. Escolha uma cor vermelha no painel *Cor* (*Color*). No painel *Guia de cores* (*Color Guide*), escolha uma regra de harmonia, por exemplo, *Monocromática2* (*Monochromatic 2*). Você utilizará dois tons para o gradiente.
12. Pressione *Ctrl* + *F9* para exibir o painel *Gradiente* (*Gradient*).
13. Na grade do painel *Guia de cores* (*Color Guide*), escolha um vermelho vibrante e, em seguida, clique e arraste para a cor final da barra do gradiente no painel *Gradiente* (*Gradient*).

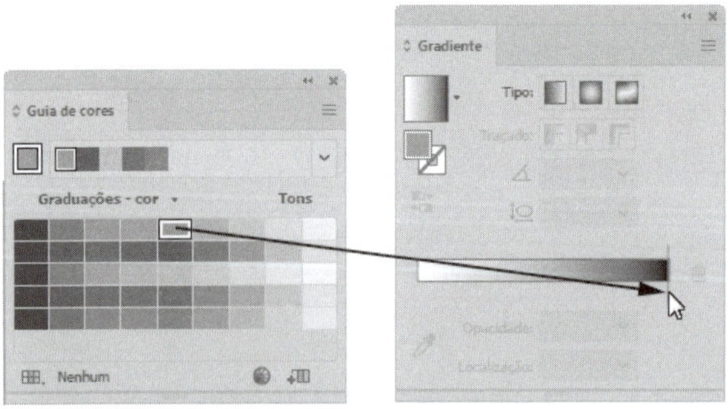

14. Escolha um tom mais claro e arraste para a cor inicial da barra do gradiente.

15. Altere o tipo de gradiente para *Radial* (*Radial*) na caixa *Tipo* (*Type*) do painel *Gradiente* (*Gradient*). Em seguida, clique na amostra do gradiente no painel *Gradiente* (*Gradient*) e arraste para cima do círculo.

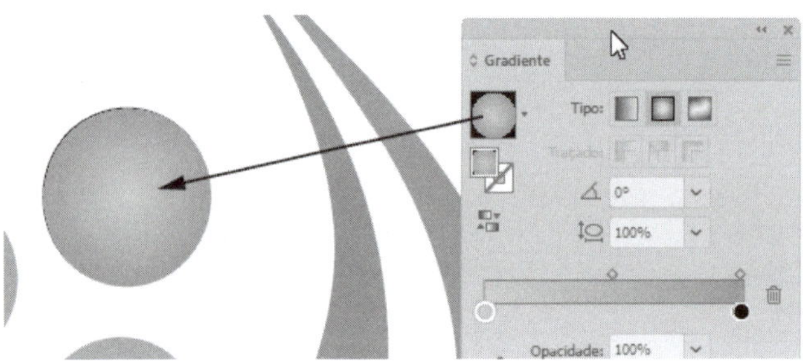

16. Faça o mesmo com os outros dois círculos.

Aplicando cor aos textos

Diferentemente dos objetos, para aplicar cores aos textos é necessário selecioná-los primeiro.

17. Suponha que você queira aplicar um tom de marrom na palavra *Bistrô*. Abra o painel *Amostras* (*Swatches*) e escolha uma cor marrom. Ela será definida como cor base no painel *Guia de cores* (*Color Guide*).

18. No painel *Guia de cores* (*Color Guide*), clique na seta ao lado da caixa de cores ativas e escolha uma regra de harmonia, por exemplo, a regra *Análoga* (*Analogous*).

19. Selecione a palavra *Bistrô*, escolha um tom de marrom e clique nele na grade do painel *Guia de cores* (*Color Guide*).

20. Aplique o mesmo tom de marrom para a letra *V* que está abaixo do nome *Tempero Vermelho*.

21. Aplique um tom laranja vivo no nome *Tempero Vermelho*.

22. Desfaça a seleção de qualquer item da ilustração clicando em uma área em branco.

Salvando uma regra como grupo de cores

23. Se você gostou de uma regra de harmonia e deseja salvá-la como grupo de cores no painel *Amostras* (*Swatches*), mantenha selecionada uma das cores ativas e clique no botão *Salvar grupo de cores no painel Amostra* (*Save Color Group to Swatch Panel*), no painel *Guia de cores* (*Color Guide*).

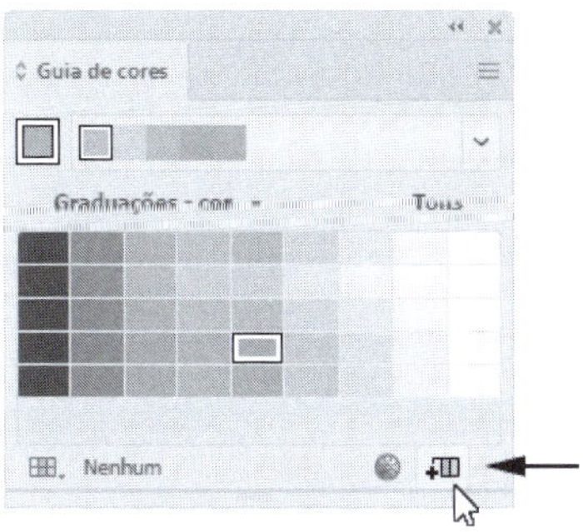

24. Observe no painel *Amostras* (*Swatches*) que o novo grupo será criado. Ele será o último da lista.

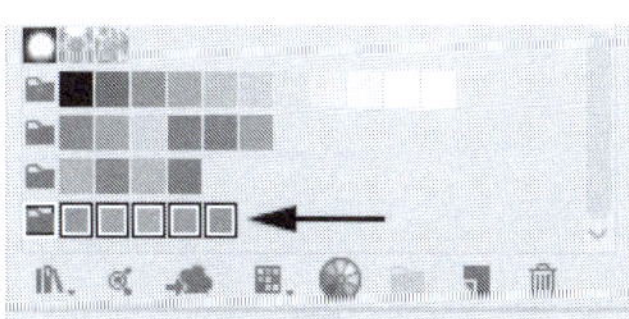

25. Para finalizar, salve a ilustração e feche o arquivo.

Trabalhando com o recurso Recolorir arte (Recolor Artwork)

Outro poderoso recurso do Illustrator para o trabalho com cores é o *Recolorir arte* (*Recolor Artwork*). Com ele você poderá aplicar novas combinações de cores em vários objetos de uma única vez interativamente, salvar essas combinações em grupos de cores e reutilizá-las mais adiante. Isso torna o trabalho de estudo de cores ainda mais prático.

1. Para isso, abra o arquivo *Logo-restaurante.ai*.
2. No menu *Arquivo* (*File*), clique na opção *Salvar como* (*Save As*) e salve o arquivo como *Estudo cores 2 Logo-restaurante*, preservando assim o arquivo original.
3. Selecione todos os objetos do logotipo pressionando as teclas de atalho *Ctrl + A*.

Com pelo menos mais de um objeto selecionado na área de trabalho, o painel *Controle* (*Control*) exibirá o botão *Recolorir arte* (*Recolor Artwork*).

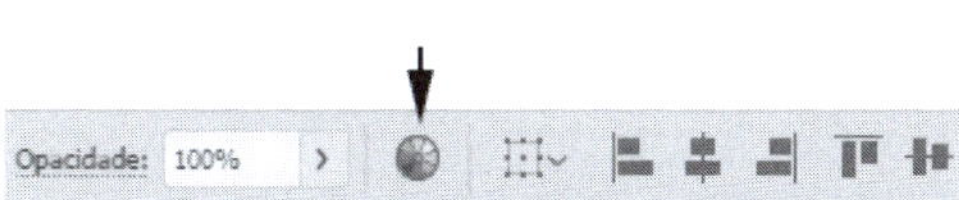

4. Clique no botão para exibir o quadro de diálogo *Recolorir arte* (*Recolor Artwork*).

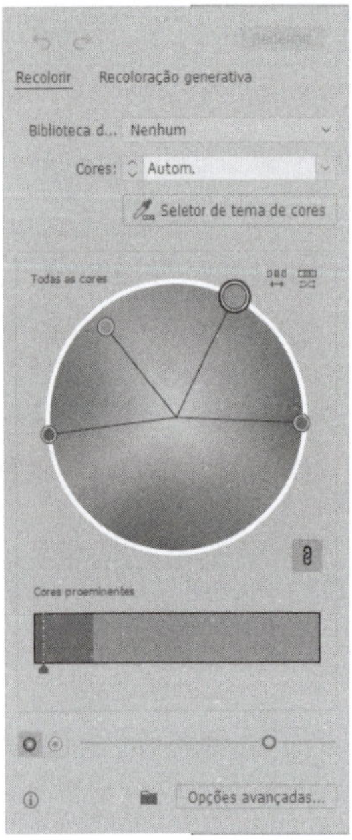

5. Por padrão, o quadro é exibido no modo simples. Clique no botão *Opções avançadas* (*Advanced Options*) no canto inferior direito do quadro para exibi-lo na forma avançada.

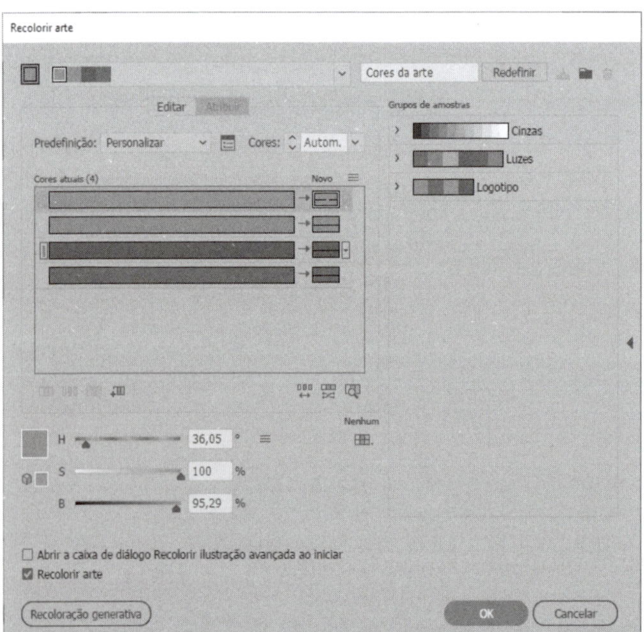

O quadro de diálogo *Recolorir arte* (*Recolor Artwork*) possui três áreas distintas que são utilizadas de acordo com o que você precisa fazer na ilustração. No momento, você editará as cores do logotipo e, por ter selecionado os objetos, a opção *Atribuir* (*Assign*) estará selecionada.

Apenas para você se localizar, veja a seguir para que são usadas as áreas do quadro de diálogo *Recolorir arte* (*Recolor Artwork*):

- No modo *Atribuir* (*Assign*) (imagem à esquerda), você substitui cada cor da ilustração por novas cores e visualiza as mudanças interativamente. Inclusive, pode salvar a nova combinação de cores como um grupo de cores. Já no modo *Editar* (*Edit*) (imagem à direita), você cria novos grupos de cores ou edita os existentes utilizando a roda de cores. Nesse modo, é possível ver o relacionamento harmônico das cores.

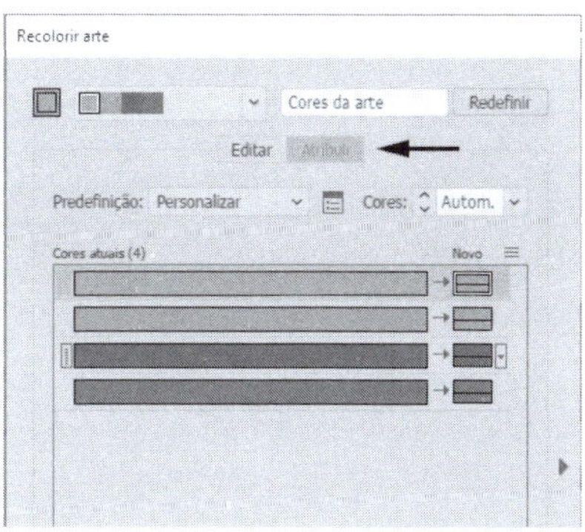

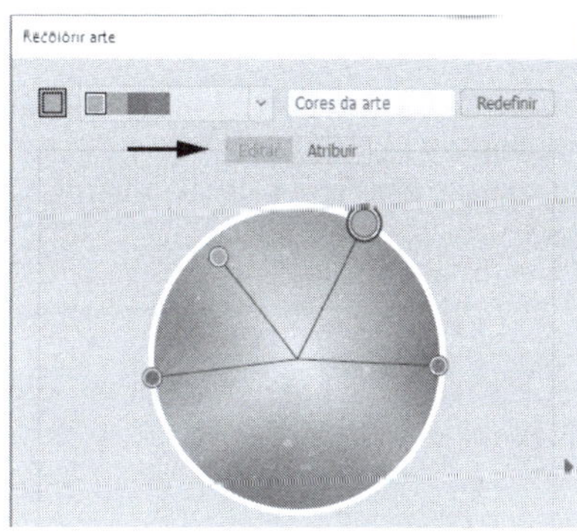

- Na lateral direita do quadro de diálogo são exibidos todos os grupos de cores disponíveis para a ilustração, os mesmos exibidos no painel *Amostras* (*Swatches*). Enquanto você estiver trabalhando com o quadro de diálogo *Recolorir arte* (*Recolor Artwork*), poderá editar, apagar ou gravar novos grupos, que também são adicionados ao painel *Amostras* (*Swatches*). Caso essa lista não esteja sendo exibida, basta clicar na seta no centro da lateral direita.

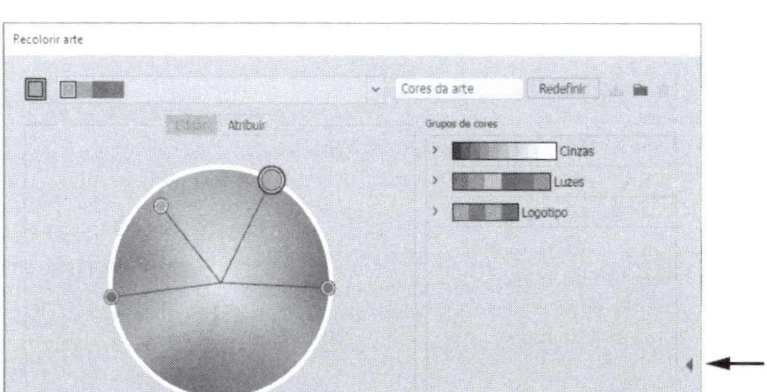

6. Voltando à ilustração, observe que há uma caixa com as cores de sua ilustração na parte superior e à esquerda do quadro de diálogo. Ao lado, elas serão identificadas como *Cores da arte* (*Artwork Colors*).

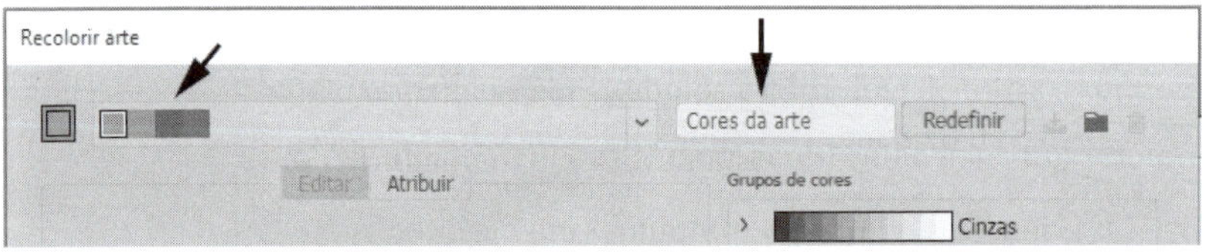

7. Clique na seta ao lado dessa caixa e um menu será aberto, exibindo as regras de harmonia, da mesma forma que você já utilizou quando trabalhou com o painel *Guia de cores* (*Color Guide*). Selecione, por exemplo, a regra *Monocromática* (*Monochromatic*) e veja que as cores na ilustração serão alteradas automaticamente.

> Isso ocorre porque a opção do quadro *Recolorir arte* (*Recolor Artwork*) está habilitada. Caso não esteja, habilite-a na parte inferior esquerda do quadro para aplicar as novas cores à ilustração.

8. Para cancelar essa aplicação de cores, clique no botão *Redefinir* (*Reset*). Esse botão recupera todas as cores de sua ilustração.

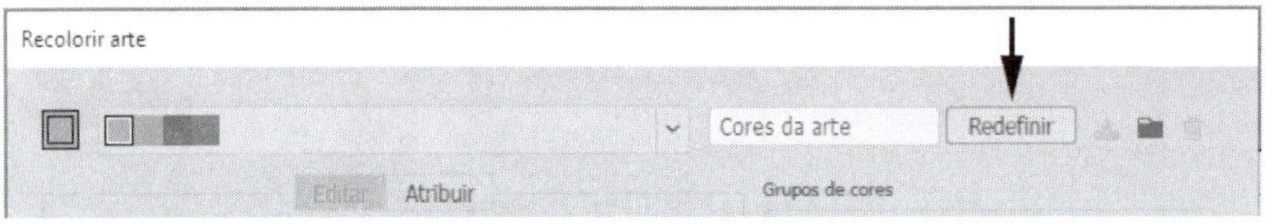

Alterando as cores da ilustração

Abaixo dos botões *Editar* (*Edit*) e *Atribuir* (*Assign*) são exibidas barras horizontais com as cores atuais na coluna *Cores atuais* (*Current Colors*), que neste caso são compostas por quatro cores. Para selecionar uma cor, basta clicar em qualquer uma dessas barras. Observe que, por padrão, a primeira delas já estará selecionada.

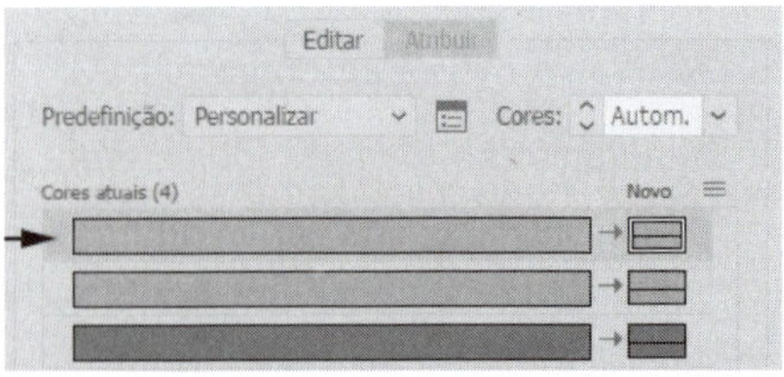

A alteração da cor será feita por meio dos controles deslizantes na parte inferior do quadro de diálogo. Você poderá criar novas cores simplesmente ajustando os valores para cada uma das quatro cores do modo CMYK (modo de cor usado nesta atividade) na parte inferior do painel.

9. Verifique se o modelo selecionado é o CMYK. Caso não seja, clique no botão *Especificar o modo dos seletores de ajuste de cores* (*Specifies the Mode of the Color Adjustment Sliders*) e escolha o modo *CMYK*.

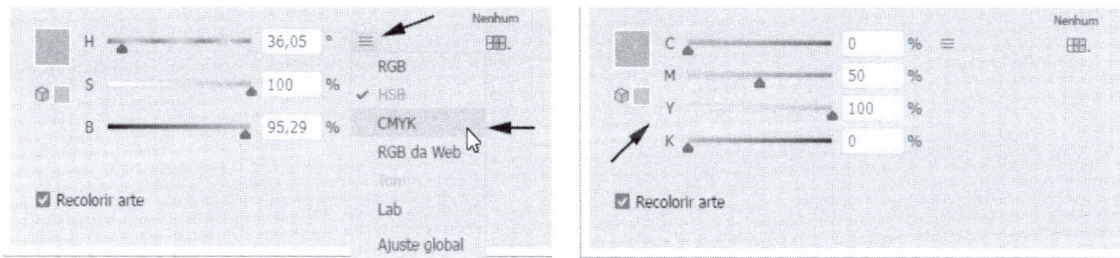

10. Observe no logotipo que a cor alaranjada foi aplicada no centro do gradiente dos círculos. Mova todos os controles deslizantes para a esquerda para obter a cor branca e veja o resultado na ilustração.

No pequeno retângulo ao lado da barra de cor, na coluna *Novo* (*New*), a nova cor será adicionada.

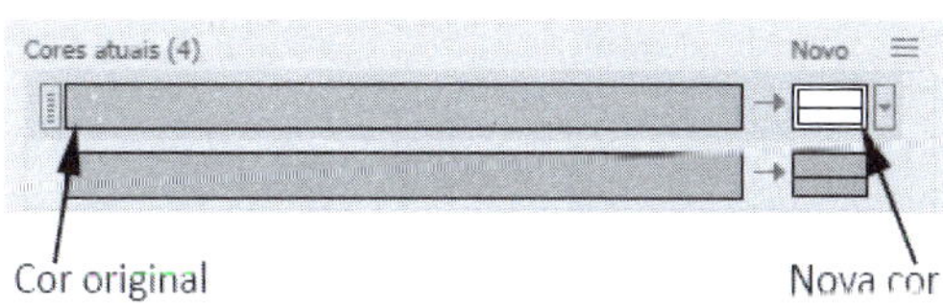

11. Selecione a segunda cor, o verde mais claro, e ajuste as cores com os valores: *C = 90, M = 38, Y = 100* e *K = 0*.

12. Altere a terceira cor com os valores: *C = 40, M = 65, Y = 85* e *K = 38*.

13. Para alterar a quarta cor, você utilizará o quadro de diálogo *Seletor de cores* (*Color Picker*). Selecione a quarta cor e clique no quadrado de amostra de cor que fica ao lado dos controles de ajuste. O quadro de diálogo *Seletor de cores* (*Color Picker*) será exibido.

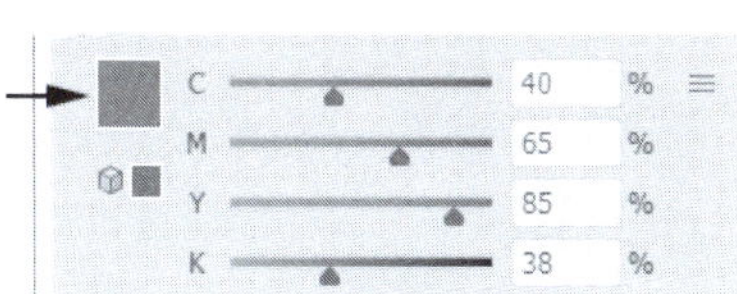

14. No quadro *Seletor de cores* (*Color Picker*) você precisará aplicar um amarelo. Portanto, clique na barra de cores e posicione o controle mais ou menos entre o laranja e o amarelo (A). Depois, no quadrado maior, escolha um tom forte de amarelo (B).

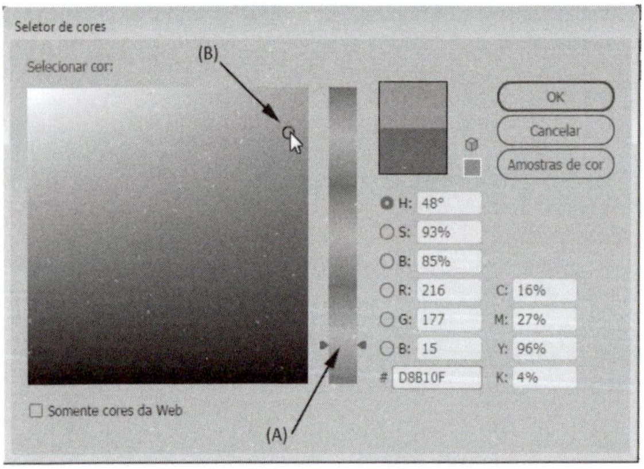

15. Clique no botão *OK* para fechar o quadro *Seletor de cores* (*Color Picker*) e definir a cor. Em seguida, clique em *OK* do quadro *Recolorir arte* (*Recolor Artwork*) e observe como ficarão as cores aplicadas em sua ilustração.

Salvando um grupo de cores

Depois de alterar as cores, você poderá salvá-las como um grupo de cores para utilizar a qualquer momento.

16. Abra novamente o quadro *Recolorir arte* (*Recolor Artwork*) e clique no botão *Novo grupo de amostras* (*New Swatch Group*). Dessa forma as cores serão salvas como um grupo e adicionadas à lista de grupos.

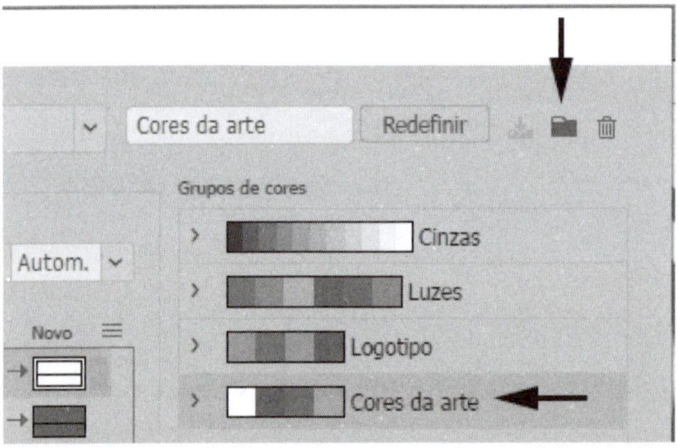

17. Dê duplo clique no nome do grupo criado e digite *Teste1*. Dessa forma, você poderá organizar os testes de cores. Para aplicá-los na ilustração, basta clicar neles.
18. Para finalizar, clique no botão *OK* do quadro *Recolorir arte* (*Recolor Artwork*) e será exibida uma mensagem perguntando se você deseja salvar as alterações. Clique em *Sim* (*Yes*).
19. Salve a ilustração e, em seguida, feche o arquivo.

Conhecendo o Seletor de tema de cores (Color Theme Picker)

O *Seletor de tema de cores* (*Color Theme Picker*) permite escolher e capturar rapidamente uma ou mais cores em outras ilustrações ou imagens e recolorir a ilustração na qual se está trabalhando.

20. Como exemplo, abra o arquivo *Logotipos* disponível na pasta *Arquivos de trabalho*. Trata-se dos dois logotipos já criados por você.
21. Selecione o logotipo do restaurante e clique no botão *Recolorir arte* (*Recolor Artwork*).
22. Clique no botão *Seletor de tema de cores* (*Color Theme Picker*) e o cursor ficará na forma de um conta-gotas.

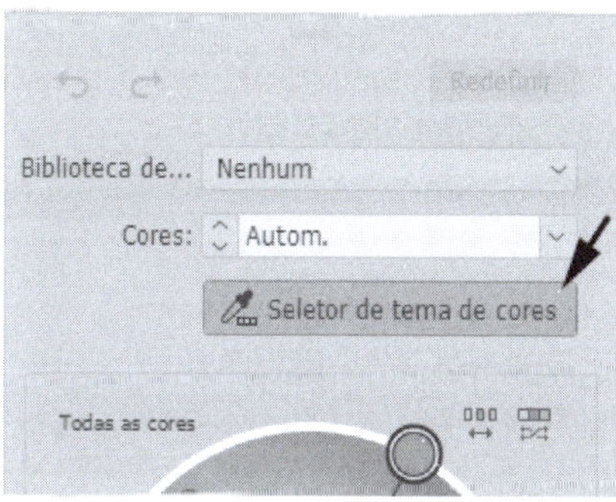

23. Posicione o cursor sobre o logotipo *ContraSenso* e observe que ele é destacado.
24. Dê um clique e o tema de cores desse logotipo será capturado e aplicado no logotipo do restaurante.

Perceba como é simples utilizar temas variados em suas ilustrações e baseados em outros trabalhos já feitos. Esse mesmo recurso pode ser usado com imagem em JPG, TIFF, entre outras.

25. Feche o arquivo sem salvá-lo.

Conhecendo a Recoloração generativa

A Recoloração Generativa é mais um recurso da família de modelos de IA generativa da Adobe que vem sendo implementado em vários de seus programas. Essa funcionalidade permite recolorir artes vetoriais com o mínimo de tempo e esforço.

Diferentemente de outros recursos do Illustrator, ela possibilita o uso de comandos de texto para gerar variações de cores. Basta inserir uma descrição simples do tema ou paleta de cores que você quer testar e o Illustrator criará diversas variações em segundos.

Você encontra essa opção no menu *Editar/Editar cores* (*Edit/Edit Colors*) ou no painel *Recolorir arte* (*Recolor Artwork*), visto nesta atividade.

1. Para exemplificar seu uso, abra o arquivo *Ilustração.ai* disponível na pasta *Arquivos de trabalho.*
2. Pressione as teclas de atalho *Ctrl+A* para selecionar tudo.
3. No painel *Controle* (*Control*), clique no botão *Recolorir arte* (*Recolor Artwork*), como fez anteriormente, para exibir o painel.
4. No topo do painel, clique na opção *Recoloração generativa* (*Generative Recolor*).

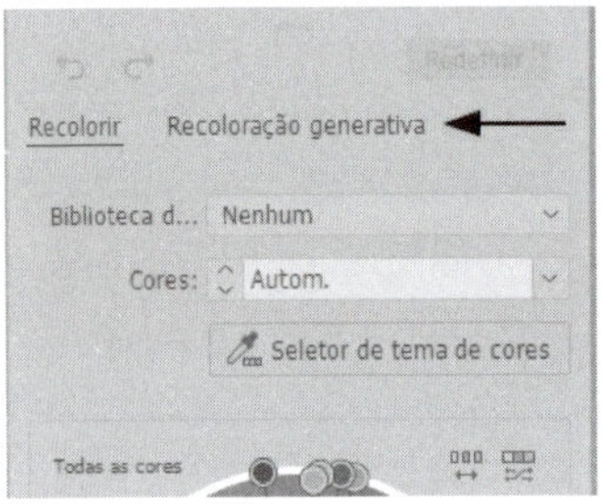

No item *Exemplos de descrições* (*Sample Prompts*), o painel fornece alguns exemplos de texto que você pode digitar na caixa *Descrição* (*Prompt*), e que também podem ser aplicados de imediato.

Na caixa *Descrição* (*Prompt*), você deve escrever um comando de texto para receber os resultados. Procure usar uma linguagem simples e direta, com palavras de três a oito dígitos. Não é necessário inserir comandos como "adicione" ou "remova"; basta digitar um tema, estilo, emoção ou paleta.

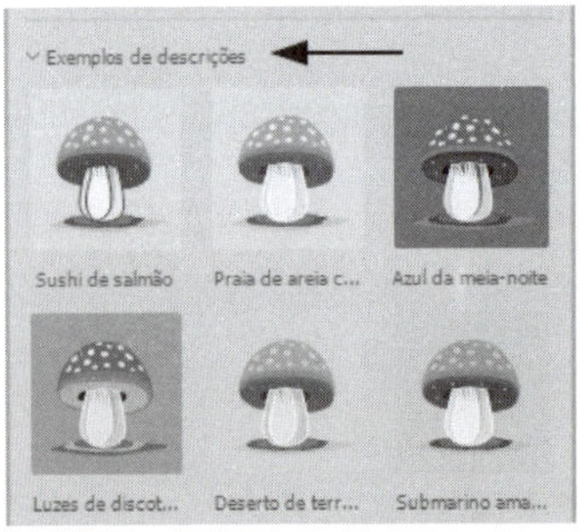

5. Na caixa *Descrição* (*Prompt*), digite, por exemplo, "Deserto" e clique no botão *Gerar* (*Generate*). O comando vai processar a descrição e apresentar as sugestões no item *Variações* (*Variations*).

6. Para aplicar uma variação, basta clicar sobre ela e ver o resultado na ilustração. Para retornar às cores originais, clique no botão *Redefinir* (*Reset*), no topo do painel.

Não deixe de explorar mais esse recurso para obter resultados diferenciados ao colorir ilustrações.

7. Feche o arquivo sem salvá-lo, pois foi apenas um teste.

Atividade 4 – Desenvolvendo o fundo do anúncio

Objetivo:

» Criar o fundo do anúncio e utilizar elementos do logotipo para fazer os detalhes.

Tarefas:

» Trabalhar com a ferramenta *Gradiente* (*Gradient*) e a *Biblioteca de amostras* (*Swatch Library*).

» Importar pincéis.

» Trabalhar com as ferramentas *Segmento de linha* (*Line Segment*) e *Inclinar* (*Shear*).

» Aplicar transparência em um gradiente.

» Utilizar o modo *Isolar grupo selecionado* (*Isolate Selected Group*).

» Trabalhar com as ferramentas *Refletir* (*Reflect*) e *Mesclagem* (*Blend*).

Nesta atividade, você criará o fundo do anúncio, incluirá o logo e criará os detalhes da ilustração, sendo alguns deles retirados do próprio logotipo.

Ferramenta Gradiente (Gradient)

Você já criou gradientes com o painel *Gradiente* (*Gradient*) e os aplicou em objetos de sua ilustração. Com a ferramenta *Gradiente* (*Gradient*), você altera a aplicação do gradiente com grande interatividade e rapidez no processo de criação e aplicação de gradientes.

1. Pressione as teclas de atalho *Ctrl + N* para criar um novo documento e ajuste as seguintes características:

- Largura: *210 mm*.
- Altura: *280 mm*.
- Nome: *Anúncio*.
- Modo de cores: *Cores CMYK*.

2. Ative a ferramenta *Retângulo* (*Rectangle*) e dê um clique na prancheta. No quadro de diálogo *Retângulo* (*Rectangle*), digite as mesmas medidas do documento, ou seja, *210 mm* na largura e *280 mm* na altura, e clique em *OK*.

3. Com o retângulo selecionado, escolha a opção *Alinhar à prancheta* (*Align to Artboard*) no painel *Controle* (*Control*) e, em seguida, clique nos botões *Alinhamento horizontal centralizado* (*Horizontal Align Center*) e *Alinhamento vertical centralizado* (*Vertical Align Center*). Dessa forma, o retângulo será centralizado na prancheta.

4. Destaque os painéis *Amostras* (*Swatches*) e *Gradiente* (*Gradient*), levando-os para a área de trabalho.

5. Dê um clique na barra de gradiente do painel *Gradiente* (*Gradient*) e o gradiente atual será aplicado ao retângulo.

6. Clique no controle deslizante da esquerda na barra do gradiente para selecioná-lo.

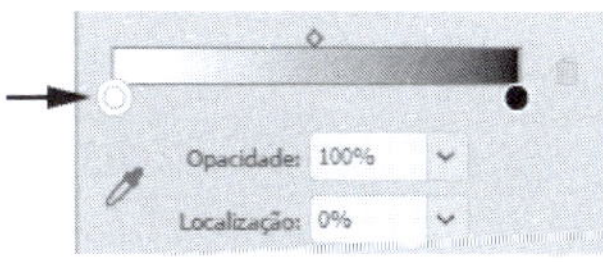

Em uma atividade anterior, para definir uma cor para o gradiente, você escolheu uma cor no painel *Amostras* (*Swatches*) e a arrastou para cima do controle. Veja a seguir uma outra opção.

7. Mantendo a tecla *Alt* pressionada, clique sobre a cor laranja (*C = 0, M = 50, Y = 100* e *K = 0*) do painel *Amostras* (*Swatches*) e ela será aplicada ao controle selecionado.

8. Selecione o controle direito do gradiente e, assim como fez no outro controle, clique sobre a cor amarela (*Amarelo CMYK*) no painel *Amostras* (*Swatches*).

9. Ative a ferramenta *Gradiente* (*Gradient*) na *Barra de ferramentas* e note que uma barra chamada *Anotador de gradiente* (*Gradient Annotator*) será exibida sobre o objeto selecionado.

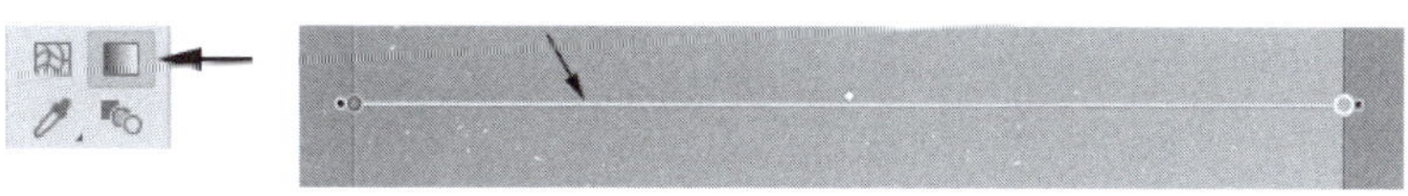

Caso essa barra não seja exibida, pressione as teclas de atalho *Alt + Ctrl + G* ou clique no menu *Exibir/Mostrar Anotador de gradiente* (*View/Show Gradient Annotator*).

10. Posicione o cursor sobre ela para serem exibidos os controles do gradiente. Essa barra fornece a maior parte dos controles do painel *Gradiente* (*Gradient*), e você pode alterá-los diretamente sobre o objeto.

11. Ao dar duplo clique no controle da cor inicial ou final no anotador, um painel será exibido para a escolha de uma nova cor. Mas, para esta atividade, mantenha as cores já aplicadas.

Com o pequeno losango no meio da barra, altera-se o ponto de transição das cores. Deslocando-se o cursor um pouco para baixo, ele exibirá uma pequena seta branca com um sinal + ao lado. Isso permitirá que você crie um novo controle de cor.

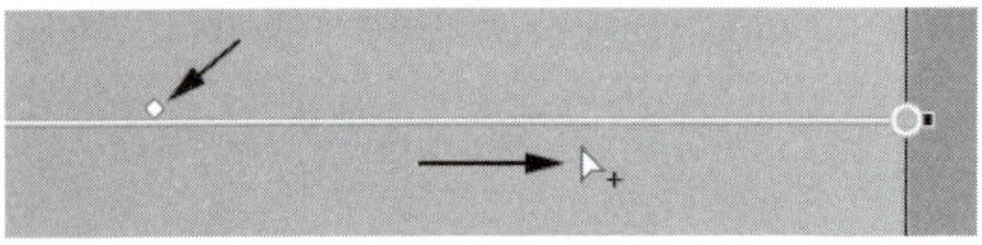

Com o controle na ponta direita do *Anotador de gradiente* (*Gradient Annotator*), você altera seu comprimento, e o efeito do gradiente será alterado de acordo com o novo comprimento.

12. Clique na ponta direita do anotador e arraste-a para a esquerda. Veja o resultado.

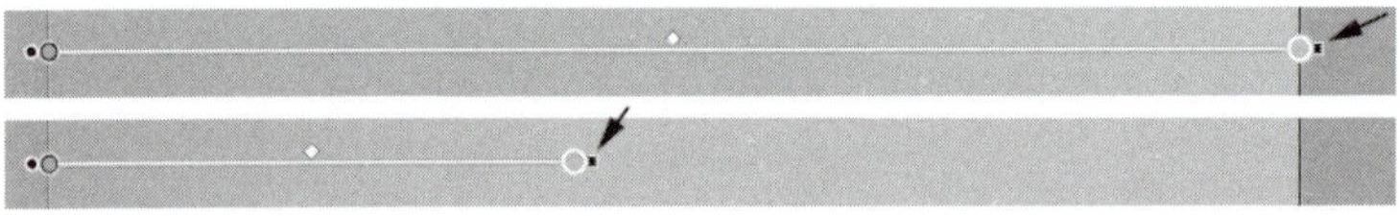

13. Pressione *Ctrl + Z* para desfazer a alteração.
14. Você também pode redesenhar o gradiente. Ainda com a ferramenta *Gradiente* (*Gradient*) ativa, clique próximo ao canto inferior esquerdo do documento e, mantendo o botão do mouse pressionado, arraste o cursor para o canto superior direito. Observe o novo gradiente criado.

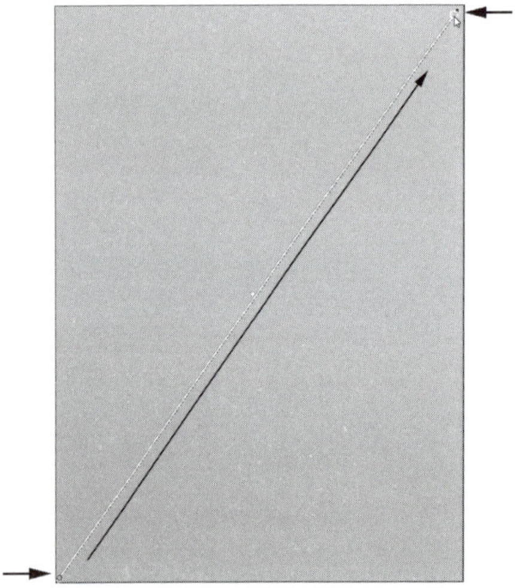

15. Ative a ferramenta *Seleção* (*Selection*) e, no painel *Controle* (*Control*), remova a cor de contorno do retângulo.

Conhecendo o painel Histórico (History)

Você está habituado a desfazer e refazer ações no Illustrator com as teclas Ctrl+Z e Shift+Ctrl+Z, respectivamente. Mas com o painel *Histórico* (*History*) você executa essas ações de maneira mais eficiente.

1. Para exibi-lo, acesse o menu *Janela* (*Window*) e clique em *Histórico* (*History*). Observe que todas as ações feitas até agora em seu projeto estão registradas no painel.

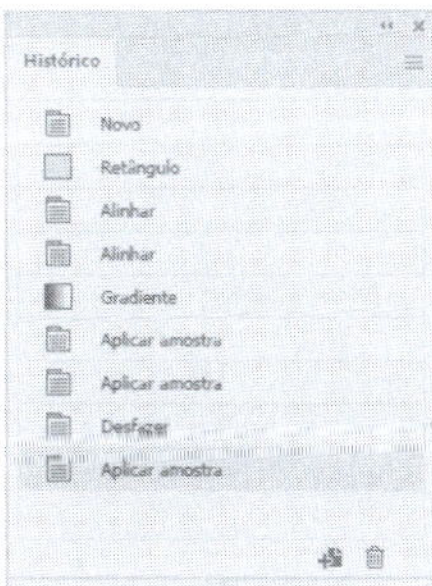

2. Por exemplo, clique no estado *Alinhar* e a ilustração voltará ao ponto onde foi feito o alinhamento do retângulo na prancheta.

Para eliminar qualquer estado, basta selecioná-lo no painel e clicar no botão *Excluir estado atual* (*Delete current state*), mas é importante saber que todos os estados abaixo do selecionado serão eliminados. O mesmo acontece se você selecionar um estado e fizer alguma alteração no projeto.

3. Selecione o último estado da lista para voltar ao ponto em que estava em seu projeto.

4. Salve o arquivo na pasta *Minhas ilustrações*.

Trabalhando com a Biblioteca de amostras (Swatch Library)

O painel *Amostras* (*Swatches*) armazena uma série de cores, tipos de preenchimentos predefinidos, grupos de cores ou novas cores criadas. Além disso, ele possui bibliotecas temáticas com várias opções de preenchimentos catalogados por tipo, bem como várias bibliotecas de escala de cores, como Pantone, Trumatch, Focoltone, entre outras. Com esse recurso, você aplicará um preenchimento ao fundo do anúncio.

1. Com a ferramenta *Retângulo* (*Rectangle*), crie um retângulo fora da prancheta com a mesma largura do documento (*210 mm*) e altura de *175 mm*.

2. Mantenha o retângulo selecionado, pressione a tecla X para alternar para *Preenchimento* (*Fill*) no painel *Amostras* (*Swatches*) e clique no botão do canto superior direito do painel para abrir o menu de opções.

3. Clique em *Abrir biblioteca de amostras* (*Open Swatch Library*) e selecione *Padrões/Gráficos básicos/Linhas de_gráficos básicas* (*Patterns/Basic Graphics/Basic Graphics_Lines*).

Sempre que você escolher uma biblioteca, ela será aberta em um novo painel, nunca no painel *Amostras* (*Swatches*). Portanto, após escolhê-la, será exibido o painel *Linhas de_gráficos básicas* (*Basic Graphics_Lines*).

4. Clique no primeiro padrão (*10 lpi 10%*) e o retângulo será preenchido.

Esse painel possui um recurso facilitador, que é a caixa *Localizar*. Se você já souber o nome do padrão ou parte dele, basta digitá-lo nessa caixa para localizá-lo rapidamente.

5. Clique nos botões *Alinhamento horizontal centralizado* (*Horizontal Align Center*) e *Alinhamento vertical inferior* (*Vertical Align Botton*) no painel *Controle* (*Control*), alinhando o novo retângulo pela base do documento.
6. No painel *Controle* (*Control*), altere a opacidade para *50%* no item *Opacidade* (*Opacity*).
7. Feche o painel *Linhas de_gráficos básicas* (*Basic Graphics_Lines*) e salve seu arquivo.

Importando pincéis

Com o recurso dos pincéis você criará linhas de ornamento na parte superior e inferior do anúncio.

8. Pressione as teclas de atalho *Ctrl* + *R* para exibir as réguas.
9. Posicione uma guia vertical a 25 mm da lateral esquerda da prancheta. Para facilitar, coloque a linha em qualquer posição e, com ela ainda selecionada, altere o valor da caixa *X* do painel *Controle* (*Control*). Você também pode fazer o mesmo no painel *Transformar* (*Transform*).
10. Posicione mais uma linha-guia vertical a 203 mm da lateral esquerda da prancheta.
11. Em seguida, posicione uma guia horizontal a 7 mm do topo da prancheta. Use a caixa *Y* do painel *Controle* (*Control*) para posicioná-la.
12. Com as guias posicionadas, ficará mais fácil traçar as linhas para o ornamento. Ative a ferramenta *Segmento de linha* (*Line Segment*) e selecione a cor *Preto* (*Black*) para a linha, alterando a cor de contorno.

13. Clique no cruzamento das guias do lado esquerdo e trace uma linha horizontal até o cruzamento das linhas-guia do lado direito.

Quadro Opções de ferramenta Segmento de linha (Line Segment Tool Options)

Para criar a segunda linha, você usará o quadro *Opções de ferramenta Segmento de linha* (*Line Segment Tool Options*). Com ele, você pode criar linhas com tamanhos precisos e no ângulo que desejar.

14. Ainda com a ferramenta *Segmento de linha* (*Line Segment*) ativa, clique em uma área fora da prancheta para exibir o quadro.
15. Na caixa *Tamanho* (*Size*), digite *95 mm*; em *Ângulo* (*Angle*), digite *90*. Clique em *OK* para finalizar e criar a linha.
16. Com a ferramenta *Seleção* (*Selection*), mova a linha ajustando seu topo com a ponta direita da linha horizontal.
17. No menu *Exibir* (*View*), clique em *Guias/Limpar guias* (*Guides/Clear Guides*) para apagá-las e veja o resultado.
18. Tecle *F5* para exibir o painel *Pincéis* (*Brushes*), clique no botão *Menu de bibliotecas de pincéis* (*Brush Libraries Menu*) e selecione a biblioteca *Bordas_decorativas* (*Borders_Decorative*).

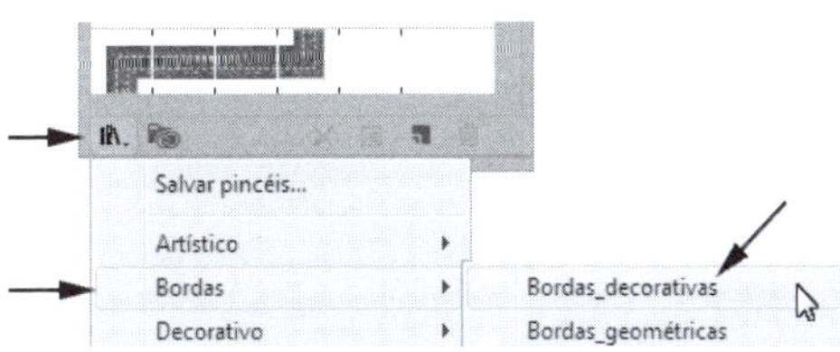

19. No painel *Bordas_decorativas* (*Borders_Decorative*), localize o pincel *Manjerona* (*Marjoram*) e clique nele para acrescentá-lo à lista de pincéis no painel *Pincéis* (*Brushes*). Em seguida, feche o painel.
20. Selecione as duas linhas criadas e clique no pincel *Manjerona* (*Marjoram*), no painel *Pincéis* (*Brushes*) para aplicá-lo às linhas.

Na parte inferior do anúncio, você utilizará um pincel que não existe na biblioteca do Illustrator, portanto será preciso importá-lo.

21. Clique novamente no botão *Menu de bibliotecas de pincéis* (*Brush Libraries Menu*), no painel *Pincéis* (*Brushes*), e selecione a opção *Outra biblioteca* (*Other Library*).
22. No quadro de diálogo *Selecione a biblioteca a ser aberta* (*Select a Library to Open*), localize a pasta *Arquivos de trabalho* criada por você.
23. Selecione o arquivo *cidade* e clique no botão *Abrir*. O painel *cidade* será exibido com a lista dos pincéis disponíveis.

24. Ative a ferramenta *Segmento de linha* (*Line Segment*) e dê um clique na área de trabalho para exibir o quadro de diálogo.

25. Digite *210 mm* na caixa *Tamanho* (*Size*) para que o comprimento da linha fique idêntico à largura do documento, ajuste o *Ângulo* (*Angle*) para *0º* e clique em *OK* para finalizar.

26. No painel *cidade*, clique no pincel *City 4* para aplicá-lo à linha criada.

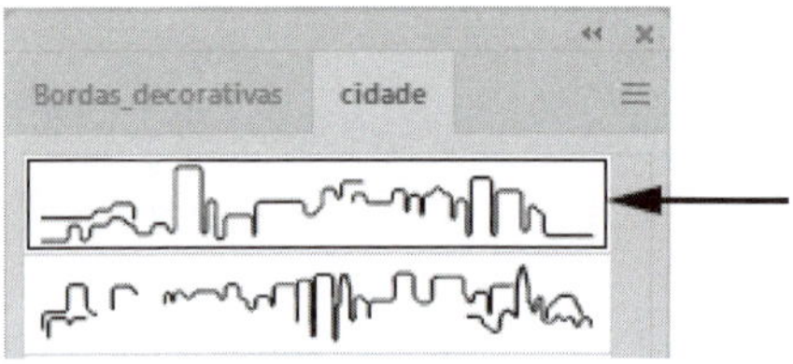

Você pode posicionar a linha em seu local definitivo na ilustração manualmente, mas, nesse caso, veja como fazê-lo com o painel *Propriedades* (*Properties*).

27. Com a ferramenta *Seleção* (*Selection*), e ainda com a linha selecionada, altere o ponto de referência clicando no centro da lateral esquerda do botão *Ponto de referência* (*Reference Point*) no painel *Propriedades* (*Properties*) e digite os valores *0 mm* para *X* e *240 mm* para *Y*, teclando *Enter* para finalizar.

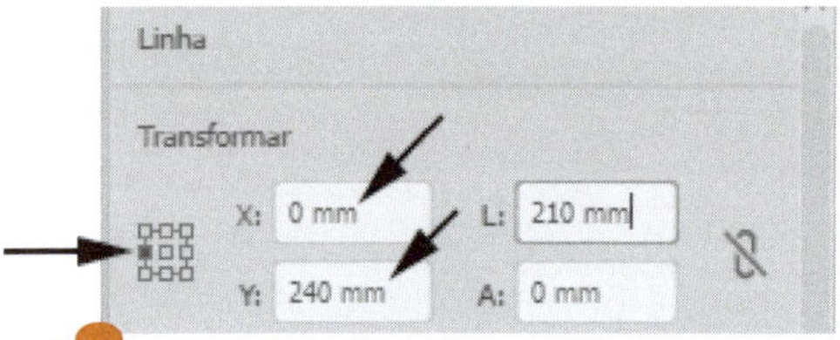

O botão *Ponto de referência* (*Reference Point*) sempre indicará o ponto que servirá de base para as alterações que você fizer em um objeto. Utilize-o sempre que precisar mudar essa referência.

28. Ainda com a linha selecionada, pressione as teclas *Ctrl* + *C* para fazer uma cópia e, em seguida, *Ctrl* + *F* para colar a cópia exatamente em cima da linha original.

29. No painel *Propriedades* (*Properties*), altere o valor da posição *Y* para *248 mm* e tecle *Enter* para que a linha possa ir para a posição final.

30. Ainda com a cópia selecionada, clique no pincel *City 3* no painel *cidade* e veja o resultado das linhas na figura.

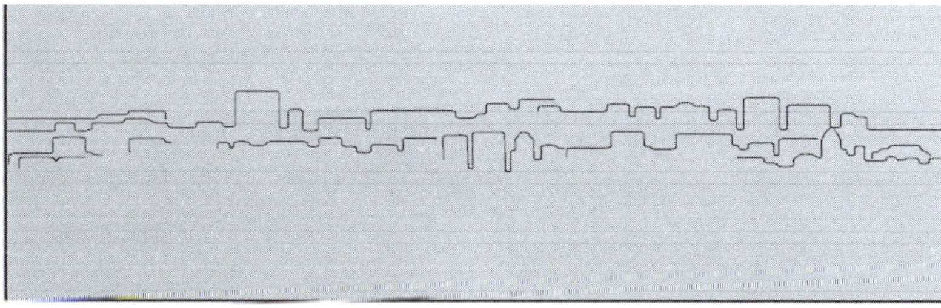

31. Feche o painel *cidade*, clique fora da ilustração para desfazer qualquer seleção e salve a ilustração.

Criando os elementos do rodapé

Para finalizar esta etapa do trabalho, serão criados os retângulos inclinados para o rodapé.

1. Ative a ferramenta *Retângulo arredondado* (*Rounded Rectangle*).

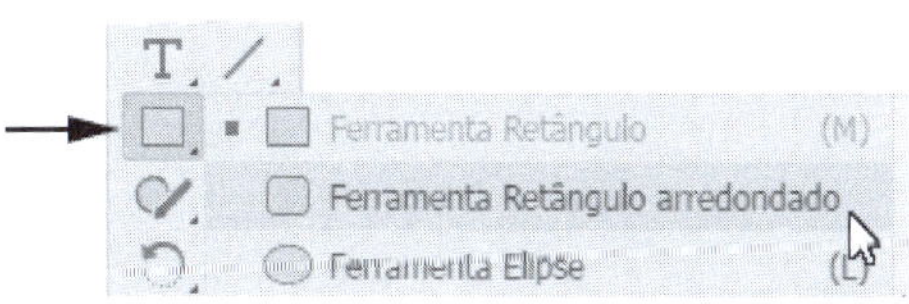

2. No painel *Controle* (*Control*), selecione *Amarelo CMYK* (*CMYK Yellow*) para o preenchimento e *Branco* (*White*) para o contorno e altere o valor de *Traçado* (*Stroke*) para *2 pt*.
3. Clique em uma área fora da prancheta, no quadro de diálogo *Retângulo arredondado*, e entre com os valores: *Largura* (*Width*) = *30 mm*, *Altura* (*Height*) = *16 mm* e *Raio do canto* (*Corner Radius*) = *3 mm*.
4. Aproxime a visualização do retângulo utilizando a ferramenta *Zoom* (*Zoom*).

Ferramenta Inclinar (Shear)

Com a ferramenta *Inclinar* (*Shear*), você pode distorcer um objeto, ou grupo de objetos, inclinando-o no sentido vertical ou horizontal com o ângulo que desejar.

5. Pressione as teclas de atalho *Ctrl* + *F8* para abrir o painel *Informações* (*Info*) e, em seguida, ative a ferramenta *Inclinar* (*Shear*).

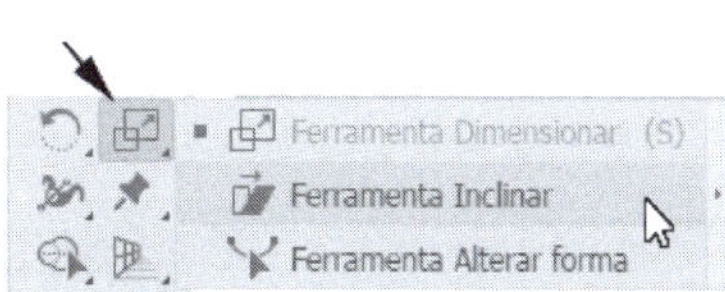

Essa ferramenta faz a alteração do objeto de acordo com um ponto de referência. Por questões de padronização, esse ponto está no centro do objeto.

6. Para alterar esse ponto de referência, clique, por exemplo, próximo ao canto inferior esquerdo do retângulo e veja o desenho da mira que representa esse ponto.

7. Mantenha a tecla *Shift* pressionada, clique no retângulo e, mantendo o botão do mouse pressionado, arraste-o para a direita, inclinando o retângulo até atingir aproximadamente *-147º*. Acompanhe no painel *Informações* (*Info*), ou na caixa que é exibida ao lado do cursor, a medida do ângulo.

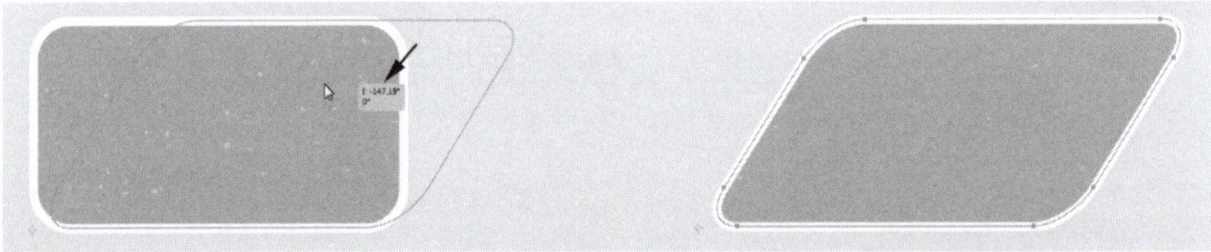

Sem pressionar a tecla *Shift*, você também poderá girar o objeto.

8. Aplique um zoom na base do documento e adicione uma guia horizontal e uma vertical com distância de 2,5 mm do canto inferior esquerdo da prancheta.

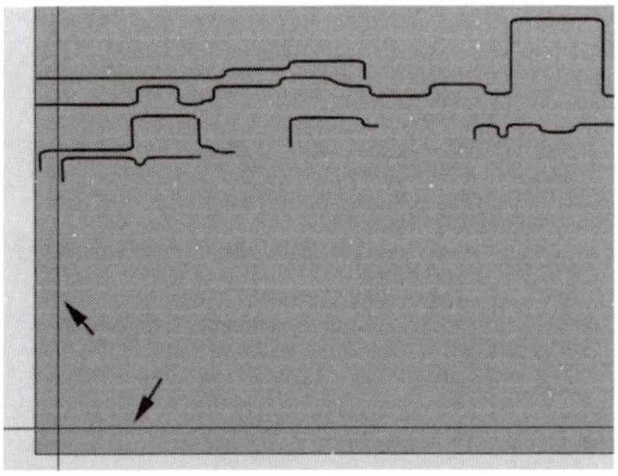

9. Com a ferramenta *Seleção* (*Selection*), coloque o retângulo sobre o documento orientando-se pelas guias.

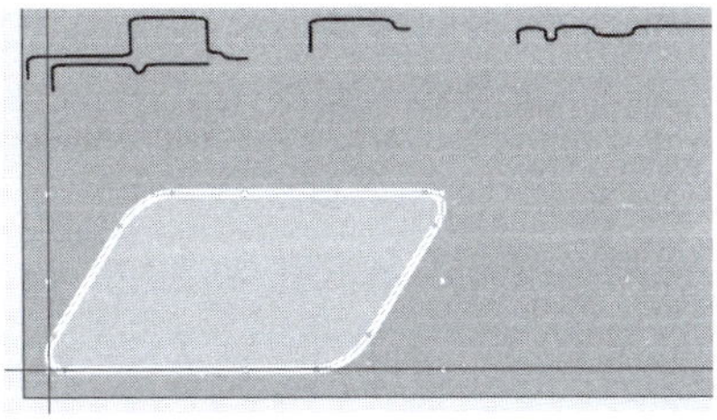

Aplicando transparência em gradientes

Outro recurso da ferramenta *Gradiente* (*Gradient*) e do painel *Gradiente* (*Gradient*) é a possibilidade de aplicar transparência ao gradiente.

10. Clique com a ferramenta *Seleção* (*Selection*) fora da prancheta para desfazer qualquer seleção.
11. No painel *Gradiente* (*Gradient*), dê duplo clique no controle da cor inicial do gradiente e selecione a cor *Amarelo CMYK* (*CMYK Yellow*).
12. Faça o mesmo com o controle da cor final e selecione a cor *Branco* (*White*).
13. Clique no pequeno losango acima da barra do gradiente para alterar a localização da transição e movimente-o para a direita. Observe a caixa *Localização* (*Location*) e deixe-a com o valor *70%*.

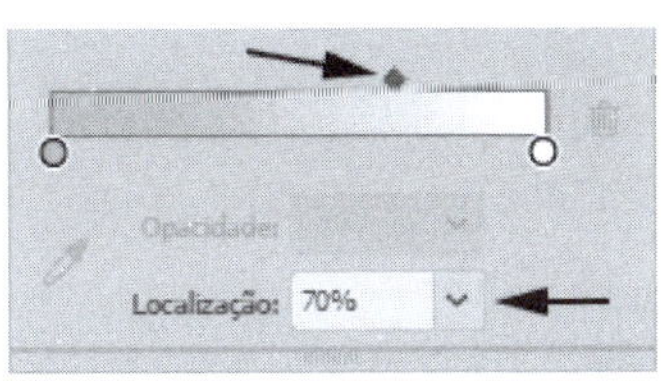

14. Selecione o controle da cor final e a caixa *Opacidade* (*Opacity*) será habilitada. Altere o valor para *30%*.
15. Selecione o paralelogramo e clique na caixa *Preenchimento do gradiente* (*Gradient*) no painel *Gradiente* (*Gradient*). Observe que o gradiente aplicado no preenchimento possui uma região transparente.

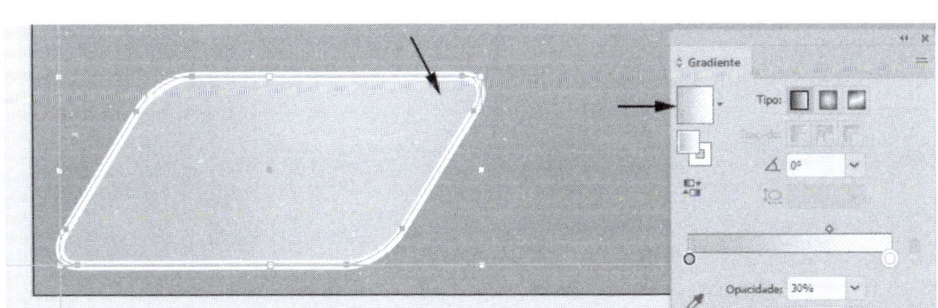

Você pode configurar o item *Opacidade* (*Opacity*) para cada um dos controles de cor do gradiente, o que permite uma série de possibilidades de criação.

16. Adicione uma guia vertical com distância de 207,5 mm da margem esquerda do documento.

17. Crie uma cópia do paralelogramo e posicione-a do lado oposto do documento, alinhando-a com a guia criada.

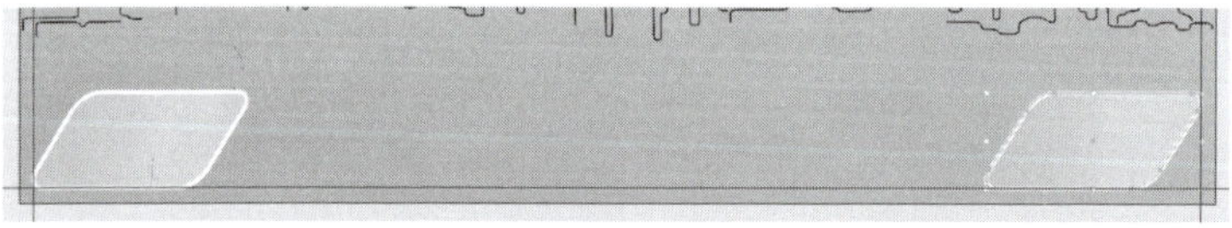

18. Faça mais quatro cópias do objeto, distribuindo-as entre os dois primeiros. Não se preocupe com o alinhamento.

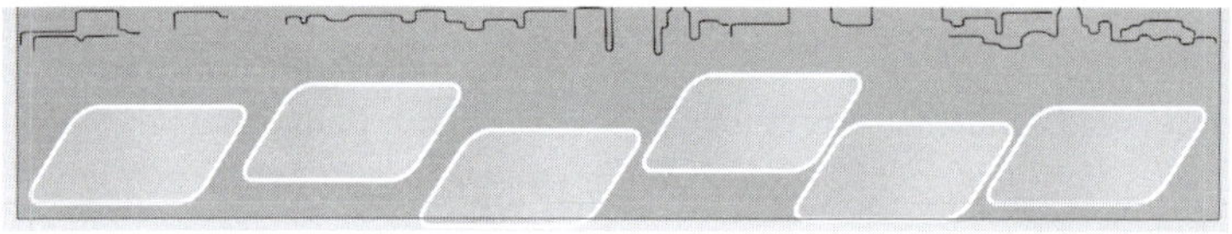

19. Selecione todos os objetos. Mantenha a tecla *Shift* pressionada e vá clicando em cada um deles com a ferramenta *Seleção* (*Selection*).

20. No painel *Controle* (*Control*), selecione a opção *Alinhar à seleção* (*Align to Selection*).

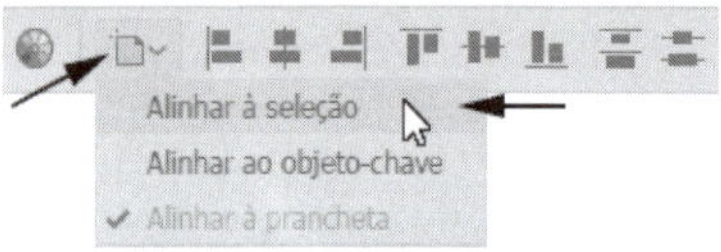

21. Clique no botão *Distribuição horizontal centralizada* (*Horizontal Distribute Center*) para fazer a distribuição dos objetos em espaços iguais.

22. Clique no primeiro objeto da esquerda para defini-lo como objeto-chave. Neste caso, é necessário, pois, quando você fizer o alinhamento, esse objeto não será movido de sua posição.

23. Clique no botão *Alinhamento vertical centralizado* (*Vertical Align Center*).

24. Desfaça a seleção, apague as guias e veja o resultado.

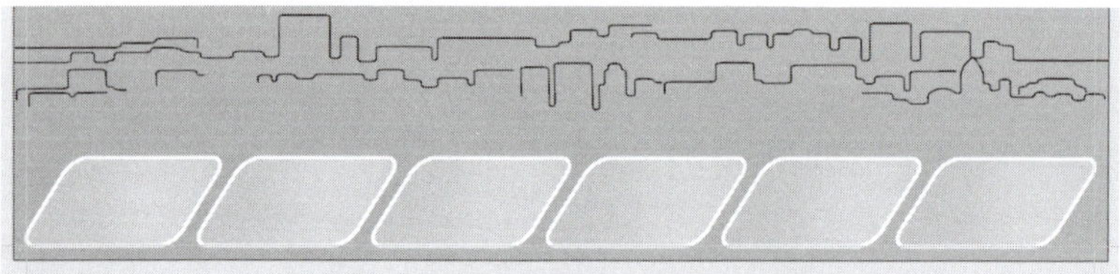

25. Salve o arquivo.

Aplicando o logotipo

Neste anúncio, você vai utilizar o logotipo do restaurante criado anteriormente.

1. Dê duplo clique na ferramenta *Mão* (*Hand*) para encaixar o anúncio à tela.
2. No painel *Camadas* (*Layers*), altere o nome da *Camada 1* (*Layer 1*), que contém os objetos até agora criados, para *Fundo*.
3. Crie uma nova camada clicando no botão *Criar nova camada* (*Create New Layer*) do painel *Camadas* (*Layers*) e altere o nome para *Logotipo*. Nessa camada, você colocará o logotipo do restaurante.
4. No menu *Arquivo* (*File*), clique em *Inserir* (*Place*).
5. No quadro *Inserir* (*Place*), selecione o arquivo *Logo-restaurante* criado por você e desabilite as caixas *Link* (*Link*) e *Modelo* (*Template*), caso elas estejam habilitadas.
6. Clique no botão *Inserir* (*Place*) para importar o arquivo e ele será carregado no cursor, aguardando você definir sua posição e seu tamanho.
7. Posicione o cursor sobre a parte superior da página, clique e arraste até o topo do retângulo das linhas. Em seguida, libere o botão do mouse e o logotipo será inserido com o tamanho certo para o projeto.

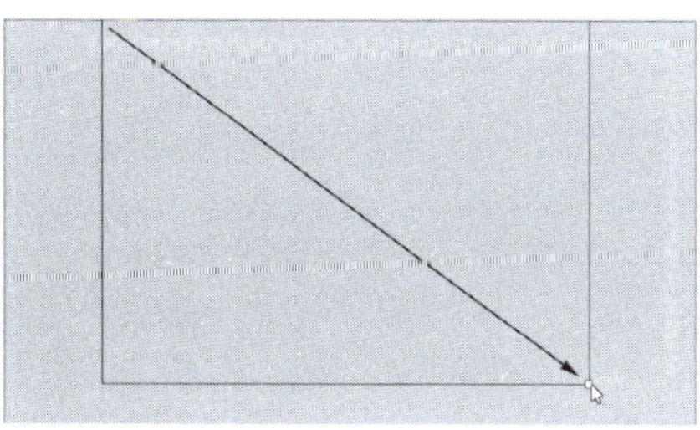

8. Mova o logotipo, deixando-o aproximadamente como mostra a imagem a seguir

9. Salve o arquivo.

Trabalhando com o modo Isolar grupo selecionado (Isolate Selected Group)

O modo *Isolar grupo selecionado* (*Isolate Selected Group*) permite que você faça alterações nos objetos que foram agrupados sem se preocupar com os demais, pois o Illustrator trava os demais objetos de modo que somente os objetos do grupo selecionado sejam editados.

Para criar os detalhes do anúncio, você utilizará alguns elementos do logotipo, como a folha e a pimenta.

1. Crie uma nova camada e altere seu nome para *Detalhes*.
2. Depois, selecione o logotipo e dê duplo clique nele. Como está agrupado, ele será automaticamente exibido no *Modo de isolamento* (*Isolation Mode*).

Quando você trabalha com esse recurso, o painel *Camadas* (*Layers*) exibe apenas a camada do grupo selecionado com o nome *Modo de isolamento* (*Isolation Mode*). No canto superior esquerdo da janela, será acrescentada uma barra com a informação do nome da camada à qual o grupo pertence, bem como a indicação do *Grupo isolado atual* (*Group*).

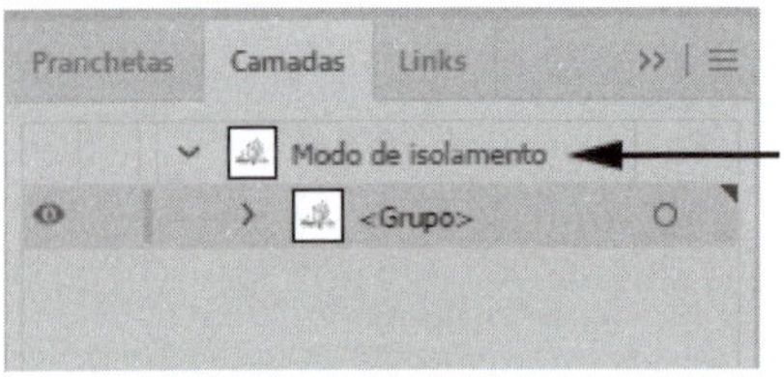

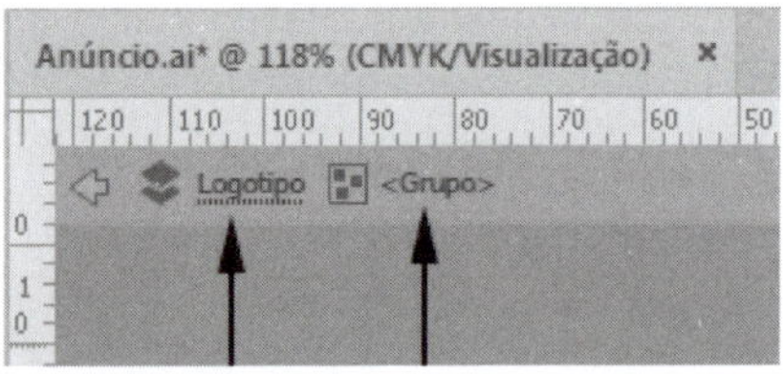

A seta no canto superior esquerdo da janela, chamada *Voltar um nível* (*Back One Level*), permite retornar um nível acima.

Os outros objetos do documento apresentam uma cor mais clara e não estão acessíveis. Dessa forma, você poderá fazer qualquer alteração nos objetos do logotipo sem interferir nos demais objetos do documento.

3. As folhas do logotipo estão agrupadas, portanto dê duplo clique nelas e mais um nível será exibido.
4. Clique na seta ao lado do grupo no painel *Camadas* (*Layers*) e observe a lista do conteúdo do grupo.
5. Ative a ferramenta *Seleção direta* (*Direct Selection*). Com ela, você poderá selecionar qualquer parte do logo mesmo que ele esteja agrupado.
6. Dê um clique na folha central do logotipo e faça uma cópia teclando *Ctrl + C*.
7. Dê cliques na seta *Voltar um nível* (*Back One Level*) no canto superior esquerdo do documento até que a barra desapareça, para retornar ao modo normal.

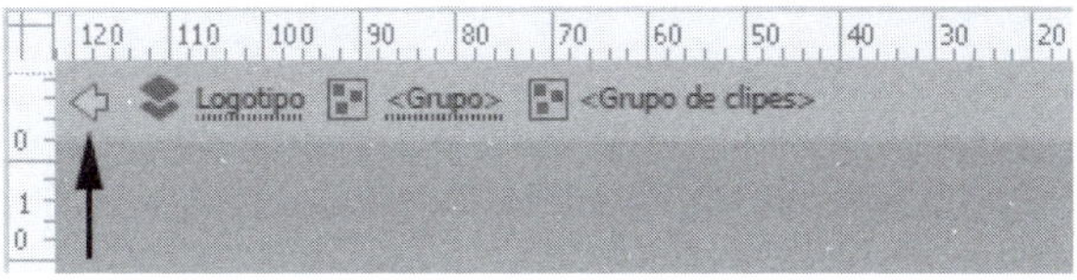

8. Ative a ferramenta *Seleção* (*Selection*), selecione a camada *Detalhes* e pressione as teclas *Ctrl* + *V* para colar a cópia da folha.

9. Ainda com a folha selecionada, altere a cor de contorno para *Branco* (*White*) e o traçado para *1 pt*.

10. Altere o ângulo de inclinação para *-10°* e a altura para *47 mm*, mas não se esqueça de deixar o botão *Restringir proporções de largura e altura* (*Maintain Width and Height proportions*) ativado.

11. Depois de alterar a folha, posicione-a no canto superior esquerdo do documento, conforme mostra a figura a seguir.

Ferramenta Refletir (Reflect)

Essa folha deverá ser copiada várias vezes para criar um efeito na lateral do anúncio.

12. Mantenha a folha selecionada e ative a ferramenta *Refletir* (*Reflect*).

13. Dê duplo clique na ferramenta *Refletir* (*Reflect*); no quadro *Refletir* (*Reflect*), selecione a opção *Vertical* (*Vertical*) e clique no botão *Copiar* (*Copy*). Com isso, será feita uma cópia espelhada da folha.

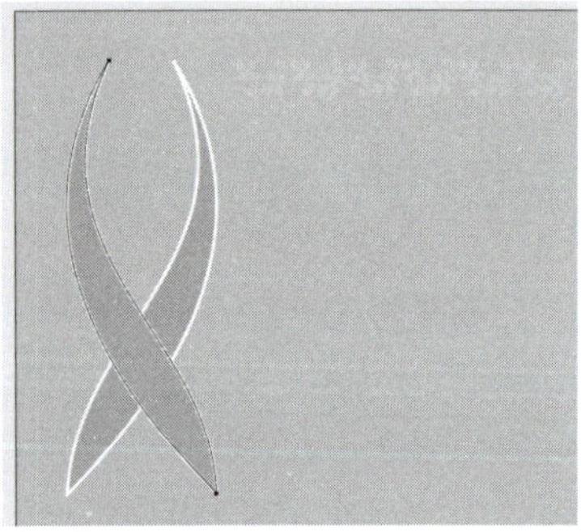

14. Selecione as duas folhas, agrupe-as e faça quatro cópias do grupo. Posicione cada cópia logo abaixo da outra, alinhando o topo das folhas com a base do grupo anterior.

15. Para terminar, salve seu trabalho.

Ferramenta Mesclagem (Blend)

Com essa ferramenta pode-se criar uma transição entre dois objetos, transformando o objeto A em objeto B. Veja o exemplo:

Com essa transição, o Illustrator altera a forma e as cores de contorno e preenchimento.

1. Faça uma cópia da primeira folha da sequência anterior, desloque-a para fora da prancheta e altere a altura para *96 mm* e o ângulo de inclinação para *10º*.
2. Faça uma cópia da folha teclando *Ctrl* + *C* e depois cole a cópia exatamente sobre a original teclando *Ctrl* + *F*.
3. Para deslocar essa cópia de forma precisa, tecle *Shift* + *Ctrl* + *M* e será aberto o quadro *Mover* (*Move*).
4. Na posição *Horizontal* (*Horizontal*), digite *13 mm*; na *Vertical* (*Vertical*), *0 mm*. Depois, clique em *OK*.
5. Selecione a folha original e altere a opacidade para *40* no painel *Controle* (*Control*).
6. Desfaça a seleção da folha e dê duplo clique na ferramenta *Mesclagem* (*Blend*) para exibir o quadro *Opções de mesclagem* (*Blend Options*).

Para ajustar as configurações da ferramenta, no item *Espaçamento* (*Spacing*), você terá as opções:

- *Cor suave* (*Smooth Color*): o Illustrator calcula automaticamente o número de passos para fazer a transição de um objeto a outro.
- *Etapas especificadas* (*Specified Steps*): você determina quantos passos a transição deverá ter.
- *Distância especificada* (*Specified Distance*): você determina qual a distância entre um passo e outro na transição.

7. Selecione a opção *Etapas especificadas* (*Specified Steps*), digite *2* na caixa ao lado e clique em *OK*.
8. Clique na folha da esquerda e depois na da direita e a transição será feita. Após a aplicação da mesclagem, as folhas e os passos formarão um grupo.

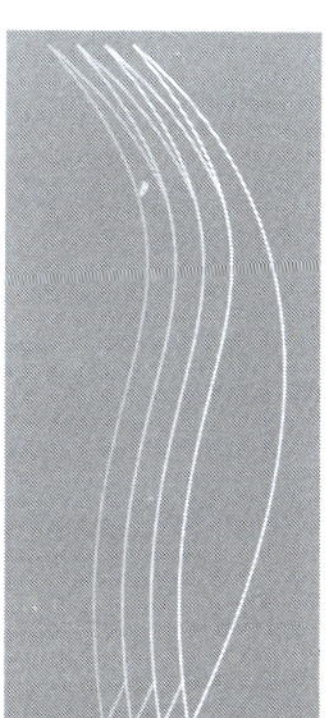

9. Com a ferramenta *Seleção* (*Selection*), posicione o grupo no anúncio como mostra a figura a seguir.

10. Faça uma cópia do grupo, altere a altura proporcionalmente para *42 mm* e aplique o comando *Refletir* (*Reflect*), pelo menu *Objeto* (*Object*) na opção *Transformar* (*Transform*), para espelhá-lo na vertical.

11. Posicione o grupo no local como mostrado na figura a seguir.

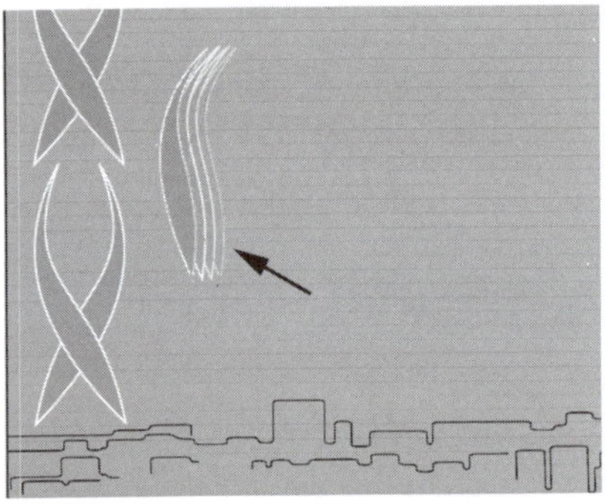

12. Salve o arquivo para finalizar esta etapa de seu trabalho.

Atividade 5 – Adicionando textos e imagens

Objetivo:
» Trabalhar com textos de várias linhas, inserir imagens e aplicar transparência em imagens.

Tarefas:
» Trabalhar com contêiner de texto.
» Utilizar máscaras de recorte.
» Aplicar máscaras de opacidade.

Nesta atividade, você finalizará o anúncio com a inserção dos textos e das imagens. Veja abaixo como deverá ficar seu anúncio.

Trabalhando com contêiner de texto

A ferramenta *Tipo* (*Type*) já foi utilizada em outras atividades para criar textos simples e independentes. Para o texto que será colocado no anúncio, você precisará ter mais controle sobre textos mais longos.

Um texto simples, ou seja, aquele que você clica com o cursor de texto e digita, torna-se um objeto quando manipulado com a ferramenta *Seleção* (*Selection*). Da mesma forma que você clica no controle lateral de um retângulo para alterar sua largura, você fará com um texto simples, mas, nesse caso, as letras serão comprimidas ou alargadas, de acordo com a alteração. Para fazer com que o texto se acomode na caixa de texto conforme uma alteração de tamanho é feita, você deve trabalhar com o contêiner de texto.

Inserindo os textos do anúncio

Os textos que serão inseridos contêm uma breve descrição do bistrô, o endereço e algumas informações sobre o estabelecimento.

1. No painel *Camadas* (*Layers*), crie uma nova camada e mude o nome para *Textos*.
2. Ative a ferramenta *Tipo* (*Type*), clique em uma área fora do documento e, mantendo o botão do mouse pressionado, arraste o cursor em diagonal formando um contêiner para digitar o texto. Um texto falso será exibido dentro do contêiner.

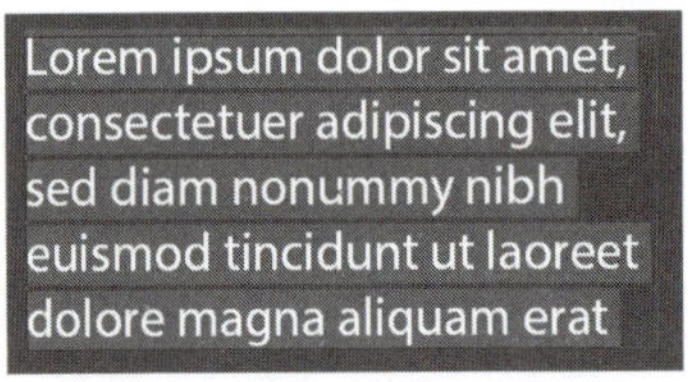

3. Digite o texto:

Conheça um lugar ainda mais aconchegante, com menu e decoração arrojados, e uma competente carta de vinhos.

Requinte e bom gosto com leve sotaque francês e pratos com apurada sensibilidade.

Tudo isso com o charme dos bistrôs parisienses bem perto de você.

4. Ative a ferramenta *Seleção* (*Selection*) e, no painel *Controle* (*Control*), ajuste as configurações do texto para fonte *Garamond* e tamanho *20 pt*.

Ao ajustar as configurações do texto, é possível que parte dele fique escondido, devido ao tamanho do contêiner que você criou. Observe a indicação de texto oculto, com um sinal de +, na parte inferior da lateral direita do contêiner. Caso isso ocorra, é só ajustar a largura e a altura utilizando os pontos de controle.

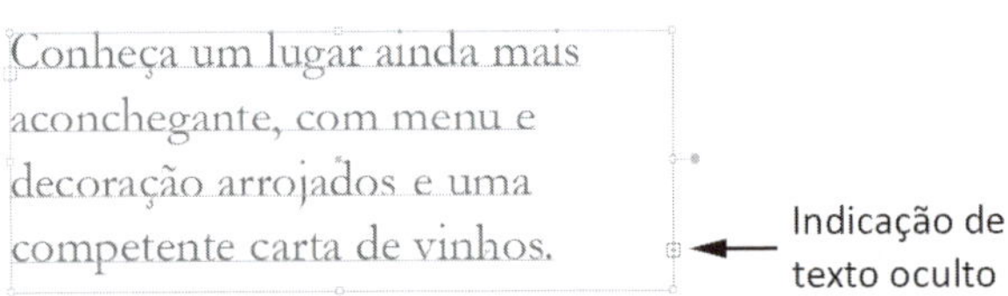

5. Aplique um tom de verde-escuro ao texto.

Para ajustar o tamanho do contêiner de texto é preciso utilizar o quadro *Opções de Tipo de área* (*Area Type Options*), pois se a alteração for feita com a ferramenta *Seleção* (*Selection*), o texto dentro do contêiner será deformado. Esse quadro fornece várias configurações para o contêiner.

6. Mantenha o contêiner selecionado, abra o menu *Tipo* (*Type*) e selecione a opção *Opções de Tipo de área* (*Area Type Options*).
7. Altere a largura para *134 mm* e a altura para *62 mm*. Clique em *OK* para finalizar.

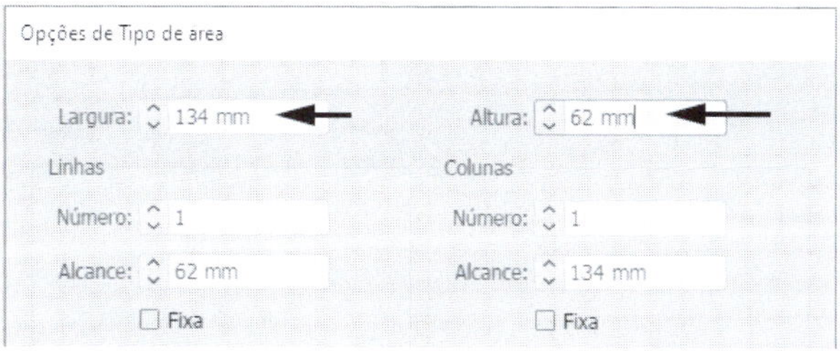

A alteração do tamanho de um contêiner de texto também pode ser feita com a ferramenta *Seleção* (*Selection*), como em qualquer outro objeto.

8. Posicione o texto sobre o documento para que fique semelhante à figura.

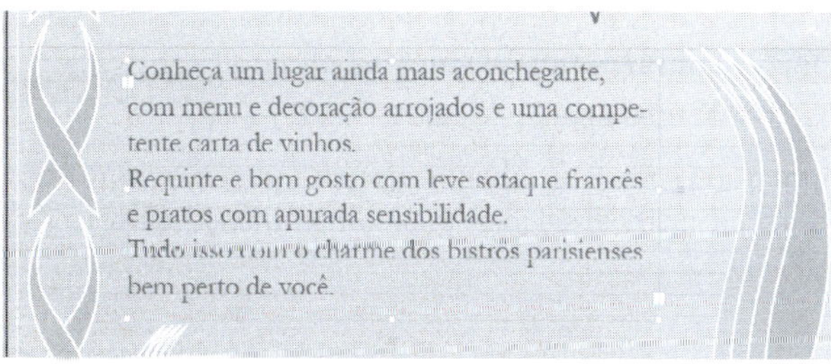

Caso alguma palavra esteja hifenizada, é porque o recurso está ativo no painel *Parágrafo* (*Paragraph*)

9. Pressione as teclas de atalho *Alt* + *Ctrl* + *T* para exibir o painel *Parágrafo* (*Paragraph*) e desative a caixa *Hifenizar* (*Hyphenate*).

10. Agora, crie um novo contêiner e digite:

Rua Champs Elisée,1000

Jardins, Zona Sul

São Paulo SP

Tel. (11) 3003-2002

Fax. (11) 3003-0022

11. Para formatá-lo, utilize as mesmas características do texto anterior, alterando apenas o tamanho para *16 pt*.

12. Posicione o contêiner ao lado das folhas pequenas, fazendo os ajustes necessários de tamanho.

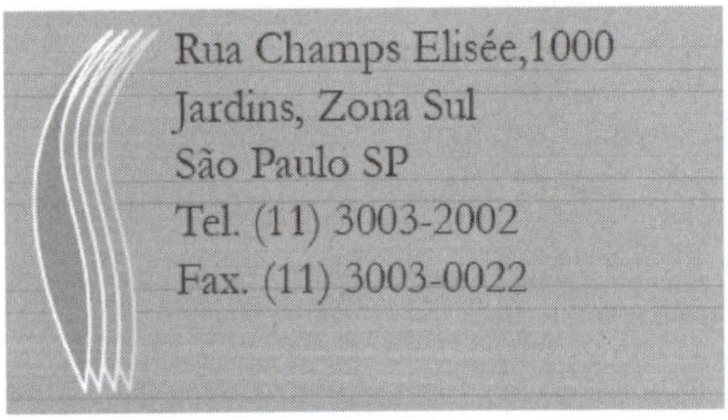

Acrescentando os textos do rodapé

Para finalizar a inserção dos textos, você completará o rodapé do anúncio. Ele é composto por vários blocos de texto.

13. Crie seis contêineres separados com cada um dos textos a seguir:

Aceita todos os cartões de crédito

Ar-condicionado

Acesso para deficientes

Aceita reservas

Tickets: VR e Cheque Cardápio

Manobristas

14. Formate os textos com as configurações:

- *Fonte*: Papyrus (a mesma utilizada no logotipo do bistrô).
- *Tamanho*: 10 pt.
- *Cor*: preto.
- *Alinhamento*: centralizado.

15. Depois de formatados, posicione cada um dos textos sobre cada paralelograma do rodapé do anúncio. Ajuste o texto e o contêiner obedecendo ao layout apresentado na figura a seguir.

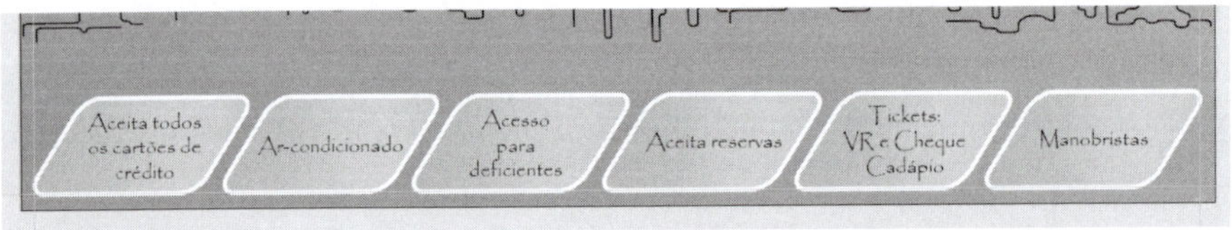

16. Salve o arquivo.

Trabalhando com Máscara de recorte (Clipping Mask)

A *Máscara de recorte* (*Clipping Mask*) é a combinação de um objeto sobreposto a outro, ou sobre uma ilustração, onde somente as áreas comuns ficam expostas. Por exemplo, veja as figuras a seguir.

Hexágono sem preenchimento e com contorno branco sobreposto a uma foto.

Resultado da máscara de recorte aplicada sobre os dois objetos.

Todas as áreas que não são comuns aos dois objetos são mascaradas. Quando uma *Máscara de recorte* (*Clipping Mask*) é aplicada, automaticamente é criado um grupo chamado *Conjunto de recorte*, devidamente identificado no painel *Camadas* (*Layers*).

1. Para evitar que você altere por engano qualquer objeto já colocado no trabalho, clique na caixa *Alternar o bloqueio* (*Toggles Lock*) em todas as camadas no painel *Camadas* (*Layers*). Um pequeno cadeado aparecerá na caixa, indicando que as camadas estão travadas e, portanto, não podem ser editadas.

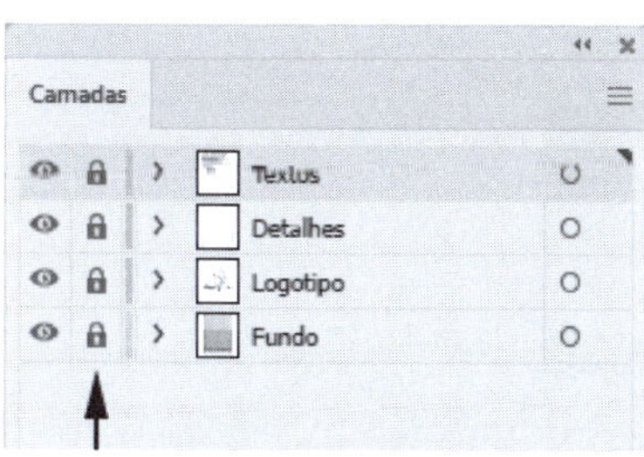

2. Crie uma nova camada e altere o nome para *Imagens*.

Importando vários arquivos

Você vai acrescentar as fotos de quatro pratos diferentes desse bistrô e utilizar o recurso da *Máscara de recorte* (*Clipping Mask*) para destacá-los no anúncio. O Illustrator permite que você importe vários arquivos ao mesmo tempo para seu documento.

3. No menu *Arquivo* (*File*), clique na opção *Inserir* (*Place*), ou utilize as teclas de atalho *Shift* + *Ctrl* + *P*.

4. Localize e selecione, com a tecla *Ctrl* pressionada, os arquivos *prato4.jpg*, *prato5.jpg*, *prato6.jpg* e *prato7.jpg* na pasta *Arquivos de trabalho*.

5. Clique em *Inserir* (*Place*) e os arquivos serão carregados no cursor.

Esse recurso permite que você defina a posição onde deseja que o arquivo seja carregado, e se clicar e arrastar com o cursor, pode também definir o tamanho que ele deverá ficar. A indicação 1/4 significa que o primeiro arquivo, dos quatro selecionados, está pronto para ser inserido, sendo exibida uma miniatura da imagem junto ao cursor.

6. Clique em uma área fora do documento e a imagem será inserida. Observe que agora o cursor indica 1/3, ou seja, faltam três arquivos a serem inseridos.

Você pode utilizar as setas direcionais do teclado para escolher o arquivo que deseja inserir primeiro.

7. Clique em localizações próximas para inserir todos os arquivos. Não se preocupe com posição e tamanho.

Todas as imagens deverão estar com 122 mm de largura e, para alterar todas de uma vez, elas precisam estar alinhadas.

8. Com a ferramenta *Seleção* (*Selection*), selecione as quatro imagens. No painel *Controle* (*Control*), clique nos botões de alinhamento: *Alinhamento horizontal centralizado* (*Horizontal Align Center*) e *Alinhamento vertical centralizado* (*Vertical Align Center*).
9. Com as imagens selecionadas, altere a largura para *122 mm* na caixa *L* do painel *Controle* (*Control*), mantendo o botão *Restringir proporções de largura e altura* (*Maintain Width and Height Proportions*) selecionado.
10. Desempilhe as imagens movendo-as para posições diferentes.

Preparando a máscara para as imagens

11. Ative a ferramenta *Retângulo arredondado* (*Rounded Rectangle*), dê um clique fora da prancheta e crie um retângulo de 122 mm de largura por 81 mm de altura, com um raio de 12 mm nos cantos.

12. Aplique a cor *Verde CMYK* (*CMYK Green*) no preenchimento e *Preto* (*Black*) no contorno e ajuste a espessura do traçado para *3 pt*.

Os cantos do lado direito desse objeto deverão ser diferentes dos demais, portanto devem ser alterados individualmente.

13. No painel *Propriedades* (*Properties*), clique no botão *Mais opções* (*More Options*) do item *Transformar* (*Transform*).

14. Desabilite o botão *Vincular valores do raio do canto* (*Link Corner Radius Values*) e altere o raio do canto superior direito para 30 mm.

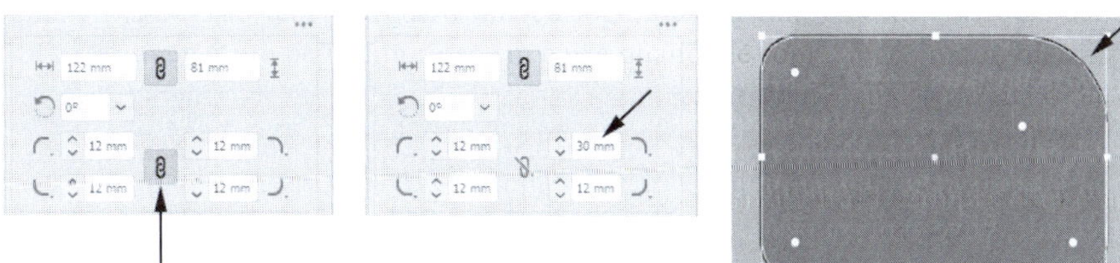

15. Clique no botão ao lado da caixa do raio de 30 mm e selecione o tipo de canto *Arredondada invertida* (*Inverted Round*); para o canto inferior, altere o tipo para *Chanfro* (*Chamfer*).

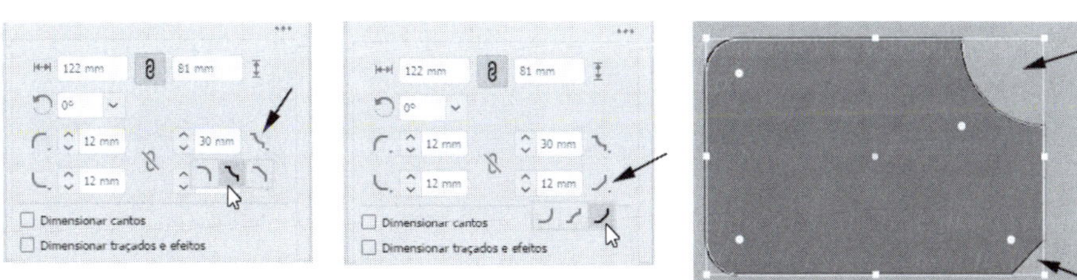

16. Como mencionado anteriormente, este objeto servirá de máscara de recorte para as imagens dos pratos, portanto faça mais três cópias dele.

Aplicando a máscara de recorte

Quando se cria uma *Máscara de recorte* (*Clipping Mask*), o objeto que servirá de máscara precisa ser vetorial. Por isso você criou o objeto anterior para esta atividade. Ele deve estar sobre a imagem, pois esse comando não funcionará se, por exemplo, a imagem estiver sobre o objeto.

17. Selecione uma das cópias do objeto e coloque sobre a imagem *prato4.jpg*. Não se preocupe com o alinhamento.

> Para ter certeza da imagem selecionada, basta visualizar o painel *Controle* (*Control*), pois quando você a seleciona, seus dados são exibidos.

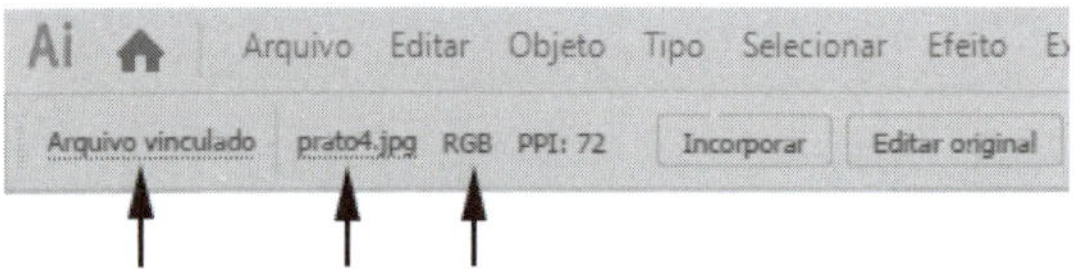

18. Selecione os dois itens e aplique o *Alinhamento horizontal centralizado* (*Horizontal Align Central*) e *Alinhamento vertical centralizado* (*Vertical Align Central*).

19. Mantenha a imagem e o retângulo selecionados e clique neles com o botão direito do mouse.

20. No menu aberto, clique na opção *Criar máscara de recorte* (*Make Clipping Mask*). Veja abaixo o resultado.

21. A partir de agora, os dois objetos formam um grupo. Clique na seta ao lado da camada *Imagens* e depois na seta da camada *Grupo* (*Group*), para expandi-lo, e veja como está organizado.

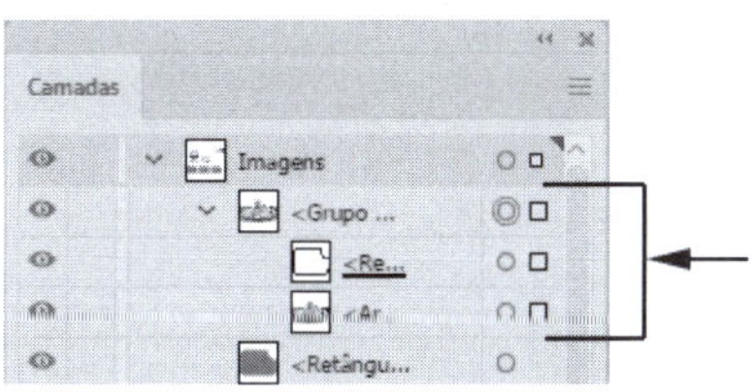

Quando o grupo estiver selecionado, você poderá editar tanto a imagem [chamada *Conteúdo* (*Contents*)] como o retângulo [chamado *Caminho de recorte* (*Clipping Path*)] que formam a máscara. Observe no painel *Controle* (*Control*) os botões que permitem esse trabalho:

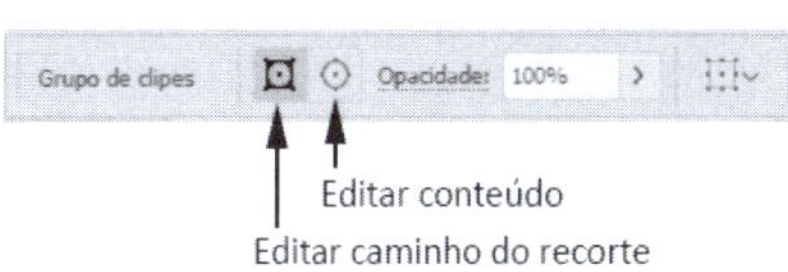

22. Clique no botão *Editar conteúdo* (*Edit Contents*) e observe que a imagem estará selecionada.

23. Clique no botão *Editar caminho de recorte* (*Edit Clipping Path*), selecione um tom de verde-escuro para o contorno e, no item *Traçado* (*Stroke*), ajuste a espessura da linha para *4 pt*, criando assim uma moldura.

24. Clique fora do grupo para desfazer a seleção e desabilitar a opção *Editar conteúdo* (*Edit Contents*).

25. Execute os mesmos procedimentos para as demais imagens que você inseriu. O resultado deve ficar semelhante às figuras a seguir.

26. Será preciso reduzir o tamanho de todos os grupos para poder colocá-los no anúncio. Portanto, selecione todos eles.

27. No painel *Controle* (*Control*), clique em *Alinhamento horizontal centralizado* (*Horizontal Align Central*) e em *Alinhamento vertical centralizado* (*Vertical Align Central*)

28. No painel *Propriedades* (*Properties*), clique no botão *Mais opções* (*More Options*) do item *Transformar* (*Transform*) e ative as opções *Dimensionar cantos* (*Scale Corners*) e *Dimensionar traçados e efeitos* (*Scale Strokes & Effects*).

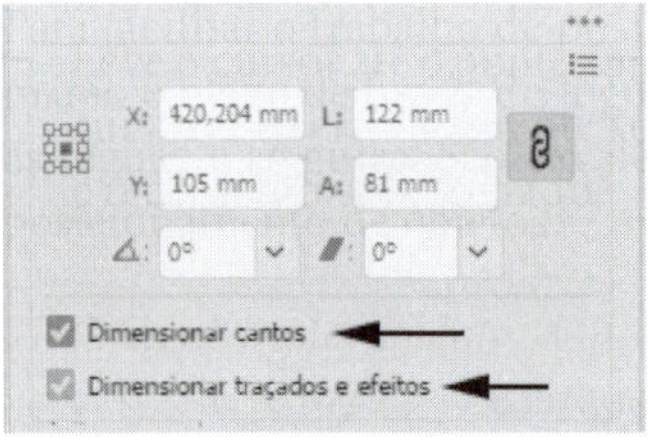

29. Altere a largura para *38 mm*, mantendo a altura proporcional.

30. Desfaça a seleção e coloque os grupos sobre o anúncio, organizando as imagens como mostra a figura. Use os controles de alinhamento para ajustá-las.

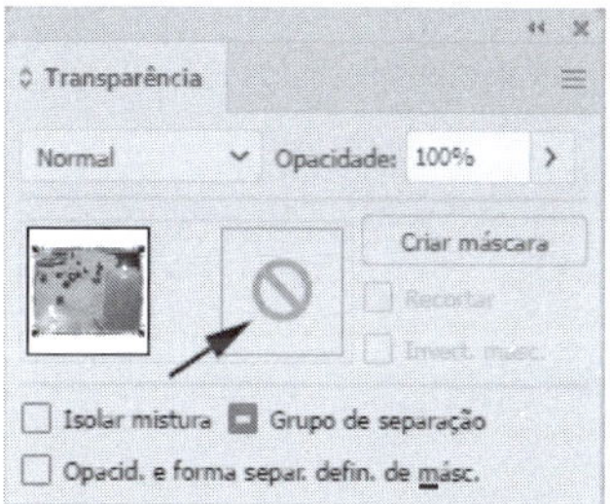

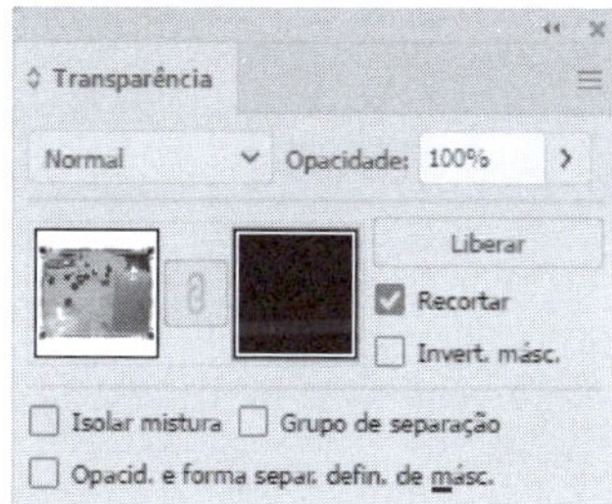

Não se preocupe, pois a imagem não desapareceu. Ela está apenas oculta pela máscara.

Observe que o painel *Camadas* (*Layers*) exibirá apenas uma camada chamada *Máscara de opacidade* (*Opacity Mask*). No modo de edição de máscara, você poderá criar qualquer objeto para servir de máscara.

12. Ative a ferramenta *Retângulo* (*Rectangle*) e, no painel *Controle* (*Control*), retire a cor de contorno.

13. Desenhe um retângulo sobre a área onde se encontra a imagem, sem se preocupar com o tamanho, e aplique um gradiente do branco para o preto. Veja que já é possível ver a imagem semitransparente.

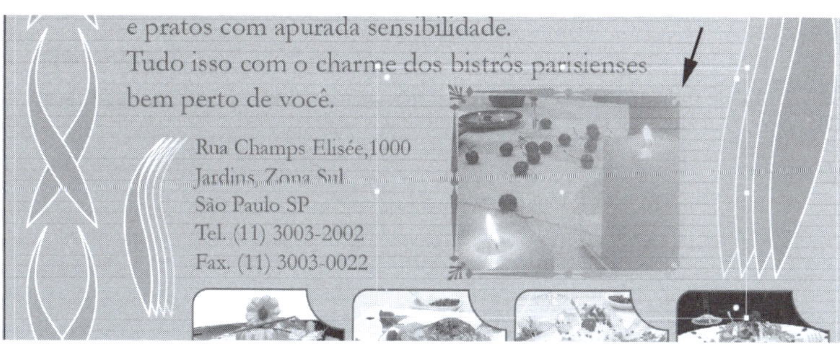

14. No painel *Gradiente* (*Gradient*), clique no botão *Inverter gradiente* (*Reverse Gradient*), selecione o pequeno losango acima da barra de gradiente e, na caixa *Localização* (*Location*), altere o valor para *40%*.

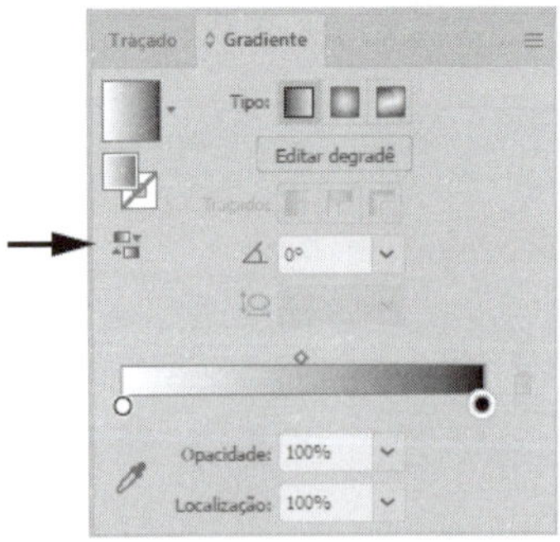

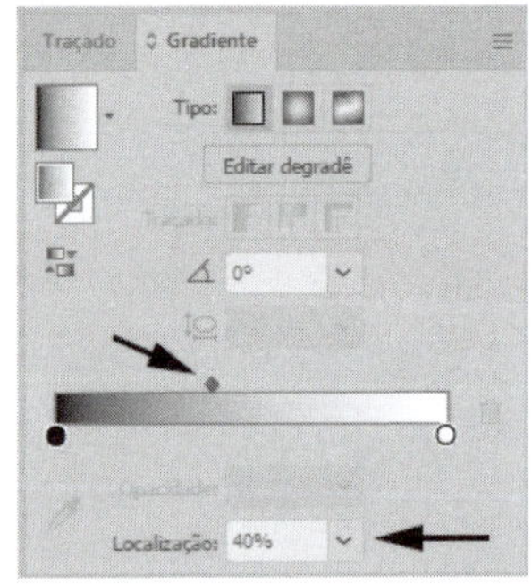

Ao criar o retângulo e ajustar o gradiente, você visualizará a ação da máscara. Como foi escolhido o preenchimento gradiente, o efeito provocado no grupo é de transparência.

15. Com a ferramenta *Seleção* (*Selection*), ajuste o tamanho do retângulo, deixando-o próximo ao tamanho do grupo da imagem.

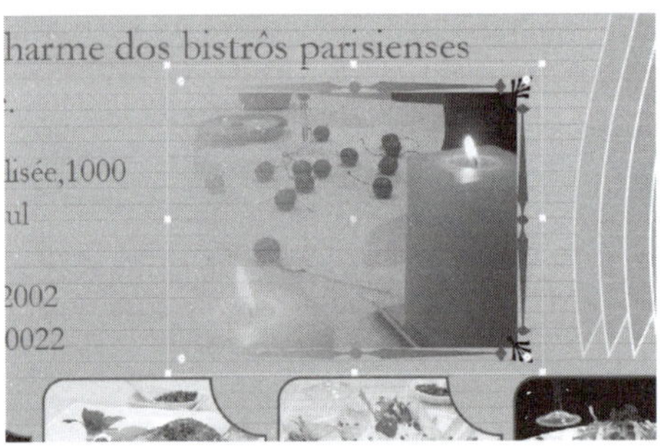

16. Dê um clique fora do grupo para desfazer a seleção. No painel *Transparência* (*Transparency*), clique na miniatura do grupo para sair do modo de edição de máscara.

17. Ao lado do logotipo, você deverá colocar mais uma foto. Crie uma nova camada com o nome *Foto 2 Bistrô*, pressione as teclas *Shift* + *Ctrl* + *P* e importe o arquivo *bistro1*.

18. Altere a largura da imagem para aproximadamente *125 mm* e, em seguida, posicione-a como mostra a figura a seguir.

19. Dê duplo clique na área ao lado da miniatura da foto no painel *Transparência* (*Transparency*) para entrar no modo de edição de máscara.

20. Com a ferramenta *Retângulo* (*Rectangle*), crie um retângulo sobre a área onde está a imagem e ajuste o tamanho dele de acordo com a proporção da imagem. Observe que o gradiente já está aplicado, como na imagem anterior, pois a informação é guardada.

21. Ative a ferramenta *Gradiente* (*Gradient*), clique no canto superior esquerdo da foto e arraste o cursor em diagonal até aproximadamente o ponto semelhante à figura a seguir.

22. No painel *Gradiente* (*Gradient*), clique no botão *Inverter gradiente* (*Reverse Gradient*), e ajuste a posição dos seletores como mostrado a seguir.

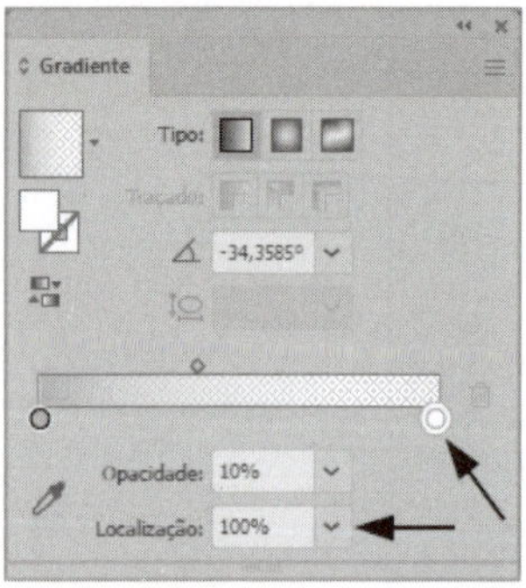

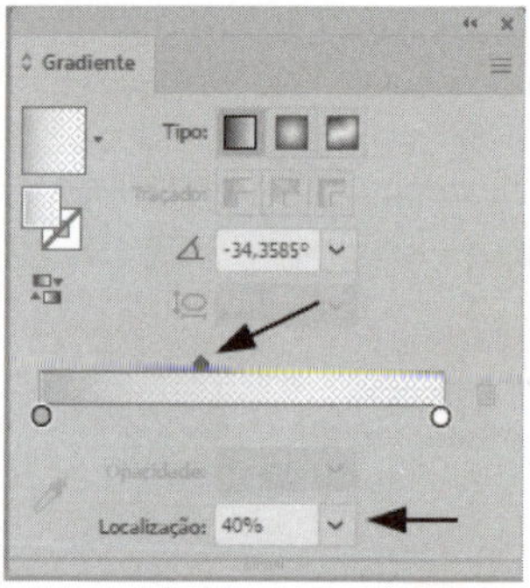

23. No painel *Transparência* (*Transparency*), clique na miniatura da imagem para sair do modo de edição de máscara.

24. No painel *Camadas* (*Layers*), clique na camada *Logotipo* e arraste-a para cima da camada *Foto 2 Bistrô*.

25. Desbloqueie a camada do *Logotipo* clicando no cadeado ao lado dela no painel *Camadas* (*Layers*).

26. Salve a ilustração e seu trabalho estará finalizado.

5
Trabalhando com textos

Objetivos

- Trabalhar com editoração no Illustrator
- Trabalhar com marcas de corte e guias
- Importar e aplicar efeitos em fotos
- Utilizar e aplicar *Máscara de recorte* (*Clipping Mask*)
- Importar e diagramar textos
- Dividir textos em colunas
- Contornar objetos com texto
- Trabalhar com símbolos

Editorando com o Illustrator

A editoração eletrônica é a preparação técnica de originais para publicação realizada atualmente por computador e desenvolvida por um diagramador em programas paginadores como o InDesign.

Apesar de o Illustrator ser um software de ilustração profissional, você também pode utilizá-lo para produzir diversos tipos de trabalhos em editoração eletrônica.

Neste capítulo, você vai explorar esse lado do Illustrator e conhecer mais recursos para enriquecer seus trabalhos. Em seu projeto, você desenvolverá as páginas centrais de uma revista fictícia chamada *Gourmet*, especializada em gastronomia.

Atividade 1 – Preparando a base do documento

Objetivo: » Criar guias para auxiliar na distribuição dos elementos nas páginas.

Tarefa: » Criar e ajustar a posição das guias.

CRIANDO O DOCUMENTO COM SANGRIA

Como esse projeto é destinado à impressão offset, produzida em gráfica, é interessante definir a sangria, pois isso ajuda a visualizar a área que será impressa.

1. Na tela inicial, clique em *Novo arquivo* (*New File*), e no quadro *Novo documento* (*New Document*) faça as seguintes configurações:

- Nome: *Revista*
- Tamanho: *420 mm* [*Largura* (*Width*)] × *280 mm* [*Altura* (*Heigth*)]
- Sangria (*Bleed*): *5 mm* [*Superior* (*Top*), *Inferior* (*Bottom*), *Esquerda* (*Left*) e *Direita* (*Right*)]
- Modo de cores (*Color Mode*): *Cores CMYK*
- Efeitos de rasterização (*Raster Effects*): *Alta* (*300 ppi*)

2. Clique em *Criar* (*Create*) para iniciar o documento. Observe que a linha vermelha no contorno do documento representa a sangria; e a borda em preto com fundo branco, a área da prancheta (que será impressa).

3. Agora, pressione as teclas de atalho *Ctrl* + *R* para exibir as réguas.

Definindo o layout com as guias

Como visto anteriormente, as guias são um excelente recurso na construção do layout de documentos, e no trabalho de editoração isso é fundamental.

Seu documento deverá ter uma margem de 12 mm em todo o contorno e uma linha central dividindo as páginas com uma margem interna de 10 mm de cada lado. Agora, você conhecerá outra forma de colocar as guias, utilizando objetos para posicioná-las.

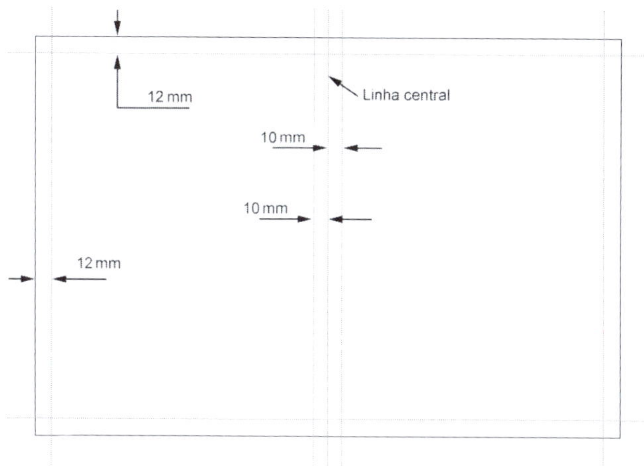

4. Ative a ferramenta *Retângulo* (*Rectangle*), clique na prancheta e entre com as medidas *396 mm* de *Largura* (*Width*) e *256 mm* de *Altura* (*Height*). Essas medidas são as mesmas do documento subtraídas as margens de 12 mm. Clique em *OK*.
5. Aplique uma cor de preenchimento e faça o alinhamento horizontal e vertical do retângulo pela prancheta. Use o painel *Controle* (*Control*) com a opção *Alinhar à prancheta* (*Align to Artboard*) ativada.
6. Para criar as guias que servirão de margens usando esse retângulo, no menu *Exibir* (*View*) clique na opção *Guias/Criar guias* (*Guides/Make Guides*), ou pressione as teclas de atalho *Ctrl + 5*. Observe que o retângulo se transformou em guias. Posicione o cursor do mouse sobre um dos lados do retângulo e veja a indicação.

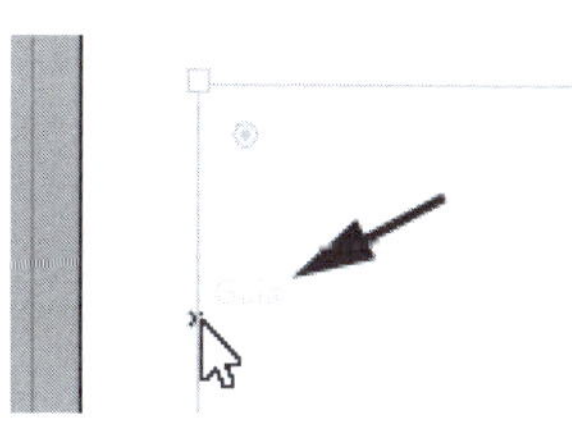

7. Crie uma guia vertical e clique no botão *Alinhamento horizontal centralizado* (*Horizontal Align Center*) para colocá-la no meio da prancheta.

Será preciso criar mais duas guias com distância de 10 mm dessa guia central, pois elas servirão como margens internas.

8. Com a ferramenta *Retângulo* (*Rectangle*), crie um novo retângulo com 20 mm de largura e 256 mm de altura, preenchendo-o com uma cor qualquer.
9. No painel *Controle* (*Control*), confirme se a opção *Alinhar à prancheta* (*Align to Artboard*) está ativada. Clique nos botões *Alinhamento horizontal centralizado* (*Horizontal Align Center*) e *Alinhamento vertical centralizado* (*Vertical Align Center*). Com isso, o retângulo será posicionado no meio da prancheta.

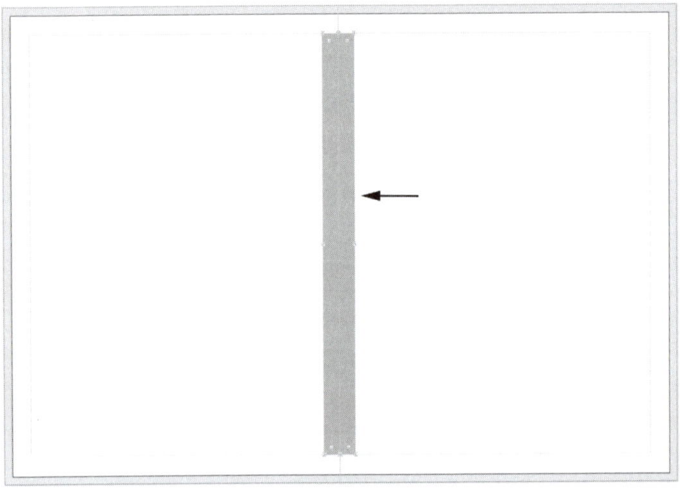

10. Pressione as teclas de atalho *Ctrl + 5* para converter esse retângulo em *Guias* (*Guides*). Agora você já tem as principais guias necessárias para montar seu documento.

Essas guias serão utilizadas para distribuir os elementos nas páginas. Outras guias serão necessárias, mas as que você acabou de inserir deverão ser mantidas. Portanto, é melhor deixá-las em uma camada, podendo assim bloqueá-las, o que evitará deslocamentos acidentais de algumas delas.

11. No painel *Camadas* (*Layers*), dê duplo clique na *Camada 1* (*Layer 1*) e altere o nome para *Margens*.

12. Bloqueie a camada para evitar qualquer alteração acidental clicando na caixa *Alternar o bloqueio* (*Toggles Lock*) da camada *Margens*.

13. Salve seu documento na pasta *Minhas ilustrações*.

Atividade 2 – Criando os quadros coloridos e aplicando as fotos

Objetivo: » Distribuir as imagens e preparar as áreas que receberão os textos.

Tarefas: » Importar imagens com o comando *Inserir* (*Place*).

» Conhecer as opções de arquivos vinculados e incorporados.

» Ocultar parte de uma imagem com máscaras.

» Girar uma imagem.

» Aplicar o efeito *Sombra* (*Drop Shadow*).

» Copiar cores com a ferramenta *Conta-gotas (Eyedropper)*.

CRIANDO OS QUADROS

Os quadros coloridos receberão os textos do documento e servirão como guias para os ajustes necessários.

1. Abra o arquivo *Revista.ai* caso o tenha fechado e, no painel *Camadas* (*Layers*), crie uma nova camada, alterando o nome para *Quadros*.

Na página da direita serão colocados três quadros. Para delimitar os dois primeiros, será preciso uma guia horizontal.

2. Crie uma guia horizontal e ajuste sua posição para 190 mm na caixa *Y* do painel *Controle* (*Control*).
3. No painel *Amostras* (*Swatches*), selecione a cor *Ciano CMYK* (*CMYK Cyan*) para o preenchimento.
4. Com a ferramenta *Retângulo arredondado* (*Rounded Rectangle*), crie um retângulo de 125 mm de largura, 195 mm de altura e raio de 3 mm.
5. Para facilitar o trabalho de posicionamento dos elementos, verifique se a opção *Guias inteligentes* (*Smart Guides*) está ativa. Caso não esteja, ative-a.
6. Na sequência, posicione o retângulo apoiando sua base na guia horizontal criada e encostando-o na margem lateral direita.

Propositalmente, a parte superior do retângulo ultrapassa a borda da prancheta, pois quando o papel for cortado (ou refilado) o retângulo irá até a borda do papel, sem falhas. Esse recurso é chamado "sangramento", e corresponde a quanto o elemento extrapola a borda de corte do documento.

7. Com a mesma ferramenta, crie um retângulo de 58 mm de largura, 195 mm de altura e raio de 3 mm. Em seguida, posicione o retângulo ao lado do anterior, mas encostando-o na margem interna esquerda da página.

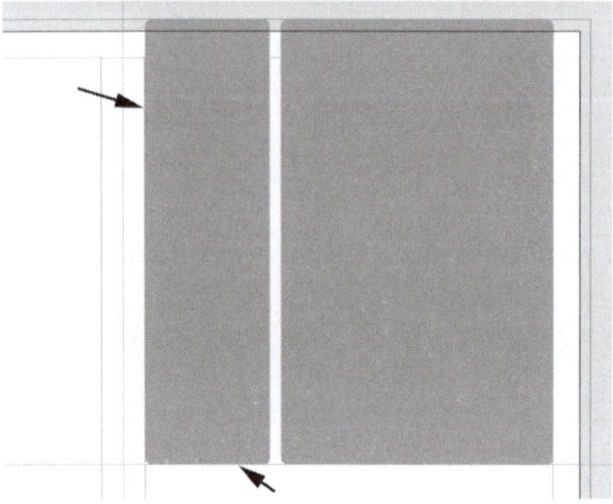

8. Crie um terceiro retângulo de 188 mm de largura, 73 mm de altura e raio de 3 mm.
9. Posicione o retângulo abaixo dos anteriores encostando-o na margem interna inferior da página.

10. Para concluir, salve seu documento.

Arquivos vinculados e incorporados

Sempre que você inserir um arquivo em seu trabalho, seja um desenho de vetor ou uma imagem bitmap, o Illustrator exibe uma versão de resolução de tela (baixa resolução) do arquivo no layout. Dessa forma você pode visualizar o arquivo e posicioná-lo facilmente por ele ser leve. Entretanto, esse arquivo poderá ser vinculado ou incorporado ao documento do Illustrator, e você decide isso no momento da inserção. No quadro de diálogo *Inserir* (*Place*) existe a opção *Link* (*Link*), que você já viu anteriormente e que, estando habilitada, fará o arquivo a ser inserido vincular-se ao documento do Illustrator.

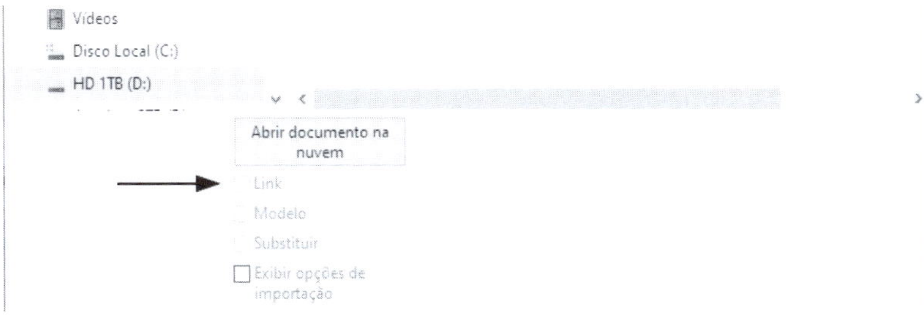

A diferença entre as opções *Vinculado* e *Incorporado* são as seguintes:

- Vinculado: com a opção *Link* (*Link*) ativada, como você viu no quadro de diálogo *Inserir* (*Place*), o arquivo importado para sua ilustração ficará ligado ao arquivo original, ou seja, qualquer alteração efetuada no arquivo original resultará na atualização dele dentro da sua ilustração. Você pode alterar um objeto importado usando da ferramentas de transformação e de efeitos, no entanto, não pode alterar individualmente os componentes que formam o objeto. Apesar disso, existe um painel chamado *Links* (*Links*) que facilita o trabalho de gerenciamento dos objetos importados.

> Caso você utilize a opção *Link*, nunca se esqueça de manter os arquivos originais que foram importados para sua ilustração na mesma pasta ou caminho no momento da importação. Isso é importante, pois sempre que você precisar exportar ou imprimir sua ilustração, os arquivos originais serão requisitados.

- Incorporado: para utilizar essa opção, basta desativar a opção *Link* no quadro *Inserir* (*Place*) no momento da importação. A diferença dessa opção é que o arquivo importado é copiado na íntegra para a sua ilustração, passando a fazer parte dela. Sendo assim, você pode alterá-lo como se ele tivesse sido construído na própria ilustração. Mas, nesse caso, o tamanho do arquivo do Illustrator ficará muito maior (mais pesado).

Conhecendo esses conceitos, faça a inserção das imagens de seu trabalho e utilize as duas opções para depois conhecer e experimentar mais recursos no controle dos arquivos inseridos com o painel *Links* (*Links*).

1. Crie uma nova camada com o nome *Foto 2* e, no menu *Arquivo* (*File*), clique na opção *Inserir* (*Place*).
2. Na pasta *Arquivos de trabalho* selecione o arquivo *foto2.jpg*, ative a opção *Link* (*Link*) e clique em *Inserir* (*Place*) para importar o arquivo.
3. Posicione a foto no canto superior direito, deixando uma pequena parte para fora da borda da prancheta. Use as garrafas de champanhe como referência, pois elas devem ficar dentro da área do documento.

4. Selecione a guia horizontal que você criou para apoiar os quadros da página direita e altere a posição para *135 mm* na caixa *Y* do painel *Controle* (*Control*).
5. Selecione a camada *Foto 2*. Crie uma nova camada de nome *Foto 1*.
6. Com o comando *Inserir* (*Place*), importe o arquivo *Foto1*, com a opção *Link* (*Link*) ativada.
7. Altere a largura da imagem para *95 mm* com a opção *Restringir proporções de largura e altura* (*Constrain Width and Height Proportions*) ligada.
8. Posicione a imagem na página da esquerda, apoiando a base dela na guia que você alterou, e a lateral direita na guia central do documento.

9. Altere a posição da guia da base da *Foto 1* para *185 mm* na caixa *Y*.
10. Crie uma nova camada de nome *Foto 3* e, com o comando *Inserir* (*Place*), importe o arquivo *foto3.jpg* com a opção *Link* (*Link*) ativada.
11. Altere a altura da *Foto 3* para *102 mm*, mantendo a proporcionalidade para a largura.
12. Posicione a imagem com a borda superior alinhada à guia cuja posição foi alterada e com a lateral esquerda alinhada à linha da sangria.

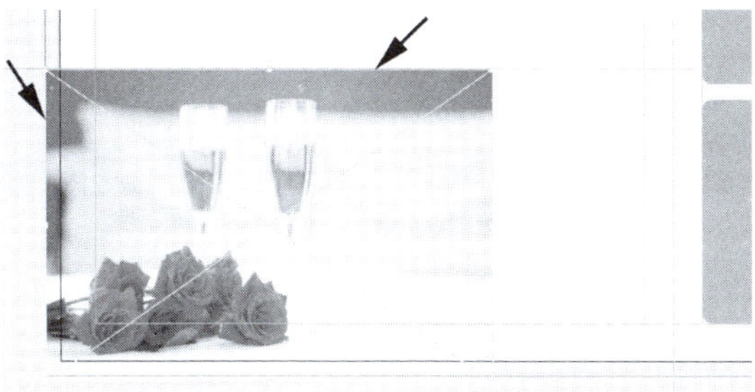

OCULTANDO PARTE DA IMAGEM

Será preciso ocultar parte da *Foto 3* para abrir mais espaço para o texto.

1. Crie uma guia vertical e ajuste a medida da posição para *92 mm* pela caixa *X* do painel *Controle* (*Control*), como você tem feito até então.

Você usou máscaras para ocultar parte de uma imagem utilizando um objeto, mas aqui utilizará o botão *Máscara* (*Mask*) do painel *Controle* (*Control*). Ele criará uma máscara retangular do mesmo tamanho da imagem. Depois, basta redimensionar esse retângulo, que é a máscara, para ocultar partes da imagem.

2. Selecione a imagem e clique no botão *Máscara* (*Mask*) no painel *Controle* (*Control*). A máscara criada é transparente e colocada sobre a imagem.

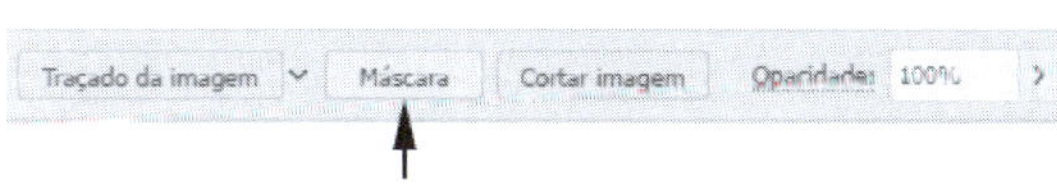

3. Com a ferramenta *Seleção* (*Selection*), clique no controle lateral esquerdo da imagem e altere a largura da máscara até a guia vertical para ocultar parte da imagem.

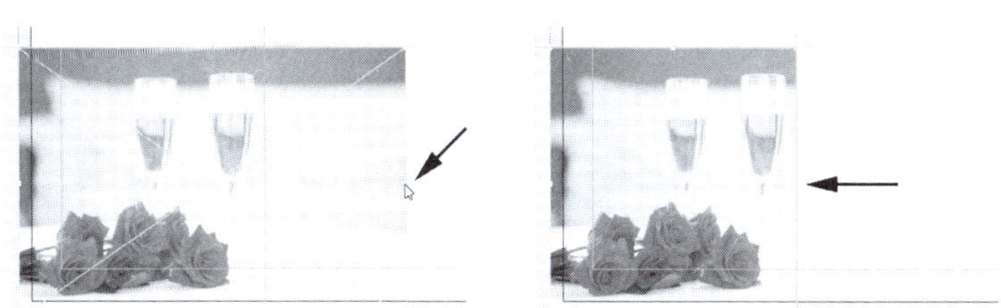

4. Elimine as guias que você utilizou para posicionar a imagem, selecionando-as e teclando *Delete*.

APLICANDO SOMBRA À IMAGEM

1. Selecione a camada *Quadros*, crie uma nova camada de nome *Foto 4* e importe a *foto4* com a opção *Link* (*Link*) ativada.

2. Posicione a imagem sobre o terceiro quadro da página à direita.

3. Para o acabamento dessa imagem, você criará uma moldura utilizando o recurso *Máscara* (*Mask*). Aplique uma máscara na imagem clicando no botão *Máscara* (*Mask*).

4. Verifique se o botão *Editar caminho de recorte* (*Edit Clipping Path*) está ativo.

5. Aplique a cor *Vermelho CMYK* (*CMYK Red*) para o contorno e selecione a espessura *3 pt* em *Traçado* (*Stroke*).

6. Desfaça a seleção e volte a selecionar a imagem.

7. No painel de *Propriedades* (*Properties*), digite *-10* no item *Girar* (*Rotate*) e tecle *Enter* para aplicar. Em seguida, posicione a imagem como mostra a figura a seguir.

8. Agora, só falta aplicar o efeito de sombra. Mantenha a imagem selecionada e, no menu *Efeito* (*Effect*), selecione a opção *Estilizar/Sombra* (*Stylize/Drop Shadow*).

9. Ajuste os valores do quadro de diálogo conforme mostra a figura a seguir e clique em *OK* para finalizar.

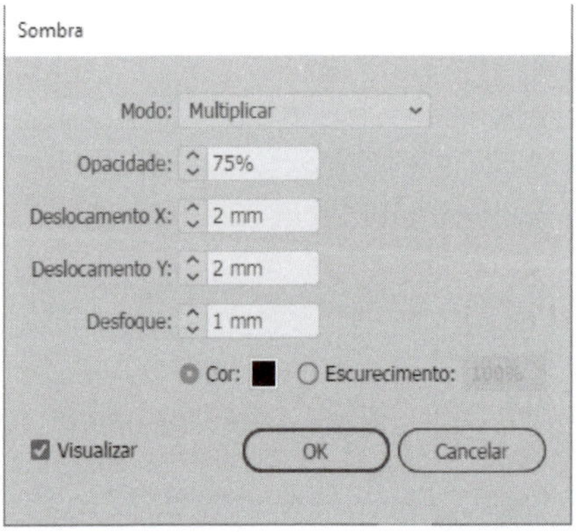

10. Com a ferramenta *Seleção* (*Selection*), clique no retângulo abaixo da imagem.

11. No painel *Amostras* (*Swatches*), abra o menu de opções e clique em *Abrir biblioteca de amostras* (*Open Swatch Library*). Selecione as opções *Gradientes/Radial simples* (*Gradients/Simple Radial*) para abrir a biblioteca *Radial simples* (*Simple Radial*).

12. Aplique o preenchimento *Laranja radial* (*Orange Radial*).

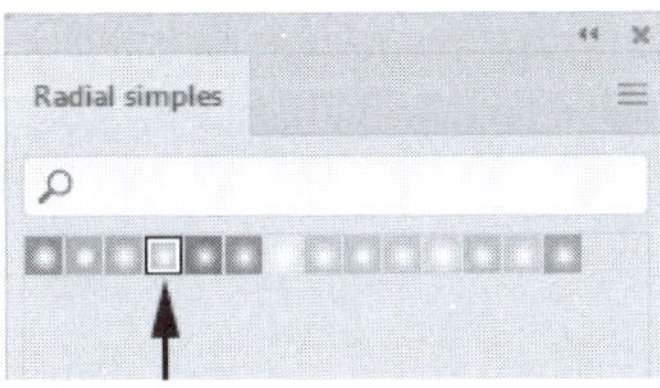

13. Selecione a camada *Quadros*, crie uma nova camada e altere o nome para *Foto 5*.

14. Pressione as teclas de atalho *Shift* + *Ctrl* + *P* para exibir o quadro *Inserir* (*Place*), selecione a imagem *foto5* e, desta vez, desabilite a opção *Link* (*Link*) do quadro *Inserir* (*Place*). Dessa forma, ela será incorporada ao documento.

15. Com a ferramenta *Retângulo* (*Rectangle*), crie um retângulo de 285 mm de comprimento e 42 mm de altura. Em seguida, altere a linha de contorno para *Preto* (*Black*) e o preenchimento para *Amarelo CMYK* (*CMYK Yellow*).

16. Selecione o retângulo e a imagem e, no painel *Controle* (*Control*), habilite a opção *Alinhar à seleção* (*Align to Selection*).

17. Clique nos botões *Alinhamento horizontal centralizado* (*Horizontal Align Center*) e *Alinhamento vertical superior* (*Vertical Align Top*) para o retângulo ficar centralizado com a imagem e seu topo alinhado com o topo dela.

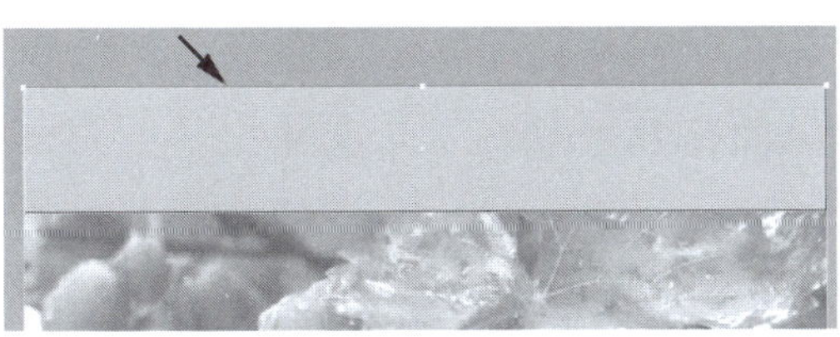

18. Esse retângulo servirá de máscara para a imagem, portanto, com a ferramenta *Seleção* (*Selection*), selecione a imagem e o retângulo.

19. Clique com o botão direito em qualquer um deles e, no menu de contexto, selecione a opção *Criar máscara de recorte* (*Make Clipping Mask*).

20. Desfaça a seleção e veja que a imagem foi mascarada utilizando-se o formato do retângulo.

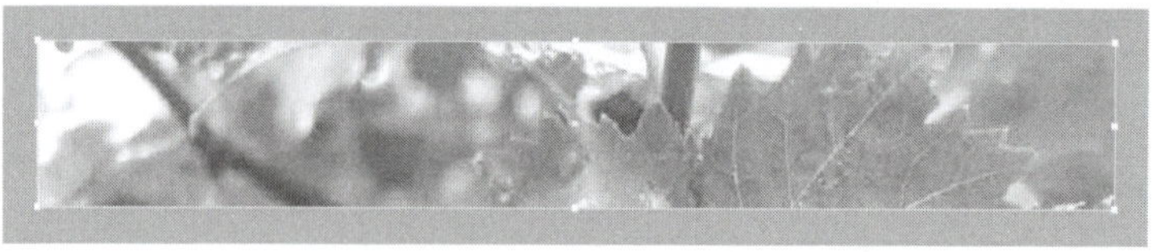

21. Para escolher uma visualização melhor das uvas, você vai mover a imagem. Selecione novamente o grupo e clique no botão *Editar conteúdo* (*Edit Content*).

22. Com a ferramenta *Seleção* (*Selection*), clique na imagem e mude sua posição, deixando-a aproximadamente como mostra a figura a seguir.

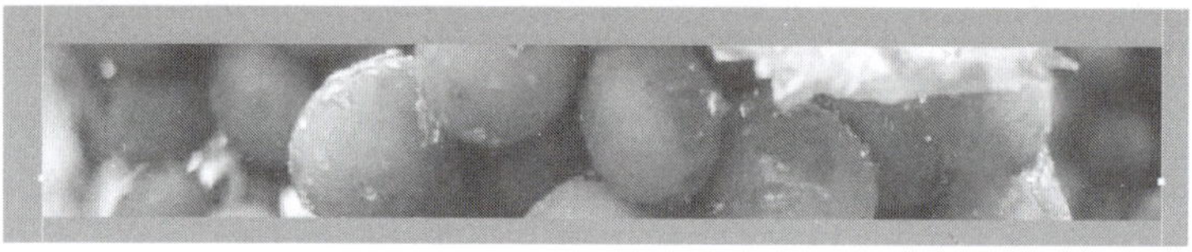

23. Clique no botão *Editar caminho de recorte* (*Edit Clipping Path*) e posicione o grupo no documento, alinhando o lado direito com a lateral do quadro mais estreito e a parte superior do grupo com a imagem das taças acima dele.

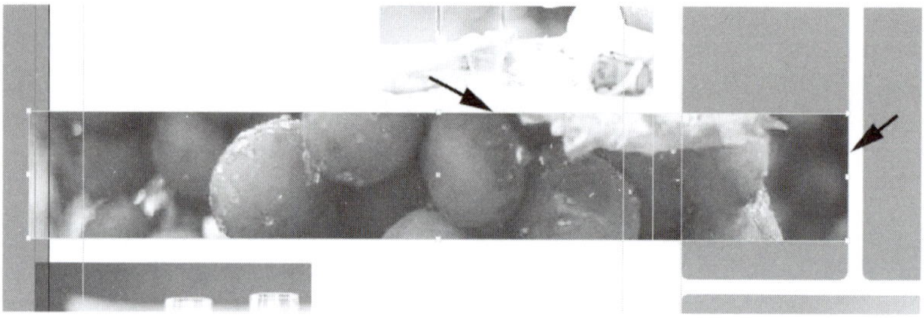

Copiando cores de uma imagem

Com a ferramenta *Conta-gotas* (*Eyedropper*) você pode copiar uma cor de dentro de uma imagem fotográfica e aplicá-la em seu documento.

1. Com a ferramenta *Seleção* (*Selection*), clique no retângulo maior da página direita para selecioná-lo.
2. Ative a ferramenta *Conta-gotas* (*Eyedropper*) e clique em um tom verde da folha do cacho de uvas. A cor capturada será aplicada automaticamente no retângulo selecionado.

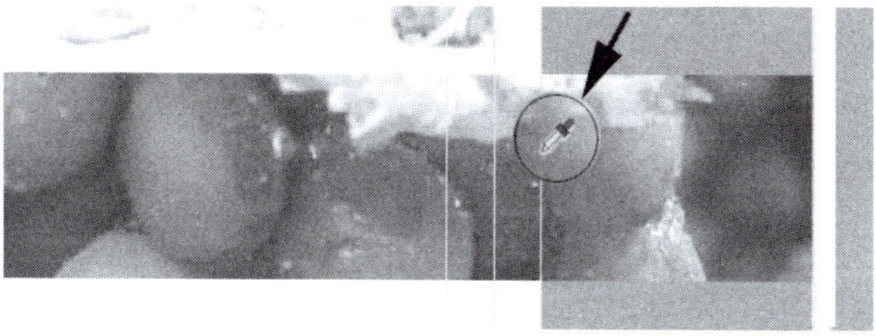

3. Selecione o retângulo mais estreito ao lado do maior e, com a ferramenta *Conta-gotas* (*Eyedropper*), clique em um tom da taça de champanhe, como mostra a figura a seguir.

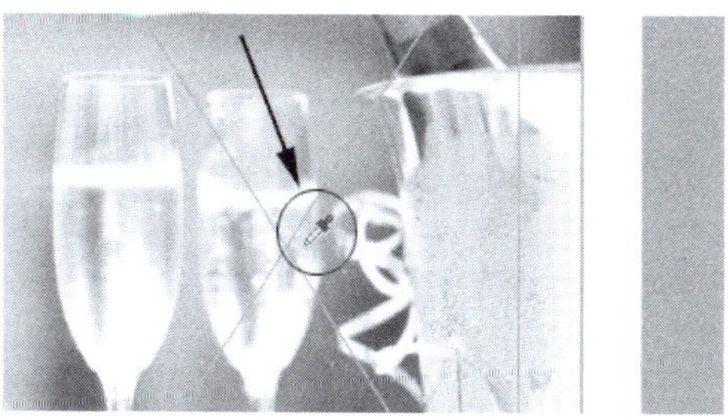

4. Selecione a camada *Foto 1*, crie uma nova camada e mude o nome dela para *Título*.
5. Com a ferramenta *Retângulo arredondado* (*Rounded Rectangle*), crie um retângulo de 140 mm de largura, 32 mm de altura e raio de 3 mm. Em seguida, retire a cor de contorno do retângulo.
6. Selecione a ferramenta *Conta-gotas* (*Eyedropper*) e clique dentro da taça de champanhe, na região marcada na figura a seguir, para capturar a cor mais clara, aplicando-a ao preenchimento do retângulo.

7. Posicione o retângulo a 5 mm da borda superior do documento e deixe seu canto direito inferior próximo à borda da taça, como mostra a figura a seguir. Depois, altere sua opacidade para 65%.

8. Com a ferramenta *Tipo* (*Type*), digite a palavra *Champanhe* e altere a fonte para *Vladimir Script,* com tamanho de *80 pt.* Caso você não tenha essa fonte, faça a instalação dela utilizando o arquivo da fonte que está na pasta *Fontes.*

9. Com a ferramenta *Conta-gotas* (*Eyedropper*), aplique a cor vermelha das rosas da foto que está no canto inferior esquerdo do documento e posicione o texto como mostra a figura a seguir.

10. Para finalizar, salve seu documento.

Atividade 3 – Aplicando textos às páginas

Objetivo: » Aplicar e editar imagens com máscara e diagramar textos.

Tarefas: » Importar e diagramar textos com as opções de *Tipo de área* (*Area Type*).

» Formatar textos em colunas.

» Conhecer os caracteres ocultos.

Importando e diagramando os textos

No Illustrator, você pode importar arquivos de texto de vários formatos:

- Microsoft Word para Windows 97, 98, 2000, 2002, 2003, 2007 ou superior.
- Microsoft Word para Mac OS X, 2004, 2008 ou superior.
- RTF (Rich Text Format).
- Texto simples (ASCII) com codificação em ANSI, Unicode, Shift JIS, GB2312, Big 5 chinês, cirílico, GB18030, grego, turco, báltico e centro-europeu.

Trabalhando com o recurso de contêiner, você pode distribuir um texto longo em vários pontos da página, mantendo um link entre esses pontos. O que você fizer em uma das partes do texto refletirá nas demais. Por exemplo, se você digitar mais texto em alguma delas, ele fluirá automaticamente, alterando as demais partes que dão continuidade ao texto. Veja na figura a seguir que um texto contínuo foi distribuído em três caixas diferentes e que uma linha indica como cada quadro está ligado ao outro. Essa ligação mostra como o texto está fluindo.

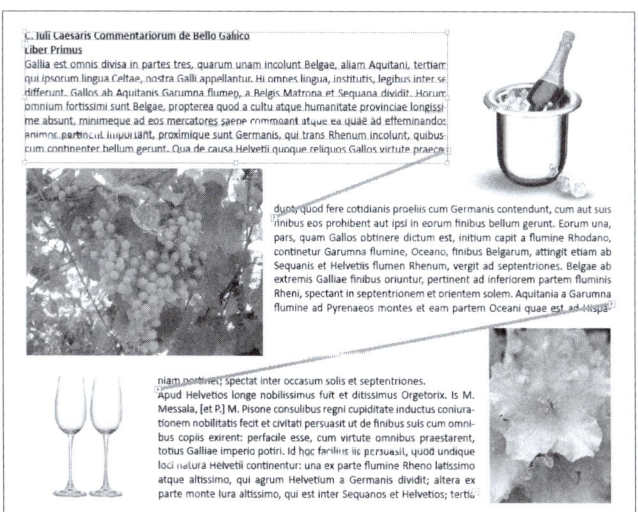

Para saber se não há mais texto a ser exibido, observe se aparecerá um pequeno quadrado próximo ao canto inferior direito do quadro. Se ele estiver vazio, quer dizer que não há mais texto. Mas se houver um sinal +, quer dizer que ainda há texto oculto.

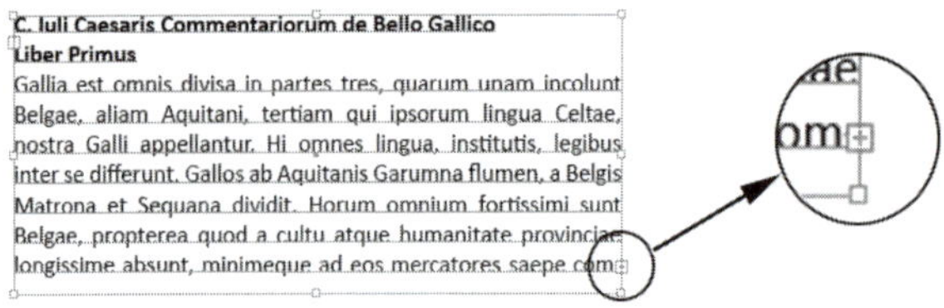

Aplicando o Texto 1

1. Crie uma nova camada, altere o nome para *Texto 1*.
2. No menu *Arquivo* (*File*), clique em *Inserir* (*Place*) e selecione o arquivo *Texto1* na pasta *Arquivos de trabalho*. Em seguida, clique no botão *Inserir* (*Place*).
3. Como o texto que está sendo importado foi criado no Microsoft Word, durante a importação, será exibido o quadro de diálogo *Opções do Microsoft Word* (*Microsoft Word Options*). No item *Incluir*, mantenha somente a primeira opção marcada e ative a opção *Remover formatação de texto* (*Remove Text Formating*).

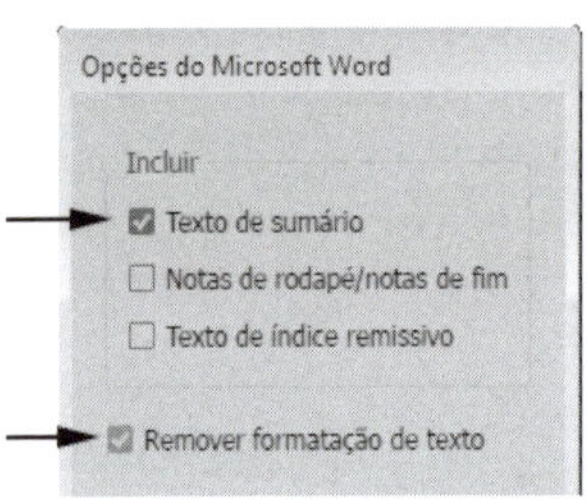

4. Clique em *OK* e o texto será carregado no cursor, aguardando você definir a posição. Clique e arraste o cursor na área abaixo do título. Ao liberar o botão do mouse, o texto será inserido.

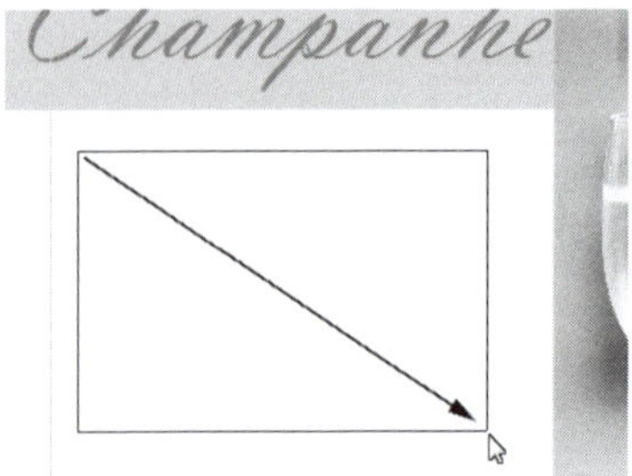

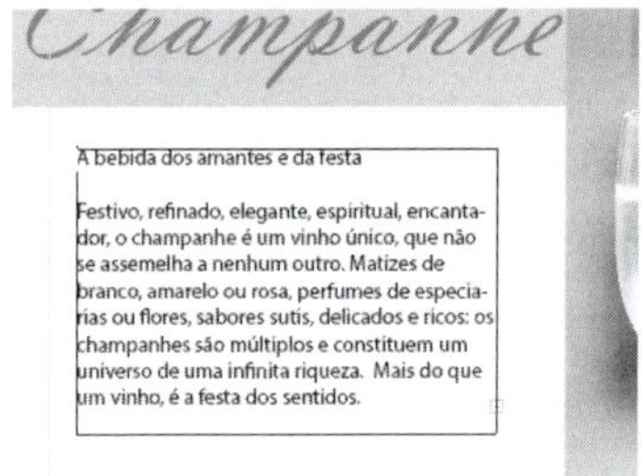

5. Ative a ferramenta *Seleção* (*Selection*) e, no painel *Controle* (*Control*), altere a fonte para *Times New Roman* e o tamanho para *11 pt*.

6. Clique no link *Parágrafo* (*Paragraph*) do painel *Controle* (*Control*), ajuste o alinhamento para *Justificar com a última linha alinhada à esquerda* (*Justify With Last Line Aligned Left*) e desabilite a caixa *Hifenizar* (*Hyphenate*).

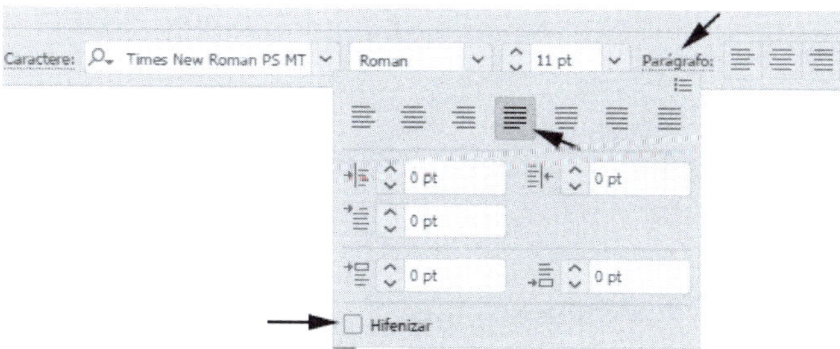

7. Utilizando os pontos de controle (os pequenos quadrados nos cantos e centro das laterais do quadro), aumente a largura e a altura do contêiner para deixar o texto conforme mostra a figura a seguir.

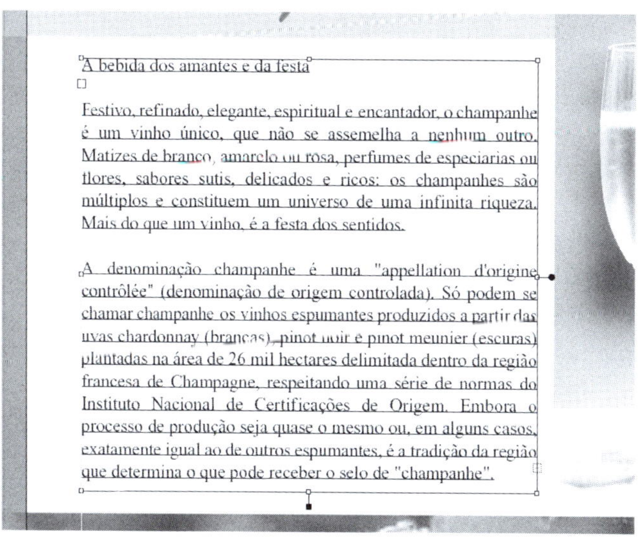

8. Com o quadro de texto selecionado, clique no sinal +, próximo ao canto inferior direito. Um pequeno símbolo acompanhará o cursor, aguardando você definir onde colocará o restante do texto.

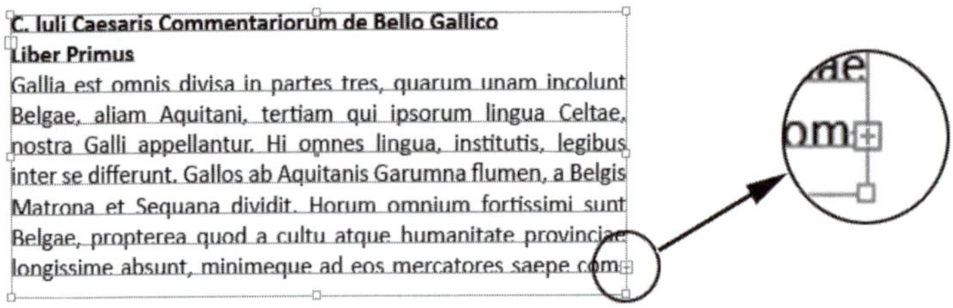

9. Crie um novo contêiner ao lado da imagem das rosas.

10. Ao liberar o mouse, o texto será distribuído no contêiner de texto. Observe a linha que indica o link entre os quadros.

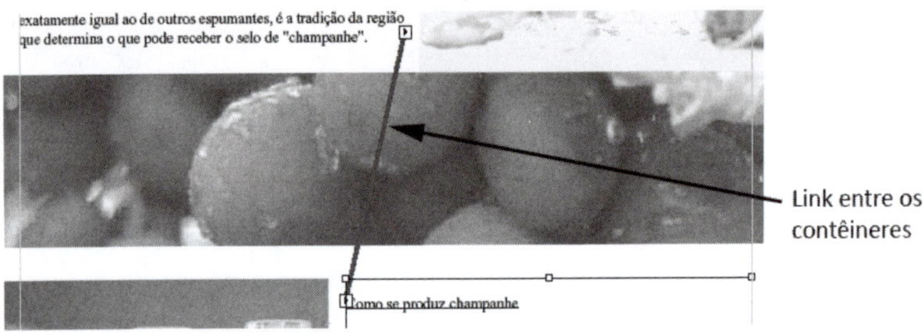

11. Com a ferramenta *Seleção* (*Selection*), selecione o segundo quadro e altere a largura e a altura, deixando-o como mostra a figura a seguir. Se necessário, utilize a ferramenta *Tipo* (*Type*) para ajustar o texto, bem como para retirar a linha em branco que poderá estar em cima do subtítulo *Como se produz champanhe*.

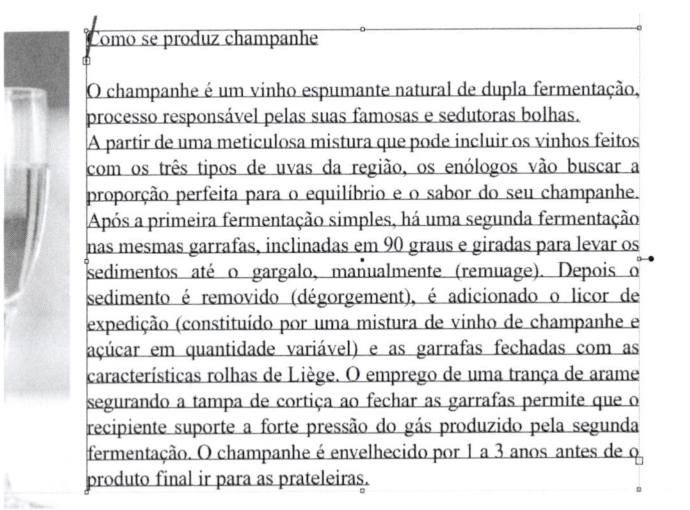

12. Aplique o estilo *Bold* nos subtítulos dos textos dos dois quadros de texto com a ferramenta *Tipo* (*Type*). Basta selecionar o texto com a ferramenta e aplicar o estilo.

13. Depois, desfaça a seleção e salve seu documento.

Aplicando o Texto 2

14. Crie uma nova camada e altere o nome para *Texto 2*.

15. Com o comando *Inserir* (*Place*), importe o arquivo *Texto2*, com as mesmas opções que o *Texto1*, e insira-o sobre o retângulo vertical menor da página à direita.

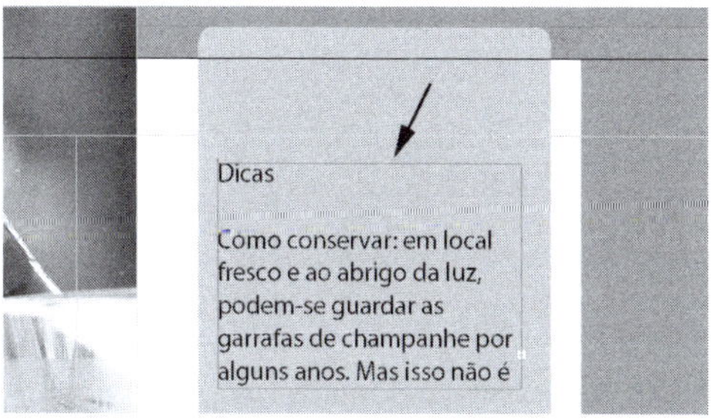

16. Com a ferramenta *Seleção* (*Selection*), clique no quadro e altere as configurações do texto para: *Times New Roman, 10 pt*, alinhamento à esquerda.

17. Clique no link *Parágrafo* (*Paragraph*), altere o *Espaçamento depois do parágrafo* (*Space After Paragraph*) para *3 pt* e mantenha a caixa *Hifenizar* (*Hyphenate*) habilitada.

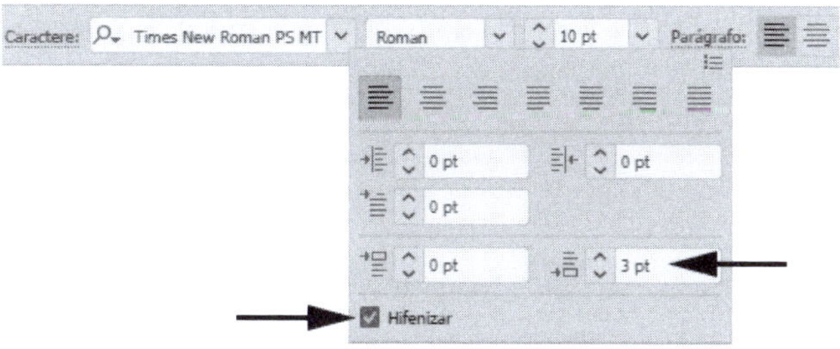

18. Com a ferramenta *Tipo* (*Type*), selecione a palavra *Dicas* e altere a fonte para *Vladimir Script* e o tamanho para *30 pt*.

19. Com a ferramenta *Seleção* (*Selection*), ajuste o tamanho e a posição do quadro conforme mostra a figura a seguir.

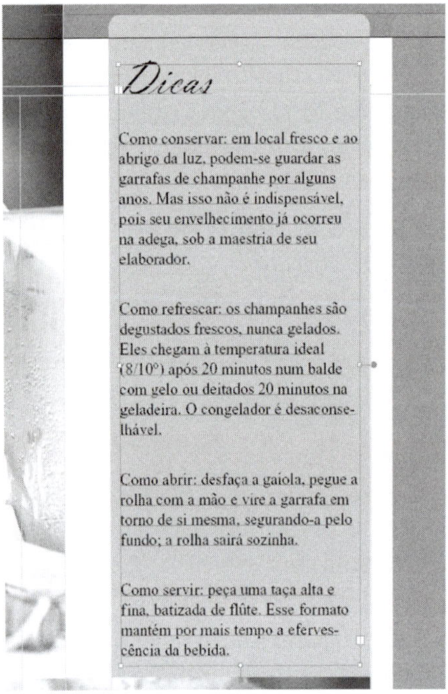

20. Para finalizar esse texto, aplique o estilo itálico nas frases *Como conservar*, *Como refrescar*, *Como abrir* e *Como servir*.

21. Salve seu arquivo.

Dividindo um texto em colunas

Quando se trabalha com o recurso de contêiner, fica muito simples dividir o texto em colunas com total controle.

1. Crie uma nova camada e altere o nome para *Texto 3*.
2. Com o comando *Inserir* (*Place*), importe o arquivo *Texto3* sobre o retângulo verde da página à direita.

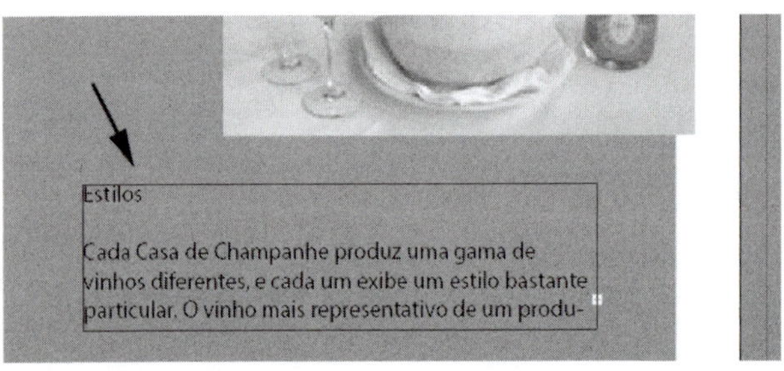

3. Ative a ferramenta *Seleção* (*Selection*) e, com o contêiner selecionado, altere a configuração do texto aplicando a fonte *Times New Roman*, o tamanho *10 pt* e o alinhamento justificado, como o *Texto 1*.

4. Abra o menu *Tipo* (*Type*) e selecione *Opções de Tipo de área* (*Area Type Options*) para exibir o quadro de diálogo. Nesse quadro, você controlará toda a configuração do contêiner.

5. O primeiro passo é ajustar a largura e a altura do contêiner de texto. Na caixa *Largura* (*Width*), digite *125 mm*; e na caixa *Altura* (*Height*), digite *186 mm*.

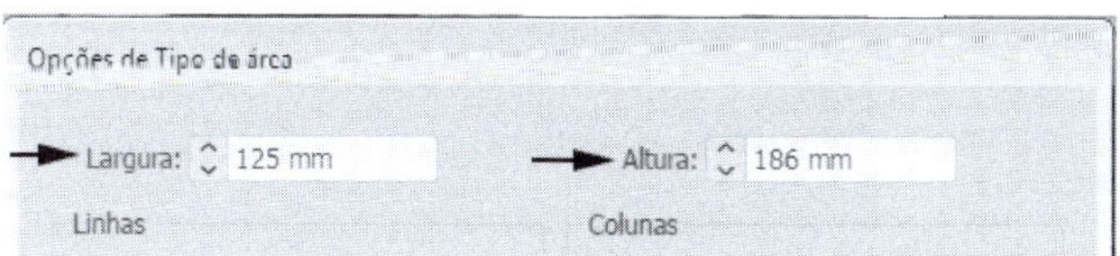

6. Clique em *OK* e ajuste a posição do quadro de texto exatamente sobre o retângulo de fundo alinhando pela base.

7. Mantenha o contêiner selecionado e abra novamente o quadro de diálogo *Opções de Tipo de área* (*Area Type Options*), mas de outra maneira. Dê duplo clique na ferramenta *Tipo* (*Type*) e ele será aberto.

8. No item *Colunas* (*Columns*), digite *2* na caixa *Número* (*Number*), *5* na caixa *Medianiz* (*Gutter*) e no item *Deslocamento* (*Offset*), e *2* na caixa *Espaço de margem interna* (*Inset Spacing*).

A medianiz define o espaço entre as colunas e também o espaço de margem interna, a margem em que o texto deverá estar posicionado entre as bordas do contêiner. Você poderá manter a caixa *Visualizar* (*Preview*) selecionada para ver as alterações interativamente antes de finalizá-las.

9. Clique em *OK* para finalizar.

Contornando um objeto com o texto

O texto que você acabou de colocar deverá contornar a foto, e não ficar por cima dela. Para realizar essa tarefa, utilize o recurso *Texto em contorno* (*Text Wrap*). Mas, para poder fazer isso, é preciso que tanto o texto como o objeto que será contornado estejam na mesma camada. Observe que o objeto deverá estar por cima do texto.

1. Com a ferramenta *Seleção* (*Selection*), selecione a imagem dando apenas um clique nela.
2. No painel *Camadas* (*Layers*), mantenha selecionada a camada *Texto 3*.
3. Clique com o botão direito do mouse sobre a foto e, no menu de contexto, clique em *Organizar/Enviar para camada atual* (*Arrange/Send to Current Layer*). Com isso, a imagem será movida para a camada *Texto 3*, mas continuará atrás do texto.
4. Para colocá-la na frente do texto, clique com o botão direito do mouse na imagem e selecione *Organizar/Trazer para a frente* (*Arrange/Bring to Front*).

Agora que a imagem está sobre o texto e ambos estão na mesma camada, você poderá contornar a imagem com o texto.

5. Com a imagem selecionada, abra o menu *Objeto* (*Object*) e selecione a opção *Texto em contorno/Criar* (*Text Wrap/Make*). Observe que uma margem foi criada em todo o contorno da imagem, afastando o texto.

6. Com a ferramenta *Tipo* (*Type*), selecione a palavra *Estilos* e altere a fonte para *Vladimir Script* e o tamanho para *30 pt*; no link *Parágrafo* (*Paragraph*), altere o *Espaço depois do parágrafo* (*Space After Paragraph*) para *5 pt*.
7. Com a ferramenta *Tipo* (*Type*), selecione todo o texto, exceto o título. No link *Parágrafo* (*Paragraph*), altere o valor do *Espaço depois do parágrafo* (*Space After Paragraph*) para *3 pt*.

Os valores são apenas sugestões. Para esses ajustes finos, use os valores ideais para o seu trabalho. Não é preciso ficar idêntico.

8. Para finalizar, altere a cor de todo esse texto para *Branco* (*White*), desfaça a seleção e veja o resultado na figura.

Aplicando o Texto 4

O último texto que será inserido em seu documento é o da parte de culinária.

9. Crie uma nova camada, altere o nome para *Texto 4* e, com o comando *Inserir* (*Place*), importe o arquivo *Texto 4* sobre o retângulo inferior.

10. Com o contêiner selecionado, altere a configuração do texto para a fonte *Times New Roman* e o tamanho para *10 pt*.

11. Com a ferramenta *Tipo* (*Type*), acrescente a palavra *Culinária* no início do texto e formate-a com a fonte *Vladimir Script* e o tamanho *25 pt*.

12. Ajuste a largura do contêiner para 58 mm e a altura para 68 mm.

13. Ajuste a posição do contêiner conforme a figura a seguir.

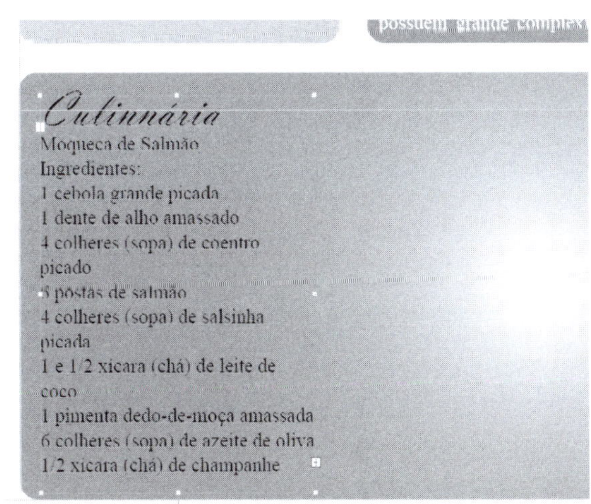

14. Clique no sinal + para carregar o restante do texto no cursor e crie um segundo contêiner ao lado do anterior. Ajuste a largura e a altura conforme a figura a seguir.

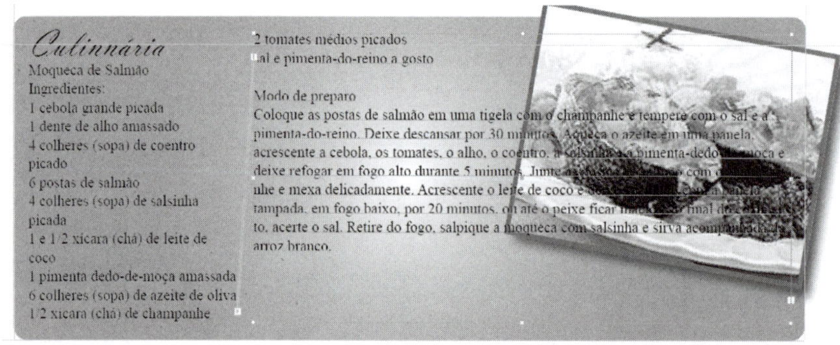

15. Selecione a imagem e, em seguida, selecione a camada *Texto 4* no painel *Camadas* (*Layers*).

16. Clique na imagem com o botão direito do mouse e selecione *Organizar/Enviar para camada atual* (*Arrange/Send to Current Layer*). Isso fará a imagem ser colocada na camada *Texto 4*, isto é, a mesma do texto.

17. Clique na imagem com o botão direito do mouse e selecione *Organizar/Trazer para a frente* (*Arrange/Bring to Front*).

18. Agora, com a imagem ainda selecionada, abra o menu *Objeto* (*Object*) e selecione *Texto em contorno/Criar* (*Text Wrap/Make*).

19. Com a imagem ainda selecionada, abra o menu *Objeto* (*Object*) e selecione *Texto em contorno/Opções de texto em contorno* (*Text Wrap/Options Text Wrap*) para exibir o quadro de opções.

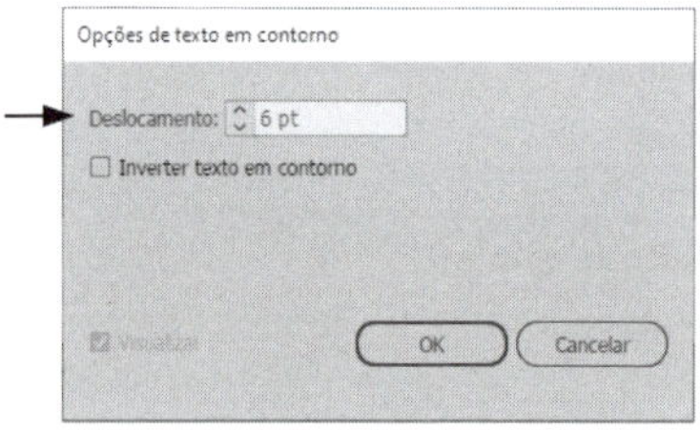

20. O item *Deslocamento* (*Offset*) define a distância do contorno da imagem. Nesse caso altere para *3 pt* e clique em *OK*.

21. Coloque o estilo *Bold* no texto *Moqueca de Salmão*.

22. Coloque o estilo *Bold Italic* nos textos *Ingredientes* e *Modo de preparo*.

23. Com a ferramenta Tipo (*Type*), selecione a lista de ingredientes, clique no botão *Caractere* (*Character*) e altere a entrelinha para *11 pt*.

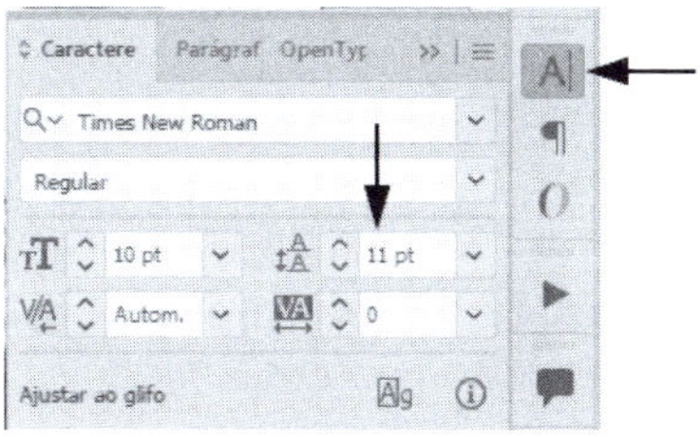

Inserindo Marcadores (Bullets) no texto

Essa opção, com botões no painel *Controle* (*Control*), permite criar listas com *Marcadores* (*Bullets*) ou *Numeradas* (*Numbered List*) de maneira bem simples.

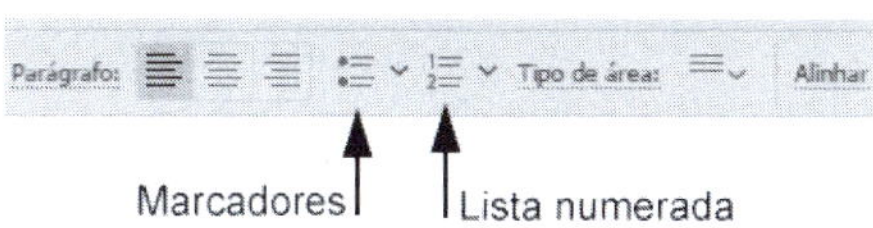

24. Ainda com o texto selecionado, clique na seta ao lado do botão *Marcadores* (*Bullets*), selecione a primeira opção e veja o resultado.

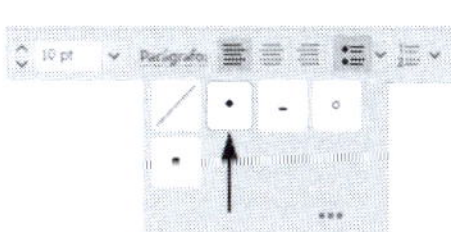

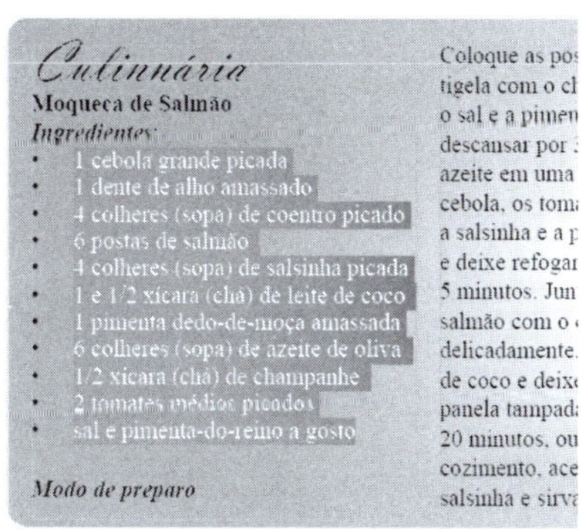

25. Reduza a altura do contêiner do texto até que o subtítulo *Modo de preparo* vá para o segundo contêiner.

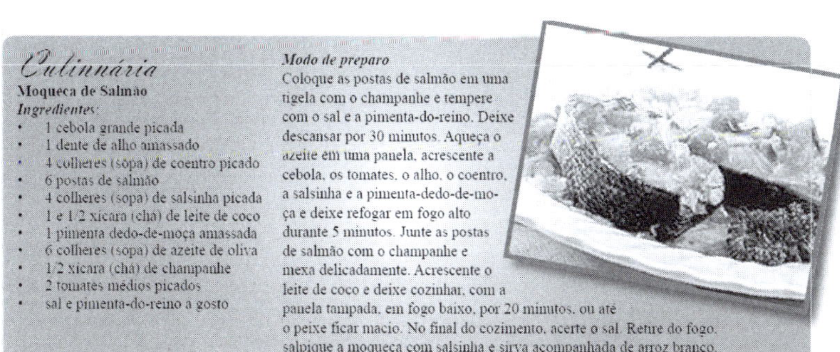

26. Para terminar, salve seu documento.

Opção Mostrar caracteres ocultos

Caracteres ocultos são aqueles que não são exibidos em um texto: espaços, mudança de parágrafos, etc. Quando se trabalha com textos longos, esse recurso torna-se mais interessante, pois auxilia na visualização e correção do texto.

1. Aplique um zoom na região do *Texto1* e, no menu *Tipo* (*Type*), clique em *Mostrar caracteres ocultos* (*Show Hidden Characters*). Observe no texto a indicação de todos os caracteres ocultos.

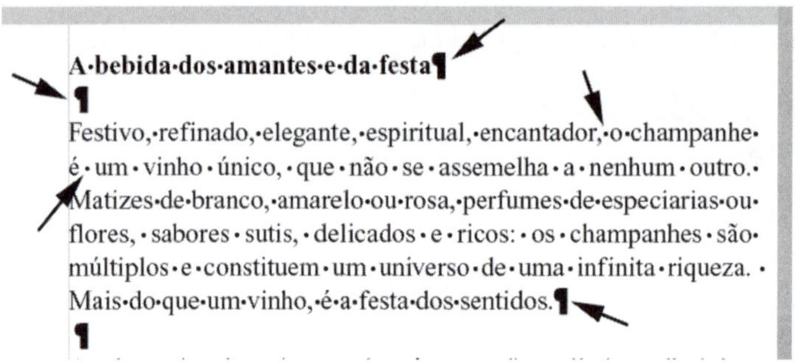

Por exemplo, todas as quebras de parágrafo são indicadas pelo símbolo abaixo:

¶

Os espaços são indicados com pequenos pontos entre as palavras.

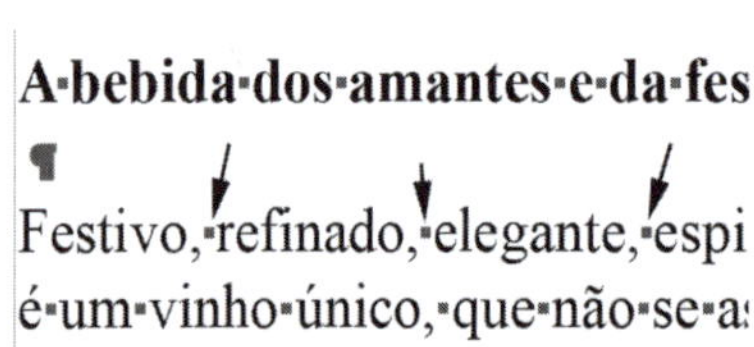

Com essas indicações, você pode, por exemplo, localizar facilmente espaços indevidos no texto e fazer as correções.

2. Clique novamente em *Mostrar caracteres ocultos* (*Show Hidden Characters*) para desativar a opção.
3. Salve seu documento.

Conhecendo o recurso Verificar ortografia (Spelling)

O Illustrator também possui um corretor ortográfico. O recurso *Verificar ortografia* (*Spelling*) faz a verificação dois modos diferentes: *Manual* (*Check Spelling*) (após a redação do texto) e *Automática* (*Auto Spell Checck*) (em tempo real).

1. No menu *Editar*, clique em *Verificação ortográfica/Verificar ortografia* (*Spelling/ Ckeck Spelling*). O quadro de mesmo nome será exibido. Para iniciar, clique no botão *Início*.

2. O funcionamento é similar aos corretores ortográficos dos programas de texto. Faça as correções e, ao final, clique em *Concluído* (*Done*).

A opção *Corretor ortográfico automático* pode ser ativada também no menu *Editar/ Verificação ortográfica/Corretor ortográfico automático* (*Edit/Spelling/Auto Spell Check*). Nesse caso, serão indicadas no texto as palavras a serem corrigidas.

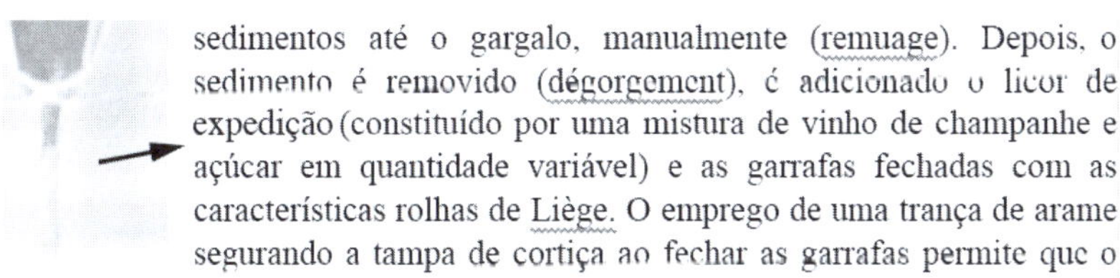

3. Salve seu documento.

Atividade 4 – Trabalhando com símbolos

Objetivo: » Aplicar os diversos símbolos que vão ilustrar as páginas do documento.

Tarefas: » Selecionar símbolos na biblioteca de símbolos.

» Inserir símbolos no documento.

» Editar símbolos.

» Criar e incluir símbolos na biblioteca.

Símbolos (Symbols)

No Illustrator, símbolos são objetos ou ilustrações que se repetem várias vezes em um documento ou que são usados regularmente em seus trabalhos. A facilidade de trabalhar com eles é que você pode criá-los e estocá-los em uma biblioteca para usá-los posteriormente.

Além disso, o Illustrator oferece uma extensa variedade de símbolos, prontos para serem usados, disponíveis nas bibliotecas de símbolos.

Um símbolo pode ser inserido no seu trabalho uma ou várias vezes. Cada vez que editar um deles, as alterações realizadas serão reproduzidas em todas as suas cópias.

Inserindo um símbolo

Nesta etapa, você adicionará alguns símbolos ao documento e aprenderá como editá-los.

1. Abra o arquivo *Revista.ai*, caso o tenha fechado, e crie uma nova camada. Altere o nome para *Símbolos*.
2. Abra o painel *Símbolos* (*Symbols*) ou, se preferir, tecle *Shift* + *Ctrl* + *F11*.

Bibliotecas de símbolos (Symbol Library)

Sobre a imagem das uvas será colocado um símbolo em formato de folha.

3. Clique no *Menu Biblioteca de símbolos* (*Symbol Libraries Menu*) no painel *Símbolos* (*Symbols*) para exibir a lista das bibliotecas existentes e dê um clique na biblioteca *Natureza* (*Nature*). Será exibido um novo painel com os símbolos que a compõem.

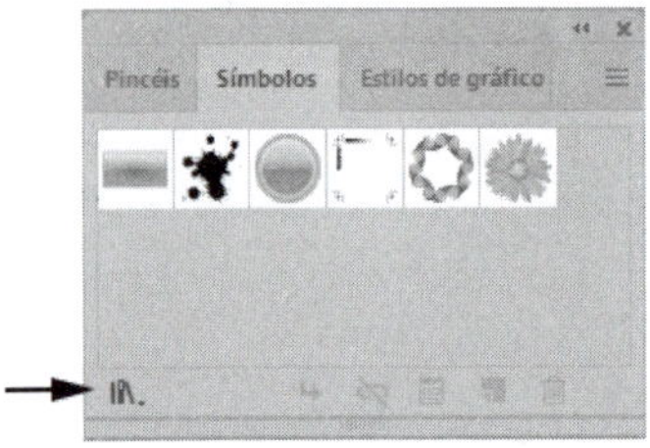

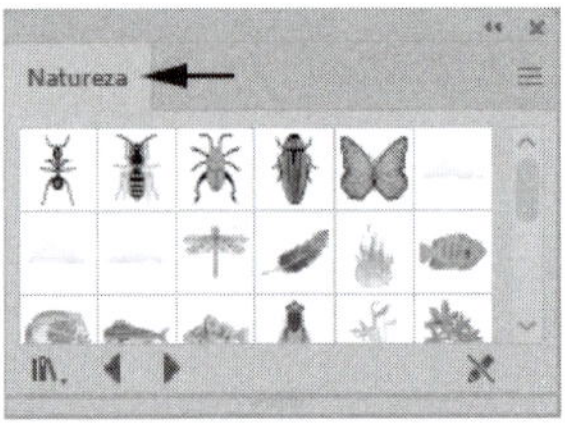

4. Utilize a barra de rolagem do painel para localizar o símbolo *Folha de bordo japonesa* (*Japanese Maple*). Clique nele e arraste-o para fora da biblioteca. Isso fará a inclusão do símbolo no documento.

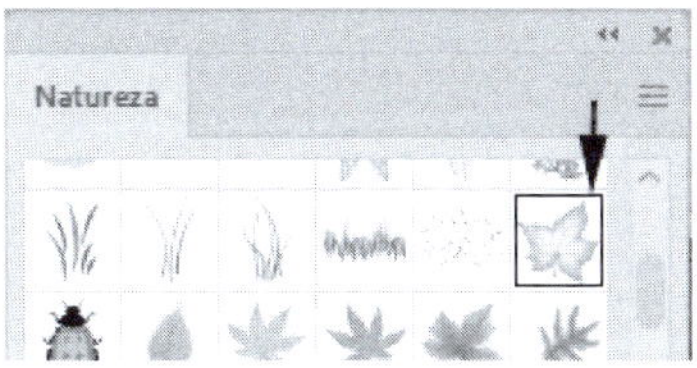

5. Posicione o símbolo na lateral esquerda da imagem das uvas.

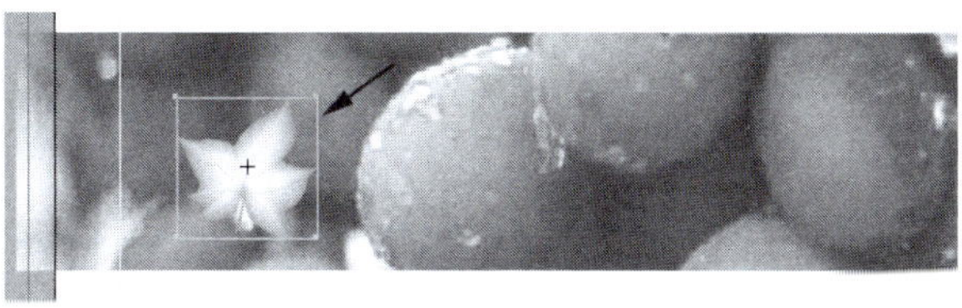

6. Aumente o tamanho da folha e gire-a para que ela fique semelhante à figura.

7. Para terminar, feche a biblioteca *Natureza* (*Nature*).

Você pode criar várias cópias do símbolo inserindo-o por meio da biblioteca, ou copiando e colando o símbolo já inserido. Todas as cópias continuarão sendo símbolos.

Observe que o símbolo que você colocou no documento por meio da biblioteca *Natureza* (*Nature*) foi acrescentado ao painel *Símbolos* (*Symbols*).

Editando um símbolo

1. Abra novamente o *Menu Biblioteca de símbolos* (*Symbol Libraries Menu*) no painel *Símbolos* (*Symbols*) e selecione a opção *Tiki* (*Tiki*).

Os painéis de biblioteca possuem três modos de exibição para a lista dos símbolos: *Exibição em miniaturas* (*Thumbnail View*), a atual; *Exibição em lista pequena* (*Small List View*); e *Exibição em lista grande* (*Large List View*).

2. Clique no canto superior esquerdo do painel para exibir o menu de opções e selecione o modo *Exibição em lista grande* (*Large List View*).

Com os modos *Exibição em lista pequena* (*Small List View*) e *Exibição em lista grande* (*Large List View*), além de visualizar uma miniatura do símbolo, você também verá o nome dele.

3. Clique no símbolo *Figura feminina* (*Female Figure*) e arraste-o para o documento.

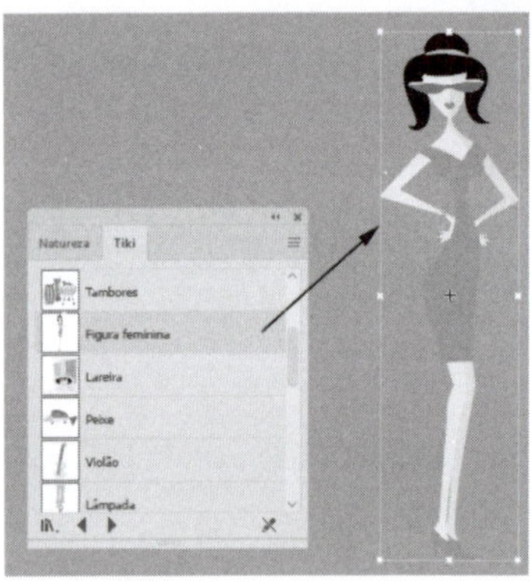

4. Posicione o símbolo sobre a foto do canto inferior da página da esquerda.

Você precisará mudar a cor do vestido da mulher, deixando-o em vermelho para combinar com as rosas da foto. Com o símbolo selecionado, o painel *Controle* (*Control*) apresentará as opções de trabalho.

5. Mantenha o símbolo selecionado e clique no botão *Editar símbolo* (*Edit Symbol*), no painel *Controle* (*Control*).

Será exibido um quadro de diálogo avisando que a edição do símbolo vai alterar todas as cópias dele no documento. Quando você insere um símbolo no documento, ele é chamado de *instância do símbolo* (*symbol instance*). Você poderá utilizar tantas cópias quanto desejar desse símbolo em seu trabalho. A vantagem de se usar um símbolo é que, se você precisar alterar algo nele, todas as cópias serão modificadas também.

6. Clique em *OK* para continuar.

Dessa forma, você entrará no *Modo de edição de símbolo* (*Symbol Editing Mode*). Todo o documento ficará com um tom claro, e o símbolo em mais evidência, indicando que ele pode ser editado. Note que aparecerá também outra indicação no canto superior esquerdo da janela.

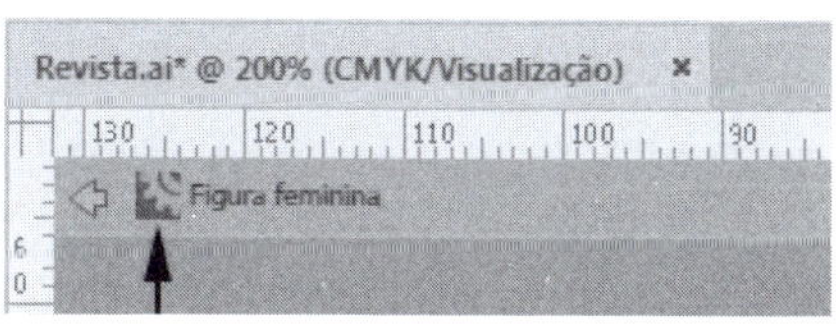

7. Com a ferramenta *Seleção* (*Selection*), clique no vestido da mulher para selecioná-lo e altere a cor para *Vermelho CMYK* (*CMYK Red*).

8. Para finalizar a edição, clique no botão *Sair do modo de edição de símbolo* (*Exit Symbol Editing Mode*).

9. Para concluir, salve seu documento.

Salvando uma biblioteca de cores

Conforme dito anteriormente, você pode salvar toda a coleção de cores do painel *Amostras* (*Swatches*) para usar futuramente. Você fará isso agora para testar o recurso e utilizar a biblioteca no próximo trabalho.

1. Abra o menu de opções do painel *Amostras* (*Swatches*) e clique na opção *Salvar biblioteca de amostras como AI* (*Save Swatch Library as AI*).

2. Será aberto o quadro *Salvar como* (*Save As*). A pasta selecionada será *Amostras* (*Swatches*), que fica dentro da pasta do programa.

3. Altere a pasta onde a biblioteca será salva para a pasta *Minhas Ilustrações*, criada por você para gravar todos os seus trabalhos.
4. Na caixa *Nome*, digite *Minha Biblioteca de cores* e clique em *Salvar*.
5. Salve seu documento e seu trabalho estará completo.

Conhecendo o painel Links (Links)

O painel *Links* (*Links*) é a melhor maneira de gerenciar os arquivos inseridos em seu trabalho, pois ele exibe uma lista de todos eles, incorporados ou vinculados.

1. Para visualizar essa lista, abra o menu *Janela* (*Window*) e clique em *Links* (*Links*). Destaque o painel da área lateral, colocando-o sobre a área de trabalho.
2. No caso deste projeto, o painel exibe as cinco fotos inseridas. Observe que em algumas fotos é mostrado o símbolo de uma corrente no lado direito, indicando que a imagem está vinculada ao arquivo de seu projeto e não incorporada, opções que foram vistas anteriormente.

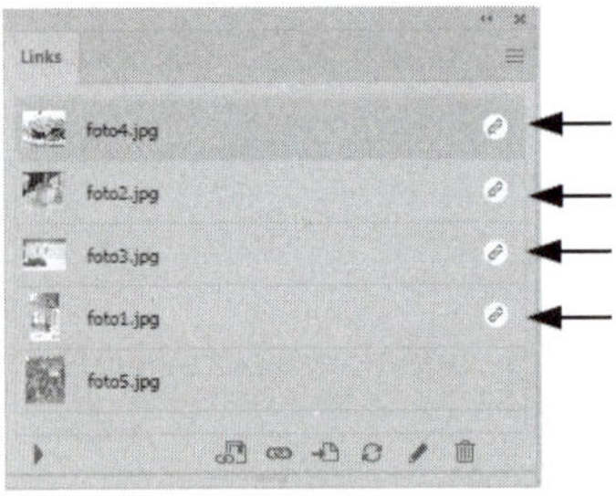

3. Clique na *foto4.jpg*, na lista do painel, para selecioná-la. Para visualizar as informações do arquivo na parte inferior do painel, clique na seta no canto inferior esquerdo para expandi-lo.

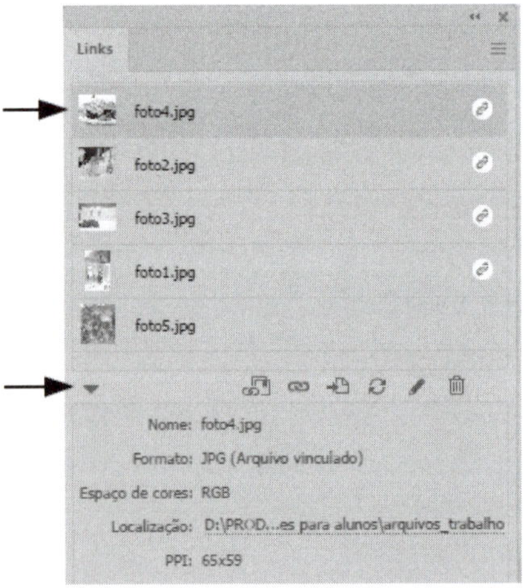

Para aumentar a altura do painel, basta colocar o cursor em sua base, clicar e arrastar.

O item *Localização* (*Location*) mostra exatamente onde está o arquivo original por meio de um link. Ao clicar nele, será aberta a pasta onde está o arquivo.

No item *Formato* (*Format*), você tem a informação do tipo de arquivo e o tipo de vínculo com o documento. Lembre-se da definição de arquivos vinculados e incorporados, explicada anteriormente. Observe que esse arquivo está vinculado ao documento.

4. Clique na *foto5.jpg*, na lista do painel, e note que, no item *Formato* (*Format*), a foto está incorporada ao documento.

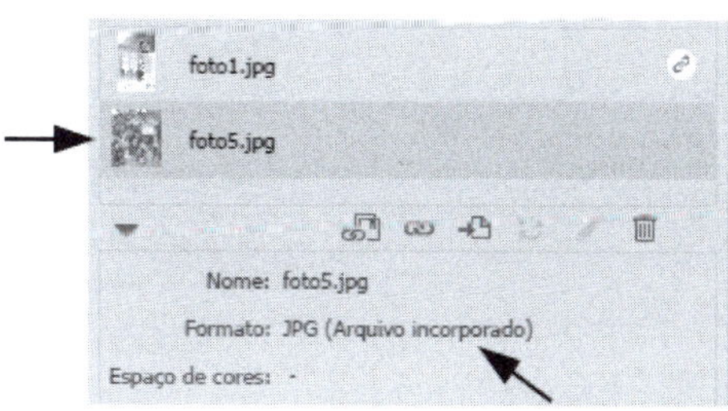

Status de arquivos no painel Links (Links)

O painel *Links* (*Links*) exibe do lado direito de cada arquivo o status do mesmo, sendo que as seguintes situações podem ocorrer:

- A – Esse ícone indica que o arquivo utilizado no trabalho está ausente, ou seja, não está mais no local a partir do qual ele foi importado. Isso pode ocorrer quando o arquivo original é movido para outra pasta, ou mesmo apagado, após a sua importação. Se você imprimir ou exportar seu documento quando esse ícone estiver sendo exibido, o arquivo importado não poderá ser impresso ou exportado com sua resolução original, resultando em baixa definição.
- B – Como dito anteriormente, esse ícone indica que o arquivo está incorporado ao documento do Illustrator.
- C – Esse ícone indica que o arquivo foi modificado desde a última vez que o documento do Illustrator foi aberto. Isso significa que a versão do arquivo salva em disco é mais recente que a do arquivo do Illustrator.
- D – A ausência de um ícone indica que o arquivo está vinculado e devidamente atualizado.

Botões de operação no painel Links (Links)

Na base do painel existem quatro botões para o trabalho com os arquivos da lista. São eles:

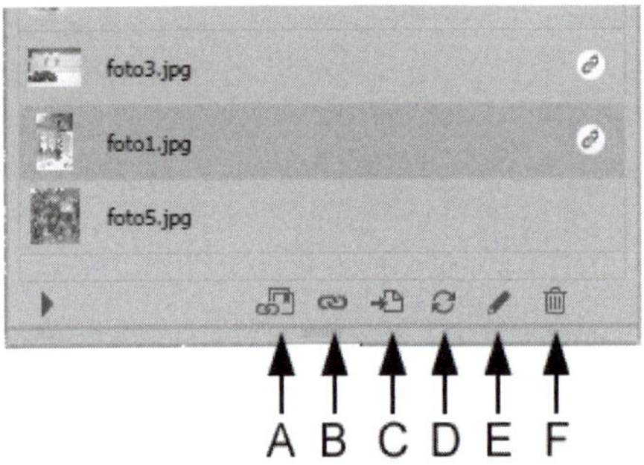

- A – *Revincular das bibliotecas CC* (*Relink from CC Libraries*): permite refazer o link de um item do painel *Bibliotecas* (*Libraries*).
- B – *Revincular* (*Relink*): permite refazer o link do item selecionado. Você pode escolher outra imagem, por exemplo.
- C – *Ir para o link* (*Go To Link*): selecione um item da lista no painel e clique no botão. A exibição em tela será centralizada ao redor do item selecionado.
- D – *Atualizar vínculo* (*Update Link*): permite fazer a atualização do item em seu documento, caso ele tenha sido alterado desde a última edição do documento.
- E – *Editar no Photoshop* (*Edit on Photoshop*): permite abrir a maioria dos gráficos no aplicativo em que foram criados, para que você possa modificá-los de acordo com sua necessidade. Quando você salvar o arquivo no aplicativo de origem, o documento no Illustrator será atualizado automaticamente. No exemplo deste

projeto, como o item selecionado é uma imagem, o nome do botão aparece como *Editar no Photoshop* (*Edit on Photoshop*), mas se for outro tipo de gráfico, o botão será *Editar original* (*Edit Original*).

- F – Exclui o objeto selecionado, seja ele vinculado ou incorporado.

Com o botão *Revincular* (*Relink*), você também pode fazer um arquivo que foi incorporado ao documento passar a ser vinculado. Dessa forma, você torna o arquivo mais leve.

5. Selecione a *foto5.jpg* na lista do painel *Links* (*Links*) e clique no botão *Revincular* (*Relink*).
6. Será exibido o quadro *Inscrir* (*Place*). Selecione o arquivo *foto5* e ative a caixa do item *Link* (*Link*).
7. Clique no botão *Inserir* (*Place*) para finalizar. Observe que agora a *foto5.jpg* é um arquivo vinculado.

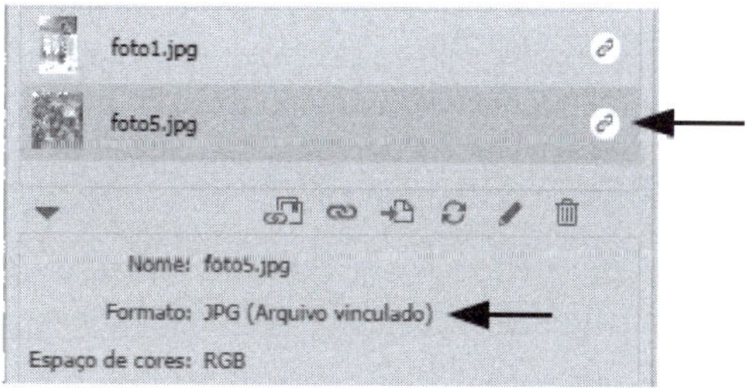

O painel Links (Links) *no painel* Controle (Control)

Por meio do painel *Controle* (*Control*) você também pode acessar os recursos do painel *Links* (*Links*).

8. Feche o painel *Links* (*Links*).
9. No painel *Camadas* (*Layers*), desbloqueie a camada *Foto 1*.
10. Selecione a imagem ao lado do título na página esquerda e observe que o painel *Controle* (*Control*) exibe links e comandos que são referentes ao painel *Links* (*Links*).

Da esquerda para a direita, de acordo com a imagem anterior, informa-se que a imagem selecionada é um arquivo vinculado, que seu nome é foto1, seu tipo é JPG, seu modo de cores é o RGB e seu PPI é de 713.

Além disso, você tem dois botões: *Incorporar* (*Embed*), caso você queira que o arquivo selecionado seja incorporado ao documento, e *Editar no Photoshop* (*Edit on Photoshop*) para abrir o arquivo em seu aplicativo de origem.

Portanto, fica à sua escolha o caminho para gerenciar seus arquivos inseridos: pelo painel *Controle* (*Control*) ou diretamente no painel *Links* (*Links*).

11. Salve seu arquivo.

Empacotar arquivos

Quando você trabalha com arquivos vinculados, é muito importante lembrar que o Illustrator necessita dos arquivos originais para imprimir ou exportar seu trabalho corretamente.

Imagine você trabalhar em um projeto em que haja vários arquivos vinculados e necessitar levar seu projeto para outro local. Para evitar que você não esqueça de copiar todos os arquivos necessários, o Illustrator tem a função *Pacote* (*Package*).

Quando você empacota um arquivo do Illustrator, uma pasta é criada com o arquivo de seu projeto, as fontes necessárias, os arquivos vinculados e um relatório do pacote. Esse relatório, gravado como um arquivo de texto, inclui as informações sobre os arquivos empacotados.

1. Abra o menu *Arquivo* (*File*) e clique em *Pacote* (*Package*), ou pressione as teclas de atalho *Alt* + *Shift* + *Ctrl* + *P*, e será exibido o quadro de diálogo *Pacote* (*Package*).

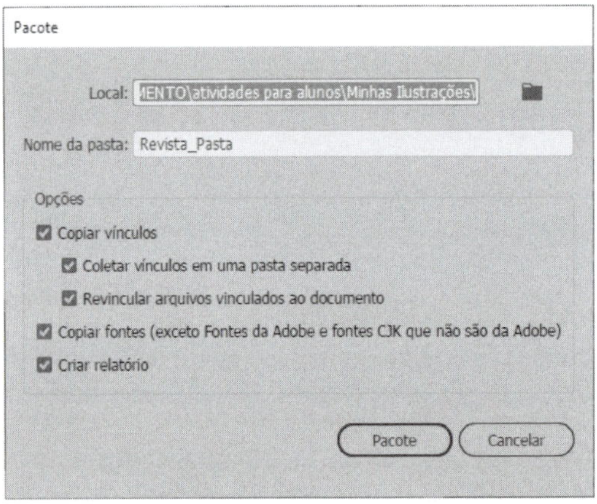

2. Clique no ícone da pasta, do lado direito do item *Local* (*Location*), e selecione, por exemplo, sua área de trabalho. Isso define o local onde a pasta será criada.

3. No item *Nome da pasta* (*Folder name*), digite *Revista-pacote*.

4. No item *Opções* (*Options*), para esta atividade, mantenha todas as caixas selecionadas. Veja a seguir um breve descritivo dessas opções:

- *Copiar vínculos* (*Copy Links*): copia os arquivos e gráficos vinculados para a pasta de pacotes.
- *Coletar vínculos em uma pasta separada* (*Collect Links in Separate Folder*): cria uma pasta de vínculos e insere todos os ativos vinculados naquela pasta. Se essa opção não estiver selecionada, os arquivos são copiados no mesmo nível de pasta que o arquivo do Illustrator.
- *Revincular arquivos vinculados ao documento* (*Relink Linked Files to Document*): altera os vínculos para o local da pasta de pacotes. Se não estiver selecionada, o documento empacotado do Illustrator mantém os vínculos dos arquivos no local original e os arquivos são coletados no pacote.
- *Copiar fontes* (*exceto Fontes da Adobe e fontes CJK que não são da Adobe*) [*Copy Fonts* (*Except Adobe Fonts and no-Adobe CJK fonts*)]: copia todos os arquivos de fonte necessários, mas não toda a família de fontes.
- *Criar relatório* (*Create Report*): cria um relatório resumido para acompanhar os arquivos empacotados. Inclui um resumo dos objetos de cores especiais, todas as fontes utilizadas e ausentes, vínculos ausentes e detalhes de todas as imagens vinculadas e incorporadas.

5. Clique no botão *Pacote* (*Package*) para finalizar, e uma mensagem referente às fontes é exibida sempre que você empacota arquivos. É importante saber se você tem autorização para copiar e distribuir fontes. Neste exemplo, clique em *OK*.
6. Ao terminar o empacotamento, uma mensagem é exibida indicando o sucesso da operação. Clique em *OK*.
7. Localize a pasta *Revista-pacote* em sua área de trabalho. Abra-a e veja a estrutura criada.

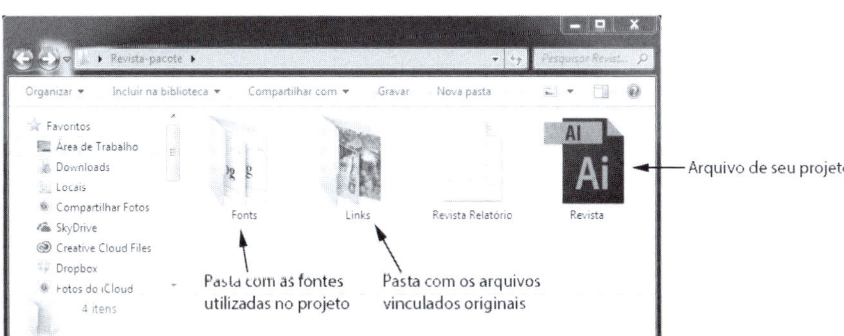

8. Abra o arquivo de texto *Revista Relatório*. Veja que todas as informação do projeto estão devidamente descritas.
9. Salve e feche seu arquivo do Illustrator.

Anotações

6

Explorando mais recursos

Objetivos

» Transformar objetos

» Trabalhar com o recurso *Distorção de envelope* (*Envelope Distort*)

» Criar símbolos e trabalhar com as ferramentas de alteração de símbolos

» Utilizar ferramentas de seleção

» Trabalhar com o painel *Aparência* (*Appearance*)

» Utilizar imagens em pincéis

» Manipular caracteres individuais

» Criar objetos 3D

Produtividade com imaginação

Na área de criação, a imaginação e a criatividade são importantes. No entanto, isso é muito particular, variando de pessoa para pessoa. Desse modo, conhecer bem o software é fator fundamental, pois somente assim é possível colocar na tela tudo o que se imagina.

O Illustrator oferece ao usuário vários recursos que facilitam e agilizam a execução dos trabalhos, e, neste capítulo, você verá ferramentas e dicas para melhorar sua produtividade.

Agora, o projeto será a criação de um postal para uma empresa de cosméticos chamada Fulô. Serão criados o logotipo da empresa, assim como a frente e o verso de um postal promocional. Ao final, o resultado deverá ficar semelhante às figuras a seguir.

Logotipo

Frente postal

Verso postal

Atividade 1 – Preparando a base do projeto

Objetivo: » Criar as pranchetas necessárias para todo o projeto.

Tarefa: » Trabalhar com o painel *Pranchetas* (*Artboards*).

Múltiplas pranchetas

Neste projeto, você trabalhará com múltiplas pranchetas. Essa é uma característica do Illustrator que você conheceu no Capítulo 1, na qual em um mesmo arquivo é possível criar todos os itens do projeto.

Para este projeto, serão necessárias três pranchetas, sendo uma para o desenvolvimento do logotipo, outra para a criação da frente do postal e uma terceira para o verso do postal.

1. Na *Tela inicial* (*Home*) clique em *Novo arquivo* (*New file*), e no quadro *Novo documento* (*New document*) configure o quadro como mostrado a seguir.

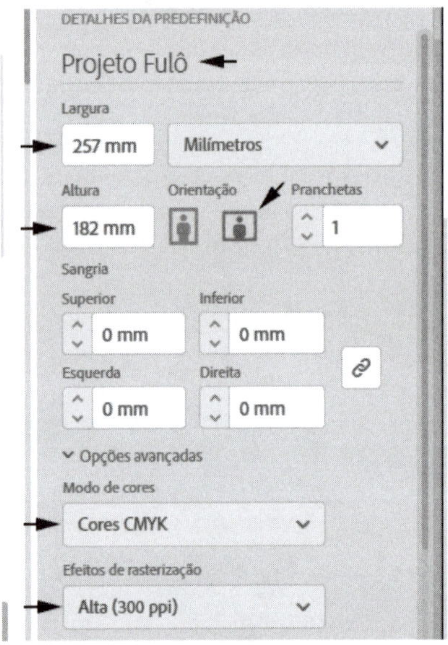

2. Você pode definir o número de pranchetas no item *Número de pranchetas* (*Artboards*), mas, neste caso, deixe apenas com uma prancheta, para depois ver como acrescentar outras com o painel *Pranchetas* (*Artboards*). Clique em *Criar* (*Create*) para criar o documento.

3. Altere o espaço de trabalho para *Impressão e prova* (*Printing and Proofing*).

Painel Pranchetas (Artboards)

Essa prancheta será utilizada para o desenvolvimento do logotipo da empresa; para criar as demais pranchetas de seu projeto, você utilizará o painel *Pranchetas* (*Artboards*).

4. Abra o painel *Pranchetas* (*Artboards*) clicando no ícone dele na barra de painéis.

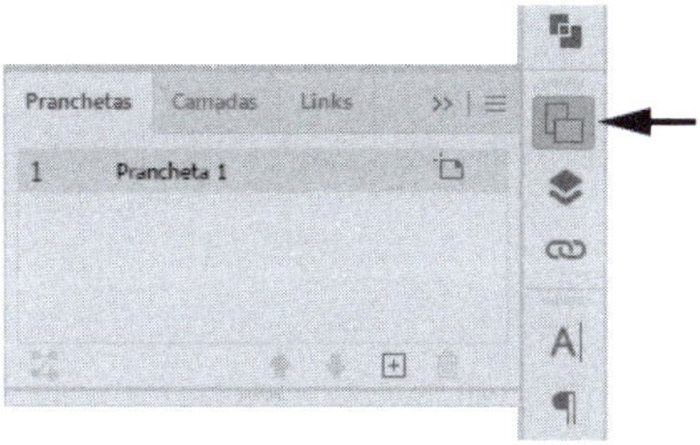

5. Dê duplo clique na *Prancheta1* (*Artboard 1*) e altere o nome dela para *Logotipo Fulô*. Em seguida, clique no botão *Nova prancheta* (*New Artboard*) na base do painel.

Ao clicar nesse botão, uma nova prancheta será criada abaixo da existente e com as mesmas características. Essa nova prancheta será utilizada para desenvolver a frente do postal, mas suas dimensões serão diferentes.

6. Com a nova prancheta selecionada no painel, abra o menu de opções do painel, clique em *Opções da prancheta* (*Artboard Options*) e altere o nome para *Frente postal*, a *Largura* (*Width*) para *210 mm* e a *Altura* (*Height*) para *150 mm*. Clique em *OK* para confirmar.

A terceira prancheta que será usada para criar o verso do postal deve ter as mesmas dimensões da prancheta *Frente postal*.

7. Mantenha a prancheta *Frente postal* selecionada no painel, abra o menu de opções e clique em *Duplicar pranchetas* (*Duplicate Artboards*).
8. Altere o nome da cópia para *Verso postal*. Com isso você já tem as três pranchetas necessárias para iniciar o projeto.

> Se você quiser mudar a ordem das pranchetas no painel, basta selecionar uma prancheta e clicar nas setas na base do painel.

Na base da janela do documento, você pode ir direto para qualquer uma das pranchetas utilizando os controles de *Navegação da prancheta* (*Artboard Navigation*). Utilize os botões de seta para fazer a navegação ou clique na seta da caixa e escolha a prancheta.

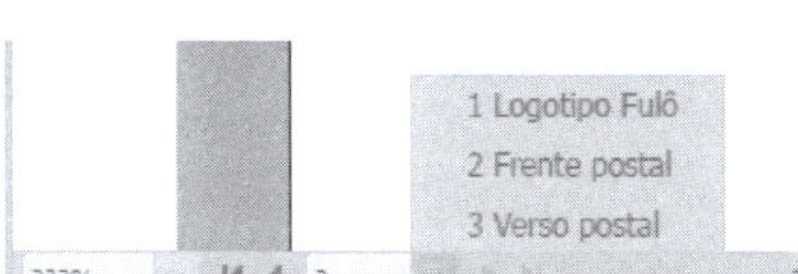

Ferramenta Prancheta (Artboard)

Com a ferramenta *Prancheta* (*Artboard*) você reorganiza as pranchetas na tela de desenho como se fossem objetos.

9. Aplique um zoom para visualizar todas as pranchetas (p. ex., *50%*) e ative a ferramenta *Prancheta* (*Artboard*).

Com a ferramenta ativa, a prancheta ativa exibirá os controles para que você possa alterar seu tamanho. Se você colocar o cursor sobre uma prancheta, poderá movê-la para outra posição.

10. Mova as pranchetas *Frente postal* e *Verso postal* deixando sua tela de desenho semelhante à figura a seguir. Para isso, basta clicar nas pranchetas e arrastá-las para a posição indicada.

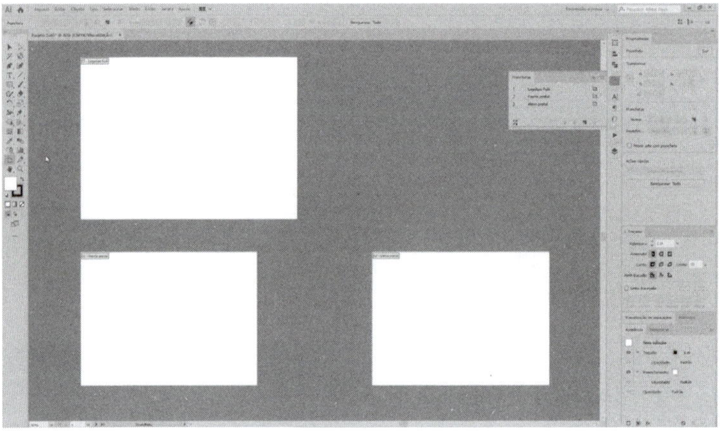

> Observe que o número e o nome da prancheta serão exibidos no canto superior esquerdo de cada uma delas. Essa organização é somente uma sugestão.

11. Ative a ferramenta *Seleção* (*Selection*) para finalizar e pressione as teclas de atalho *Ctrl* + *R* para exibir as réguas.

12. Para finalizar, salve o arquivo em sua pasta *Minhas ilustrações*.

Atividade 2 – Criando o logotipo

Objetivo: » Criar o logotipo da empresa.

Tarefas:

» Trabalhar com a ferramenta *Construtor de formas* (*Shape Builder*).

» Trabalhar com a ferramenta *Guirlanda* (*Scallop*).

» Trabalhar com o recurso *Distorção de envelope* (*Envelope Distort*).

Ferramenta Construtor de formas (Shape Builder)

A ferramenta *Construtor de formas* (*Shape Builder*) é uma ferramenta interativa para a criação de formas complexas por meio da mistura e da exclusão de formas mais simples. Ela funciona em caminhos simples e compostos e realça intuitivamente as bordas e as regiões da arte selecionada, que podem ser mescladas para a criação de novas formas.

1. No painel *Pranchetas* (*Artboards*), dê duplo clique na prancheta *Logotipo Fulô* para selecioná-la e encaixá-la na janela do documento.
2. Clique com o botão direito do mouse na ferramenta *Retângulo* (*Rectangle*) e selecione a ferramenta *Polígono* (*Polygon*).
3. Dê um clique na prancheta para exibir o quadro de diálogo *Polígono* (*Polygon*) e entre com o valor *20 mm* para o *Raio* (*Radius*) e *3* para os *Lados* (*Sides*). Clique em *OK* para criar o triângulo.

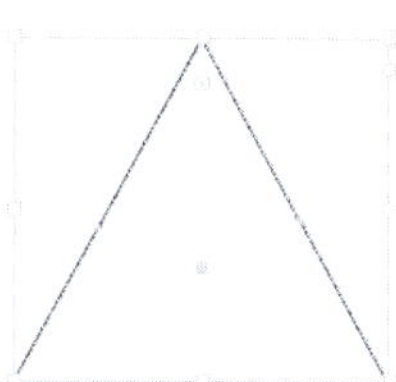

4. Ative a ferramenta *Elipse* (*Ellipse*), clique na prancheta e crie um círculo com *35 mm* de diâmetro.
5. Verifique se a opção *Guias inteligentes* (*Smart Guides*) está ativada clicando no menu *Exibir* (*View*). Se não estiver, você poderá ativá-la com um clique.
6. Com a ferramenta *Seleção* (*Selection*), posicione o círculo sobre o triângulo de forma que eles fiquem centralizados verticalmente e ajuste o centro do círculo na base do triângulo. Observe as guias inteligentes para o ajuste.

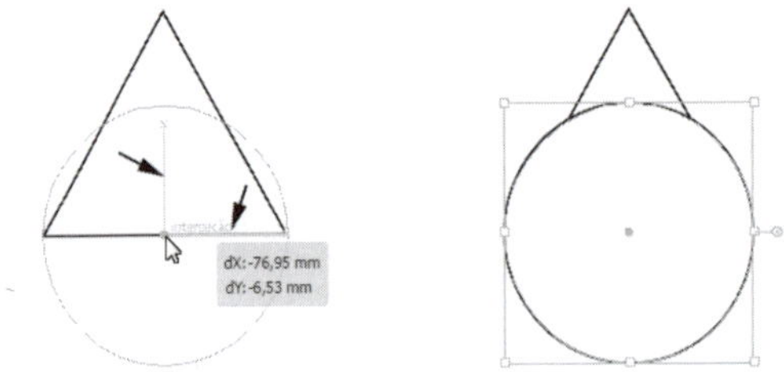

7. Agora, você deve mover o centro do círculo 5 mm para baixo. No menu *Janela* (*Window*) clique em *Propriedades* (*Properties*) para exibir o painel.

8. Com o círculo selecionado, veja a medida atual de sua posição na caixa *Y* do painel *Propriedades* (*Properties*) e some 5 mm a esse valor.

9. Entre com o resultado da soma na caixa *Y* e tecle *Enter*, assim o círculo estará na posição necessária para continuar o trabalho.

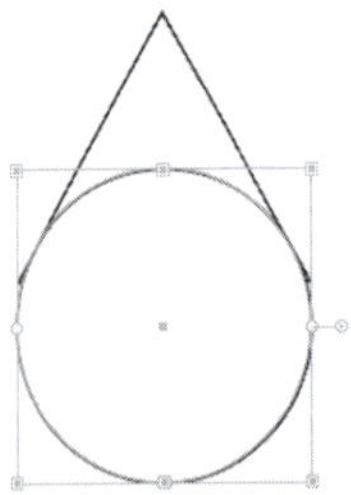

10. Selecione os dois objetos, pois assim a ferramenta *Construtor de formas* (*Shape Builder*) poderá identificar as áreas. Em seguida, ative a ferramenta *Construtor de formas* (*Shape Builder*).

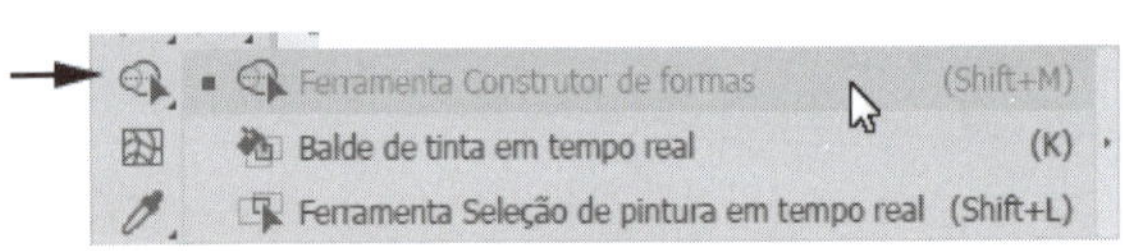

11. Passe o cursor sobre os objetos selecionados e a ferramenta exibirá um preenchimento nas áreas que poderão formar novos objetos. Veja os exemplos a seguir.

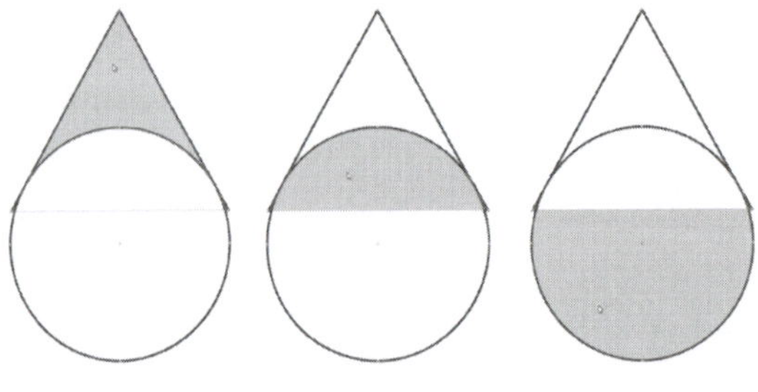

12. Para este projeto, você precisará unir essas três áreas. Portanto, clique no triângulo e arraste o cursor até o círculo, selecionando todas as áreas. Ao soltar o botão do mouse, a ferramenta *Construtor de formas* (*Shape Builder*) criará o novo objeto.

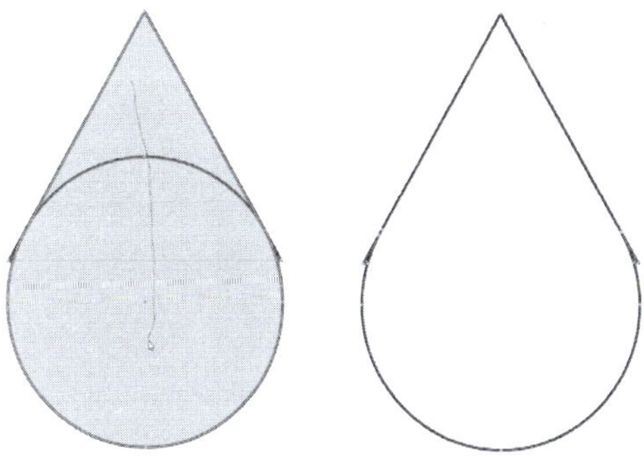

13. Observe que nas laterais do novo objeto estarão os cantos da base do triângulo que deverão ser retirados. Portanto, aplique um zoom do lado direito para visualizar melhor esse detalhe e, com a ferramenta *Construtor de formas* (*Shape Builder*) ativada, posicione o cursor sobre essa área e veja que a ferramenta exibirá o preenchimento, identificando a área.

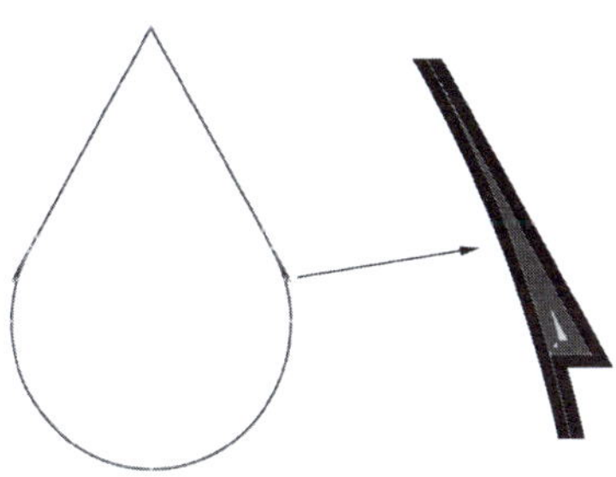

14. Para este projeto, você precisará eliminar esses detalhes. Mantendo a tecla *Alt* pressionada, posicione a ferramenta *Construtor de formas* (*Shape Builder*) sobre o detalhe, clique e ele será eliminado. Observe que, ao pressionar a tecla *Alt*, ao lado do cursor da ferramenta será exibido um sinal negativo (–).

15. Faça o mesmo para o detalhe do lado esquerdo e a primeira pétala da flor do logotipo estará formada.

Importando uma biblioteca de cores

O preenchimento da pétala deverá ser feito com um gradiente criado no Capítulo 5. Você salvou uma biblioteca de cores e poderá utilizá-la agora.

16. Com a ferramenta *Seleção* (*Selection*), clique no botão *Menu Biblioteca de amostras* (*Swatches Libraries Menu*) do painel *Amostras* (*Swatches*) e selecione a opção *Outra biblioteca* (*Other Library*).

17. No quadro *Abrir* (*Open*), localize o arquivo *Minha Biblioteca de cores* (que você salvou na pasta *Minhas Ilustrações*) e clique em *Abrir* (*Open*).

Será exibido um novo painel com a coleção de cores salva nessa biblioteca. Entre elas estará o gradiente de que você precisa para aplicar na pétala.

Caso você não tenha salvado a biblioteca, utilize o arquivo *Biblioteca* disponível na pasta *Arquivos de trabalho*.

18. Com a pétala selecionada, clique em *Laranja radial* (*Orange Radial*) no painel *Minha Biblioteca de cores*.

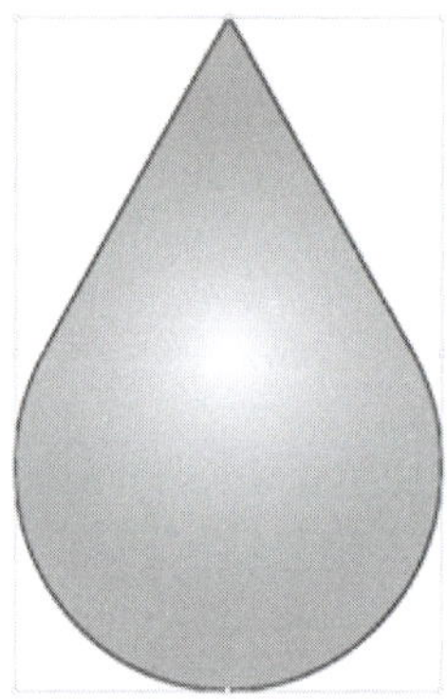

19. Ative a ferramenta *Gradiente* (*Gradient*), clique na barra do gradiente e mova o centro dele, conforme mostram as figuras a seguir.

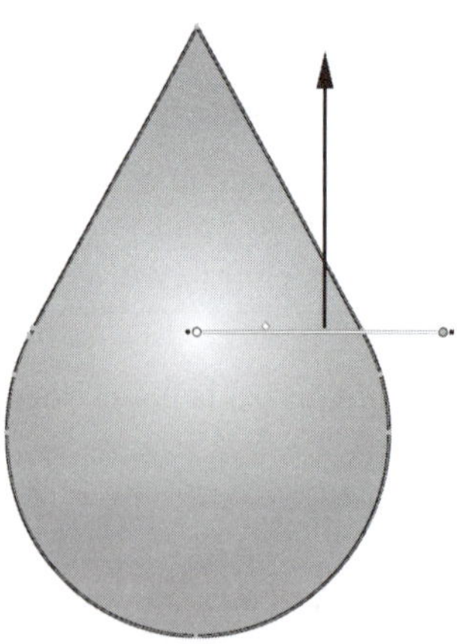

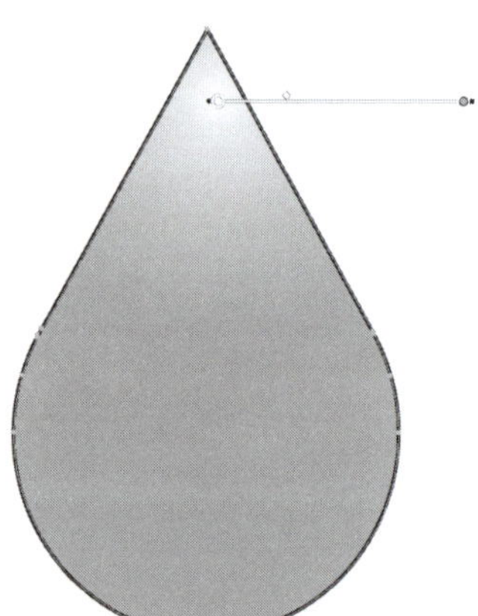

20. Altere a cor do contorno da pétala aplicando a cor vermelha (*C = 0, M = 90, Y = 85, K = 0*).

Para criar o detalhe da pétala, você vai utilizar uma linha e personalizar o perfil do traçado e o pincel aplicado a ela.

21. Ative a ferramenta *Segmento de linha* (*Line Segment*) e clique na prancheta para exibir o quadro *Opções de ferramenta Segmento de linha* (*Line Segment Tool Options*).

22. Altere o *Tamanho* (*Length*) para *45 mm* e o *Ângulo* (*Angle*) para *270°*. Clique em *OK* para finalizar.

23. Posicione a linha sobre a pétala, ajustando o ponto superior dela com o da pétala, e mantenha a linha selecionada.

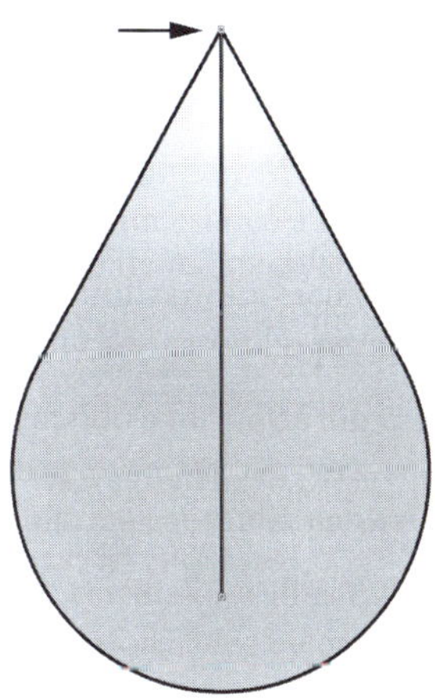

24. No painel *Controle* (*Control*), clique na seta da caixa *Definição de pincel* (*Brush Definition*), em seguida em *Menu de bibliotecas de pincéis* (*Brush Libraries Menu*) e, por fim, em *Artístico/LápisCarvãoGiz_artístico* (*Artistic/Artistic_ChalkCharcoalPencil*) para exibir o painel de mesmo nome.

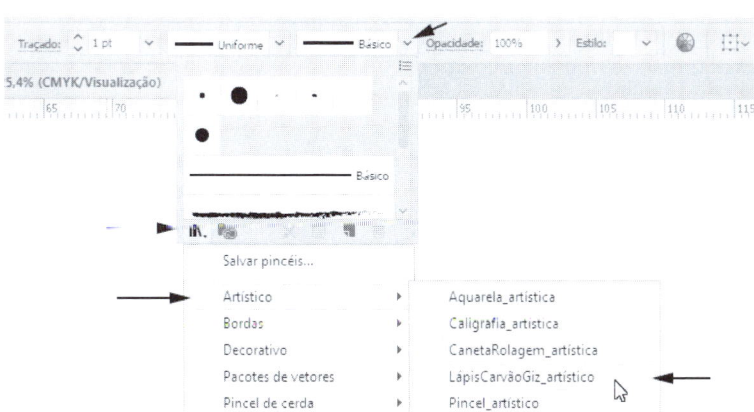

25. No painel *LápisCarvãoGiz_artístico* (*Artistic_ChalkCharcoalPencil*), selecione o tipo *Carvão - Áspero* (*Chalc - Blunt*) para aplicar na linha.

26. Com a linha selecionada, aplique o *Perfil de largura 2* (*Width Profile 2*) na caixa *Perfil de largura variável* (*Variable Width Profile*), no painel *Controle* (*Control*).

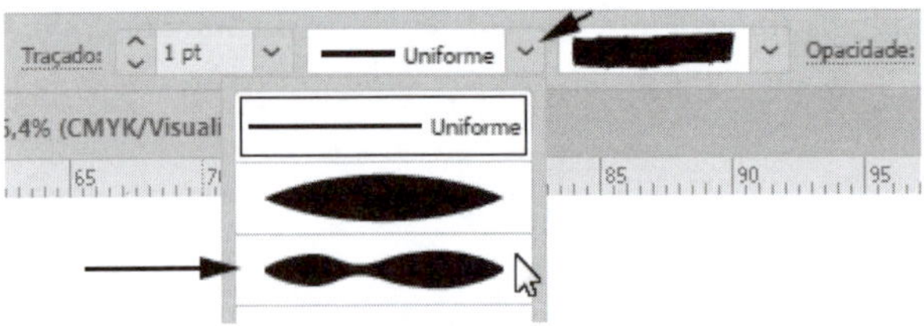

27. Na caixa *Traçado* (*Stroke*) do painel *Controle* (*Control*), altere a espessura para *2 pt*.

28. Altere a cor da linha aplicando a cor vermelha (*C = 10, M = 100, Y = 50, K = 0*), agrupe os objetos da pétala e salve seu arquivo. Veja como deve ficar a pétala pronta:

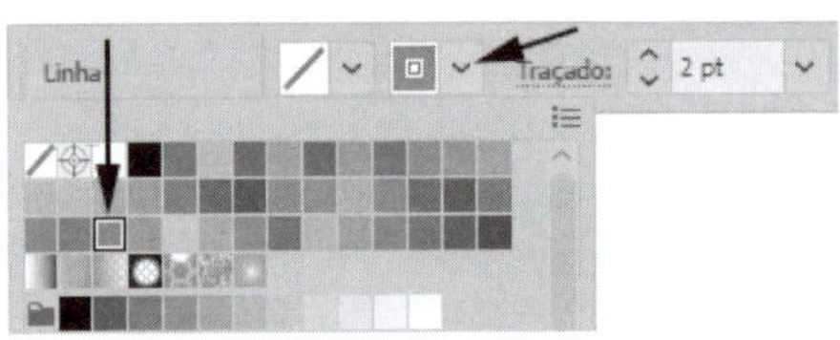

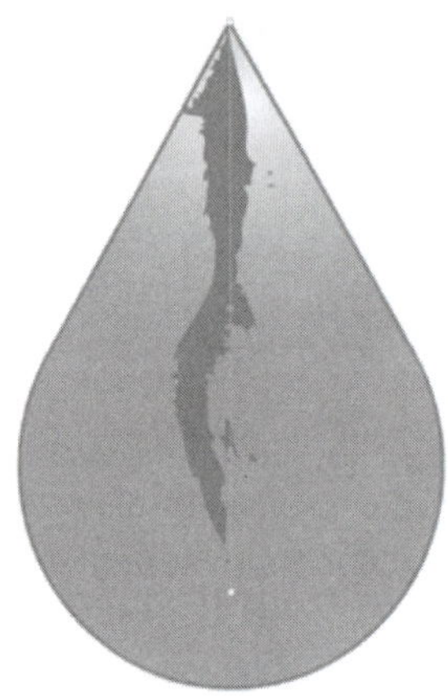

29. Para os próximos passos, você precisa ter acesso a todas as ferramentas, portanto, no menu *Janela* (*Window*), clique em *Barras de ferramentas* (*Toolbars*) e ative a opção *Avançado* (*Advanced*), caso ela não esteja selecionada.

Criando o miolo e montando a flor

Agora que a pétala está pronta, você já pode montar a flor do logotipo, começando pelo miolo.

Ferramenta Guirlanda (Scallop)

A ferramenta *Guirlanda* (*Scallop*) adiciona detalhes curvos à linha de contorno dos objetos. Ela será usada para criar o miolo da flor.

1. Crie um círculo de 20 mm de diâmetro e aplique o gradiente *Laranja radial* (*Orange Radial*) de *Minha Biblioteca de cores*.

2. Abra o painel *Gradiente* (*Gradient*) e, dando um duplo clique na cor final, mude para um marrom-claro à sua escolha. Em seguida, aplique um marrom-escuro no *Traçado* (*Stroke*).

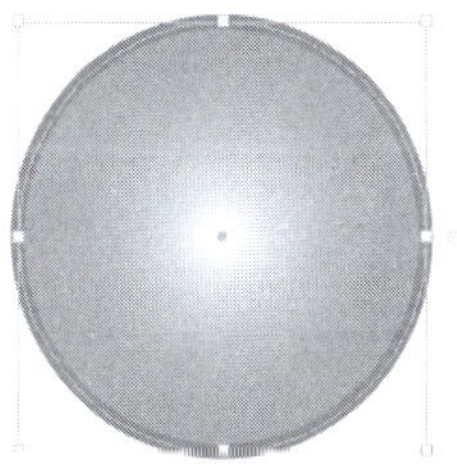

3. Na sequência, ative a ferramenta *Guirlanda* (*Scallop*).

4. Dê duplo clique na ferramenta para abrir o quadro de diálogo *Opções da ferramenta Guirlanda* (*Scallop Tool Options*) e ajuste os valores de largura e altura para 21 mm. Clique em *OK*.

5. Posicione a ferramenta sobre o centro da circunferência, clique e mantenha o botão do mouse pressionado por alguns segundos até deixá-la como mostra a figura a seguir.

6. Selecione a pétala e faça uma cópia.

7. No painel *Propriedades* (*Properties*), selecione o ponto central no item *Definir o ponto de referência* (*Reference Point*) e na caixa *Girar* (*Rotate*) digite *-45*.

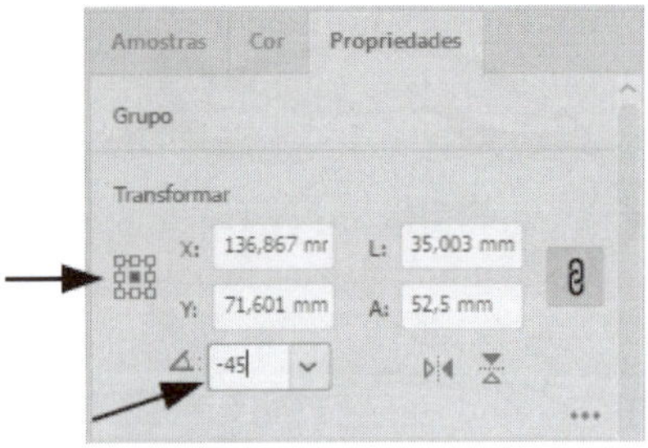

8. Posicione a cópia da pétala sobre a original, ajustando pela ponta delas.

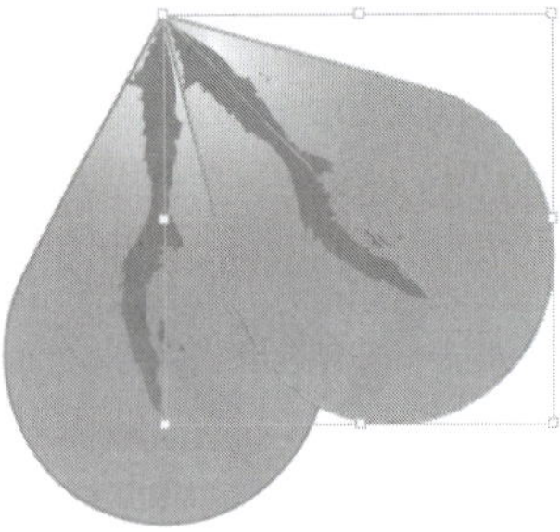

9. Repita o procedimento, fazendo uma cópia sempre da última pétala e girando-a a 45°, até completar a flor.

10. Selecione todas as pétalas e agrupe-as, pressionando *Ctrl* + *G*.

11. Clique com o botão direito na flor e selecione *Organizar/Enviar para trás* (*Arrange/Send to Back*).

12. Selecione a flor e o miolo e clique nos botões *Alinhamento horizontal centralizado* (*Horizontal Align Central*) e *Alinhamento vertical centralizado* (*Vertical Align Central*) do painel *Alinhar* (*Align*) para centralizar o miolo com a flor.

13. Pressione as teclas *Ctrl* + *G* para agrupar tudo. Depois, desfaça a seleção e observe o resultado.

14. Para finalizar, salve a ilustração.

Trabalhando com o recurso Distorção de envelope

Com esse recurso é possível distorcer ou remodelar um objeto, ou grupo de objetos. Você pode criar um envelope a partir de um objeto na sua prancheta, usar como envelope uma forma de deformação predefinida ou ainda uma grade de malha. Os envelopes podem ser usados em qualquer objeto, exceto em gráficos, guias ou objetos vinculados.

1. Crie um retângulo de cantos arredondados de 135 mm de largura, 30 mm de altura e 8 mm de raio nos cantos.
2. Altere a cor de preenchimento para um tom de verde (*C* = *50*, *M* = *0*, *Y* = *100*, *K* = *0*), e retire a cor de contorno.

Criar com deformação (Make with Warp)

3. Com o retângulo selecionado, abra o menu *Objeto* (*Object*), selecione a opção *Distorção de envelope* (*Envelope Distort*) e clique na opção *Criar com deformação* (*Make with Warp*).
4. Será exibido o quadro de diálogo *Opções de deformação* (*Warp Options*). Ative a caixa *Visualizar* (*Preview*) e o efeito será aplicado no objeto, para que você veja o resultado antes de finalizar o processo.
5. Clique na seta ao lado da caixa *Estilo* (*Style*), selecione a opção *Bandeira* (*Flag*) e veja o resultado.

No quadro de diálogo *Opções de distorção* (*Warp Options*), você terá todos os controles para deixar a distorção da maneira que você precisa. Portanto, faça alguns testes para conhecer um pouco mais sobre a opção *Distorção* (*Distortion*).

6. Para essa atividade, aplique o estilo *Bandeira* (*Flag*), com curvatura de *50%* e distorção *0* para *Horizontal* (*Horizontal*) e *Vertical* (*Vertical*).
7. Com a ferramenta *Tipo* (*Type*), digite a palavra *FULÔ* em maiúsculas, ative a ferramenta *Seleção* (*Selection*) e pressione *Ctrl* + *T* para exibir o painel *Caractere* (*Character*).
8. Altere a fonte para *Garamond*, estilo *Bold*, tamanho *90 pt* e espaçamento entre caracteres de *250*.

Caso você não tenha a fonte Garamond instalada em sua máquina, utilize uma fonte similar.

9. Aplique um marrom-escuro, de sua preferência, no texto.

Criar com objeto superior (Make with Top Object)

Com essa opção do recurso *Distorção de envelope* (*Envelope Distort*), você poderá usar outro objeto como envelope para distorcer o objeto original. Neste caso, é imprescindível que o objeto que servirá como envelope esteja na mesma camada e acima do objeto que será distorcido.

10. Faça uma cópia do retângulo distorcido, pois ele será usado como base do texto, e desloque-o para fora da prancheta.

11. Em seguida, selecione o retângulo e o texto que estão na prancheta e faça o alinhamento horizontal e vertical.

12. Desfaça a seleção, selecione apenas o texto, clique com o botão direito do mouse no texto e selecione a opção *Organizar/Enviar para trás* (*Arrange/Send to Back*).

Esse procedimento é necessário porque o objeto fará a distorção do texto. Assim, ele deve estar por cima da palavra, para que você possa aplicar a *Distorção de envelope* (*Envelope Distort*).

13. Selecione o texto e o objeto e, no menu *Objeto* (*Object*), selecione a opção *Distorção de envelope/Criar com objeto superior* (*Envelope Distort/Make with Top Object*).

14. Coloque a cópia do retângulo distorcido sobre o texto, clique com o botão direito do mouse no retângulo e selecione a opção *Organizar/Enviar para trás* (*Arrange/Send to Back*).

15. Selecione o texto, reduza um pouco sua altura e largura, proporcionalmente, e ajuste-o sobre o retângulo.

16. Agrupe o texto e o retângulo e posicione-os sobre a flor.

17. Selecione os dois grupos e clique nos botões *Alinhamento horizontal centralizado* (*Horizontal Align Central*) e *Alinhamento vertical inferior* (*Vertical Align Botton*).

18. Agrupe todos os itens e seu logotipo estará pronto. Salve sua ilustração.

Atividade 3 – Desenvolvendo a frente do postal

Objetivo:

» Criar a frente de um postal utilizando os símbolos criados na atividade anterior.

Tarefas:

» Trabalhar com símbolos e editá-los.

» Trabalhar com subcamadas.

» Modificar um conjunto de símbolos com as ferramentas *Deslocar símbolos* (*Symbol Shifter*), *Dimensionar símbolos* (*Symbol Sizer*) e *Colorizar símbolos* (*Symbol Stainer*).

» Trabalhar com o recurso *Distorção* (*Distortion*) no texto.

» Conhecer mais recursos dos pincéis.

Nesta etapa, você desenvolverá a frente do postal e, ao final, terá uma imagem semelhante à figura a seguir.

Ajustando a sangria e organizando as camadas

É preciso definir a sangria para seu projeto, como já foi explicado anteriormente.

1. Desfaça qualquer seleção e clique no botão *Configuração de documento* (*Document Setup*) no painel *Controle* (*Control*).
2. Altere o valor da sangria (*Bleed*) para *5 mm* em todas as caixas e clique em *OK*. Se o botão *Igualar todas as configurações* (*Make All Settings the Same*) estiver ativado, basta alterar uma das caixas.

Trabalhando com subcamadas

Para auxiliar ainda mais na organização de seu trabalho, o Illustrator permite a criação de subcamadas, que nada mais são do que camadas dentro de camadas.

3. No painel *Camadas* (*Layers*), altere o nome da *Camada 1* (*Layer 1*) para *Logotipo*. Portanto, a camada *Logotipo* conterá todos os elementos do logotipo que você criou.
4. Crie uma nova camada e altere o nome para *Frente postal*. Essa nova camada conterá todos os elementos da frente do postal.

Dentro da camada *Frente postal*, você criará várias subcamadas durante o desenvolvimento desta etapa.

5. Com a camada *Frente postal* selecionada, clique no botão *Criar nova subcamada* (*Create New Sublayer*). Depois, altere o nome dessa nova camada para *Base*.

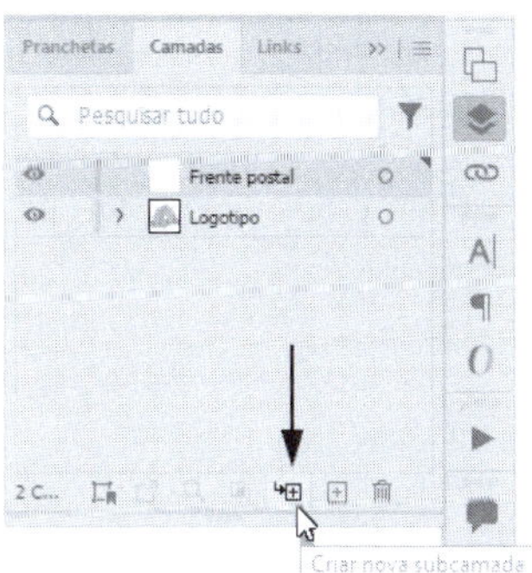

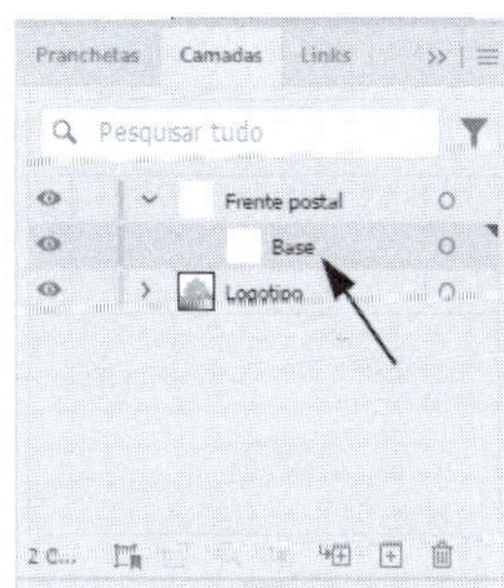

6. Salve seu trabalho.

CRIANDO O FUNDO

1. Abra o painel *Pranchetas* (*Artboards*) e dê duplo clique na prancheta *Frente postal* para encaixá-la na janela do documento.
2. No painel *Camadas* (*Layers*), mantenha a subcamada *Base* selecionada.
3. Com a ferramenta *Retângulo* (*Rectangle*), crie um retângulo do mesmo tamanho da sangria, mas lembre-se de que a sangria é representada pela linha vermelha. Dessa forma, parte do retângulo ficará para fora da prancheta, garantindo que não ocorrerão falhas após o corte do postal.
4. No painel *Cor* (*Color*), crie uma cor amarela digitando os seguintes valores: *C* = *4*, *M* = *0*, *Y* = *68* e *K* = *0*. Como você deixou o retângulo selecionado, a cor já estará aplicada.
5. Faça uma cópia da subcamada *Base* clicando nela e arrastando-a para cima do botão *Criar nova camada* (*Create New Layer*). Em seguida, altere o nome da nova subcamada para *Base 2* e clique na caixa *Bloquear* (*Toggle Lock*) da camada *Base*.

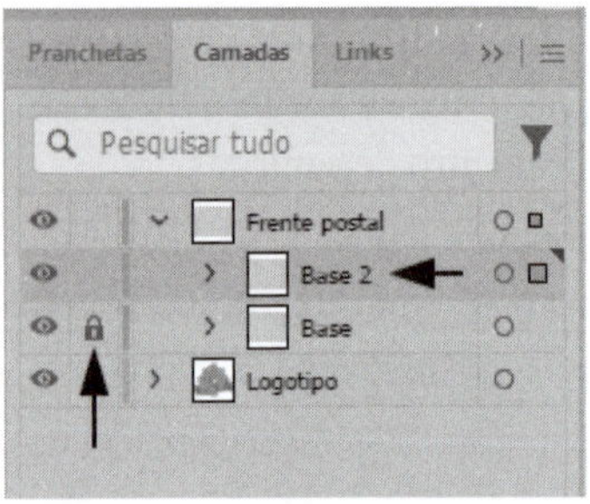

6. Mantenha a subcamada *Base 2* selecionada e selecione o retângulo.
7. No painel *Amostras* (*Swatches*), clique no botão *Menu Biblioteca de amostras* (*Swatch Library Menu*) e selecione a opção *Gradientes/Brilhos* (*Gradients/Brights*).
8. Com o retângulo selecionado, verifique no painel *Amostras* (*Swatches*) se a opção *Preenchimento* (*Fill*) está ativada. Caso contrário, clique nela.
9. Na biblioteca *Brilhos* (*Brights*), clique no gradiente *Verde amarelado* (*Yellow Green*) e retire a cor de contorno, caso tenha alguma definida.

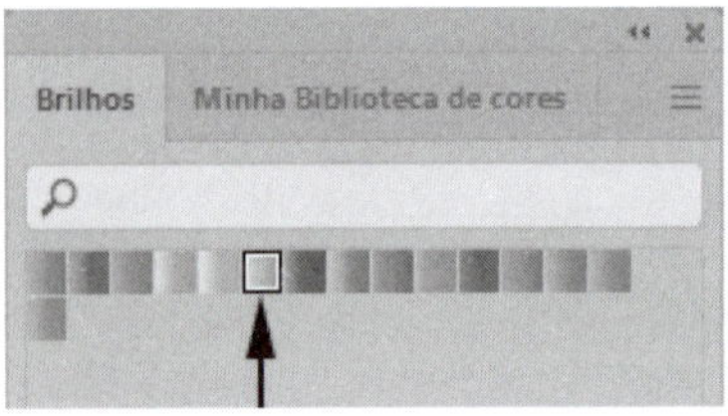

10. Verifique se as *Guias* (*Guides*) estão bloqueadas. Abra o menu *Exibir* (*View*), clique em *Guias* (*Guides*) e selecione *Desbloquear guias* (*Unlock Guides*), caso essa seja a opção atual.
11. Acrescente uma linha-guia vertical e altere sua posição X para 75 mm. Em seguida, reduza a largura do retângulo clicando em seu controle lateral esquerdo e levando-o até a linha-guia. Dessa forma, você terá o retângulo menor com o gradiente e o maior, por baixo, na cor amarela.

12. Apague a linha-guia vertical que você criou e, no painel *Camadas* (*Layers*), bloqueie a camada *Base 2*.

13. Salve o arquivo.

Ferramentas para alterar um conjunto de símbolos

O conceito aqui é primeiro utilizar a ferramenta *Pulverizar símbolos* (*Symbol Sprayer*), que cria um conjunto de símbolos, e depois utilizar as demais ferramentas de símbolos para fazer algumas alterações nesse conjunto.

1. Mantenha a camada *Frente postal* selecionada, crie uma nova camada e altere o nome para *Flores*.

2. Abra o painel *Símbolos* (*Symbols*), clique no botão *Menu Biblioteca de símbolos* (*Symbol Library Menu*) no canto inferior esquerdo do painel e selecione a opção *Flores* (*Flowers*).

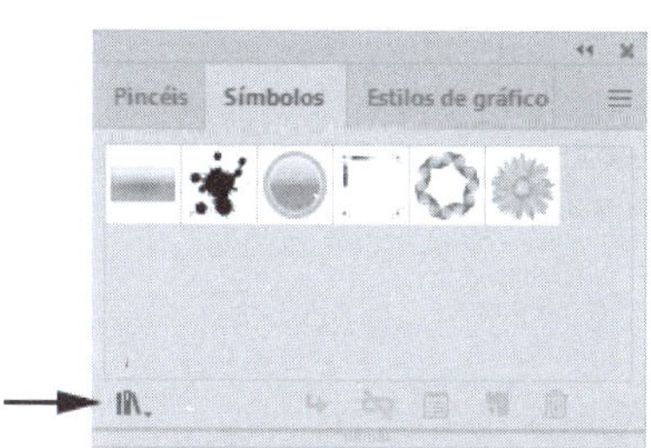

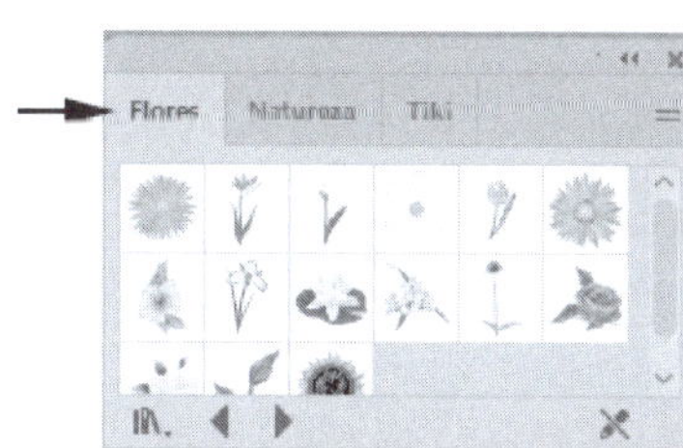

3. No painel *Flores* (*Flowers*), selecione a opção *Margarida* (*Daisy*), e ela será acrescentada ao painel *Símbolos* (*Symbols*).

4. Ative a ferramenta *Pulverizar símbolos* (*Symbol Sprayer*) na barra de ferramentas ou pressione as teclas de atalho *Shift* + *S*.

5. Dê duplo clique na ferramenta para abrir o quadro *Opções de ferramentas de simbolismo* (*Symbolism Tool Options*). Esse quadro permitirá configurar todas as ferramentas do grupo.

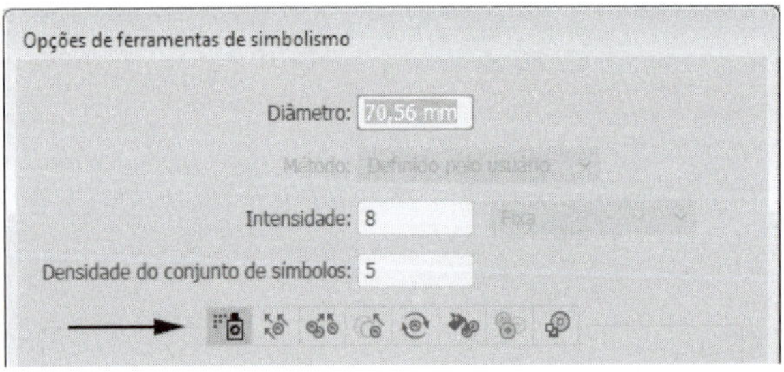

Basta você clicar na ferramenta desejada e o quadro exibirá as opções de ajustes para ela.

6. Neste caso, mantenha a primeira ferramenta selecionada [*Pulverizar símbolos* (*Symbol Sprayer*)] e, em *Diâmetro* (*Diameter*), digite *40 mm*.
7. No item *Intensidade* (*Intensity*), digite *7*. Essa opção definirá a distância entre cada instância do símbolo.
8. No item *Densidade do conjunto de símbolos* (*Symbol Set Density*), digite *8*. Essa opção definirá a compactação de símbolos no caminho percorrido pela ferramenta.
9. Clique em *OK* para finalizar os ajustes.
10. Clique próximo ao canto superior do documento e, mantendo o botão do mouse pressionado, arraste a ferramenta em zigue-zague para baixo, no espaço visível do retângulo amarelo, conforme mostra a figura a seguir.

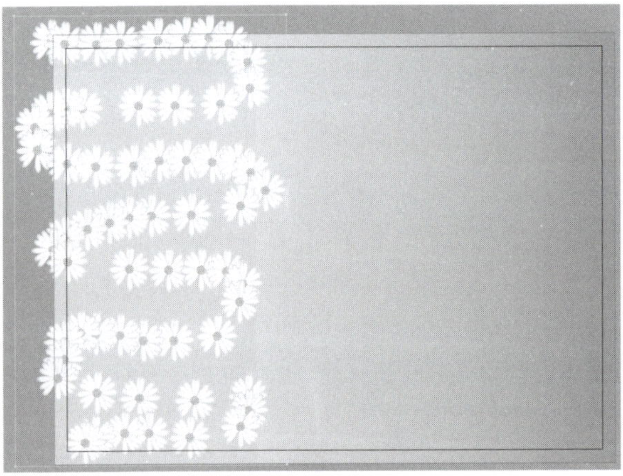

Não se preocupe se seu trabalho ficar diferente da figura anterior, pois a aplicação da ferramenta é bem intuitiva e varia de acordo com o traçado.

Ferramenta Deslocar símbolos (Symbol Shifter)

11. Esta ferramenta permite modificar a posição das cópias do grupo de símbolos de forma suave. Para tanto, dê duplo clique na ferramenta *Pulverizar símbolos* (*Symbol Sprayer*) para abrir o quadro *Opções de ferramentas de simbolismo* (*Symbolism Tool Options*).
12. Selecione a ferramenta *Deslocar símbolos* (*Symbol Shifter*) e altere somente seu diâmetro para *30 mm*.

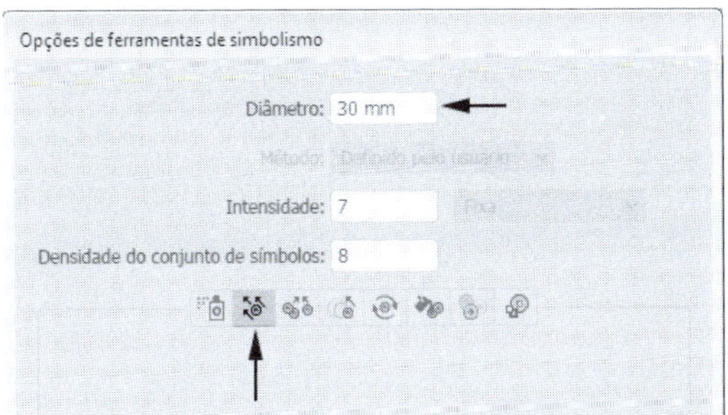

13. Posicione a ferramenta sobre as flores, vá dando cliques e arrastando as flores para distribuí-las no espaço. Procure deixar próximo de como mostra a figura a seguir.

> Enquanto você movimenta as flores, o contorno delas será exibido. Porém, ao liberar o botão do mouse, você verá o resultado.

14. Salve seu arquivo.

Ferramenta Dimensionar símbolos (Symbol Sizer)

Essa ferramenta permite aumentar o tamanho dos símbolos no grupo de símbolos na região onde ela atua.

15. Ative a ferramenta *Dimensionar símbolos* (*Symbol Sizer*), no mesmo grupo da ferramenta *Pulverizar símbolos* (*Symbol Sprayer*).

16. Posicione a ferramenta sobre o conjunto de símbolos, clique e mantenha o botão do mouse pressionado para aumentá-los. Quanto mais tempo você deixar o botão do mouse pressionado, mais a ferramenta aumentará os símbolos, portanto, procure aumentar algumas flores aleatoriamente, a fim de cobrir um pouco mais os espaços vazios.

Não é necessário que seu trabalho fique idêntico à figura anterior, pois essa é apenas uma sugestão.

Ferramenta Colorizar símbolos (Symbol Stainer)

Com essa ferramenta, é possível pintar cada cópia do grupo de símbolos com uma única cor, mas os tons obedecerão às variações originais existentes no símbolo. É possível pintar mais de um símbolo ao mesmo tempo controlando-se o diâmetro da ferramenta.

17. Ative a ferramenta *Colorizar símbolos* (*Symbol Stainer*) do mesmo grupo, dê duplo clique nela e altere o diâmetro para 30 mm.

18. Selecione, por exemplo, uma cor azul no painel *Amostras* (*Swatches*).

19. Posicione o cursor sobre as flores, clique e mantenha o botão do mouse pressionado por alguns segundos. Em seguida, libere o botão. Observe que a aplicação da cor apresenta maior intensidade onde a ferramenta encobre totalmente o símbolo, enquanto nas laterais ela fica mais suave.

> Ao clicar em um símbolo, a linha de contorno dos itens que serão afetados é exibida para que você veja quais sofrerão a ação da ferramenta. Quanto mais tempo você mantiver o botão do mouse pressionado sobre o símbolo, mais intensa será a aplicação da cor.

20. Escolha cores variadas e aplique-as em outros símbolos, a seu gosto.

21. Para finalizar, com a ferramenta *Seleção* (*Selection*) ativa, mova a camada *Flores*, deixando-a entre as camadas *Base 2* e *Base*.

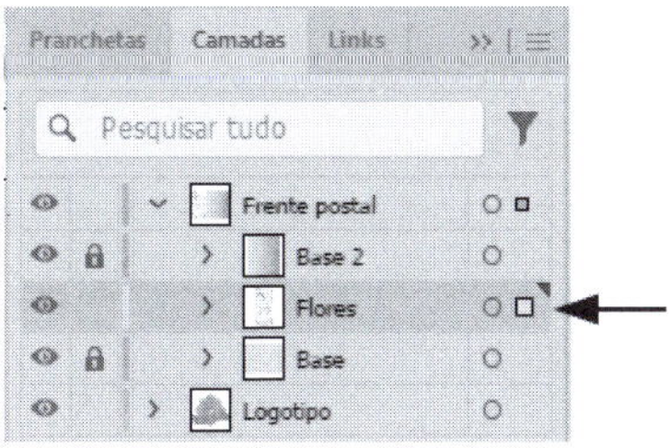

22. Para dar um toque especial ao fundo do postal, aplique uma sombra. Desbloqueie a camada *Base 2*.

23. Selecione o retângulo menor e, no menu *Efeito* (*Effect*), clique em *Estilizar/Sombra* (*Stylize/Drop Shadow*).

24. No quadro de diálogo *Sombra* (*Drop Shadow*), ajuste as configurações como mostrado a seguir e clique em *OK*. O resultado final deverá ser similar à figura a seguir.

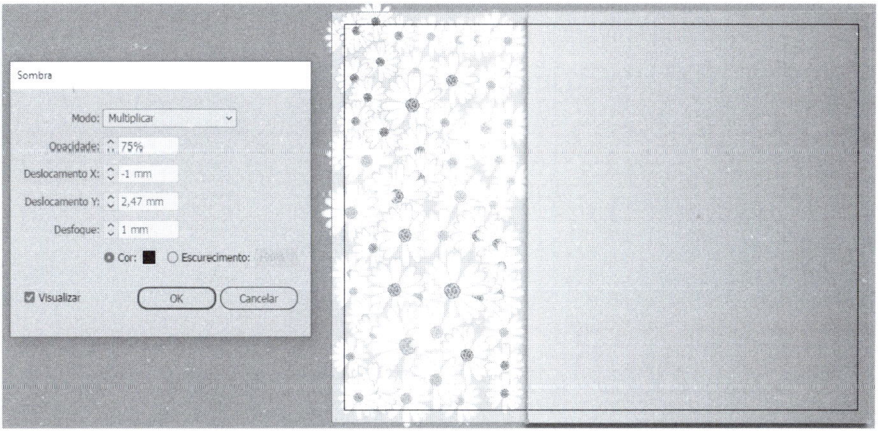

25. Para finalizar, bloqueie as camadas *Flores* e *Base 2* e, em seguida, salve a ilustração.

Colocando o logotipo no postal

1. Desabilite a visualização da camada *Flores*.

2. Selecione a camada *Base 2* e crie uma nova camada, alterando o nome para *Logo-postal*.

3. Crie um retângulo de 85 mm de largura por 60 mm de altura. Depois, altere a cor de preenchimento para *Verde CMYK* (*CMYK Green*) e a cor de contorno para *Branco* (*White*).

4. Posicione-o no canto superior esquerdo do documento com suas bordas apoiadas na linha de sangria.

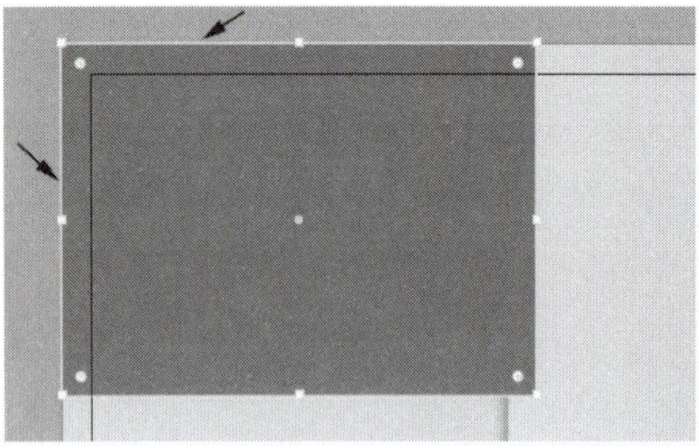

5. Na caixa *Opacidade* (*Opacity*) do painel *Controle* (*Control*), altere o valor para *65%*, criando uma transparência no retângulo.

6. Faça uma cópia do logotipo que você criou anteriormente e altere o tamanho para 62 mm de largura, com altura proporcional.

7. Com a cópia do logotipo selecionada, vá ao painel *Camadas* (*Layers*) e selecione a camada *Logo-postal*.

8. Clique com o botão direito na cópia do logotipo e selecione *Organizar/Enviar para a camada atual* (*Arrange/Send to Current Layer*). Dessa forma, a cópia fará parte da subcamada da frente do postal.

9. Coloque a cópia do logotipo sobre o retângulo.

10. Bloqueie a camada *Logo-postal*, ative a visualização da camada *Flores* e salve a ilustração.

Criando o título do postal

Para o título do postal, você vai explorar um pouco mais os recursos do painel *Aparência* (*Appearance*) e conhecer a ferramenta *Datilografia* (*Touch Type*).

1. Mantenha a camada *Logo-postal* selecionada, crie uma nova camada e mude o nome para *Título*.
2. Ative a ferramenta *Tipo* (*Type*) e no painel *Caractere* (*Character*) ajuste as configurações do caractere para *Futura PT*, estilo *Bold*, tamanho *100 pt* e espaçamento entre os caracteres da palavra *0*. Caso não tenha essa fonte em seu computador, utilize uma similar.
3. Clique em uma área fora da prancheta e digite a palavra "Coleção".
4. Ative a ferramenta *Seleção* (*Selection*) e, no painel *Cor* (*Color*), altere a cor de preenchimento para: *C = 0*, *M = 50*, *Y = 100* e *K = 0*.

Trabalhando com o painel Aparência (Appearance)

O painel *Aparência* (*Appearance*) fornece diversos recursos para exibir e ajustar os atributos de aparência de um objeto, de um grupo ou de uma camada.

5. Mantenha o texto selecionado e abra o painel *Aparência* (*Appearance*) pressionando *Shift* + *F6*.

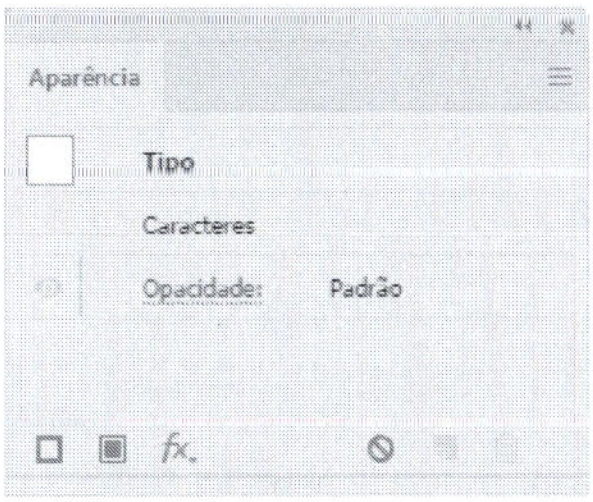

Da esquerda para a direita, os botões na base do painel permitem *Adicionar novo traçado* (*Add New Stroke*), *Adicionar novo preenchimento* (*Add New Fill*), *Adicionar novo efeito* (*Add New Effect*), *Limpar aparência* (*Clear Appearance*), *Duplicar item selecionado* (*Duplicate Selected Item*) e *Excluir item selecionado* (*Delete Selected Item*).

6. Clique no botão *Adicionar novo traçado* (*Add New Stroke*) para acrescentá-lo à lista do painel e aplicá-lo ao objeto selecionado. Esse novo traçado será colocado, por padrão, em preto.

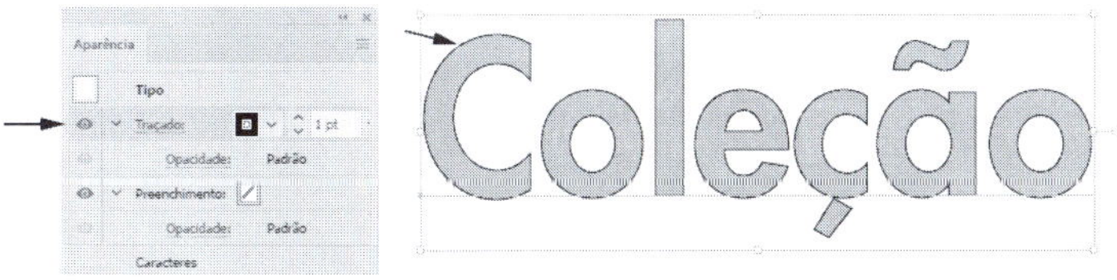

7. Clique na seta do item *Cor* (*Color*) e selecione a cor *Branco* (*White*).

8. Na caixa ao lado, altere a espessura do traçado para *1,25 pt*.

9. Clique no botão *Adicionar novo efeito* (*Add New Effect*) na base do painel e selecione a opção *Caminho/Deslocar caminho* (*Path/Offset Path*). Esse efeito movimentará o traçado, distanciando-o do texto.

10. No quadro *Deslocar caminho* (*Offset Path*), ajuste o valor de *Deslocamento* (*Offset*) para *0,7 mm* e mantenha o item *Junções* (*Joins*) com a opção *Mitra* (*Miter*) e o *Limite de mitra* (*Miter Limit*) com *4*. Depois, clique em *OK* para aplicar o efeito.

As opções do item *Junções* (*Joins*) definem como serão os cantos do traçado:

11. Observe abaixo do item *Traçado* (*Stroke*), no painel, e você verá todos os atributos do traçado que criou. Dessa forma, você terá acesso a qualquer um deles para poder fazer alterações.

12. Será preciso colocar o ano da coleção, e ele deverá ter as mesmas características que o texto *Coleção*, com exceção da cor de preenchimento. Faça uma cópia do texto *Coleção*.

13. Ative a ferramenta *Tipo* (*Type*), clique na cópia do texto e altere-o para *2025*.

14. Mantenha o texto selecionado e, no painel *Aparência* (*Appearance*), selecione o item *Preenchimento* (*Fill*).

15. Clique na cor do item *Preenchimento* (*Fill*) para exibir as opções e, em seguida, clique no botão *Opções de amostras* (*Swatch Options*). Esse é outro caminho para você alterar a cor usando valores, mas desta vez partindo do painel *Amostras* (*Swatches*).

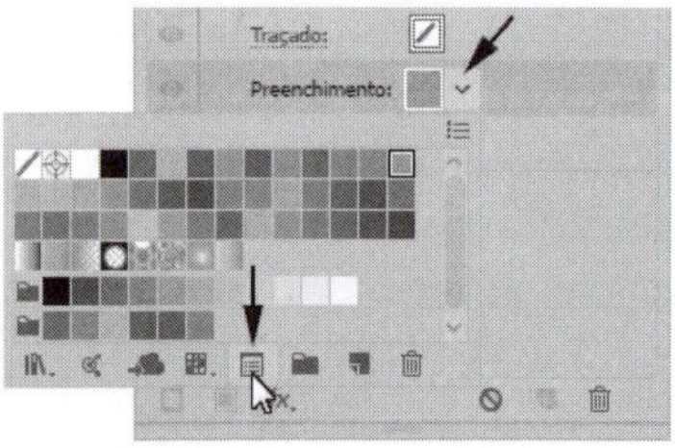

16. Altere a cor para *C = 0*, *M = 75*, *Y = 100* e *K = 0* e clique em *OK*.

17. Salve seu arquivo.

Ferramenta Datilografia (Touch Type)

Com a ferramenta *Datilografia* (*Touch Type*), você trabalha de forma criativa com o texto, produzindo visuais diferenciados. Você pode manipular os caracteres do texto como se cada um fosse um objeto individual, aplicando movimento e alterando sua escala ou rotação. Essas edições podem ser feitas com seu mouse ou com um dispositivo multitoque. Você utilizará essa ferramenta para editar o título do postal, deixando-o como a imagem a seguir.

18. Selecione a ferramenta *Datilografia* (*Touch Type*), dentro do grupo das ferramentas de texto, ou use as teclas de atalho *Shift + T*.

19. Dê um clique no número *0* (zero) do ano para selecioná-lo. Observe que os controles de manipulação são exibidos. Na imagem a seguir estão descritas as suas funções.

Para mover livremente o caractere, pode-se também clicar sobre ele e movê-lo.

20. Mova o número *0* para baixo até que seu centro fique aproximadamente alinhado à base do número *2*. Não se preocupe caso seu trabalho não fique igual à imagem mostrada, pois ela é apenas uma referência.

21. Mova o número *2* para cima e depois aproxime-o do número *0*.

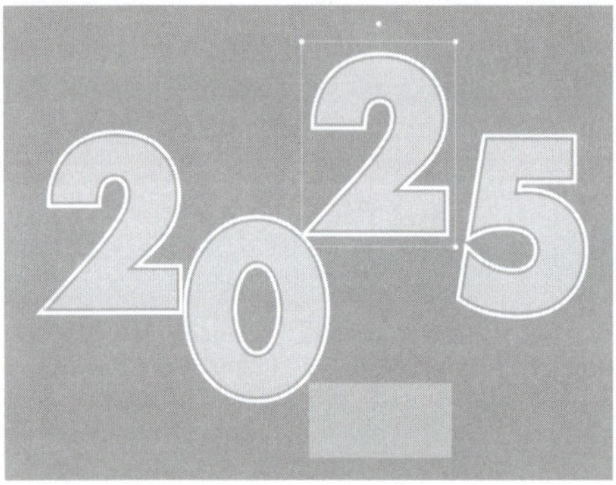

22. Por último, mova o número *5* para baixo e aproxime-o do número *2*.

23. Ative a ferramenta *Seleção* (*Selection*) e posicione o texto *Coleção* sobre o ano, aproximadamente como mostrado a seguir.

24. Ative novamente a ferramenta *Datilografia* (*Touch Type*) e selecione a letra *C*.

25. Clique no controle de *Escala proporcional* e aumente a letra para cerca de 130%. Basta acompanhar pela caixa que é exibida ao lado do cursor enquanto você faz a alteração.

26. Agora posicione o cursor sobre o controle de *Rotação livre* e gire a letra no sentido anti-horário em aproximadamente 10º.

27. Para finalizar, clique na letra e arraste-a para a posição mostrada a seguir.

Com esses procedimentos, você viu como é simples fazer as alterações no texto, deixando-o com um visual impactante.

28. Agora faça o mesmo com as demais letras da palavra *Coleção*, guiando-se pela imagem a seguir.

29. Após fazer os ajustes nas letras, agrupe a palavra *Coleção* e o ano e coloque-os na posição final do postal. Em seguida, bloqueie a camada *Título*.

30. Mantenha a camada *Título* selecionada e crie uma nova camada. Em seguida, altere o nome para *Texto*.

31. Com a ferramenta *Tipo* (*Type*), crie um contêiner logo abaixo do título e digite o texto *Lançamento nacional da nova linha de produtos!*.

32. Altere as configurações do texto aplicando a fonte *Diavlo*, estilo *Book*, tamanho *30 pt*, entrelinha de *36 pt* e centralizado. Caso não tenha essa fonte, substitua por outra de seu agrado.

33. Ajuste a largura do contêiner e posicione-o aproximadamente como aparece na figura a seguir.

34. Salve seu arquivo.

Trabalhando com pincéis (brushes)

Os pincéis permitem estilizar a aparência de caminhos, sendo possível aplicar traçados de pincel em caminhos existentes ou usar a ferramenta *Pincel* (*Paintbrush*) para desenhar um caminho e aplicar um traçado de pincel simultaneamente.

Existem cinco tipos diferentes de pincéis no Illustrator.

- *Pincéis caligráficos*: criam traçados parecidos com o da ponta angular de uma caneta caligráfica que são desenhados ao longo do centro do caminho. Ao usar a ferramenta *Pincel irregular*, você pode pintar com um pincel caligráfico e expandir automaticamente o traçado do pincel como forma de preenchimento. Isso o torna capaz de fazer a mesclagem com outros objetos, preenchidos da mesma cor, que fazem interseção ou que são adjacentes dentro da ordem de empilhamento.

- *Pincéis de difusão*: dispersam cópias de um objeto, como um besouro ou uma folha, ao longo do caminho.

- *Pincéis artísticos*: esticam uma forma de pincel, como o carvão áspero, ou de objeto ao longo do comprimento do caminho.

- *Pincel de cerdas*: cria traçados de pincel com a aparência de um pincel natural com cerdas.

- *Pincéis de padrão*: pintam um padrão, formado por blocos gráficos individuais, que se repete ao longo do caminho. Pincéis de padrão podem incluir até cinco blocos gráficos, correspondentes às laterais, ao vértice interno, ao vértice externo, ao início e ao final do padrão.

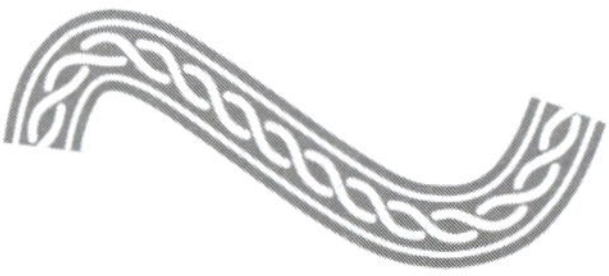

Utilizando imagens em pincéis

Além de utilizar símbolos, ilustrações e diferentes traçados nos pincéis, você pode criar um pincel utilizando uma imagem rasterizada, ou seja, uma foto.

Esse recurso só pode ser utilizado quando você cria pincéis dos tipos *Dispersão*, *Artístico* e *Padrão*. Você pode utilizar qualquer imagem que esteja incorporada ao arquivo do Illustrator, ou importar uma nova imagem para esse fim.

É importante considerar que o uso de imagens grandes afetam o desempenho dos pincéis e do próprio Illustrator. Quando você seleciona uma imagem desse tipo, o Illustrator exibe um alerta sobre o tamanho da imagem.

As imagens em um pincel tomam a forma do traçado, ou seja, podem ser dobradas, escalonadas e esticadas de acordo com a forma e o tipo do traçado.

Você pode utilizar vários tipos de imagem como TIFF, JPG, PSD e PNG, mas as imagens BMP não podem ser usadas diretamente. Elas precisam ser rasterizadas em escala de cinza antes de serem usadas em um pincel.

Você vai explorar esse recurso para aplicar detalhes no postal, utilizando imagens disponíveis na pasta *Arquivos de trabalho*.

1. No painel *Camadas* (*Layers*), selecione a camada *Base 2* e crie uma nova camada acima dela, nomeando-a *Detalhes*.
2. No menu *Arquivo* (*File*), clique em *Inserir* (*Place*), localize e selecione o arquivo *Folha2.psd* na pasta *Arquivos de trabalho*. Essa foto foi tratada no Photoshop apenas para apagar o fundo.
3. Desabilite a caixa *Link* (*Link*), pois os pincéis não aceitam imagens vinculadas, e clique no botão *Inserir* (*Place*). Quando o cursor estiver carregado com a imagem, clique em uma área fora da prancheta.

4. Ative o painel *Pincéis* (*Brushes*) e, com a ferramenta *Seleção* (*Selection*), clique e arraste a imagem para cima do painel *Pincéis* (*Brushes*), em uma área vazia. Observe que uma pequena linha vertical mais grossa exibe a posição.

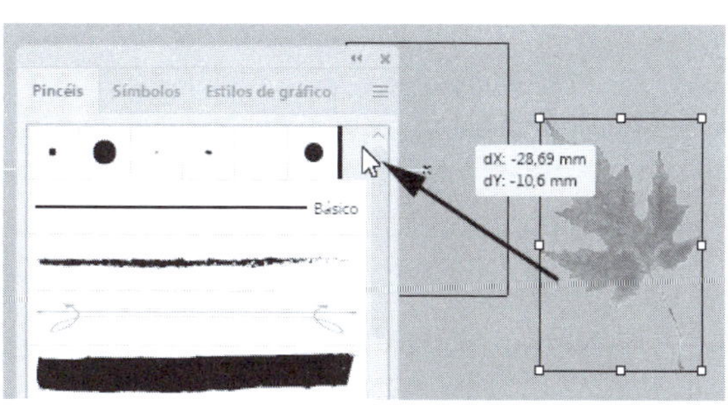

5. Solte o botão do mouse e o quadro *Novo pincel* (*New Brush*) será exibido.
6. Por padrão, o *Pincel de dispersão* (*Scatter Brush*) já estará selecionado. Para este caso, deixe como está, clique em *OK*, e o quadro *Opções de pincel de dispersão*

(*Scatter Brush Options*) será exibido. É nesse quadro que você pode ajustar todas as configurações do novo pincel.

7. Altere o nome do pincel para *FOLHAS* e ajuste os demais itens, como mostra a figura a seguir.

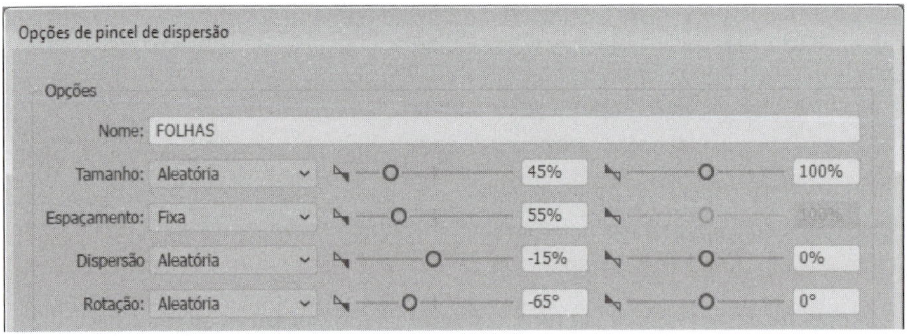

8. Clique em *OK*, e seu novo pincel estará na lista do painel *Pincéis* (*Brushes*).

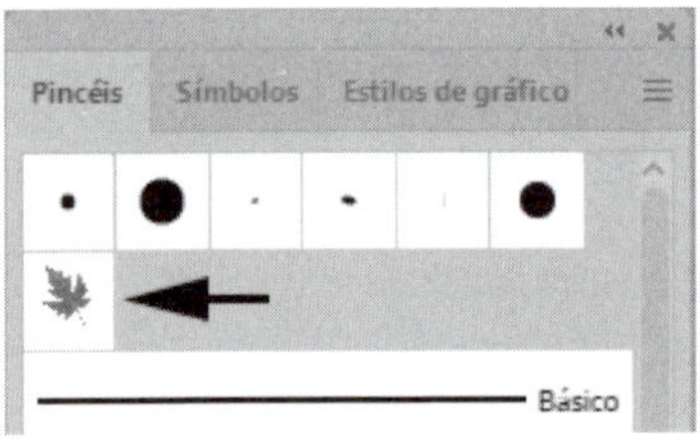

9. Agora selecione a ferramenta *Pincel* (*Paintbrush*). Clique no novo pincel no painel *Pincéis* (*Brushes*).

10. Posicione o cursor na parte inferior esquerda do postal, por exemplo, e faça um traçado de ponta a ponta, criando algumas curvas.

11. Solte o botão do mouse e veja o resultado.

12. Faça mais um traçado, criando curvas inversas às anteriores.

Perceba como é simples utilizar imagens em pincéis e conseguir efeitos inusitados. Se optar por criar um *Pincel artístico* (*Art Brush*) com uma imagem, poderá dar pinceladas em seu trabalho como se estivesse utilizando tintas, mas o que aparecerá será a imagem escolhida – sendo uma para cada pincelada.

13. Dê alguns cliques em outras posições para colocar mais algumas folhas.

14. Salve seu arquivo.

Com isso, a frente do postal está pronta. Na figura, você poderá vê-lo já refilado depois de impresso, ou seja, recortado nas linhas de corte.

Atividade 4 – Desenvolvendo o verso do postal

Objetivo: » Construir o verso do postal explorando o recurso de padrões e preenchimento e criação de objetos 3D.

Tarefas: » Criar padrões de preenchimento.

» Criar objetos 3D.

Nesta etapa, você desenvolverá o verso do postal e, ao final, terá uma imagem semelhante à figura a seguir.

PREPARANDO A BASE

1. Abra o arquivo *Projeto Fulô*, caso o tenha fechado após a atividade anterior.
2. No painel *Pranchetas* (*Artboards*), dê duplo clique na prancheta *Verso postal*.
3. No painel *Camadas* (*Layers*), clique na seta do lado esquerdo da miniatura da camada *Frente postal* para ocultar as subcamadas.
4. Selecione a camada *Frente postal*, crie uma nova camada e altere o nome para *Verso postal*.
5. Ainda com a nova camada selecionada, clique no botão *Criar nova subcamada* (*Create New Sublayer*) e altere o nome para *Base 3*.

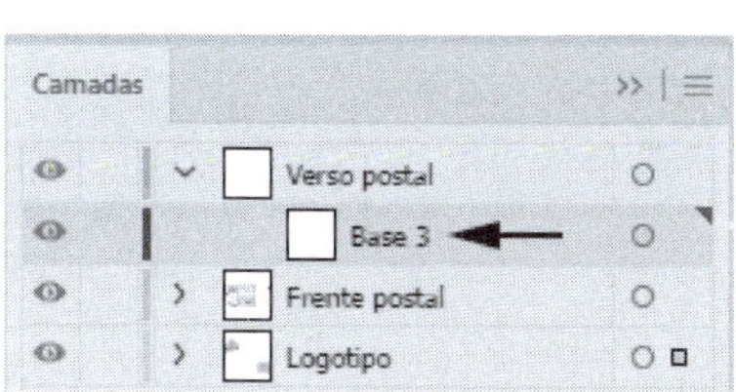

6. Crie um retângulo do mesmo tamanho das marcas de sangria. Remova a cor do traçado e aplique uma cor azul qualquer.

Criando um padrão de preenchimento

Além das cores disponíveis no painel *Amostras* (*Swatches*), o Illustrator também tem uma série de padrões disponíveis para o preenchimento de objetos.

Para uma melhor visualização das cores e padrões no painel, você pode escolher entre cinco opções de apresentação no menu de opções.

1. Abra o menu de opções do painel *Amostras* (*Swatches*) e veja todas as opções. Em seguida, selecione *Exibição em miniaturas grandes* (*Large Thumbnail View*).

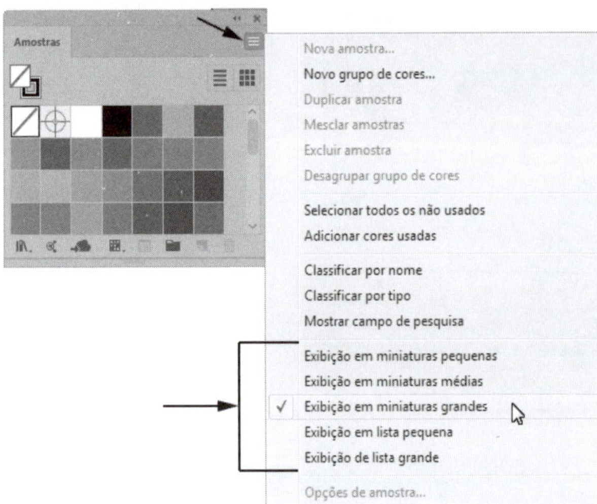

2. Use a barra de rolagem do painel e localize os padrões disponíveis.

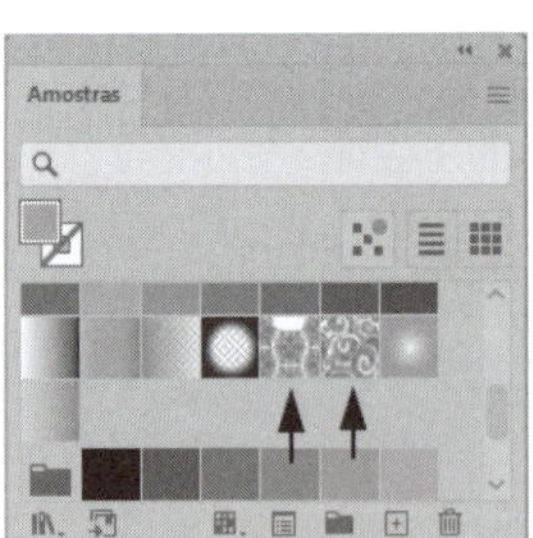

3. Além desses padrões, você encontrará outros no *Menu Biblioteca de amostras* (*Swatch Library Menu*), botão que fica no canto inferior esquerdo do painel. Abra esse menu e clique em *Padrões* (*Patterns*).

4. São três categorias de padrões: *Decorativos* (*Decorative*), *Gráficos básicos* (*Basic graphics*) e *Natureza* (*Nature*). Clique em *Natureza/Vegetação da natureza* (*Nature/*

Nature_Foliage) e um novo painel será aberto com os padrões da categoria escolhida.

5. Mantenha o retângulo selecionado, aplique o padrão *Cor de bambu* (*Bamboo Color*) e veja o resultado.

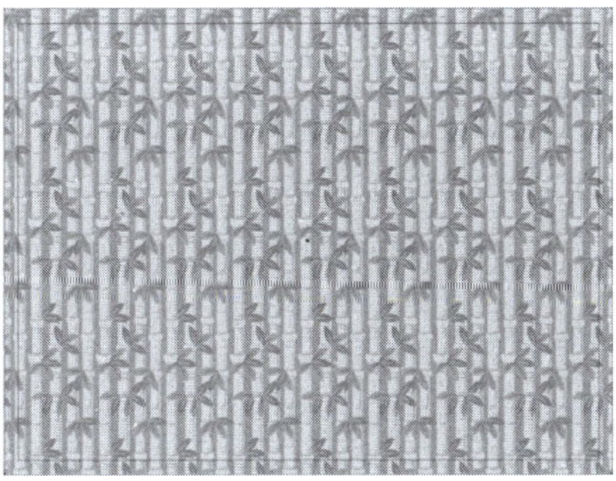

Mas, além de utilizar os padrões disponíveis, você pode criar seus próprios padrões de preenchimento.

6. No menu *Arquivo* (*File*), clique em *Inserir* (*Place*), localize o arquivo *Amostra-padrão.ai* disponível na pasta *Arquivos de trabalho*.

7. Desabilite a opção *Link* (*Link*) do quadro *Inserir* (*Place*), pois para criar um padrão o objeto deve estar incorporado ao arquivo, e clique em *Inserir* (*Place*). Você vai criar um padrão de preenchimento utilizando a ilustração a seguir.

8. Reduza o tamanho da ilustração para *40 mm* de largura e altura proporcional.

9. Mantenha a ilustração selecionada e, no menu *Objeto* (*Object*), clique em *Padrão/Criar* (*Pattern/Make*).

10. Uma mensagem é exibida indicando que o novo padrão foi criado. Clique em *OK*.

O painel *Opções de padrão* (*Pattern Options*) é exibido para que você faça os ajustes no novo padrão, e uma amostra é exibida na tela.

11. Na caixa *Nome* (*Name*) digite *Padrão de folhas.*
12. Em *Tipo de bloco* (*Tile Type*), você escolhe a forma como as cópias da ilustração serão organizadas. Para essa atividade, selecione a opção *Tijolo por linha* (*Brick by Row*).
13. *Largura* (*Width*) e *Altura* (*Height*) definem a distância entre as cópias da ilustração. Digite *40 mm* nas duas caixas.

Perceba que a ilustração original, que fica no centro do bloco de padrão, exibe os controles de dimensionamento e rotação. Portanto, você pode fazer as alterações diretamente nela com o cursor do mouse.

No canto superior esquerdo da janela, são exibidas as opções para consolidar a criação do padrão.

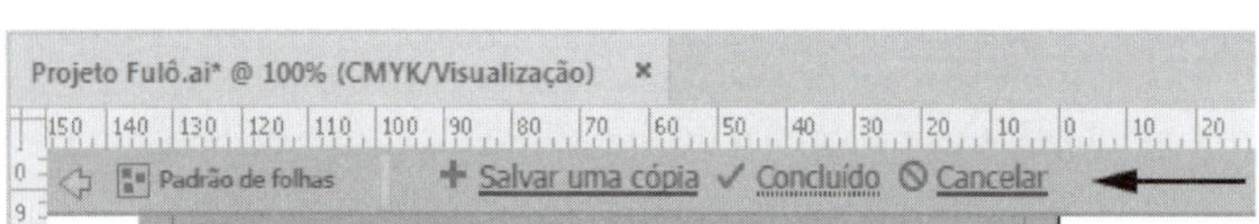

14. Clique em *Concluído* (*Done*) para finalizar a criação do padrão de preenchimento. Observe que o novo padrão já está disponível no painel *Amostras* (*Swatches*).

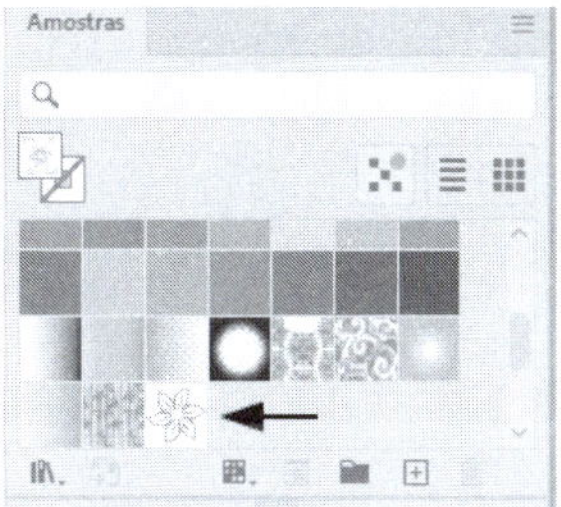

15. Selecione o retângulo e aplique o novo padrão criado.

16. Altere a *Opacidade* (*Opacity*) para *40%* no painel *Controle* (*Control*).

17. Salve o arquivo.

Criando padrões com o comando Gerar padrões

Com esse comando, você pode criar padrões através do recurso *Texto para padrão* (*Text To Pattern*), desenvolvido pelo *Adobe Firefly*, uma plataforma de inteligência artificial (*IA*) generativa. Com ele, basta digitar uma breve descrição do padrão a ser criado e ajustar os controles necessários no próprio painel.

Para conhecer esse comando, você criará uma segunda opção de fundo para o verso do postal.

1. Selecione a camada *Base 3*, clique no botão *Criar nova camada* (*Create New Layer*) e altere o nome para *Base 4*.
2. Desabilite a visualização da camada *Base 3*.
3. Ative a ferramenta *Retângulo* (*Rectangle*). No painel *Controle* (*Control*), remova a cor de preenchimento.
4. Crie um retângulo do mesmo tamanho das marcas de sangria, ative a ferramenta *Seleção* (*Selection*) e mantenha-o selecionado.
5. Para abrir o painel *Gerar padrões* (*Generate Patterns*), abra o menu *Objeto* (*Object*) e clique em *Padrão/Gerar padrões* (*Pattern/Generate Patterns*), ou apenas dê um clique no botão do painel *Amostras* (*Swatches*), como mostrado a seguir.

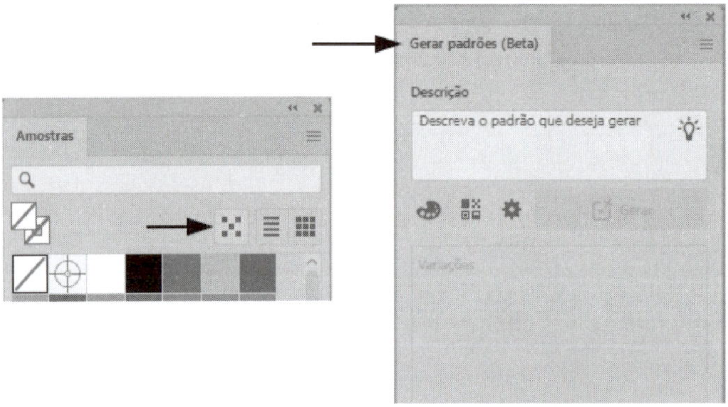

No campo *Descrição* (*Prompt*) do painel, digite como deseja preencher o objeto. Se estiver sem ideias, clique no ícone da lâmpada para obter sugestões.

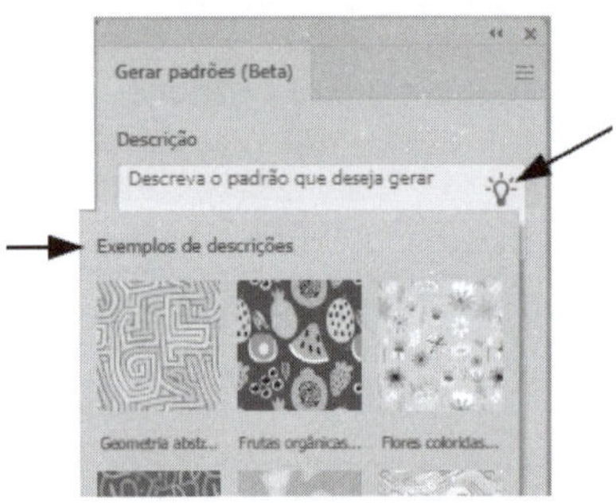

6. Experimente digitar "Folhas verdes de eucalipto" e clique no botão *Gerar* (*Generate*). Uma caixa de progresso será exibida durante o processamento. Ao final, três variações de preenchimento aparecerão na área *Variações* (*Variations*) do painel, sendo que a primeira é aplicada ao retângulo selecionado.

Para aplicar e visualizar outra variação, basta clicar sobre ela no painel. Caso você decida entrar com novas descrições, serão geradas três novas opções para cada uma delas, que serão acrescidas ao campo *Variações* (*Variations*) do painel, ficando disponíveis para uso.

7. Para esta atividade, selecione a terceira variação. Não se preocupe se as variações mostradas aqui forem diferentes das que você estiver gerando, pois a criação é aleatória.

O painel ainda oferece três botões para incrementar seu preenchimento:

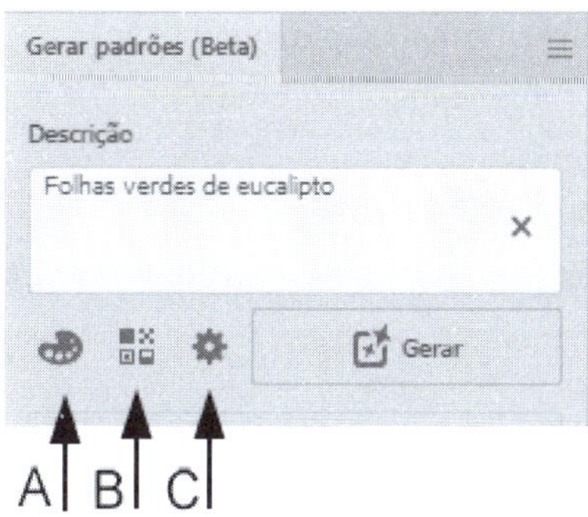

- **A** – *Cor e tom* (*Color & Tone*): exibe as opções para adicionar cores ou escolher entre predefinições de cores, selecionar o número de cores ou especificar as cores desejadas.
- **B** – *Efeitos* (*Effects*): exibe opções de efeitos a serem aplicados no preenchimento. Pode aplicar uma ou mais das opções disponíveis.
- **C** – *Configurações* (*Settings*): exibe o controle deslizante *Densidade* (*Density*) para controlar a densidade do padrão.

Após ajustar as configurações com esses botões, clique no botão *Gerar* (*Generate*) para criar as variações.

Os botões na base do painel permitem:

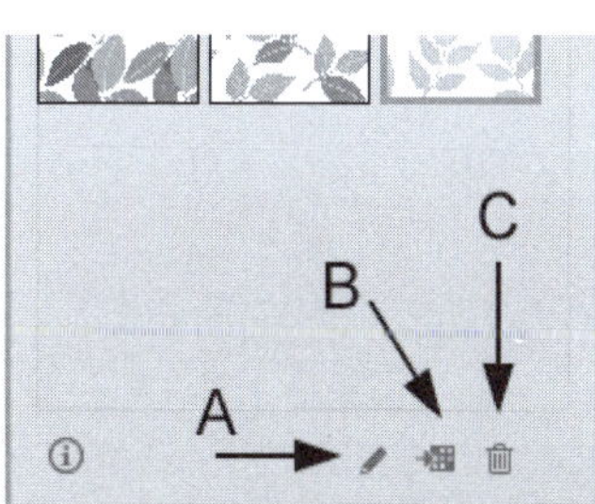

- **A** – *Editar padrão* (*Edit Pattern*): abre o painel *Opções de padrão* (*Pattern Options*) para que você faça os ajustes no novo padrão, como já visto anteriormente.

- **B** - *Adicionar a amostras* (*Add to swatches*): adiciona a variação ao painel *Amostras* (*Swatches*).
- **C** - *Excluir amostra* (*Delete Swatch*): deleta a variação selecionada.

8. Feche o painel, altere a *Opacidade* (*Opacity*) para *40%* no painel *Controle* (*Control*) e salve o arquivo.

Criando objetos 3D

Um dos mais interessantes recursos disponíveis no Illustrator é o 3D. Com ele, você transforma perfis bidimensionais em objetos tridimensionais rapidamente. Os resultados que você pode conseguir com esses recursos são:

Extrusão e bisel

Perfil

Perfil com o efeito *Extrusão 3D*

Revolução

Perfil

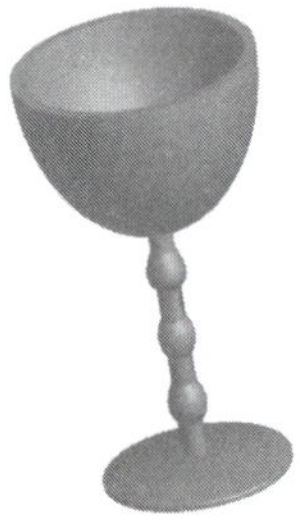

Perfil com o efeito *Revolução 3D*

Além de criar, você também pode controlar a aparência dos objetos, como luminosidade, sombreamento, rotação e outras propriedades.

Com esse efeito, você criará o frasco do produto *Desodorante Colônia*, especificado no postal.

1. Selecione a camada *Base 4* e crie uma nova camada. Altere o nome para *Frasco*.
2. Desabilite a visualização de todas as outras subcamadas deixando a prancheta em branco.
3. Abra o arquivo *perfil.ai* disponível na pasta *Arquivos de trabalho*. Esse arquivo tem o perfil para ser usado nesta etapa.

O arquivo do perfil foi disponibilizado para você agilizar o trabalho na atividade e também nos seus estudos. Mas não deixe de criar outros perfis e experimentar esse poderoso efeito.

4. Selecione o perfil e copie-o.
5. Clique na guia do arquivo *Projeto Fulô* e pressione as teclas *Ctrl* + *V* para colar o perfil no documento.
6. Agora, feche o arquivo *perfil*, pois ele não será mais necessário.
7. Com o perfil selecionado, aplique a cor *Ciano CMYK* (*CMYK Cyan*) para o preenchimento e retire a cor de contorno.
8. Abra o menu *Efeito* (*Effect*) e selecione a opção *3D e Materiais* (*3D and Materials*) / *3D* (*clássico*) (*3D Classic*) / *Revolução* (*clássico*) [*Revolve* (*Classic*)] para abrir o quadro de diálogo *Opções de Revolução 3D* (*3D Revolve Options*).
9. Clique na seta da caixa *Posição* (*Position*) e selecione a opção *Frente* (*Front*), que definirá a rotação da perspectiva quando o objeto em 3D for gerado. Para pré-visualizar o resultado, ative a caixa *Visualizar* (*Preview*).

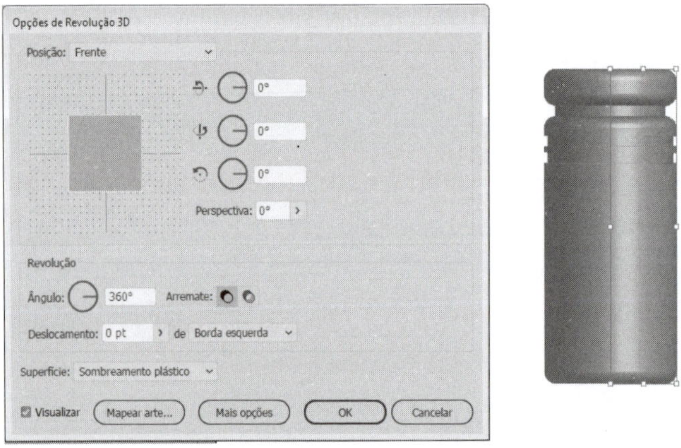

No item *Posição* (*Position*), haverá várias opções de visualização predefinidas. Experimente cada uma delas para entender melhor, mas, depois, volte à opção *Frente* (*Front*).

10. Abaixo do item *Posição* (*Position*) está o cubo de rastreio, que permite a rotação livre do objeto nos três eixos. Posicione o cursor sobre o cubo, clique e, mantendo o botão do mouse pressionado, gire-o.

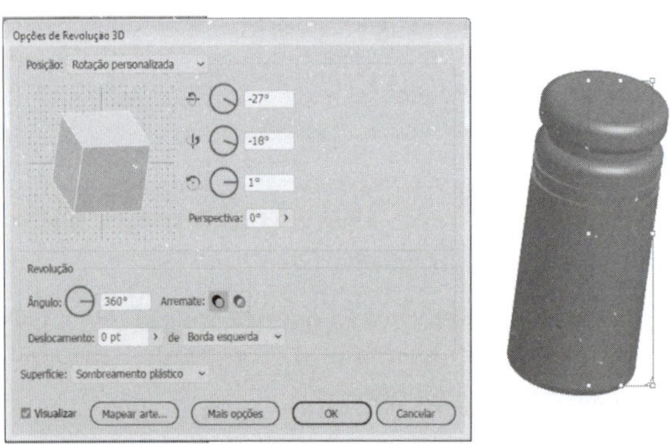

As três caixas ao lado do cubo mostram o ângulo de rotação que foi aplicado em cada um dos eixos.

11. Para que a rotação do seu objeto fique similar ao postal original, digite os valores demonstrados na figura a seguir.

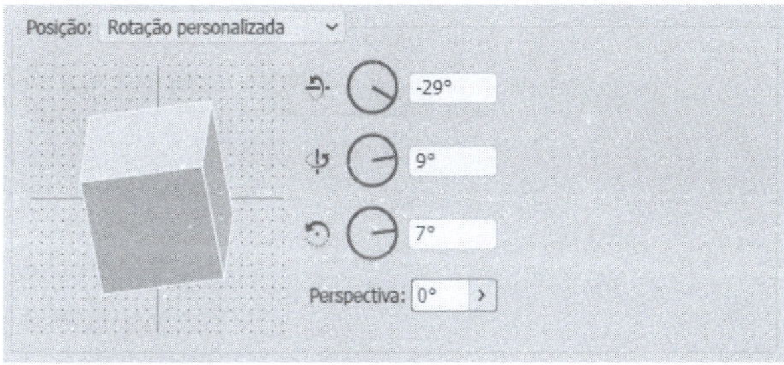

12. Para aplicar um efeito de perspectiva, como os provocados por lentes fotográficas, altere o valor da caixa *Perspectiva* (*Perspective*) para 95°.

Na base do quadro, haverá uma caixa chamada *Superfície* (*Surface*) com as opções de renderização do objeto. Essas quatro opções resultam em uma visualização diferente, conforme mostra a figura a seguir.

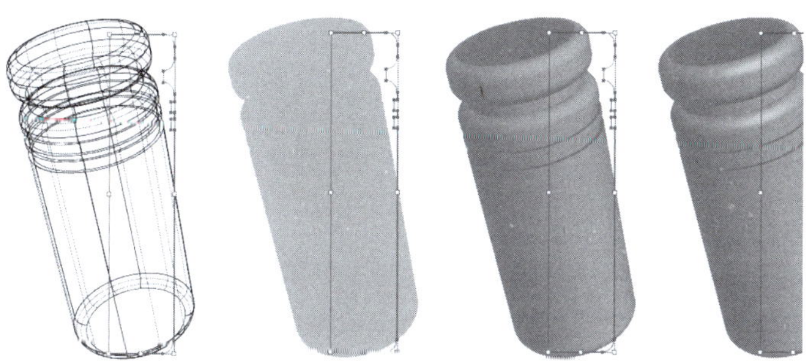

- A – *Esboço* (*Wireframe*): exibe apenas as linhas que formam o objeto em 3D, deixando-o transparente.
- B – *Sem sombreamento* (*No Shading*): adiciona apenas a cor de preenchimento escolhida por você antes de criar o objeto, sem a aplicação das sombras.
- C – *Sombreamento difuso* (*Diffuse Shading*): faz o objeto refletir a luz de forma difusa.
- D – *Sombreamento plástico* (*Plastic Shading*): faz o objeto refletir a luz de forma brilhante como se fosse um objeto plástico de superfície lisa.

13. Para esta atividade, selecione a opção *Sombreamento plástico* (*Plastic Shading*).

Opções de iluminação

Você pode controlar e configurar as luzes que incidem sobre o objeto. Por questões de padronização, uma luz já está definida.

14. Clique no botão *Mais opções* (*More Options*) e o quadro será expandido, exibindo as opções de luzes.
15. Clique no botão *Nova luz* (*New Light*) para acrescentar mais um ponto de luz à esfera de luzes.

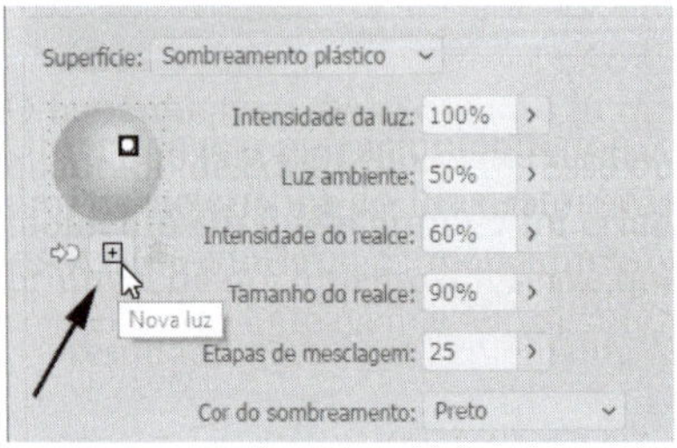

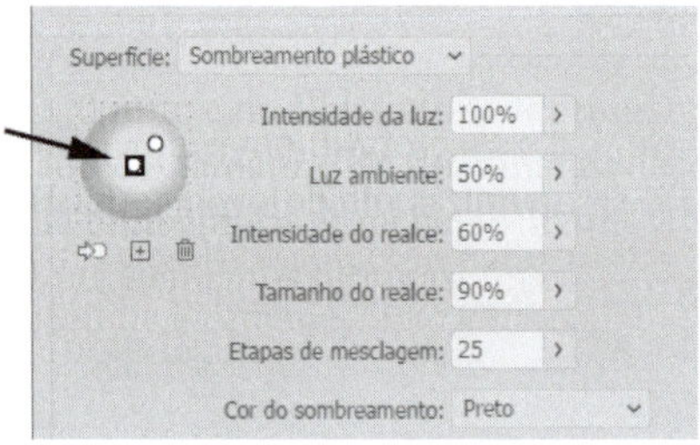

16. Clique no novo ponto de luz e desloque-o para o topo do círculo.

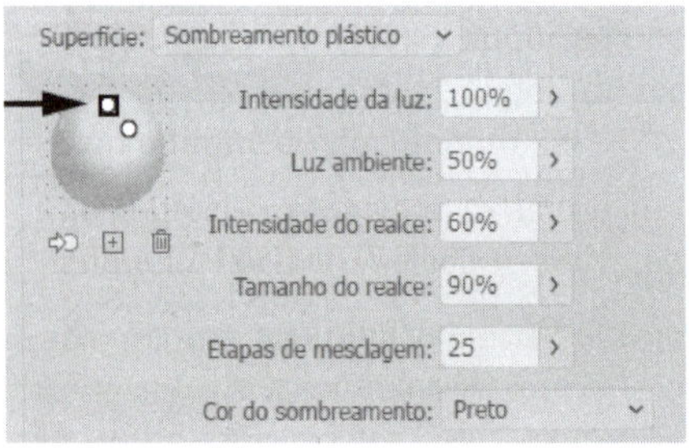

As caixas ao lado da esfera de luz permitem vários ajustes da luz selecionada.

17. Clique no botão *OK* para finalizar e salve a ilustração.

Opção Mapear arte (Map Art)

O objeto em 3D é formado por várias faces, e você pode aplicar um objeto 2D em qualquer uma dessas faces, como no rótulo do produto. Mas somente objetos que estejam no painel *Símbolos* (*Symbols*) podem ser aplicados, portanto, procure sempre criar os símbolos necessários para seu projeto.

Para esta atividade, você tem uma biblioteca de símbolos entre os arquivos disponibilizados na internet.

18. No painel *Símbolos* (*Symbols*), clique no botão *Menu Biblioteca de símbolos* (*Symbols Library Menu*) e selecione a opção *Outra biblioteca* (*Other Library*).

19. Na pasta *Arquivos de trabalho*, localize o arquivo *aqua*, selecione-o e clique no botão *Abrir* (*Open*). Será exibido um novo painel com o nome do arquivo contendo o símbolo que será usado.

20. Dê um clique no símbolo *Aqua* e ele será inserido no painel *Símbolos* (*Symbols*).

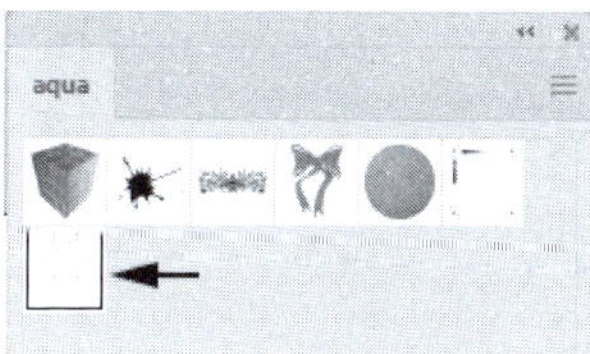

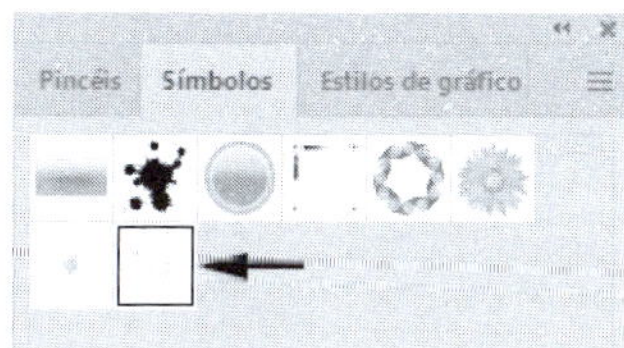

21. Agora, selecione o frasco e pressione as teclas *Shift* + *F6* para abrir o painel *Aparência* (*Appearance*), caso ele não esteja aberto.

22. Dê um clique no item *Revolução 3D* (*3D Revolve*) no painel para abrir o quadro *Opções de Revolução 3D* (*3D Revolve Options*) e editar o efeito.

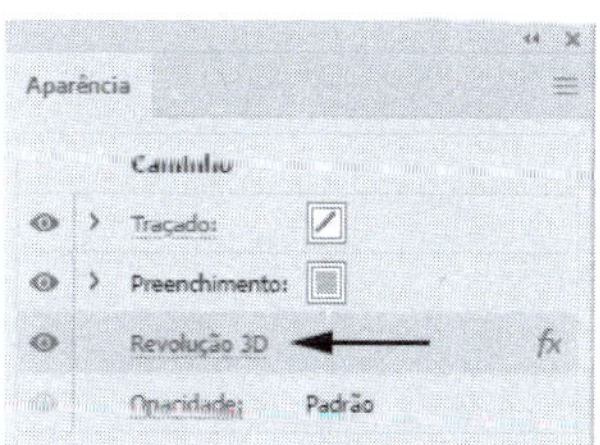

23. Ative a caixa *Visualizar* (*Preview*), clique no botão *Mapear arte* (*Map Art*) e será exibido o quadro de diálogo de mesmo nome.

No item *Superfície* (*Surface*), você poderá navegar pelas faces do objeto para escolher em qual delas irá aplicar o símbolo. Observe que esse objeto possui um total de 17 faces. Basta clicar nas setas para a direita ou para a esquerda para visualizar as faces no painel logo abaixo do item.

24. Clique na seta para a direita até exibir a face 4. Observe no objeto a grade que a representa.

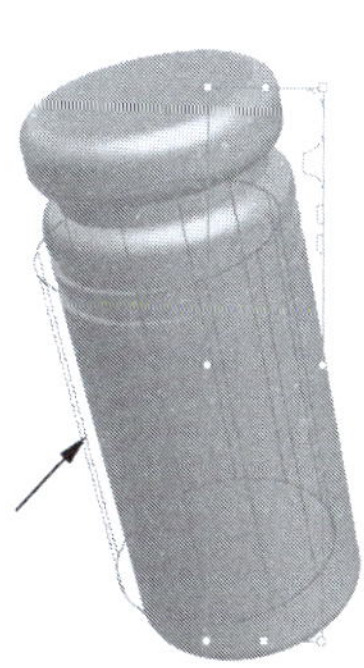

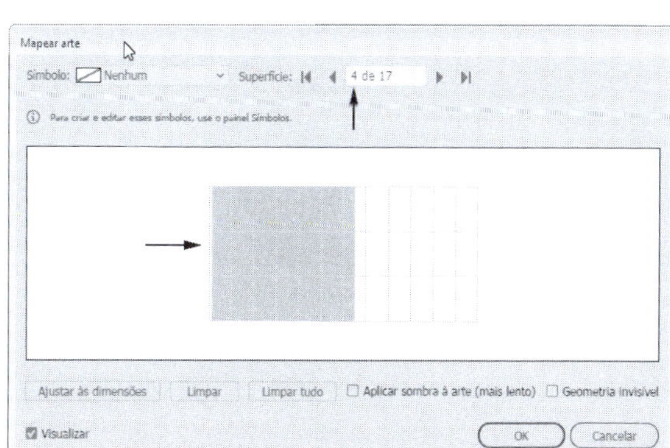

A face selecionada será mostrada no próprio objeto como uma grade vermelha para que você possa confirmar se é a opção que deseja.

25. Clique na seta da caixa *Símbolo* (*Symbol*), selecione o símbolo *Aqua* e automaticamente ele será colocado no painel.

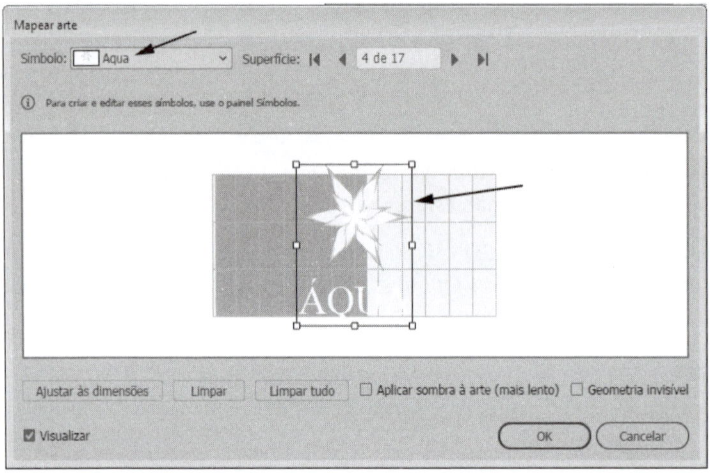

Note que a área mais escura (a da esquerda) representa a área não visível do objeto, e a área mais clara (da direita), a face visível.

26. Utilize os controles do símbolo para reduzir a altura para que ele se encaixe na área. Mantenha a tecla *Shift* pressionada para reduzir a largura proporcionalmente.

27. Em seguida, mova o símbolo para a área mais clara. Agora, você já poderá visualizar o símbolo aplicado ao objeto.

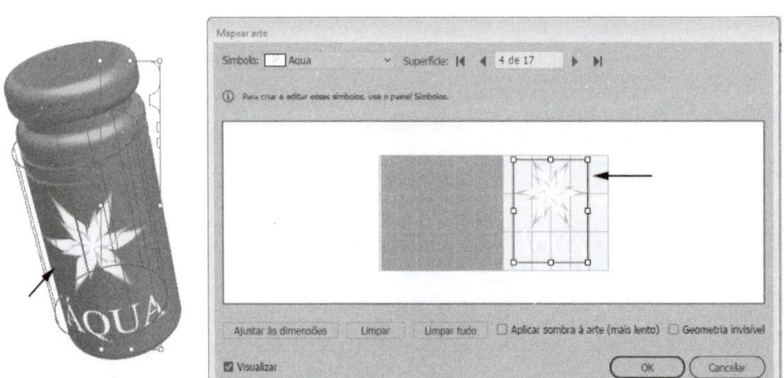

28. Navegue até a face 2 e aplique o símbolo *Margarida* (usado anteriormente no fundo da parte da frente do postal), aumentando o tamanho dele e centralizando-o. Não finalize ainda essa edição.

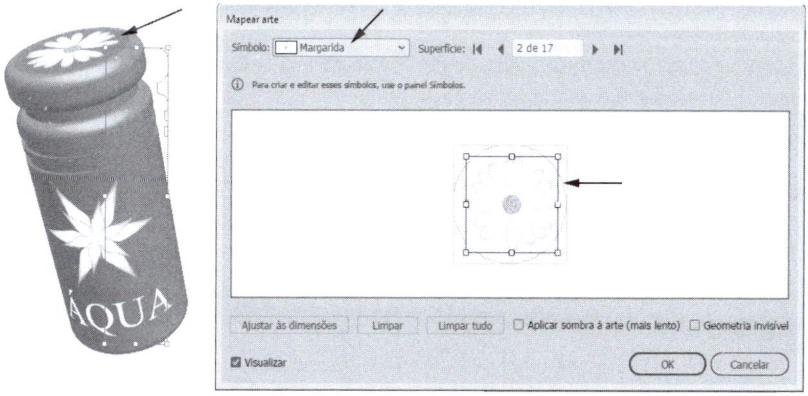

Se precisar fazer uma edição, use o botão *Limpar* para apagar o símbolo aplicado na face exibida ou, se preferir, utilize o botao *Limpar tudo* para apagar os símbolos de todas as faces.

A opção *Aplicar sombra à arte* (*mais lento*) [*Shade Artwork* (*slower*)] aplica os mesmos efeitos de luz do objeto nos símbolos aplicados nas faces, provocando um efeito mais realístico.

29. Clique na caixa *Aplicar sombra à arte* (*mais lento*) [*Shade Artwork* (*slower*)] para ativá-la. Em seguida, clique no botão *OK* para fechar o quadro *Mapear arte* (*Map Art*).

30. Clique no botão *OK* para fechar o quadro *Opções de Revolução 3D* (*3D Revolve Options*) e finalizar a edição.

31. No painel *Camadas* (*Layers*), ative a visualização de todas as camadas, mas lembre-se que o fundo tem duas opções e estão nas camadas *Base 3* e *Base 4* respectivamente. Escolha uma das opções e ative a visualização dela.

32. Aumente a altura do objeto para *96 mm*, mantendo uma largura proporcional.

33. Com o objeto selecionado, abra o menu *Efeito* (*Effect*) e selecione *Estilizar/Sombra* (*Stylise/Drop Shadow*) para aplicar o efeito de sombra.

34. Clique no botão *OK* para usar a configuração-padrão do efeito *Sombra* (*Drop Shadow*).

35. Desabilite a visualização da camada *Frasco* e salve a ilustração.

Acrescentando o logotipo

36. O logotipo também deve ser acrescentado no verso do postal, portanto, crie uma nova camada e altere o nome para *Logotipo verso*.
37. Selecione o logotipo na prancheta *Logotipo Fulô* e presisone as teclas *Ctrl* + *C*.
38. Selecione a camada *Logotipo verso* e pressione as teclas *Ctrl* + *V*. Dessa forma, a cópia do logotipo será colada na camada certa.
39. Reduza o tamanho do logotipo para *50 mm* de largura e altura proporcional.
40. Posicione-o no verso do postal, como mostra a figura a seguir.

41. Salve seu arquivo.

Acrescentando os textos complementares

1. Mantenha a camada *Logotipo verso* selecionada, crie uma nova camada e altere o nome para *Textos*.
2. Ative a ferramenta *Tipo* (*Type*), clique na prancheta e digite o texto *Nova linha de Desodorantes Colônia*.
3. Com a ferramenta *Seleção* (*Selection*), selecione o texto e formate-o com as características:

- Fonte: *Futura*.
- Estilo da fonte: *Book*.
- Tamanho: *24 pt*.
- Cor de preenchimento: *C = 0, M = 75, Y = 100* e *K = 0*.
- Cor de contorno: *Preto*.
- Traçado: *0,5 pt*.

4. Posicione o texto no postal como mostrado a seguir.

5. Crie um contêiner de texto no lado esquerdo do postal com a ferramenta *Tipo* (*Type*).

6. Em seguida, digite o texto:

Desodorante Colônia ÁQUA possui uma fragrância fresca e versátil. A suave predominância das notas de eucalipto e lavanda, combinadas a toques de rosas, gerânio e angélica, fazem de ÁQUA a fragrância perfeita para ser usada em todas as ocasiões.

7. Com a ferramenta *Seleção* (*Selection*), selecione o texto e formate-o com as características:

- Fonte: *Garamond*.
- Estilo da fonte: *Regular*.
- Tamanho: *14 pt*.
- Entrelinha: *16 pt*.
- Tracking: *0*
- Hifenizar: *desabilite a hifenização*
- Cor de preenchimento: *Preto*.
- Cor de contorno: *sem cor*.
- Traçado: *0 pt*.

8. Com a ferramenta *Seleção* (*Selection*), ajuste o tamanho do contêiner para aproximadamente *52 mm* de largura e *65 mm* de altura. Em seguida, posicione o contêiner de texto como mostra a figura a seguir.

9. Salve seu trabalho.

Você já utilizou o painel *Aparência* (*Appearance*) para aplicar efeitos diferenciados em textos. Agora, você vai usá-lo para produzir os últimos textos do verso do postal.

10. Mantenha a camada *Texto* selecionada, pois é nela que ficarão todos os textos do verso do postal.

11. Ative a ferramenta *Tipo* (*Type*), clique na prancheta e digite *FULÔ Summer*.

12. Ative a ferramenta *Seleção* (*Selection*) e, no painel *Controle* (*Control*), altere o tipo da fonte para *Century Gothic*, o tamanho para *40 pt* e a cor de preenchimento para laranja (*C = 0, M = 75, Y = 100* e *K = 0*).

13. Mantenha o texto selecionado e abra o painel *Aparência* (*Appearance*), destacando-o e deixando-o flutuante.

14. Dê duplo clique no item *Caracteres* (*Characters*), no painel *Aparência* (*Appearance*), e os atributos do texto serão exibidos.

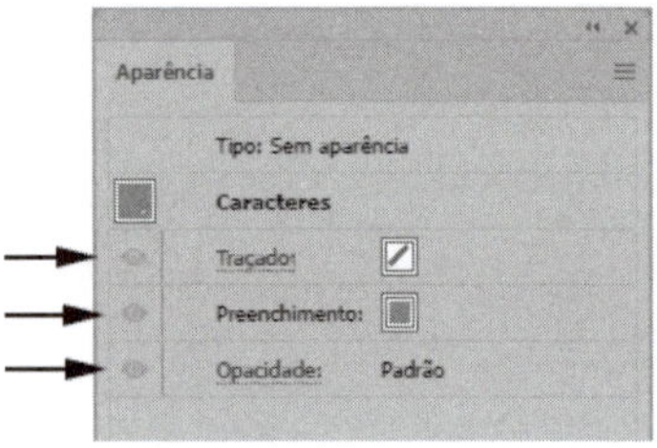

15. Clique no quadrado de cor do item *Traçado* (*Stroke*). Em seguida, clique na seta ao lado, selecione a cor *Verde CMYK* (*CMYK Green*) e, na caixa ao lado, altere a espessura do traçado para *0,75 pt*.

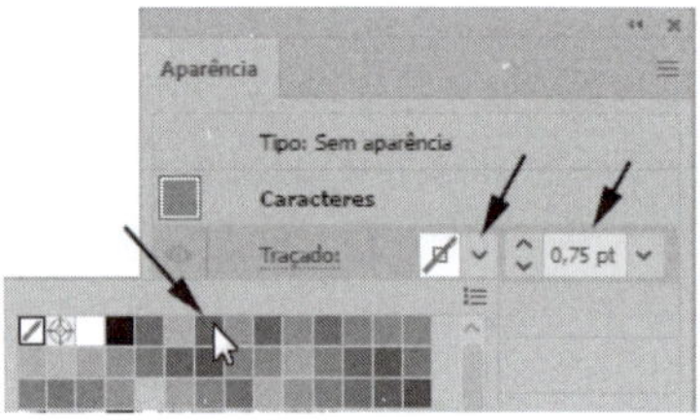

16. Em seguida, clique no item *Tipo*: *Sem aparência* (*Type*: *No Appearance*) para recolher o item *Caracteres* (*Characters*) e verificar a alteração feita no texto.

17. Clique no botão *Adicionar novo traçado* (*Add New Stroke*) na base do painel para aplicar um novo contorno ao objeto.

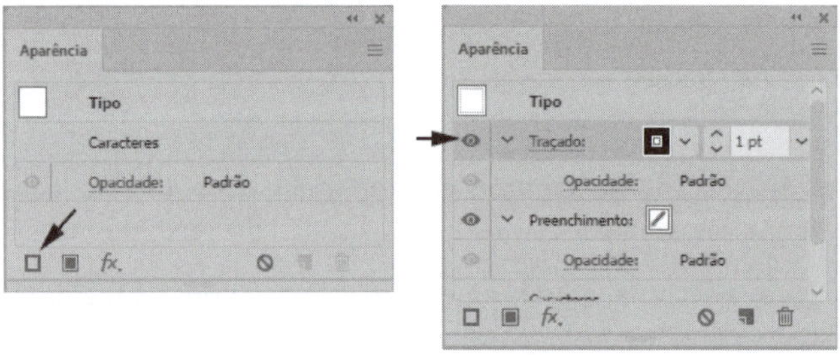

No novo *Traçado* (*Stroke*), por padrão, a cor é o preto e não há preenchimento. Observe que o contorno verde do objeto não foi substituído, pois ele estará por baixo do novo traçado em preto.

18. Clique no botão *Adicionar novo efeito* (*Add New Effect*) no painel *Aparência* (*Appearance*) e, em seguida, selecione a opção *Caminho/Deslocar caminho* (*Path/ Offset Path*) para exibir o quadro de diálogo.

19. Na caixa *Deslocamento* (*Offset*), digite *0,6 mm* para definir a distância do traçado ao objeto. Na caixa *Junções* (*Joins*), clique na seta e selecione *Arredondado* (*Round*) para arredondar o traçado.

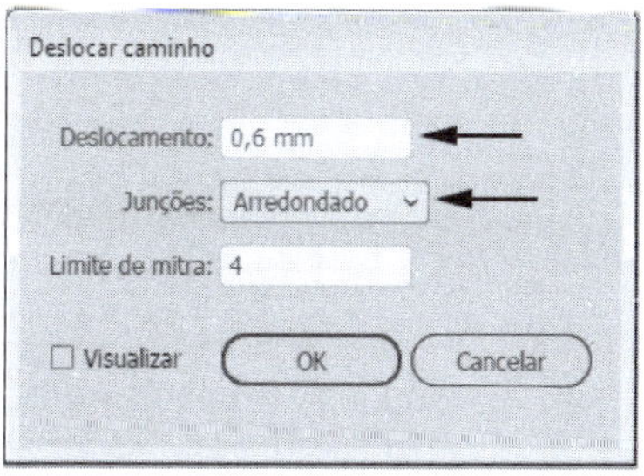

Se você quiser visualizar as alterações antes de finalizar as escolhas, ative a caixa *Visualizar* (*Preview*).

20. Agora, clique no botão *OK* para finalizar.

21. Com a ferramenta *Seleção* (*Selection*), posicione o texto no verso do postal, como mostra a figura a seguir.

O próximo texto, e último, será a palavra *ÁQUA*, o qual você também deverá trabalhar utilizando o painel *Aparência* (*Appearance*).

22. Digite a palavra *ÁQUA* e formate-a com a fonte *Times New Roman* e o tamanho *36 pt*.

23. Selecione a cor *Verde CMYK* (*CMYK Green*) para o preenchimento e deixe o contorno sem cor.

24. No painel *Aparência* (*Appearance*), adicione um novo traçado, altere a cor para um verde mais claro que o do preenchimento e configure a espessura para *0,75 pt*.

25. Clique no botão *Adicionar novo efeito* (*Add New Effect*), no painel *Aparência* (*Appearance*), e selecione a opção *Caminho/Deslocar caminho* (*Path/Offset Path*).

26. Configure o deslocamento para *0,5 mm*, junções para *Arredondado* (*Round*), limite de mitra para *4*. Clique no botão *OK* para finalizar.

27. Adicione mais um traçado e altere a cor para um verde mais claro que o aplicado no traçado anterior. Mantenha a espessura de *0,75 mm*.

28. Clique no botão *Adicionar novo efeito* (*Add New Effect*) e selecione a opção *Caminho/Deslocar caminho* (*Path/Offset Path*).

29. Configure o deslocamento para *1 mm*, junções para *Arredondado* (*Round*), limite de mitra para *4*. Clique no botão *OK* para finalizar. Ao final, a palavra deve ficar como mostrado na figura a seguir.

Todos os atributos colocados por meio do painel *Aparência* (*Appearance*) acompanharão qualquer alteração feita no objeto, sem deformá-lo.

30. Para isso, altere o tamanho da fonte do texto *ÁQUA* para *48 pt* e veja que os efeitos acompanharão essa alteração.

31. Posicione a palavra no verso do postal, no local indicado na figura a seguir, e gire-a.

32. Ligue a visualização da camada *Frasco* e ajuste a posição do frasco no postal.

33. Salve o arquivo.

Finalizando o verso do postal

Para finalizar o trabalho, você fará a aplicação de folhas com a ferramenta *Pincel* (*Paintbrush*). Em seguida, colocará a área de postagem e incluirá um símbolo de reciclagem.

1. Mantenha a camada *Frasco* selecionada, crie uma nova camada e mude o nome para *Folhas*.
2. Desfaça qualquer seleção clicando fora da prancheta com a ferramenta *Seleção* (*Selection*).
3. No painel *Pincéis* (*Brushes*), selecione o pincel *FOLHAS* e, no menu de opções, clique em *Duplicar pincel* (*Duplicate Brush*).

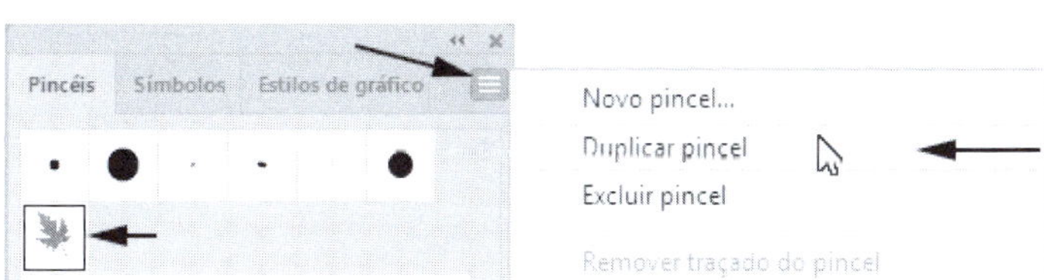

Essa operação é necessária porque você vai alterar as configurações do pincel, e não poderá modificar o que já foi aplicado na frente do postal.

4. Dê duplo clique na cópia do pincel para exibir o quadro *Opções de pincel de dispersão* (*Scatter Brush Options*).
5. Faça os ajustes mostrados na imagem a seguir. Fique à vontade para experimentar outras configurações.

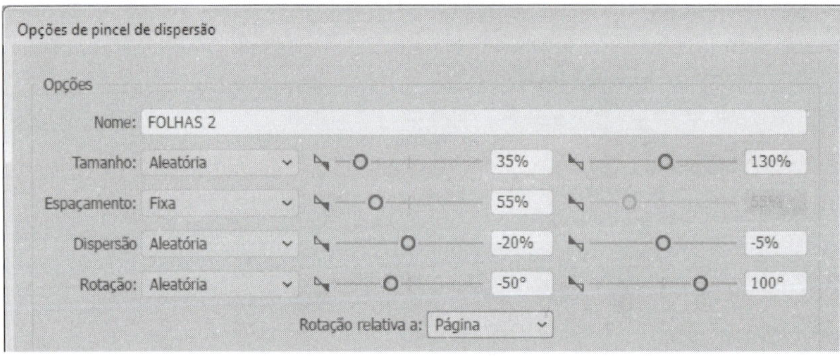

6. No painel *Aparência* (*Appearance*), desfaça qualquer seleção de itens, abra o menu de opções e clique em *Limpar aparência* (*Clear Appearance*).

7. Certifique-se de que a camada *Folhas* esteja selecionada no painel *Camadas* (*Layers*).

8. Com o novo pincel selecionado no painel *Pincéis* (*Brushes*), ative a ferramenta *Pincel* (*Paintbrush*) e faça um traçado em volta do frasco, como se estivesse contornando ele.

9. Faça mais um traçado abaixo da frase *FULÔ Summer*.

10. Para finalizar, mova a camada *Folhas* para baixo da camada *Frasco* no painel *Camadas* (*Layers*).

11. Veja o resultado final e salve seu arquivo.

Colocando a área de postagem

12. Ative a ferramenta *Seleção* (*Selection*), selecione a camada *Frasco* e crie uma nova camada, alterando o nome para *Detalhes*.

13. No menu *Arquivo* (*File*), clique em *Inserir* (*Place*), localize o arquivo *postagem.ai* e clique nele para selecioná-lo.

14. Ative a opção *Exibir opções de importação* (*Show Import Options*). Essa é mais uma forma de se fazer a inserção de um arquivo.

15. Clique no botão *Inserir* (*Place*) e, no quadro de diálogo *Inserir PDF* (*Place PDF*), selecione a opção *Arte* (*Art*) na caixa *Cortar até* (*Crop to*). Dessa forma, será inserida apenas a ilustração.

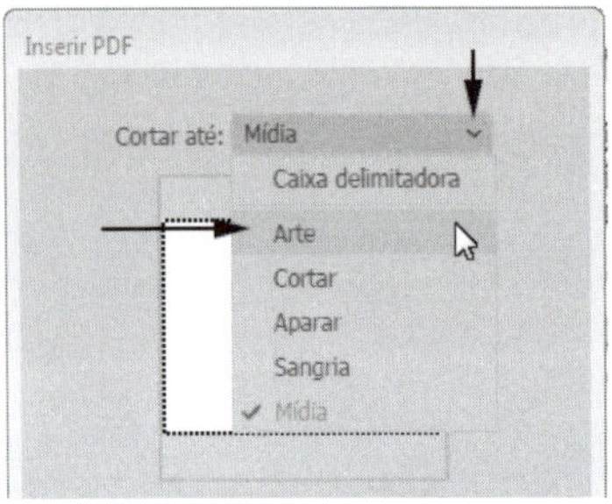

16. Clique no botão *OK* para carregar o arquivo no cursor e, em seguida, clique em uma área vazia para inseri-lo.

17. Posicione o grupo como mostra a figura a seguir.

18. No painel *Símbolos* (*Symbols*), clique no botão *Menu Biblioteca de símbolos* (*Symbols Library Menu*) e abra a biblioteca *Mapas* (*Maps*).

19. Localize o símbolo de reciclável e arraste-o para a área de trabalho.

20. Aumente o tamanho do símbolo para *10 mm* de altura e largura e posicione-o no verso do postal, como mostra a figura a seguir.

21. Salve seu arquivo.

Com esses últimos passos, o verso do postal estará finalizado e você terá uma ilustração similar à figura abaixo.

Seu postal está pronto! Observe que um único arquivo conterá três pranchetas.

22. Feche seu arquivo.

Conhecendo o recurso Modelo

O recurso *Modelo* permite que você crie, de maneira muito simples, maquetes realistas, possibilitando a aplicação de seus projetos vetoriais em imagens reais, como peças de vestuário, embalagens, canecas, etc. Quando uma arte vetorial criada no Illustrator é aplicada numa imagem bitmap (foto), ela é ajustada automaticamente para se encaixar nas curvas e cantos da imagem.

Pode-se utilizar qualquer imagem de sua preferência ou trabalhar com um dos modelos gratuitos disponibilizados pelo painel Modelo.

1. Crie um novo arquivo com as opções mostradas a seguir e salve-o em sua pasta com o nome "Teste Modelo".

2. Pressione as teclas *Ctrl+O* e abra o arquivo "*Logo-restaurante*", criado por você anteriormente.
3. Selecione todos os objetos e agrupe-os pressionando *Ctrl+G*. Em seguida, faça uma cópia (*Ctrl+C*).
4. Volte ao arquivo "Teste Modelo" e presisone *Ctrl+V* para aplicar a cópia do logotipo.
5. Reduza o tamanho dele para *90 mm* de largura, com altura proporcional.
6. Abra o menu *Janela* (*Window*) e clique em *Modelo* (*Mockup*) para exibir o painel.

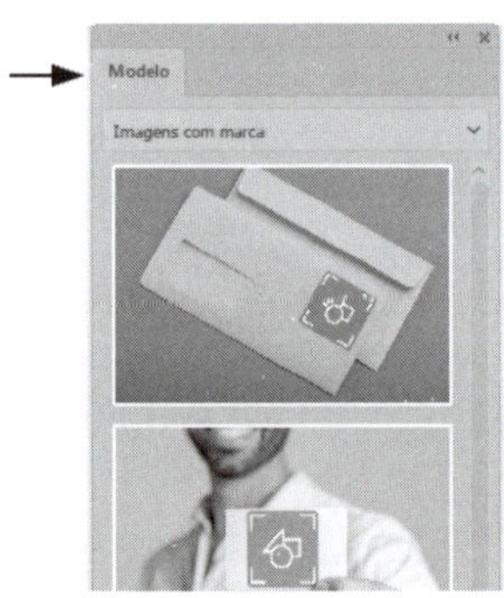

Criando um modelo com imagem de seu acervo

Para utilizar uma imagem que você já tenha, insira-a no mesmo arquivo da arte vetorial – neste caso, o logotipo.

7. No menu *Arquivo* (*File*), clique em *Inserir* (*Place*) e localize o arquivo *Caneca.jpg* em sua pasta *Arquivos_trabalho*.

8. Desabilite as opções *Link* e *Exibir opções de importação* (*Show Import Options*), caso elas estejam selecionadas, e clique em *Inserir* (*Place*).

9. Clique numa área em branco para importar o arquivo e, em seguida, altere sua largura para *235 mm*, com altura proporcional.

10. Selecione a imagem e o logotipo simultaneamente.

11. Na parte inferior do painel *Modelo* (*Mockup*), clique em *Criar modelo* (*Create Mockup*).

Após o processamento, o logotipo será exibido sobre o objeto. Observe os quatro pontos de controle do logotipo, que permitem ajustar o tamanho e a rotação.

12. Com a ferramenta *Seleção* (*Selection*) ativa, posicione o cursor sobre o ponto da direita e, com a tecla *Shift* pressionada, reduza um pouco o tamanho.

13. Clique sobre o logotipo e arraste-o para alterar sua posição. Veja que, enquanto você movimenta o logotipo, ele se adapta à forma da caneca. Posicione-o aproximadamente como mostrado a seguir.

A qualquer momento você pode clicar no botão *Liberar* (*Release*), no painel *Modelo* (*Mockup*), para desfazer a montagem.

Criando um modelo com imagens gratuitas do painel

Caso não tenha imagens próprias, você pode criar modelos utilizando uma das opções fornecidas pelo painel *Modelo* (*Mockup*).

14. Para fazer o teste, clique no botão *Liberar* (*Release*), no painel, para separar a imagem do logotipo.
15. Desfaça a seleção e selecione apenas a imgem da caneca. Em seguida, apague-a.
16. Selecione o logotipo e clique na seta da caixa Categorias (Categories), no painel, para ver as opções. Em seguida, selecione *Vestuário* (*Apparel*).

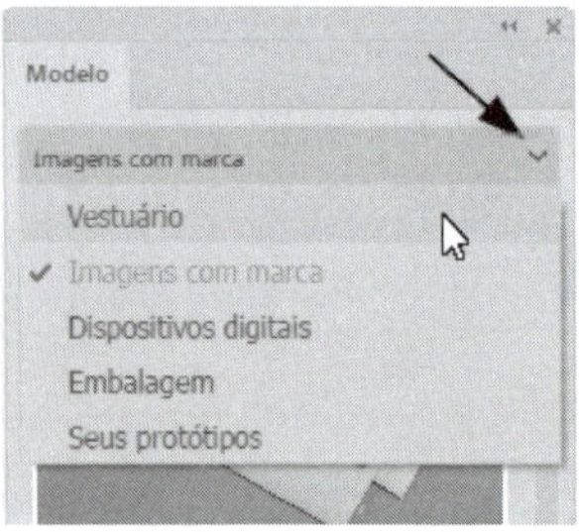

17. Clique no botão *Visualizar modelo* (*Preview Mockup*) para aplicar o logotipo nas opções da categoria escolhida no painel.

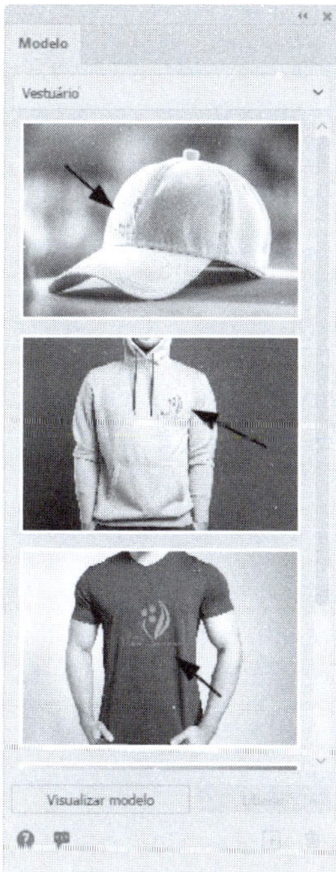

Para utilizar qualquer uma das opções, basta clicar na escolhida e arrastá-la para a prancheta, ou posicionar o cursor sobre ela e clicar no botão *Inserir na tela* (*Place on canvas*).

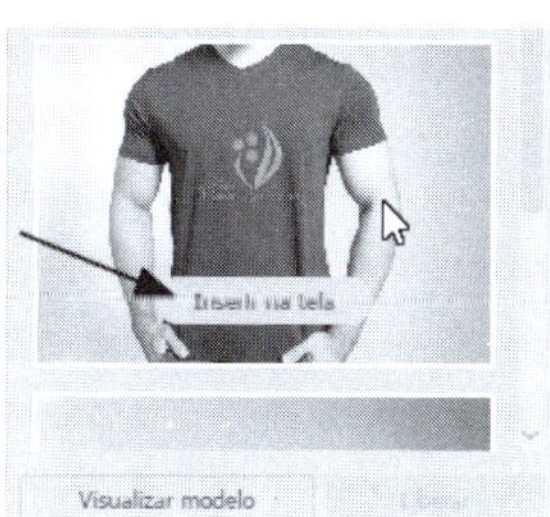

18. Como exemplo, clique e arraste a opção do rapaz de camiseta preta.
19. Reduza um pouco o tamanho do logotipo, como visto anteriormente, e posicione--o como mostrado a seguir.

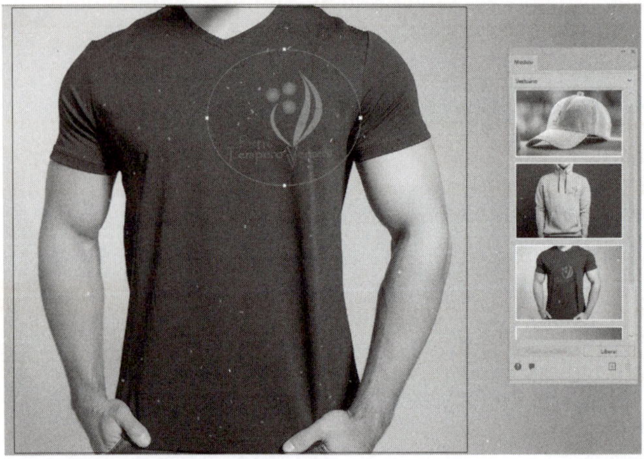

Portanto, é muito simples criar modelos com suas artes em fotos próprias ou retiradas das opções do painel, obtendo uma amostra bem realista do resultado final.

20. Salve o arquivo e feche-o.

7

Agilizando seu trabalho com a produtividade do Illustrator

Objetivos

- Conhecer os recursos de vetorização
- Conhecer a ferramenta *Shaper*
- Trabalhar com perspectiva
- Imprimir uma ilustração
- Salvar uma ilustração para web e PDF

Rapidez de trabalho

Neste último capítulo, você vai conhecer mais recursos que tornam determinadas tarefas no Illustrator muito mais simples e práticas, além dos procedimentos para imprimir ilustrações, exportar seus arquivos para a web e PDF.

Atividade 1 – Vetorizando imagens com o painel *Controle* (*Control*)

Objetivo: » Conhecer alguns recursos que facilitam a vetorização de imagens disponíveis no painel *Controle* (*Control*).

Tarefas: » Vetorizar uma imagem com o recurso *Traçado da imagem* (*Image Trace*).

» Alterar as configurações do *Traçado da imagem* (*Image Trace*).

» Colorir com a ferramenta *Balde de tinta em tempo real* (*Live Paint Bucket*).

Vetorizando com o botão Traçado da imagem (Image Trace)

Na Atividade 1 do Capítulo 4, você vetorizou o logotipo de um restaurante manualmente. Com o comando *Traçado da imagem* (*Image Trace*), você pode fazer essa tarefa de forma automática, dependendo do estado da imagem original. Assim, você pode controlar o nível de detalhamento da vetorização e como ela será preenchida. Depois disso, pode converter a vetorização em uma ilustração vetorial ou uma ilustração vetorial agrupada, que permitirá a pintura com a ferramenta *Balde de tinta em tempo real* (*Live Paint Bucket*).

1. Crie um novo documento com 220 mm de largura, 150 mm de altura e, na caixa *Nome*, digite *Placa oficina*.
2. No menu *Arquivo* (*File*), clique na opção *Inserir* (*Place*), localize o arquivo *mecanico.jpg* na pasta *Arquivos de trabalho*.
3. Em seguida, desabilite as caixas *Link* (*Link*) e *Exibir opções de importação* (*Show Import Options*), caso elas estejam selecionadas, e clique no botão *Inserir* (*Place*) para importar a imagem.

4. Aplique um zoom na imagem para visualizar melhor os detalhes.

Assim que a imagem for importada, o botão *Traçado da imagem* (*Image Trace*) ficará disponível no painel *Controle* (*Control*).

5. Com a imagem selecionada, clique no botão *Traçado da imagem* (*Image Trace*).

Imediatamente, a imagem será vetorizada utilizando as configurações-padrão do *Traçado de imagem* (*Image Trace*). Perceba a diferença na qualidade dos contornos.

Depois de vetorizar, o painel *Controle* (*Control*) exibirá outros controles, como o botão *Exibir* (*View*), com cinco opções de exibição diferentes, sendo que a primeira, *Resultado do traçado* (*Tracing Result*), já está selecionada, pois mostra o resultado da vetorização.

6. Clique no botão e selecione a opção *Imagem de origem* (*Source Image*). Será exibida a imagem antes da vetorização.

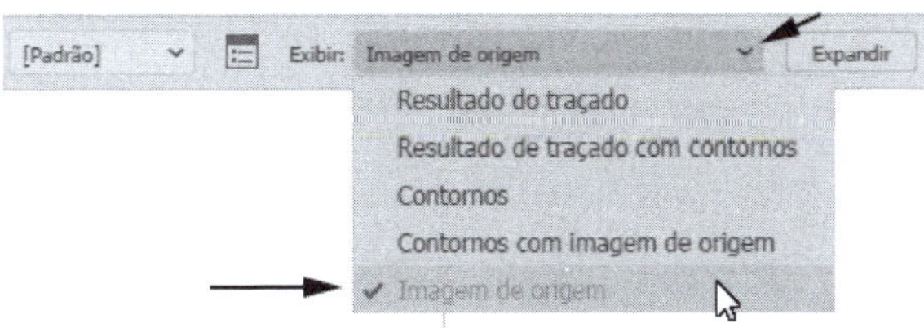

7. Agora, clique novamente no botão e selecione *Contornos* (*Outlines*). Serão exibidos apenas os contornos resultantes da vetorização.

8. Volte a selecionar a opção *Resultado do traçado* (*Tracing Result*).

Opções de Predefinição (Preset)

Ao clicar no botão *Traçado da imagem* (*Image Trace*), o Illustrator usará as configurações-padrão, mas você poderá escolher entre várias outras disponíveis no item *Predefinição* (*Preset*) do painel *Controle* (*Control*).

9. Clique na seta ao lado da caixa *Predefinição* (*Preset*) e selecione, por exemplo, *Foto de baixa fidelidade* (*Low Fidelity Photo*). Observe que os contornos ficam mais suaves, mais arredondados.

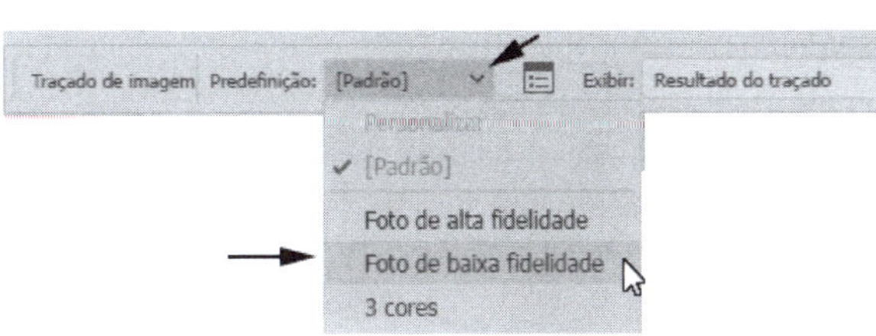

10. Clique novamente no botão *Predefinição* (*Preset*), selecione a opção *Traçado* (*Line Art*) e veja o resultado:

Portanto, as opções de *Predefinição* (*Preset*) produzem efeitos diferentes na vetorização da imagem, possibilitando várias opções de resultado, de acordo com a imagem original e com a necessidade do projeto.

11. Abra novamente a lista do item *Predefinição* (*Preset*) e clique na opção *Padrão* (*Default*).

12. Para esta etapa, a vetorização está pronta. Clique no botão *Expandir* (*Expand*) no painel *Controle* (*Control*). Isso fará a imagem vetorizada ser convertida em caminhos editáveis.

Após a conversão, os caminhos estarão agrupados. Você pode desagrupá-los teclando *Shift* + *Ctrl* + *G*.

A partir desse ponto, você pode editar os caminhos, como fez em outras atividades, usando, por exemplo, a ferramenta *Seleção direta* (*Direct Selection*).

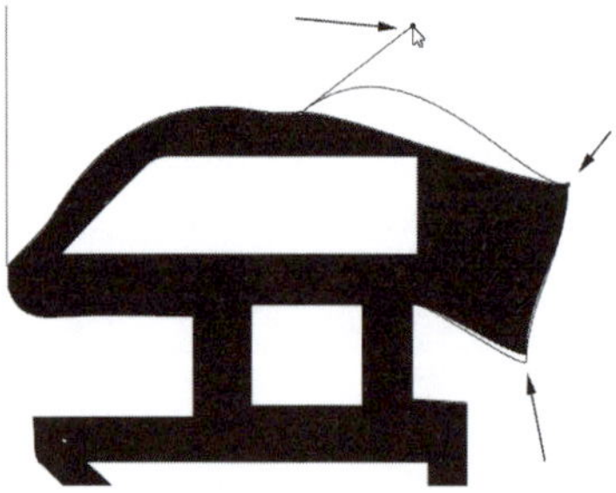

Colorindo com a ferramenta Balde de tinta em tempo real (Live Paint Bucket)

A pintura em tempo real permitirá colorir sua ilustração livremente, como se fosse um desenho em tela ou papel. É possível traçar cada segmento de caminho com a cor desejada e preencher cada caminho delimitado com uma cor, um padrão ou um gradiente diferente.

Trata-se de uma maneira intuitiva de criar desenhos coloridos. Com ela, você poderá usar todas as ferramentas de desenho de vetor do Illustrator e tratar os caminhos desenhados como se estivessem na mesma superfície plana. Ou seja, nenhum dos caminhos estará atrás ou na frente do outro.

Em vez disso, os caminhos dividirão a superfície de desenho em áreas que poderão ser coloridas independentemente de a área estar limitada por um único caminho ou por segmentos de vários caminhos.

O resultado mostrará que a pintura de objetos se assemelha ao uso de aquarelas para pintar um esboço a lápis.

Para utilizar essa facilidade, será preciso criar um grupo de pintura em tempo real, no qual cada caminho permanecerá totalmente editável.

Quando a forma de um caminho for movida ou ajustada, as cores que foram aplicadas simplesmente não permanecem no lugar em que estavam. Isso pode ser observado em pinturas em mídia natural ou em programas de edição de imagens.

Em vez disso, o Illustrator reaplica as cores automaticamente nas novas regiões que foram formadas pelos caminhos editados.

13. Selecione a imagem e, no menu *Objeto* (*Object*), clique na opção *Pintura em tempo real/Criar* (*Live Paint/Make*). Você também pode usar as teclas de atalho *Alt + Ctrl + X*.

Com esse procedimento, você criou o grupo de pintura em tempo real. As partes que poderão ser pintadas são chamadas de bordas e faces.

Uma borda corresponde à parte de um caminho que faz interseção com outros caminhos. Uma face é a área delimitada por uma ou mais bordas. Com essas indicações, você poderá traçar bordas e preencher faces.

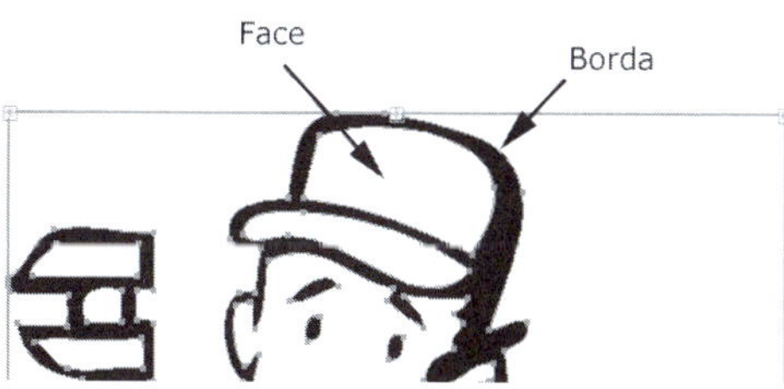

14. Selecione a ferramenta *Balde de tinta em tempo real* (*Live Paint Bucket*).

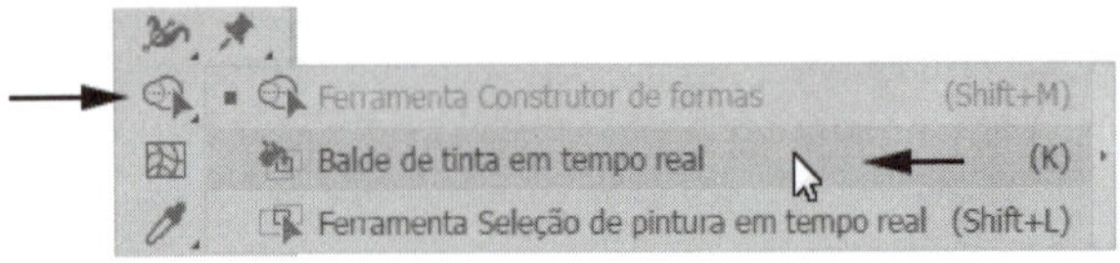

Para escolher uma cor para a ferramenta *Balde de tinta em tempo real* (*Live Paint Bucket*), você poderá selecioná-la diretamente no painel *Amostras* (*Swatches*) ou usar as setas direcionais do teclado para alterar a cor na própria ferramenta.

15. Selecione uma cor alaranjada no painel *Amostras* (*Swatches*), leve a ferramenta até a frente do boné e veja que a área que será pintada estará destacada com um contorno mais forte.

16. Clique nela para colorir a área e faça o mesmo com a aba do boné.
17. Selecione uma cor azul-claro e pinte as áreas da camisa do mecânico.

18. Selecione uma cor marrom para pintar o avental. Posicione a ferramenta sobre o avental no peito do mecânico e clique nele para preenchê-lo. Faça o mesmo com a parte inferior do avental.

19. Fique à vontade e pinte o restante da ilustração. Em seguida, salve o arquivo em sua pasta *Minhas ilustrações* e feche-o.

Você deve ter percebido o pequeno retângulo composto de três quadrados coloridos que acompanha o cursor da ferramenta *Balde de tinta em tempo real* (*Live Paint Bucket*). Ele mostra exatamente as cores do painel *Amostras* (*Swatches*), sendo que o quadrado do centro exibe a cor escolhida para pintura, enquanto o da direita e o da esquerda exibem as cores anterior e posterior, respectivamente, do painel *Amostras* (*Swatches*). Utilizando as teclas direcionais do teclado (para a direita e para a esquerda), você navegará pelas cores disponíveis no painel *Amostras* (*Swatches*).

Além de preencher áreas, com a mesma ferramenta você pode pintar contornos na ilustração. Basta pressionar a tecla *Shift* e o cursor mudará para um pincel.

Dessa forma, basta aproximar o pincel de um contorno para poder aplicar uma cor.

Simplificando caminhos

Algumas vezes o resultado da vetorização pode gerar muitos pontos de ancoragem, o que torna a edição da ilustração mais trabalhosa. Para esses casos o Ilustrator disponibiliza um recurso que reduz o número de pontos de ancoragem desnecessários, deixando a ilustração mais fácil de ser editada.

1. Abra o arquivo *Felino.ai* disponível na pasta *Arquivos de trabalho*. Esse arquivo contém uma ilustração não vetorizada.
2. Selecione a ilustração e clique no botão *Traçado da imagem* (*Image Trace*) no painel *Controle* (*Control*).
3. Em seguida, clique no botao *Expandir* (*Expand*) no painel *Controle* (*Control*) para converter a imagem vetorizada em caminhos editáveis.
4. Ative a ferramenta *Seleção direta* (*Direct Selection*) e observe bem a quantidade de pontos de ancoragem.

5. Para simplificar esse caminho, vá ao menu *Objeto* (*Object*) e selecione *Caminho/ Simplificar* (*Path/Simplify*). Será exibida uma pequena barra de ajustes, e por padrão, a redução de pontos de ancoragem será feita instantâneamente. Logo acima da barra é exibido o número de pontos redusidos.

O botão deslizante da barra permite que você controle a diminuição ou o aumento dos pontos de ancoragem.

6. Clique no botão deslizante e mova-o para a esquerda para reduzir os pontos de ancoragem. Veja o resultado na imagem a seguir.

7. Feche o arquivo sem salvá-lo.

Atividade 2 – Vetorizando imagens com o painel *Traçado da imagem (Image Trace)*

Objetivos: » Conhecer o painel *Traçado da imagem* (*Image Trace*) e utilizá-lo para vetorizar imagens.

Tarefas: » Ambientar-se com o painel *Traçado da imagem* (*Image Trace*).

» Vetorizar imagens fotográficas.

Na atividade anterior, você experimentou o recurso de vetorização de uma imagem utilizando apenas o painel *Controle* (*Control*). Com esses mesmos recursos você também pode vetorizar imagens fotográficas, transformando-as em ilustrações complexas e totalmente editáveis.

A fim de tornar seu trabalho mais simples, o Illustrator dispõe de um espaço de trabalho específico para vetorização de imagens chamado *Traçado* (*Tracing*). Esse espaço exibe o painel *Traçado da imagem* (*Image Trace*), especialmente criado para facilitar o trabalho de vetorização, além de outros painéis já conhecidos por você.

Com esses recursos você vai vetorizar duas imagens para compor o postal fictício mostrado a seguir.

Conhecendo o painel Traçado da imagem (Image Trace)

O painel *Traçado da imagem* (*Image Trace*) traz muito mais recursos e opções que o painel *Controle* (*Control*) para vetorizar suas imagens, permitindo mais liberdade e personalização de seus trabalhos.

1. Abra o arquivo *Postal base.ai* disponível na pasta *Arquivos de trabalho*.

Esse arquivo é a base do postal e já foi preparado para você se concentrar apenas no trabalho de vetorização das imagens necessárias para finalizá-lo.

2. Observe no painel *Camadas* (*Layers*) que o arquivo possui três camadas, e todas estão bloqueadas para que nenhuma alteração seja feita por acidente.

3. Crie uma nova camada acima da camada *Textos,* altere o nome para *Foto1* e desabilite a visualização das camadas bloqueadas.

4. No menu *Arquivo* (*File*), clique em *Inserir* (*Place*) e selecione a imagem *Casa Cultura 1.jpg,* disponível na pasta *Arquivos de trabalho*. Clique no botão *Inserir* (*Place*) para finalizar.

5. Clique no botão *Alternar área de trabalho* (*Switch Workspace*) e selecione a opção *Traçado* (*Tracing*).

Serão exibidos os painéis mais utilizados durante o trabalho de vetorização e, principalmente, o painel *Traçado da imagem* (*Image Trace*), com todos os ajustes disponíveis.

6. Clique na caixa *Visualizar* (*Preview*), na parte inferior do painel *Traçado da imagem* (*Image Trace*), e automaticamente será aplicada uma vetorização padrão. O resultado é o mesmo de quando você clica no botão *Traçado da imagem* (*Image Trace*), no painel *Controle* (*Control*).

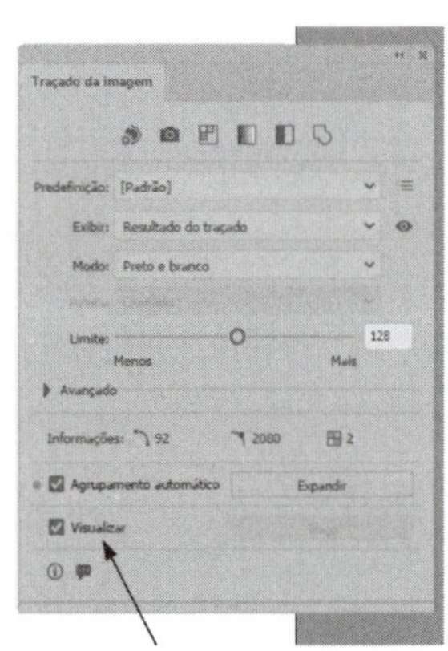

No item *Predefinição* (*Preset*) do painel *Traçado da imagem* (*Image Trace*), você tem as mesmas opções vistas anteriormente no painel *Controle* (*Control*). O mesmo ocorre com o item *Exibir* (*View*), que lista as opções de exibição.

São apresentados também seis botões de acesso rápido na parte superior, com algumas predefinições de traçado que também estão na lista do item *Predefinição* (*Preset*), com exceção de uma.

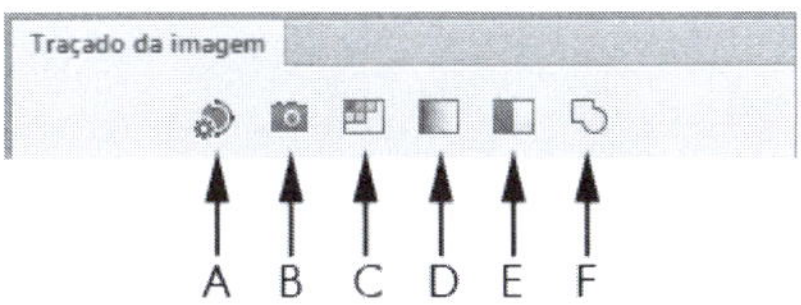

- A – *Cor automática* (*Auto-Color*): não tem equivalente nas opções do item *Predefinição*.
- B – *Highcolor* (*Highcolor*): equivalente à opção *Foto alta fidelidade*.
- C – *Cor baixa* (*Low Color*): equivalente à opção *16 cores*.
- D – *Escala de cinza* (*Grayscale*): equivalente à opção *Tonalidade de cinza*.
- E – *Preto e branco* (*Blach and White*): equivalente à opção *Logotipo Preto e branco*.
- F – *Contorno* (*Outline*): equivalente à opção *Traçado*.

O painel também exibe as informações do resultado da vetorização em números, indicando a quantidade de caminhos, âncoras e cores, nessa ordem, da esquerda para a direita.

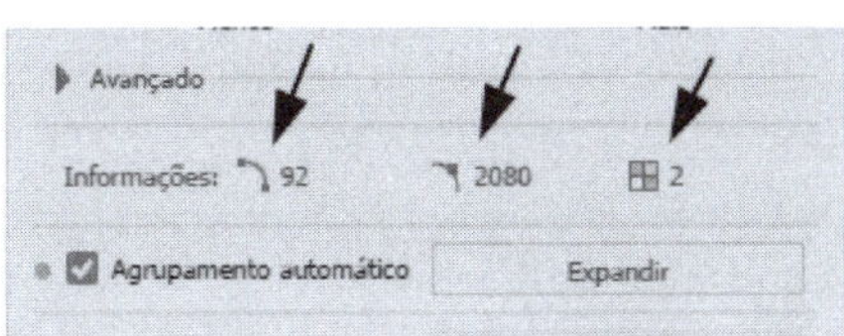

7. Clique no botão *Cor baixa* (*Low Color*) e veja o resultado nas informações do painel.

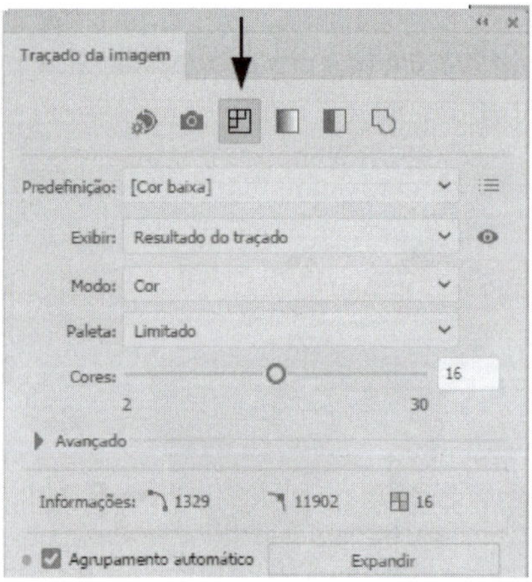

A qualquer momento, você pode visualizar a imagem original clicando e mantendo o botão do mouse pressionado sobre o ícone do olho no painel.

O item *Cores* (*Colors*), atualmente exibido no painel, não é fixo. Ele será alterado de acordo com a predefinição escolhida, que exibe outros nomes. Veja os exemplos a seguir:

- Com a opção *Cor baixa* (*Low Color*) selecionada, o painel exibe no item *Cores* (*Colors*) o número máximo de cores usadas para o traçado – no caso, 16. Utilize o controle deslizante para alterar essa quantidade e, assim, personalizar sua vetorização.

- Com a opção *Escala de cinza* (*Grayscale*) selecionada, é exibida a palavra *Cinzas* (*Grays*), sendo permitido o ajuste do número máximo de tons de cinza usados para o traçado.

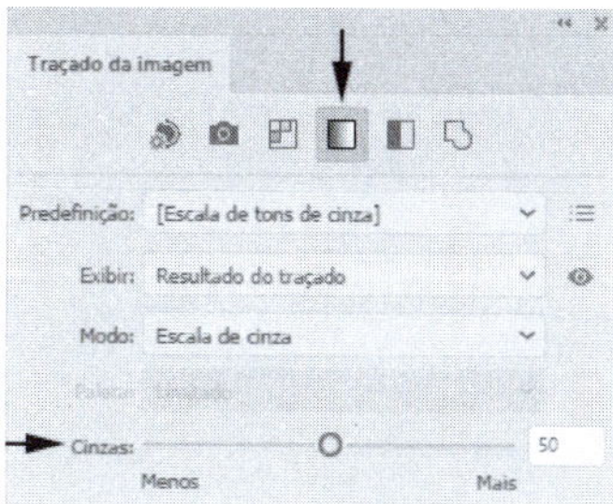

- Com a opção *Preto e branco* (*Black and White*) selecionada, é exibida a palavra *Limite* (*Threshold*), sendo permitido o ajuste do número máximo de cores que serão convertidas para branco. Quaisquer valores de pixels acima desse número serão convertidos para preto.

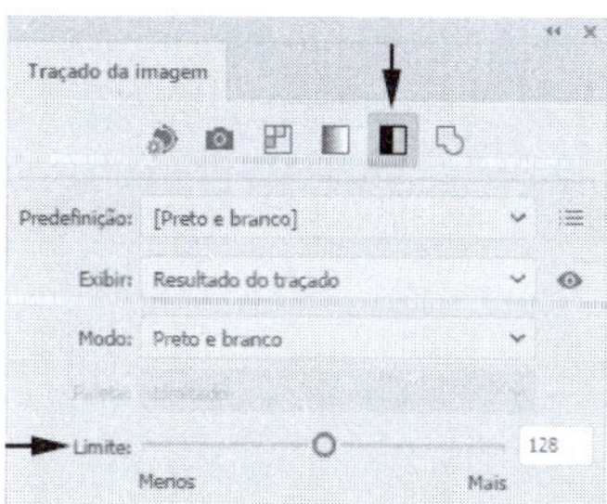

8. Para essa atividade, clique no botão *Escala de cinza* (*Grayscale*).
9. Clique no botão *Expandir* (*Expand*), no painel *Controle* (*Control*), para finalizar o processo de vetorização, convertendo o objeto em caminhos.

10. Utilizando a ferramenta *Seleção direta* (*Direct Selection*), selecione alguns caminhos da região do céu, da árvore e da parte inferior da imagem e preencha-os com cores de sua escolha. Como referência, consulte o arquivo *Postal referência.ai*, disponível na pasta *Arquivos prontos*.

11. Ao término da pintura, ative a ferramenta *Seleção* (*Selection*) e mude a altura da ilustração para *105 mm*.

12. Ajuste a posição da ilustração pelo lado esquerdo do postal.

13. Crie uma nova camada acima da camada *Foto1* e altere o nome para *Foto2*.

14. Desabilite a visualização da camada *Foto1*.

15. No menu *Arquivo* (*File*), clique em *Inserir* (*Place*) e importe a imagem *Casa Cultura 2.jpg*.

16. Com a imagem selecionada, clique no botão *Preto e branco* (*Black and White*) no painel *Traçado da imagem* (*Image Trace*).

 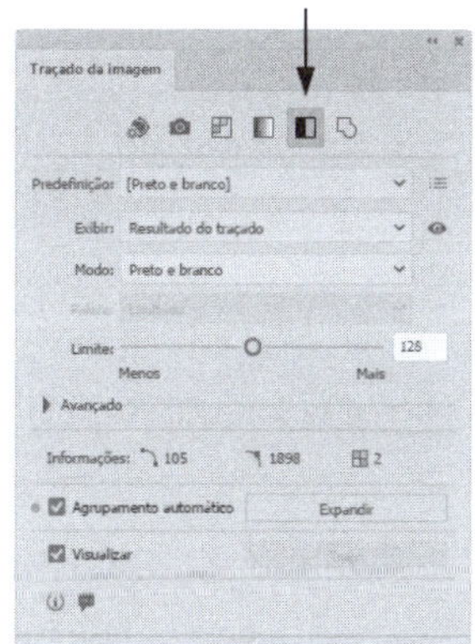

17. Altere a largura da ilustração para *42 mm* e posicione-a no canto inferior direito do postal.

18. Habilite a visualização de todas as camadas e mova as camadas *Foto1* e *Foto2* para baixo da camada *Textos*.

Você precisa utilizar apenas as áreas em preto da ilustração *Foto2* para obter o resultado esperado no postal. Para isso, há uma opção no item *Avançado* (*Advanced*) do painel *Traçado da imagem* (*Image Trace*).

19. Com a imagem *Foto2* selecionada, clique no item *Avançado* (*Advanced*) do painel *Traçado da imagem* (*Image Trace*) para exibir mais opções.

20. No item *Opções* (*Options*), habilite o item *Ignorar cor* (*Ignore Color*) e veja o resultado na ilustração. Essa opção torna todas as áreas de uma determinada cor, criadas após a vetorização, transparentes. Por padrão, a cor atual no item é o branco, que no caso desta atividade é o que se precisava, mas é possível escolher uma outra cor usando o seletor de cores ao lado do item.

21. Observe o resultado de seu postal e salve o arquivo como *Postal final* em sua pasta *Minhas ilustrações*.

Opções avançadas do painel Traçado da imagem (Image Trace)

Apesar de oferecer várias opções predefinidas para a vetorização de imagens, o painel *Traçado da imagem* (*Image Trace*) permite a personalização de sua vetorização com mais opções no item *Avançado* (*Advanced*), conforme você pôde observar anteriormente.

Veja a seguir uma breve descrição de cada item:

- *Caminhos* (*Paths*): esse item permite ajustar a precisão dos caminhos criados, controlando sua fidelidade em relação à imagem original. Quanto mais alto o valor, mais preciso será o caminho.
- *Cantos* (*Corners*): esse item dá ênfase aos cantos, ou seja, sempre que houver uma mudança de direção no caminho, ele cria uma âncora. Portanto, quanto mais alto o valor, mais âncoras serão criadas.
- *Ruído* (*Noise*): esse item reduz o ruído, ignorando áreas que possuam o tamanho em pixels especificado na caixa. Se, por exemplo, você especificar o valor de *15 pixels*, o Illustrator não criará caminhos com uma pontuação igual ou menor que essa. Quanto maior o valor especificado, menor a incidência de ruídos.
- *Método* (*Method*): esse item possui as opções *Adjacente* (*Abbuting*), que cria caminhos de recorte de arestas, e *Sobreposição* (*Overlapping*), que cria caminhos sobrepostos.

Atividade 3 – Conhecendo a ferramenta *Shaper*

Objetivo:	» Conhecer a ferramenta *Shaper*.
Tarefa:	» Criar formas com a ferramenta *Shaper*.
	» Criar objetos repetidos.

FERRAMENTA SHAPER

Essa ferramenta permite a criação de formas básicas com gestos naturais, transformando-os em vetores. É possível a criação de quadrados, retângulos, triângulos, círculos e elipses.

Desenhando com a ferramenta Shaper

1. Crie um novo documento, apenas para teste, com tamanho A4 e orientação *Paisagem*.
2. Altere o espaço de trabalho para *Impressão e prova* (*Printing and Proofing*).

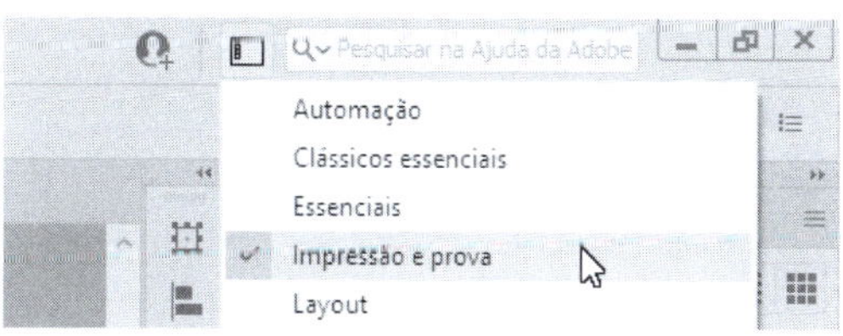

3. Ative a ferramenta *Shaper*.

4. Com o cursor na prancheta, clique e desenhe os quatro lados de um retângulo livremente, sem soltar o botão do mouse. Quando concluir, solte o botão e o retângulo vetorial será criado.

Perceba como é simples criar essas formas básicas e, se você usar uma mesa digitalizadora com uma caneta, o trabalho ficará ainda mais fácil.

5. Experimente criar as formas a seguir:

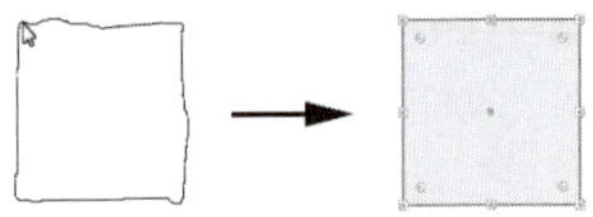

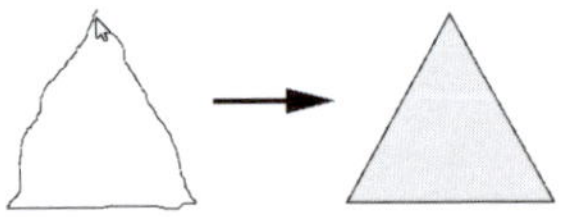

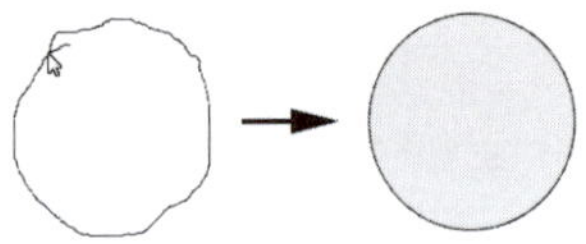

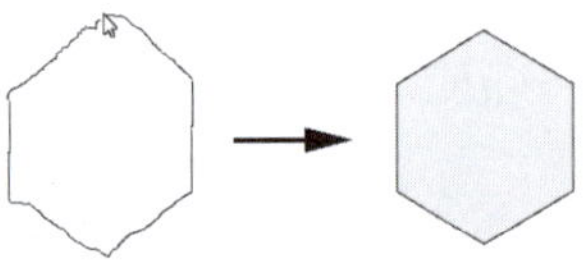

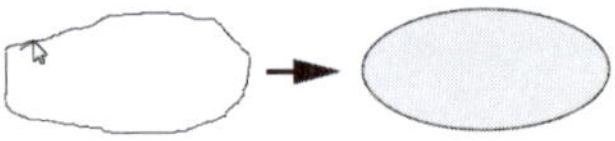

Criando formas

Além de criar formas básicas, a ferramenta *Shaper* também pode combinar, excluir ou perfurar qualquer forma criada. Isso é possível graças ao *Shaper Group*, criado quando você faz a edição com a ferramenta *Shaper* de formas sobrepostas.

6. Abra o arquivo *Teste-shaper.ai* disponível na pasta *Arquivos de trabalho*. Observe que se trata de uma série de quadrados e círculos simplesmente sobrepostos, e não agrupados.

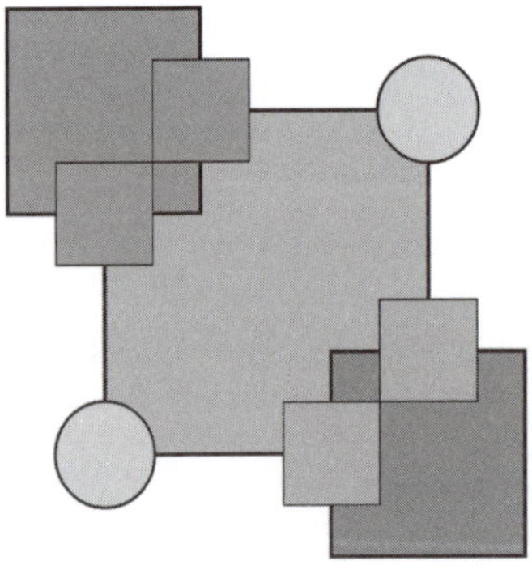

7. Ative a ferramenta *Shaper*, rabisque sobre o canto superior esquerdo do quadrado verde e veja que a área será eliminada.

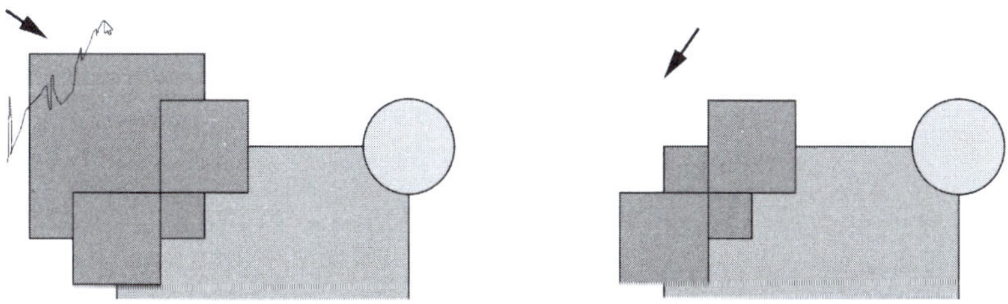

8. Faça o mesmo com o quadrado laranja no canto oposto.

9. Em seguida, rabisque sobre o círculo, englobando a parte que se sobrepõe ao quadrado e a parte externa. Se você fizer o rabisco somente na parte interna do círculo, você estará eliminando o preenchimento dele.

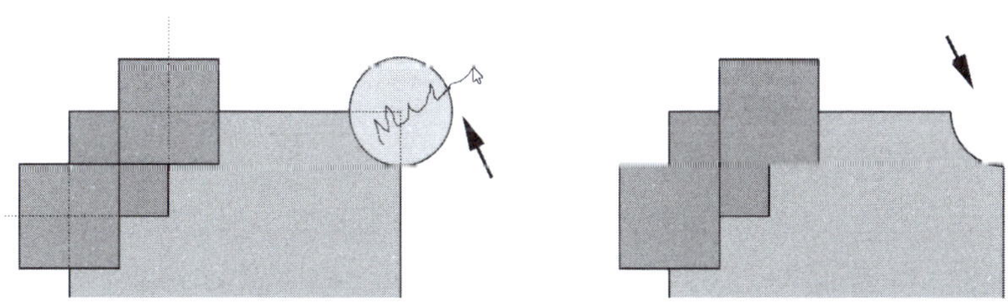

10. Faça o mesmo com o círculo cinza no canto oposto.

A partir da primeira ação da ferramenta, todas as formas sobrepostas, como nesse exemplo, já serão parte de um *Shaper Group*.

11. Com a ferramenta *Shaper* ativa, coloque-a sobre as formas e uma grade pontilhada será exibida, revelando seu *Shaper Group*.

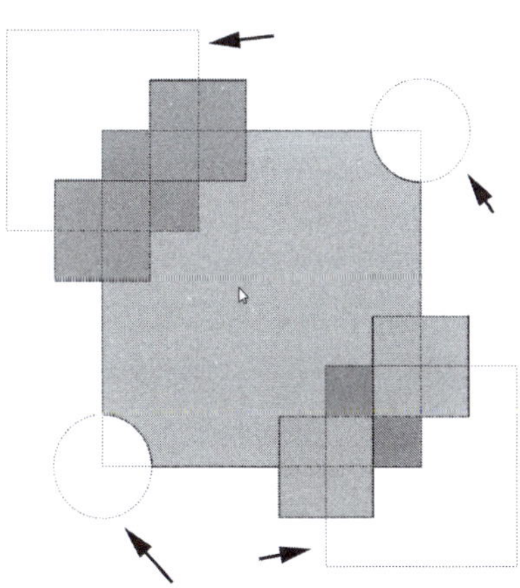

12. Como dito antes, para eliminar o preenchimento, basta rabiscar somente dentro da forma. Faça isso nos pequenos quadrados internos verdes e laranja.

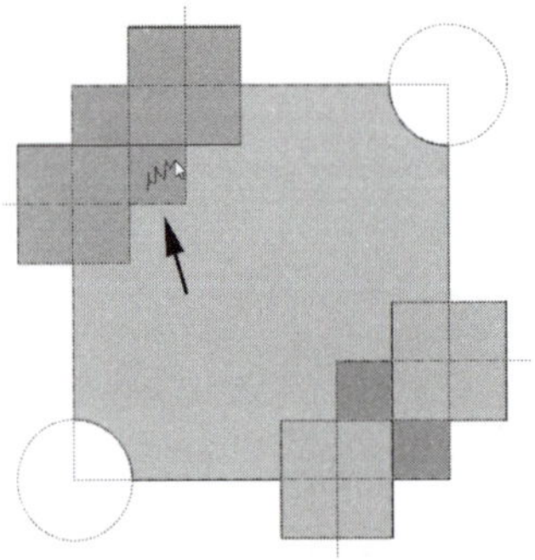

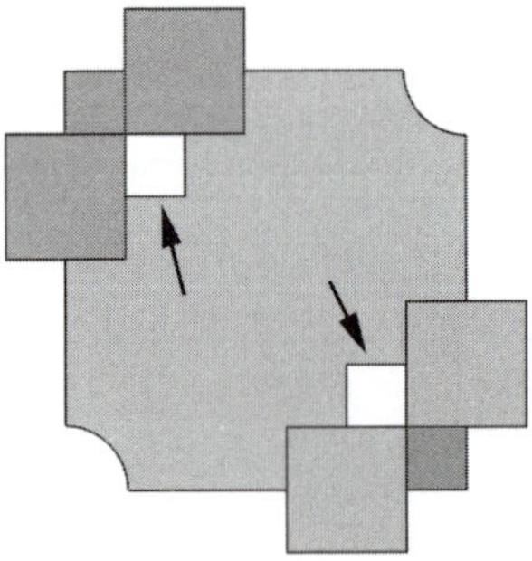

13. Finalize eliminando as laterais dos quadrados azuis e laranja-claro, como indicado na figura a seguir.

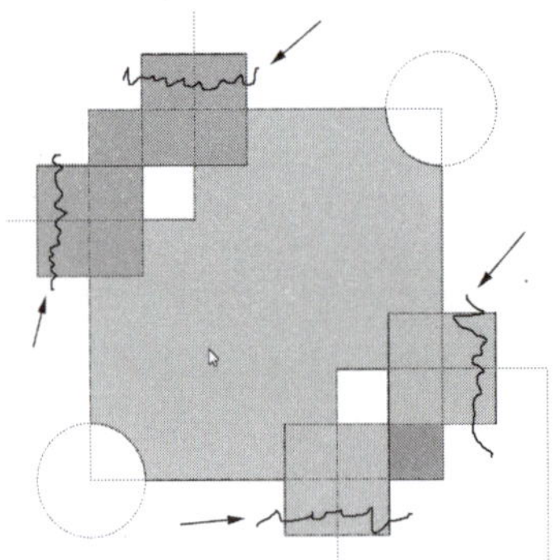

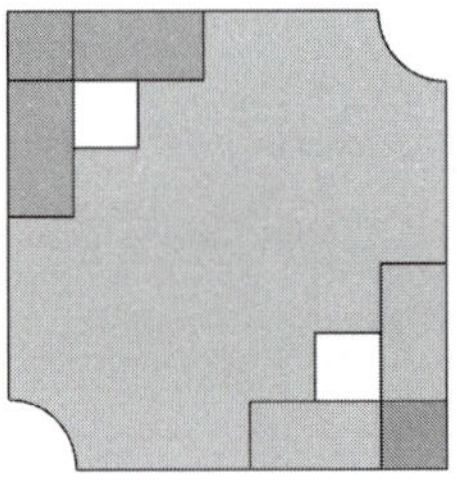

Editando formas em um Shaper Group

As formas em um *Shaper Group* continuam editáveis, mesmo depois de você ter eliminado, perfurado ou mesclado partes delas. É possível editar essas formas selecionando-as por: *Modo de seleção de face* ou *Modo de construção.*

Modo de seleção de face

Nesta opção você pode selecionar a face das formas do *Shaper Group* e alterar seu preenchimento.

1. Ative a ferramenta *Shaper* e clique no *Shaper Group*. Uma caixa delimitadora será exibida, indicando a seleção.
2. Clique novamente em uma das formas e ela ficará fosca, indicando que você selecionou a face. Observe a seta apontando para baixo, que informa que se está no *Modo de seleção de face.*

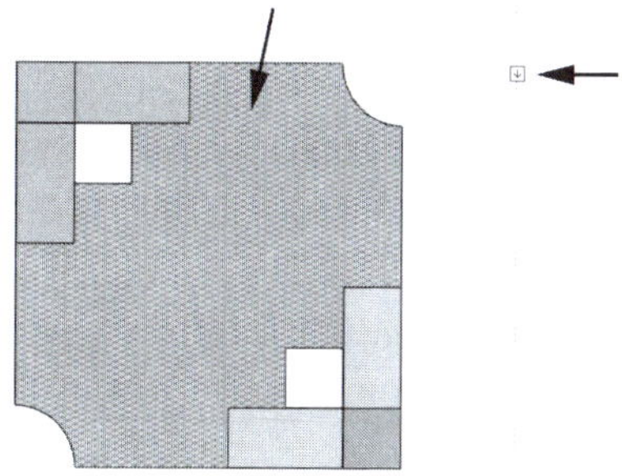

3. No painel *Amostras* (*Swatches*), selecione uma cor marrom para alterar a cor da face.

4. Clique em um dos retângulos azuis e altere a cor à sua escolha. Faça o mesmo com um dos retângulos laranja-claro.

Modo de construção

Nesse modo, você poderá alterar qualquer propriedade da forma selecionada.

5. Clique na seta da caixa delimitadora e ela se inverterá, indicando que você está no modo de construção.

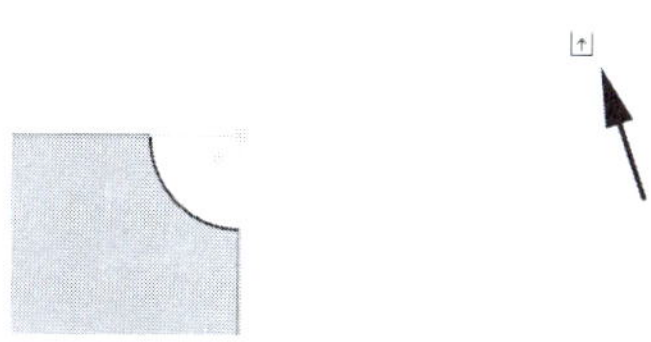

6. Clique no quadrado maior e altere o raio dos cantos, usando os controles disponíveis.

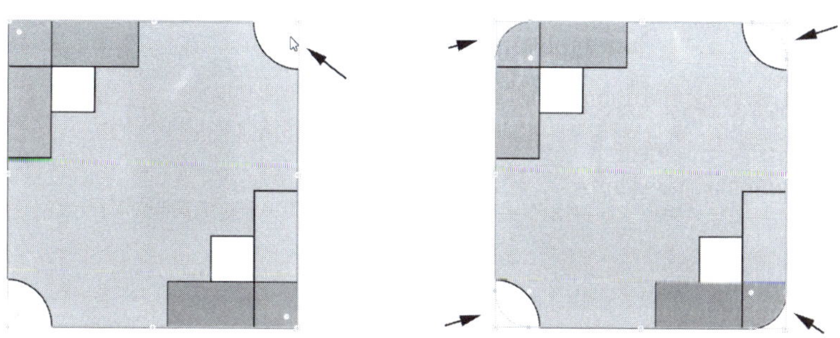

7. Selecione o quadrado vazado, altere a espessura do traçado para *3 pt* e a cor para marrom-escuro. Faça isso no lado oposto também.

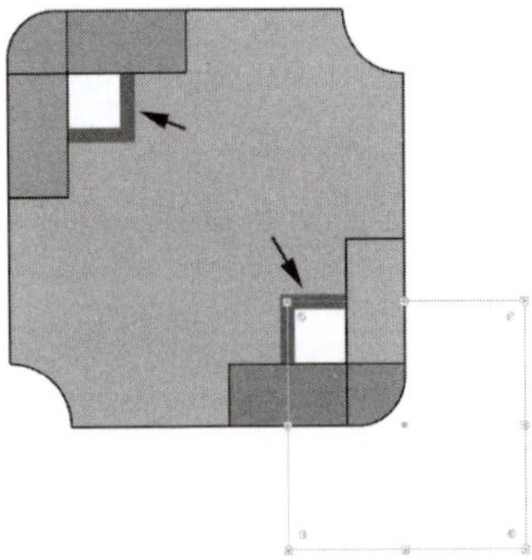

8. Salve o arquivo em sua pasta *Minhas ilustrações* como *Teste-shaper-final* e feche-o.

Criando objetos repetidos

Outro recurso que o Illustrator oferece para agilizar seu trabalho é o comando *Repetir* (*Repeat*). Com ele você cria repetições de um objeto de maneira simples e interativa de três formas: *Radial* (*Radial*), *Grade* (*Grid*) ou *Espelho* (*Mirror*).

Os objetos podem ser modificados, e todas as cópias do mesmo serão atualizadas.

1. Abra o arquivo *Flor.ai* disponível na pasta *Arquivos de trabalho*. São quatro objetos prontos. Com o comando *Repetir* (*Repeat*) você vai montar uma flor.

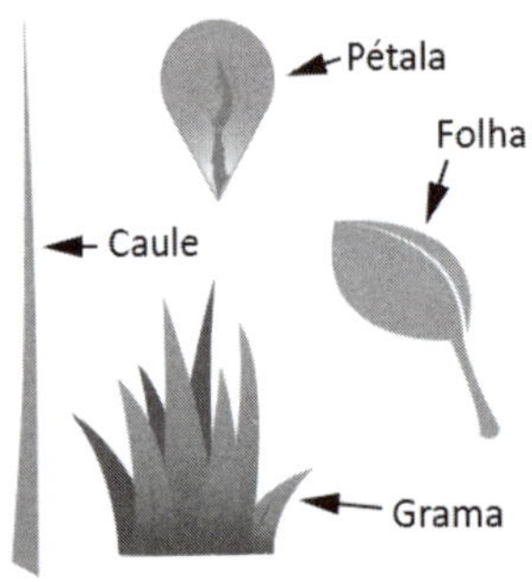

Criando uma repetição Radial

Essa opção cria repetições de um objeto em torno de um círculo, ou seja, de forma radial.

2. Selecione a pétala da flor e coloque-a no centro da prancheta.

3. Em seguida, abra o menu *Objeto* (*Object*) e clique em *Repetir/Radial* (*Repeat/Radial*). Imediatamente as repetições são feitas, e por padrão são oito. Observe os controles mostrados na imagem a seguir e suas funções.

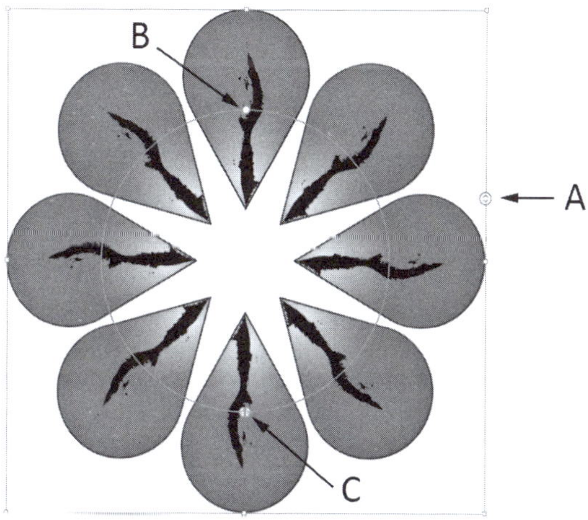

- A - *Controle de instâncias*: ajusta o número de objetos repetidos. Movendo o controle para baixo, o número é reduzido; e para cima, você aumenta o número de objetos. Ao lado do cursor é exibida uma caixa indicando o número atual de objetos.

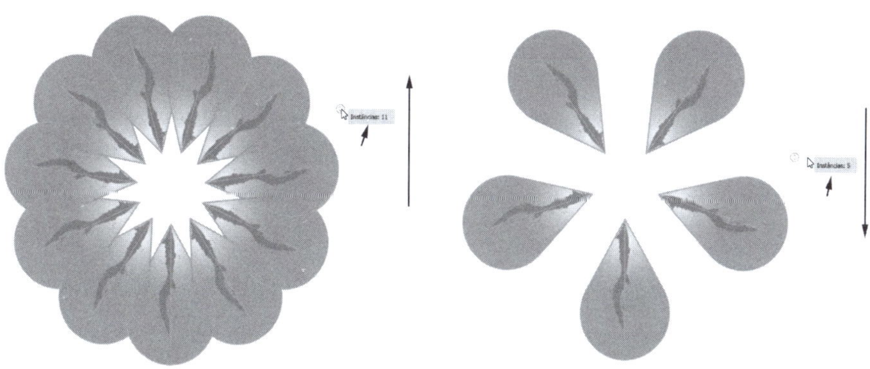

- B - *Controle de espaçamento*: ajusta o espaçamento entre os objetos e, consequentemente, o tamanho da ilustração, e também faz a rotação de ilustração.

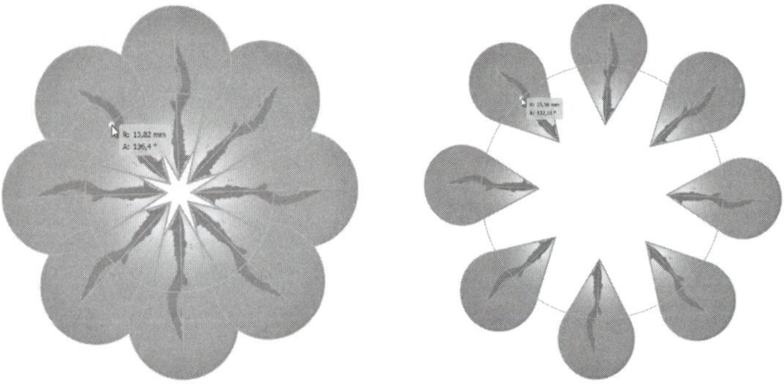

- C - *Remover cópias*: remove algumas cópias do objeto sem alterar a forma da ilustração.

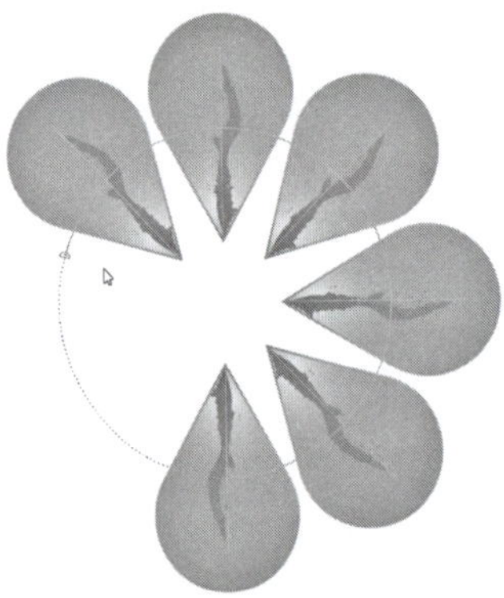

Os controles nos cantos da ilustração são os mesmos de qualquer objeto criado, ou seja, permitem aumentá-lo ou diminui-lo.

4. Para essa atividade, use o controle de espaçamento e una as pétalas para formar a flor.

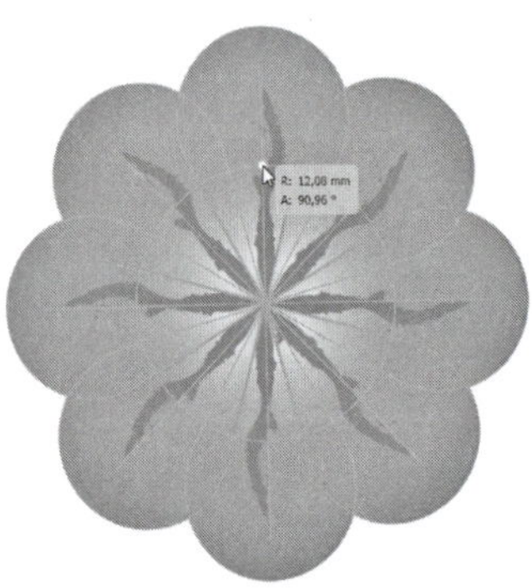

5. Salve o arquivo em sua pasta *Minhas ilustrações* com o nome *Flor-final*.

Criando uma cópia Espelhada

Essa opção cria automaticamente uma cópia espelhada do objeto.

6. Selecione a folha e, no menu *Objeto* (*Object*), clique em *Repetir/Espelhar* (*Repeat/Mirror*). Uma cópia espelhada é criada ao lado do objeto original, e os controles de ajuste são exibidos como mostra a imagem a seguir.

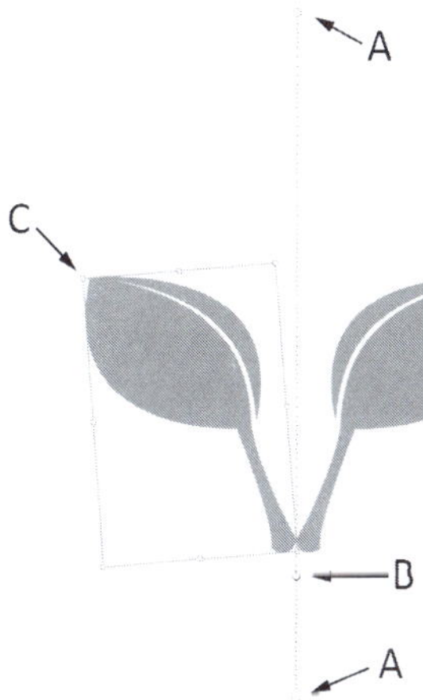

- A - *Controle de ângulo do eixo de simetria*: utilize um desses controles para ajustar o ângulo da cópia do objeto em relação ao original.
- B - *Controle de espaçamento do eixo de simetria*: utilize esse controle para ajustar o espaçamento entre o objeto original e a cópia espelhada.
- C - *Alças de dimensionamento*: utilize essas alças para girar ou redimensionar o objeto original. Todas as mudanças são refletidas na cópia espelhada.

7. Clique em um dos controles de ângulo do eixo de simetria e ajuste a inclinação dele em aproximadamente *70º*. Observe que ao lado do cursor é exibida uma caixa mostrando o ângulo.

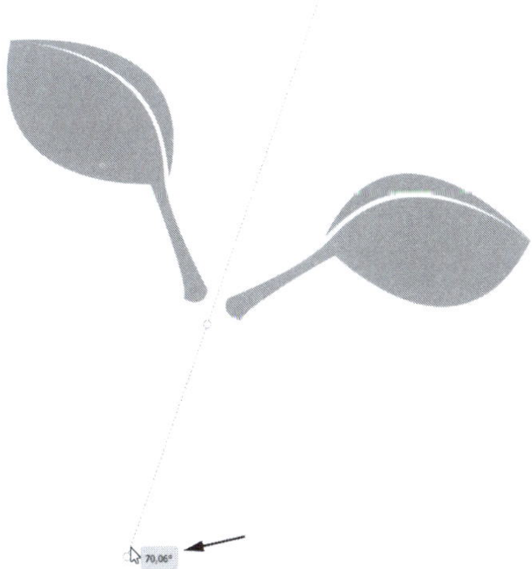

8. Em seguida, clique na alça superior esquerda do objeto original e rotacione aproximadamente *20º*.

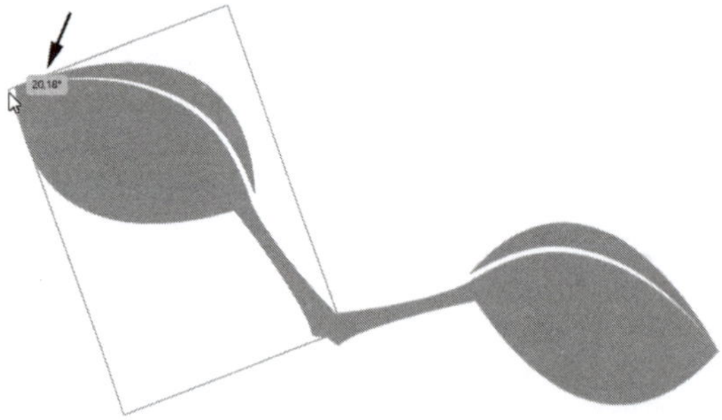

9. Por último, clique no controle de espaçamento do eixo de simetria e ajuste a ponta do caule das duas folhas para ficarem sobrepostos.

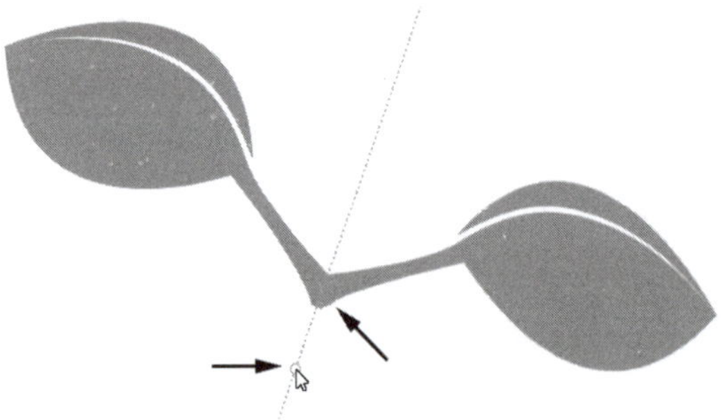

10. Observe na guia da prancheta a indicação de que o objeto está sendo editado pelo comando *Repetir* (*Repeat*). Para finalizar, clique na seta da esquerda duas vezes.

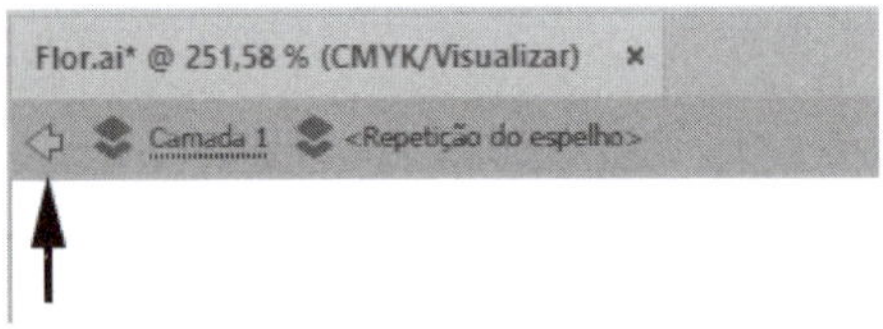

11. Com a ferramenta *Seleção* (*Selection*), monte a flor (como mostrado a seguir) e agrupe os objetos.

Criando uma repetição de Grade *(*Grid*)*

Essa opção cria automaticamente várias cópias do objeto, posicionando-as em linhas e colunas, como em uma tabela.

12. Selecione o objeto *Grama* e, no menu *Objeto* (*Object*), clique em *Repetir/Grade* (*Repeat/Grid*). O objeto se repetirá em forma de tabela com duas linhas e quatro colunas, por padrão. Observe na imagem a seguir os controles de ajuste.

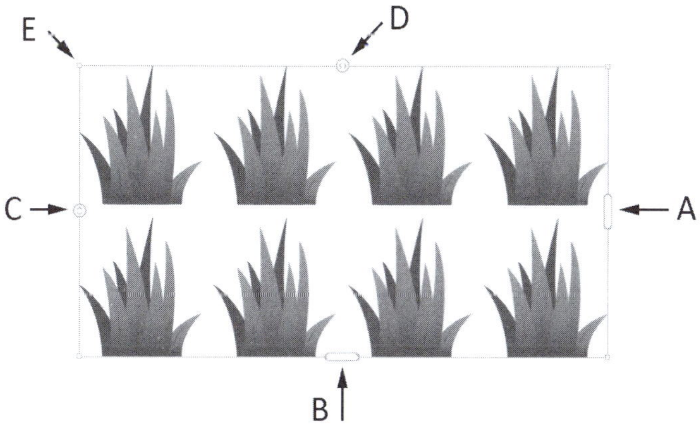

- A - *Controle para aumentar ou diminuir o número de colunas.*
- B - *Controle para aumentar ou diminuir o número de linhas.*
- C - *Controle para aumentar ou diminuir o espaçamento entre as linhas.*
- D - *Controle para aumentar ou diminuir o espaçamento entra as colunas.*
- E - *Controle para aumentar ou diminuir a ilustração, sendo um em cada canto.*

13. Para essa atividade, utilizando o controle na base, diminua o número de linhas para uma.

14. Utilizando o controle na parte superior, diminua a distância entre as cópias, deixando a ilustração como mostrado a seguir.

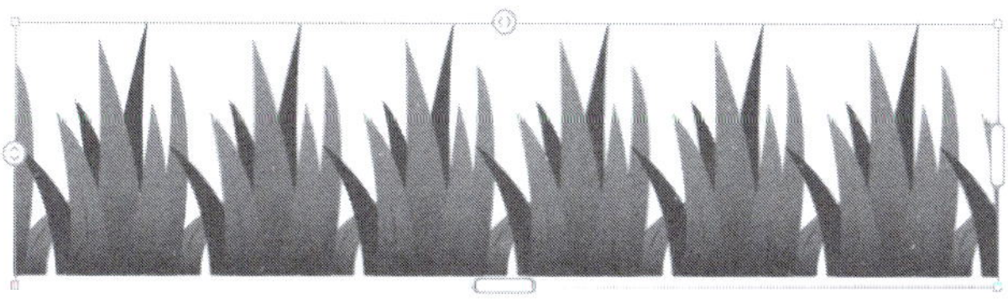

15. Para finalizar, utilizando o controle na lateral direita, aumente o comprimento da linha e posicione a grama como mostrado a seguir.

16. Salve seu arquivo e feche-o.

Uma outra forma de aplicar esse comando é por meio do quadro de diálogo *Opções* (*Options*), acionado também no menu *Objeto/Repetir/Opções* (*Object/Repeat/Options*). No quadro *Opções de repetição* (*Repeat Options*) você escolhe que tipo de repetição deseja fazer, sendo exibidos todos os controles disponíveis.

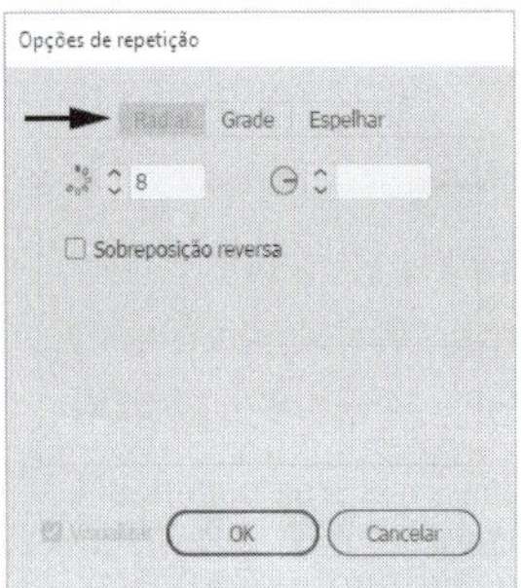

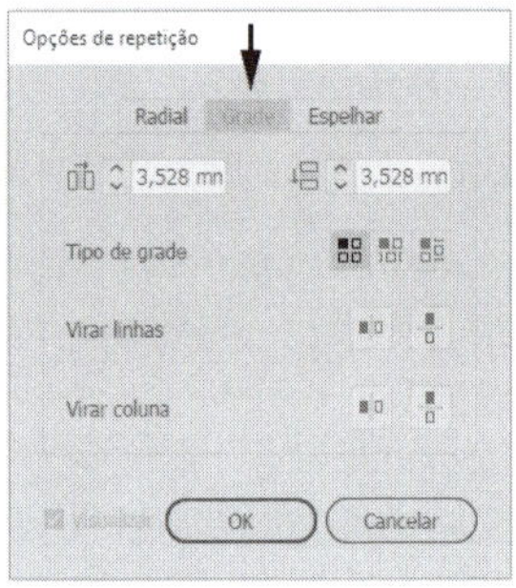

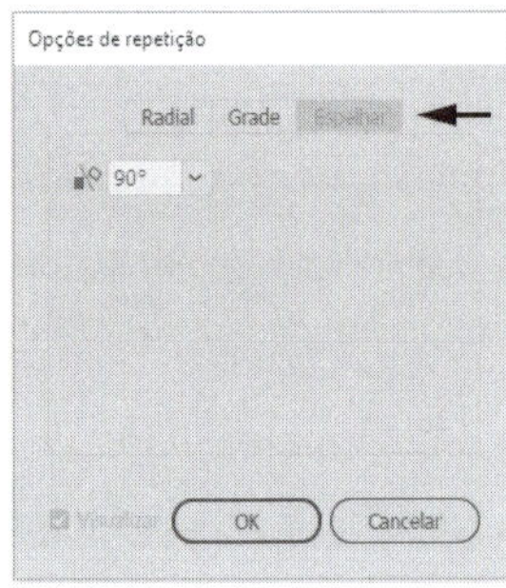

Atividade 4 – Trabalhando com perspectivas

Objetivos: » Criar perspectivas.

Tarefas:
- » Definir a grade de perspectiva.
- » Desenhar em perspectiva.
- » Trabalhar com a ferramenta *Grade de perspectiva* (*Perspective Grid*).
- » Anexar um objeto à perspectiva.

Definindo a grade de perspectiva

O Illustrator oferece duas ferramentas para desenhar ou renderizar facilmente uma ilustração em perspectiva. Essas ferramentas funcionam com base em leis estabelecidas de desenho em perspectiva. Você criará uma representação aproximada de uma cena em uma superfície plana, pois esse tipo de superfície é naturalmente captado pelo olho humano.

1. Crie um novo documento com 500 mm de largura por 450 mm de altura. Na caixa *Nome*, digite *Caixa*.
2. Pressione as teclas de atalho *Ctrl* + *R* para exibir as réguas, caso elas não estejam sendo exibidas.
3. Clique com o botão direito do mouse na régua horizontal e altere a unidade de medida para *Pixels*.
4. Ative a ferramenta *Grade de perspectiva* (*Perspective Grid*).

Assim que você ativar a ferramenta, a grade de perspectiva será exibida na prancheta. Você poderá trabalhar com grades de um, dois ou três pontos de fuga. Observe que, por padrão, a grade exibida será a de dois pontos de fuga.

Veja o que significa cada um dos elementos da grade:

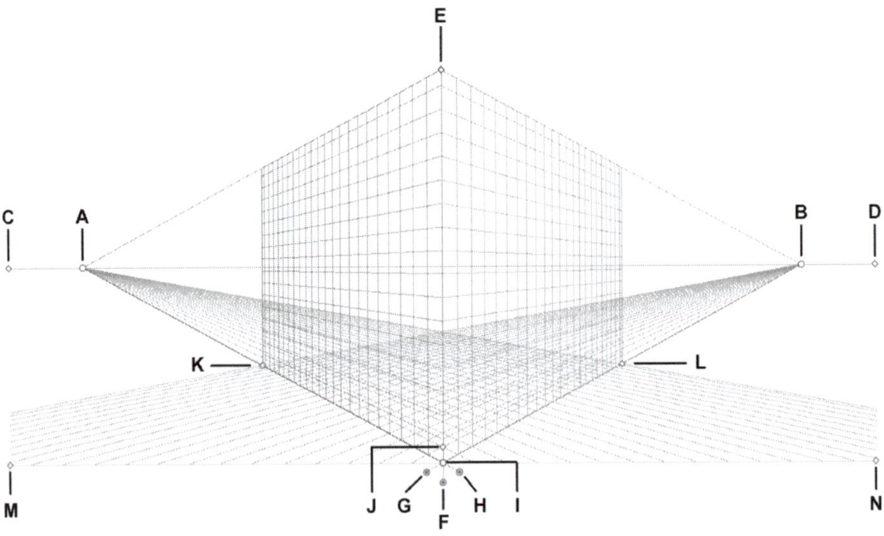

- A – *Controle do ponto de fuga esquerdo.*
- B – *Controle do ponto de fuga direito.*
- C – *Controle esquerdo do nível do horizonte.*
- D – *Controle direito do nível do horizonte.*
- E – *Controle da altura das grades verticais.*
- F – *Controle do plano de grade horizontal.*
- G – *Controle do plano de grade à esquerda.*
- H – *Controle do plano de grade à direita.*
- I – *Origem.*
- J – *Controle do tamanho das células das grades.*
- K – *Controle da extensão da grade esquerda.*
- L – *Controle da extensão da grade direita.*
- M – *Controle esquerdo do nível do solo.*
- N – *Controle direito do nível do solo.*

Por meio de todos esses controles, você poderá adequar as posições e o tamanho das grades de perspectiva, de acordo com o resultado que se deseja obter. Como foi dito anteriormente, existem três opções de pontos de fuga:

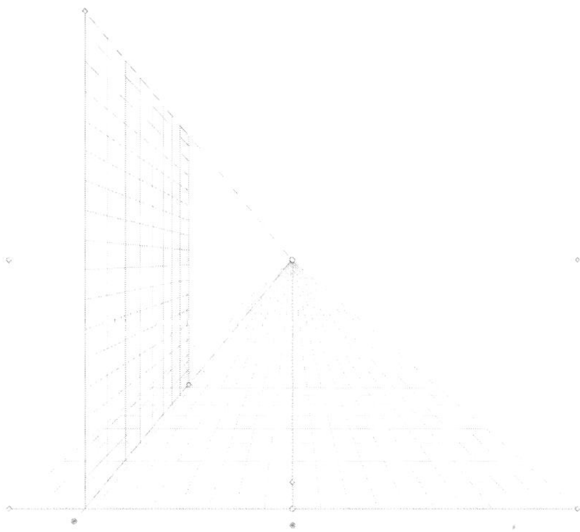

Perspectiva com um ponto de fuga.

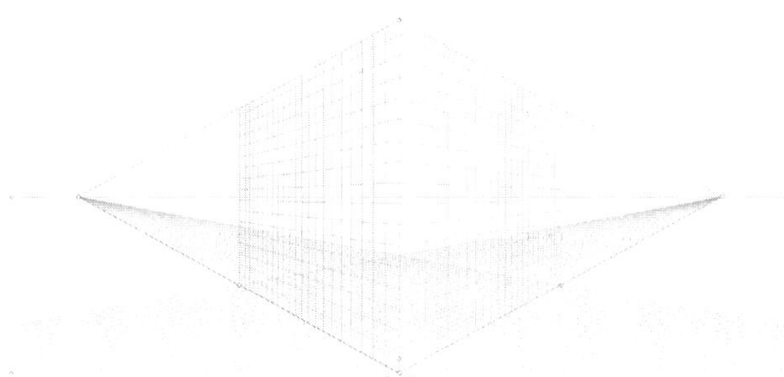

Perspectiva com dois pontos de fuga.

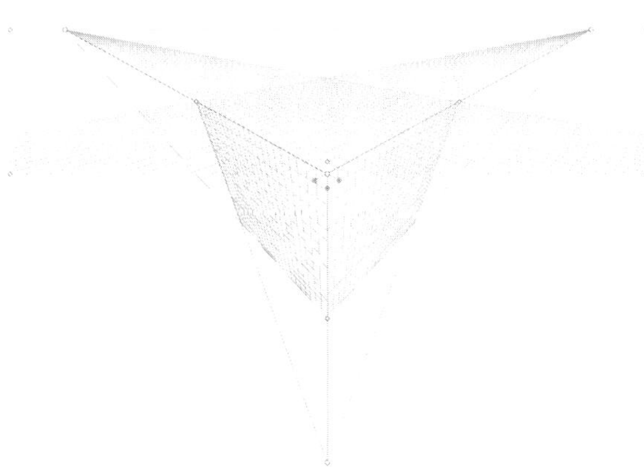

Perspectiva com três pontos de fuga.

Para exemplificar o uso da ferramenta *Grade de perspectiva* (*Perspective Grid*), você desenvolverá uma caixa simples para acondicionar o logotipo criado no Capítulo 2. Para este projeto, você trabalhará com a perspectiva de três pontos. Veja como deve ficar o trabalho:

5. No menu *Exibir* (*View*), clique em *Grade de perspectiva/Perspectiva de três pontos* (*Perspective Grid/Three Point Perspective*) e selecione *[3P-Exibição normal]* (*[3P-Normal view]*).

6. Clique no controle do nível do solo e reposicione a grade na prancheta, deixando a primeira aproximadamente no meio da segunda, como mostram as figuras a seguir.

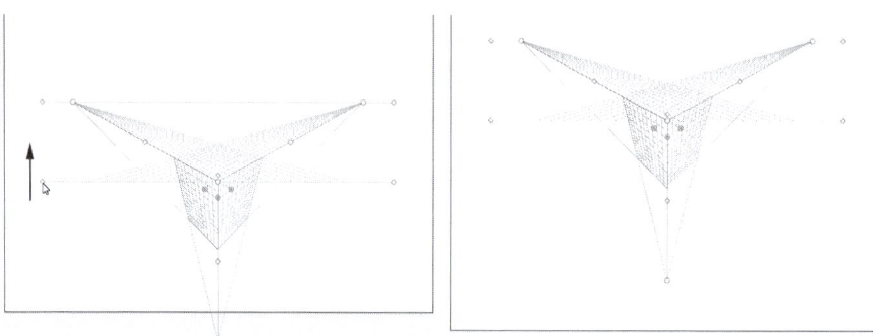

Você pode clicar nos controles já indicados anteriormente para alterar toda a grade de perspectiva. Mas para que seu trabalho fique o mais aproximado possível do sugerido aqui, você deve utilizar o quadro *Definir grade de perspectiva*, no qual definirá alguns valores numericamente.

7. No menu *Exibir* (*View*), clique em *Grade de perspectiva/Definir grade* (*Perspective Grid/Define Grid*) e altere o item *Unidades* (*Units*) para *Pixels* e a caixa *Y* do item *Terceiro ponto de fuga* (*Third Vanishing Point*) para *-825 px*.

8. Em seguida, clique no botão ao lado da caixa *Predefinição* (*Preset*) e, no quadro *Definir nome da grade* (*Define Grid Name*), digite um nome para sua nova grade (p. ex., *Minha grade*). Clique em *OK* para finalizar nos dois quadros.

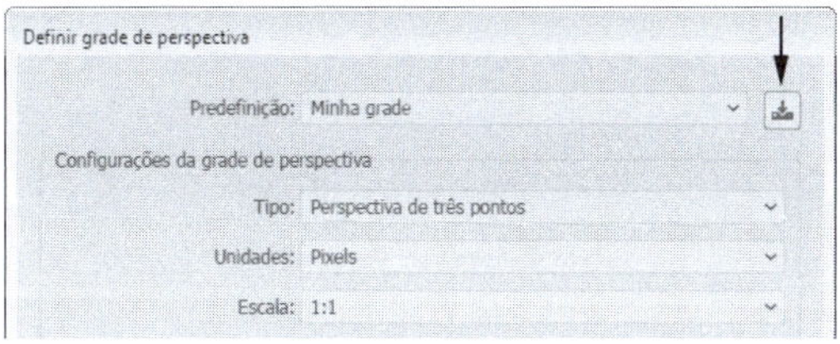

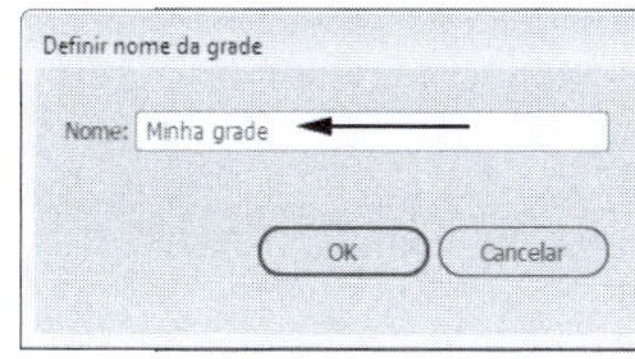

O terceiro ponto de fuga, onde você alterou o valor para *-825 px*, está na parte inferior das grades. A referência desse valor está na origem da grade.

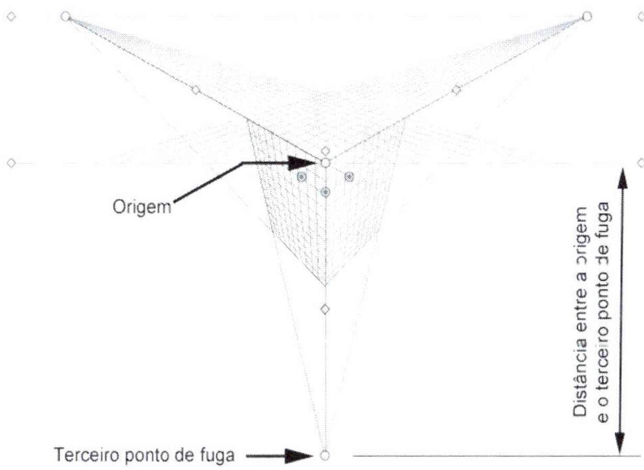

Desenhando em perspectiva

Quando você ativar a ferramenta *Grade de perspectiva* (*Perspective Grid*), além de exibir a grade, também será exibido um widget de alternância de planos.

Na grade de perspectiva, o plano ativo será o plano no qual você vai desenhar ou anexar um objeto para projetar a vista do observador dessa parte da cena. Você selecionará o plano de grade para torná-lo ativo clicando nele no widget. Veja como utilizá-lo.

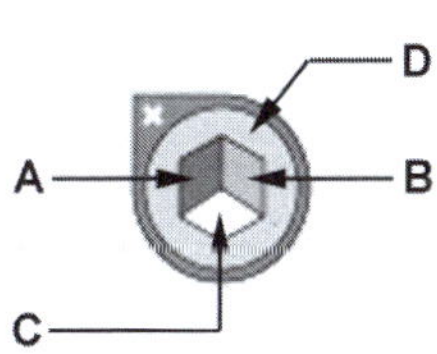

- A – Ativa o plano de grade à esquerda.
- B – Ativa o plano de grade à direita.
- C – Ativa o plano de grade horizontal.
- D – Ao clicar fora do cubo, mas dentro da área cinza, desabilitam-se todos os planos.

Para criar um objeto na grade escolhida, basta selecionar a ferramenta desejada e criar o objeto.

1. Ainda com a ferramenta *Grade de perspectiva* (*Perspective Grid*) ativada, clique no widget para selecionar o plano *Grade esquerda* (*Left Grid*).

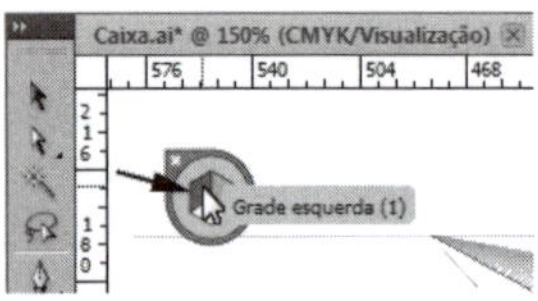

2. Ative a ferramenta *Retângulo* (*Rectangle*), altere a cor de preenchimento para *Verde CMYK* (*CMYK Green*), o contorno para *Preto* (*Black*) e o traçado para *1 pt*.
3. Clique no canto superior da grade esquerda e desenhe o retângulo até a outra extremidade. Se a opção *Guias inteligentes* (*Smart Guides*) estiver ligada, automaticamente os pontos âncora ou de interseção serão identificados, facilitando seu trabalho.

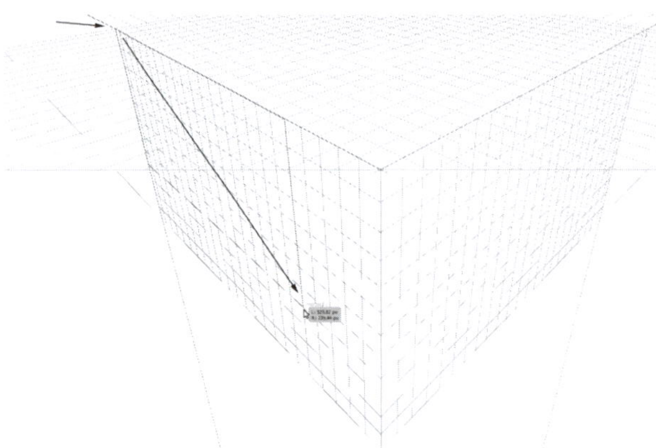

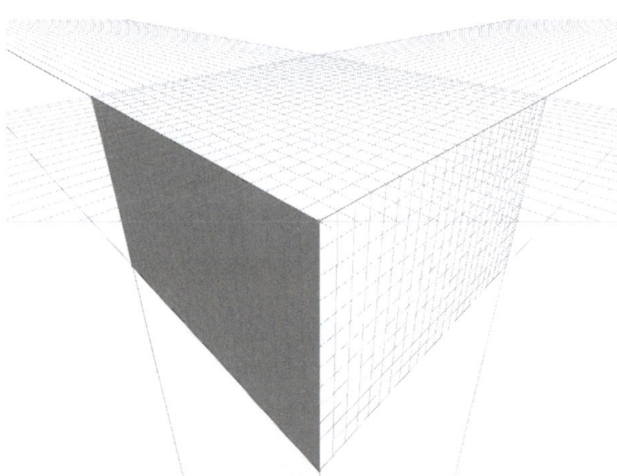

4. Clique no widget para selecionar o plano *Grade direita* (*Right Grid*).

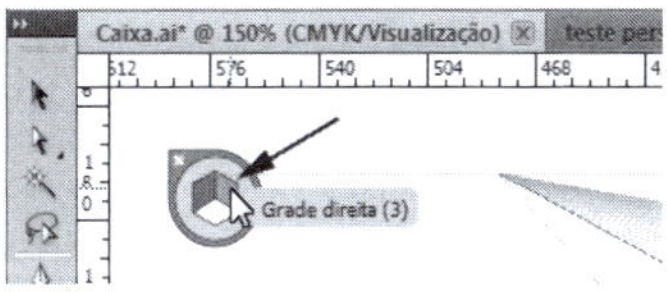

5. Selecione um tom de verde mais claro para o preenchimento, clique no canto superior do primeiro retângulo e, a partir daí, desenhe o retângulo na grade direita.
6. Repita o procedimento escolhendo outro tom de verde e selecione a *Grade horizontal* (*Horizontal Grid*).

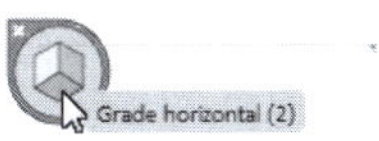

7. Com a ferramenta *Retângulo* (*Rectangle*), desenhe um retângulo na parte superior (grade horizontal).

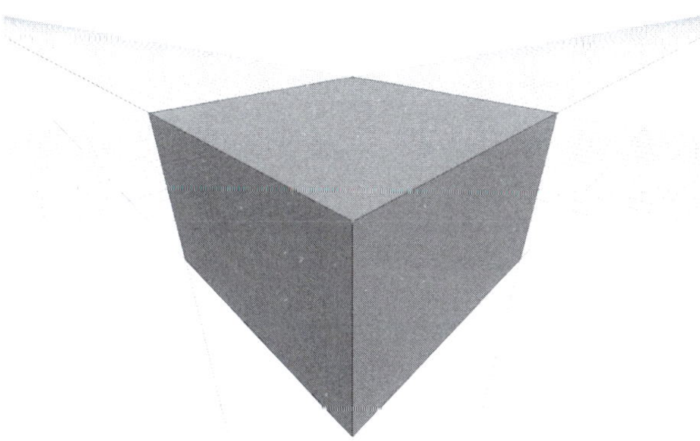

8. No painel *Camadas* (*Layers*), altere o nome da *Camada 1* para *Caixa*. Bloqueie essa camada e salve seu trabalho.

Ferramenta Seleção de perspectiva (Perspective Selection)

Essa ferramenta substitui a ferramenta *Seleção* (*Selection*) quando se trabalha com os recursos de perspectiva. Com ela, você pode selecionar, mover, duplicar e redimensionar objetos colocados nas grades de perspectiva, preservando o efeito de perspectiva aplicado, ou ainda colocar novos objetos dentro das grades.

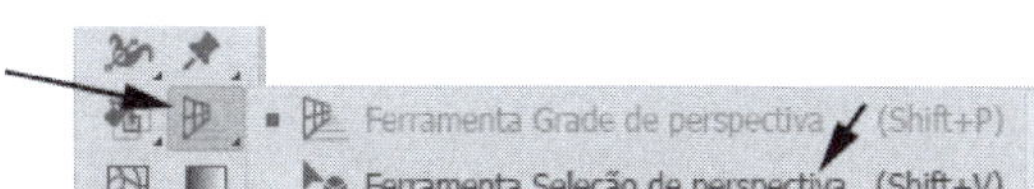

Você também pode selecionar essa ferramenta por meio das teclas de atalho *Shift* + *V*.

1. Crie uma nova camada, altere o nome para *Detalhes*, ative a ferramenta *Tipo* (*Type*) e, em seguida, digite *Postais para evento*, separado em duas linhas, com a fonte *Arial*, tamanho *70 pt* e estilo *Bold*.

2. Ative a ferramenta *Seleção de perspectiva* (*Perspective Selection*) pressionando as teclas de atalho *Shift* + *V*.
3. No widget, clique na *Grade direita* (*Right Grid*).
4. Clique no texto para selecioná-lo e arraste-o para cima da grade direita.
5. Clique no texto e coloque-o na lateral direita da caixa. Veja que ele já está com a mesma perspectiva. Em seguida, clique em uma área em branco e veja o resultado.

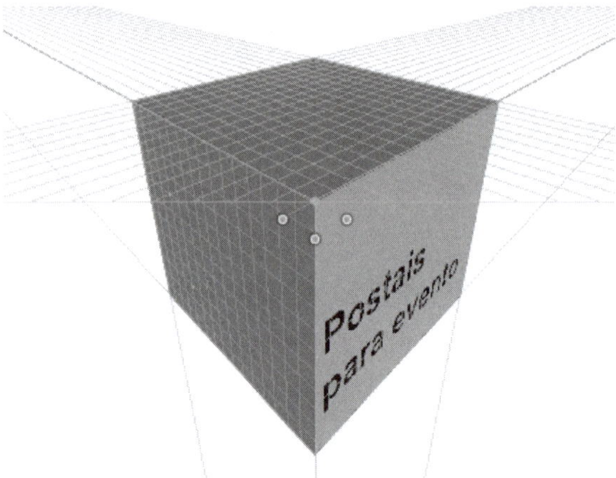

Se você precisar editar o texto, basta dar duplo clique nele com a ferramenta *Seleção de perspectiva* (*Perspective Selection*). Após a alteração, pressione *Esc* para sair do modo de edição.

Anexando um objeto à perspectiva

Você pode utilizar elementos prontos, criados em outros trabalhos, por exemplo, para serem colocados na perspectiva.

6. Ative a ferramenta *Seleção* (*Selection*).
7. Abra o arquivo *Logo ContraSenso*, criado por você no Capítulo 2.
8. Faça uma cópia do logotipo pressionando *Ctrl* + *C*, retorne ao arquivo *Caixa* e cole a cópia do logotipo.
9. Ative a ferramenta *Seleção de perspectiva* (*Perspective Selection*) e, no widget, selecione a *Grade horizontal*.
10. Clique no logotipo e arraste-o para cima da grade superior.
11. Ainda com a ferramenta *Seleção de perspectiva* (*Perspective Selection*), clique no controle no canto do logotipo e, mantendo a tecla *Shift* pressionada, altere seu tamanho. Com a tecla *Shift*, você pode alterar as dimensões proporcionalmente. Ajuste a posição para deixá-lo como na figura a seguir.

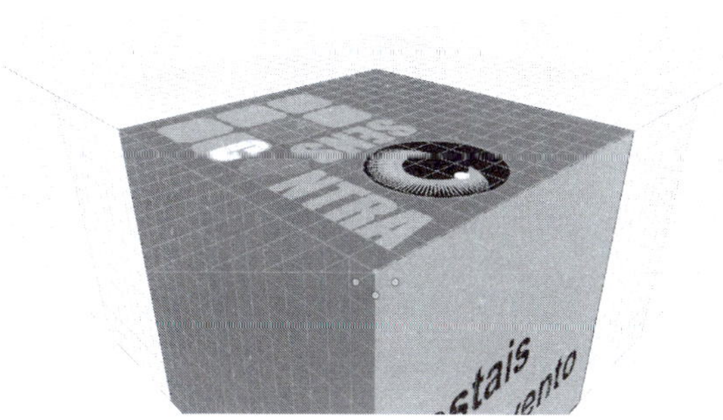

12. Feche o arquivo *Logo ContraSenso*, pois ele não será mais utilizado.
13. Abra o arquivo *Café Paris - Final*.
14. Desabilite a visualização das camadas, deixando visível apenas a camada *Arabesco*.

15. Selecione tudo, agrupe os objetos e faça uma cópia.

16. No arquivo *Caixa*, pressione *Ctrl* + *V* para colar a cópia dos objetos.

17. Em seguida, ative a ferramenta *Seleção de perspectiva* (*Perspective Selection*) e, no widget, selecione a *Grade esquerda* (*Left Grid*).

18. Clique no grupo de objetos e arraste-o para a grade esquerda.

19. Faça a alteração de altura e largura para que coincidam com a lateral da caixa.

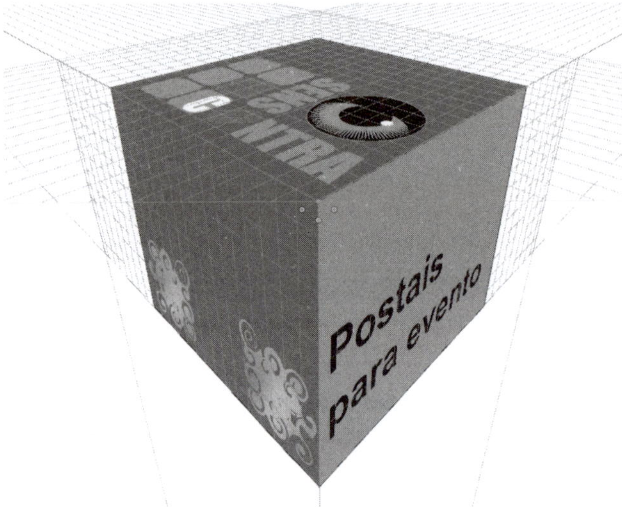

Para dar um toque final ao projeto, você vai desenhar as abas da tampa da caixa e colocar um plano na base dela.

20. Para isso, mantenha a *Grade esquerda* (*Left Grid*) selecionada no widget.

21. Ative a ferramenta *Retângulo* (*Rectangle*) e, no painel *Controle* (*Control*), altere a cor de preenchimento para a mesma cor do retângulo colocado na grade horizontal.

22. Mantenha a cor *Preto* (*Black*) para o contorno.

23. Basta desenhar um retângulo sobre a grade a partir da parte superior da caixa.

24. Repita esses procedimentos, mas, desta vez, desenhe um retângulo na grade direita.

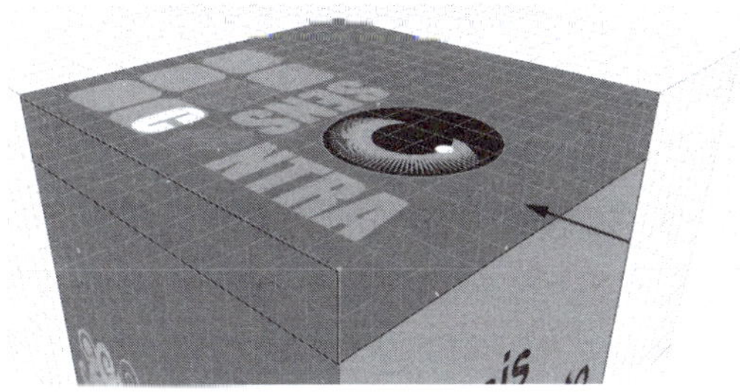

25. Ative a ferramenta *Grade de perspectiva* (*Perspective Grid*), clique no controle do plano de grade horizontal e mova-o para baixo.

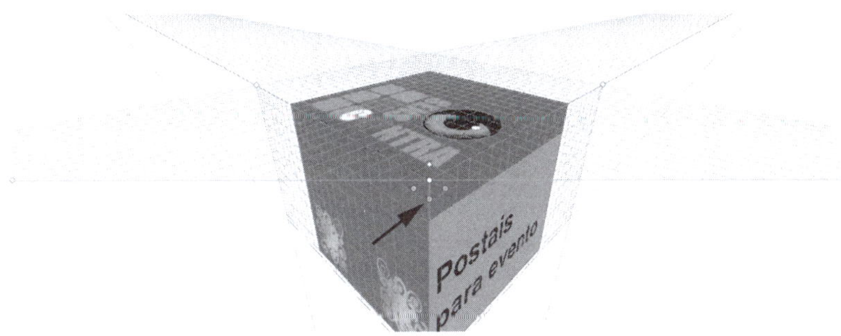

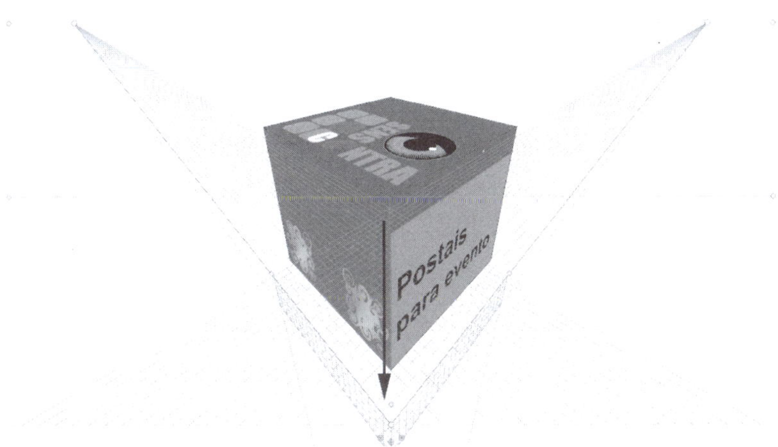

26. Crie uma nova camada, altere o nome para *Base* e coloque-a abaixo de todas as outras.

27. No widget, selecione a *Grade horizontal* (*Horizontal Grid*).

28. Ative a ferramenta *Retângulo* (*Rectangle*), selecione um tom de marrom e crie um retângulo na base da caixa. Como a camada está abaixo de todas as outras, visualmente se terá a impressão de que o retângulo está embaixo da caixa.

29. Para ocultar as grades de perspectiva, pressione teclas *Shift* + *Ctrl* + *I* e veja o resultado.

30. Salve seu arquivo.

Atividade 5 – Explorando dois recursos de IA para agilizar o trabalho

Objetivos:

» Conhecer os recursos de *Preenchimento de forma generativo* (*Gen Shape Fill*) e *Gerar gráficos vetoriais* (*Generate Vectors*) utilizando IA.

Tarefas:

» Criar preenchimentos com o recurso *Preenchimento de forma generativo* (*Gen Shape Fill*).

» Criar vetores com o recurso *Gerar gráficos vetoriais* (*Generate Vectors*).

Preenchimento de forma generativo (*Gen Shape Fill*)

O *Preenchimento de forma generativo* (*Gen Shape Fill*) permite preencher qualquer forma automaticamente com detalhes e cores, a partir de uma descrição simples digitada por você, utilizando inteligência artificial.

1. Abra o arquivo *Felino 2.ai*, disponível na pasta *Arquivos de trabalho*. Esse arquivo possui duas camadas: *Moldura*, que corresponde ao círculo de fundo, e *Felino*, que é a forma com a qual você vai trabalhar.
2. Salve o arquivo em sua pasta de trabalho com o nome “Felino-final”.
3. Desabilite a visualização da camada *Moldura*.
4. Com a ferramenta *Seleção* (*Selection*), clique na forma do felino.
5. Na *Barra de ferramentas contextual* (*Contextual Task Bar*), clique em *Preenchimento de forma generativo* (*Gen Shape Fill*). O campo de texto será ativado para você digitar a descrição.

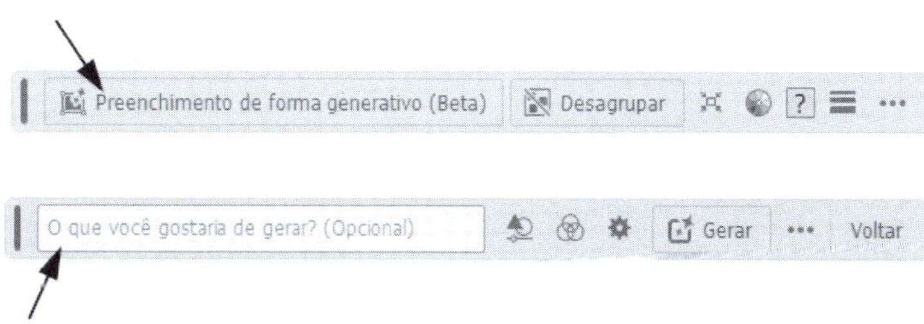

6. Para esta atividade, digite o texto “Preencher com cores douradas”, clique no botão *Gerar* (*Generate*) e aguarde o processamento.

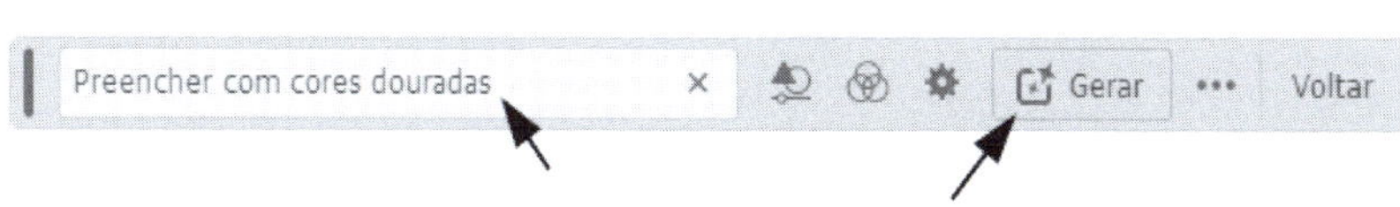

O recurso gera três variações de preenchimento com base na descrição fornecida por você. Elas são apresentadas no painel *Propriedades* (*Properties*).

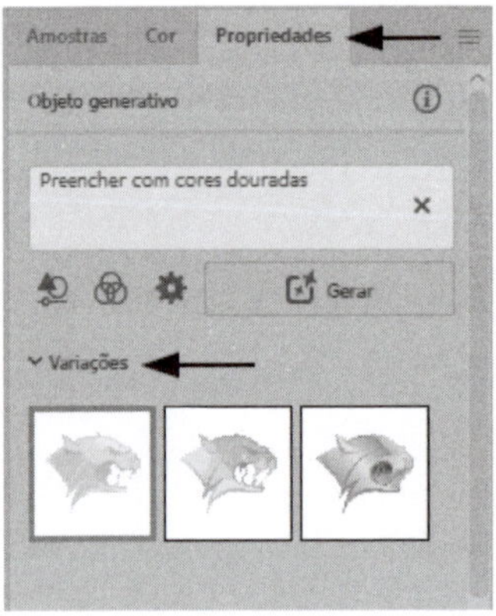

Para visualizar o resultado de cada variação, basta selecioná-la no painel *Propriedades* (*Properties*).

Se você fornecer outra descrição, o Illustrator acumulará as variações no painel *Propriedades* (*Properties*).

7. Clique novamente em *Preenchimento de forma generativo* (*Gen Shape Fill*), digite "Preencher com tons metálicos" e clique em *Gerar* (*Generate*). Observe no *Propriedades* (*Properties*) as novas variações.

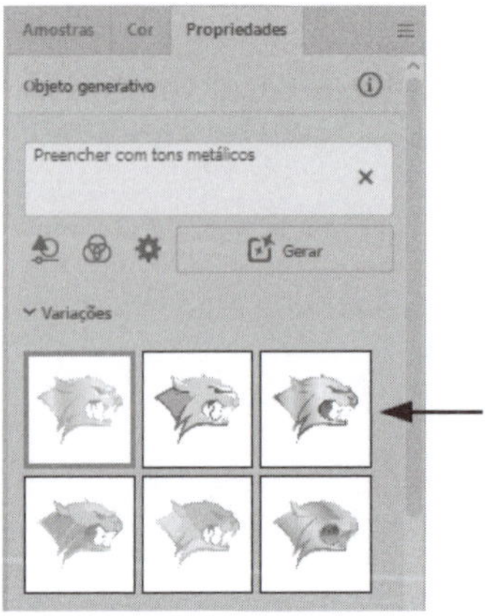

A *Barra de ferramentas contextual* (*Contextual Task Bar*) apresenta três botões de configuração que oferecem opções antes do preenchimento:

A – Força e detalhes da forma:

- *Força da forma*: basta mover o controle deslizante para ajustar até que ponto o preenchimento deve corresponder ao contorno da forma. Na opção *Alta*, o preenchimento corresponderá totalmente ao contorno. Já na opção *Baixa*, o preenchimento apresentará contornos mais semelhantes aos de objetos do mundo real, nem sempre coincidindo exatamente com o contorno original.
- *Detalhe*: movendo o controle deslizante você ajusta o nível de detalhe exigido no preenchimento.

B – Referência de estilo:

- *Referência de estilo*: deixe *Auto* ativado se deseja que o estilo do preenchimento corresponda ao estilo dos objetos (vetor ou imagem) ao redor da forma selecionada. Para escolher o estilo de um objeto específico em seu trabalho artístico, selecione *Escolher ativo* ou *Substituir ativo*. Em seguida, selecione o objeto ou desenhe um laço ao redor dele.
- *Efeitos*: aplique um ou mais efeitos predefinidos. Selecione *Limpar tudo* para remover os efeitos.

C – Exibir todas as configurações: ao selecionar essa opção, uma caixa de diálogo será exibida, permitindo que você defina *Cor e tom* para refinar as cores do seu preenchimento, conforme descrito a seguir:

- *Predefinições de cor*: permite aplicar uma predefinição de cores.
- *Nº de cores*: é possível deixar no modo *Auto* ou definir manualmente a quantidade de cores desejada no preenchimento.
- *Especifique cores*: permite selecionar até doze cores. Para editar ou remover uma cor, é preciso selecioná-la e utilizar o menu que será exibido para fazer as alterações.

Observe que esses mesmos botões estão disponíveis no painel *Propriedades* (*Properties*).

Outro caminho para utilizar o *Preenchimento de forma generativo* (*Gen Shape Fill*) é acessando o menu *Objeto* (*Object*) e clicando em *Preenchimento de forma generativo* (*Gen Shape Fill*). Nesse caso, será exibido um quadro de diálogo completo com todas as opções vistas.

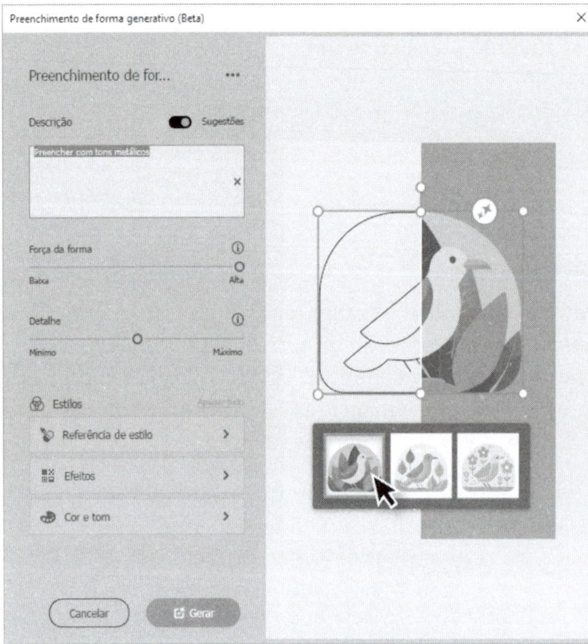

Após gerar o preenchimento, é possível editar qualquer elemento da arte, pois todos eles são vetores. Assim, você pode personalizar da maneira que preferir, fazendo os ajustes e mudanças que julgar necessários.

8. Salve o arquivo e feche-o.

Gerar vetores com IA

Se você estiver sem inspiração, o comando *Gerar vetores* (*Generate Vectors*) permite a criação de gráficos vetoriais realistas com base em uma descrição de texto. Assim como o *Preenchimento de forma generativo* (*Gen Shape Fill*), esse recurso também utiliza IA.

1. Crie um novo arquivo de *300 mm* de largura por *300 mm* de altura.
2. Selecione a ferramenta *Retângulo* (*Rectangle*), clique na prancheta e defina *Largura* e *Altura* com *200 mm*. Clique em *OK*.
3. Ative a ferramenta *Seleção* (*Selection*) e selecione o quadrado, pois o gráfico será gerado dentro dele.

> O uso de um quadrado para gerar um gráfico dentro dele é apenas um exemplo. Você pode gerar gráficos mesmo com a prancheta em branco.

4. Na *Barra de ferramentas contextual* (*Contextual Task Bar*), clique em *Gerar vetores* (*Generate Vectors*). O campo de texto será ativado para você digitar a descrição.

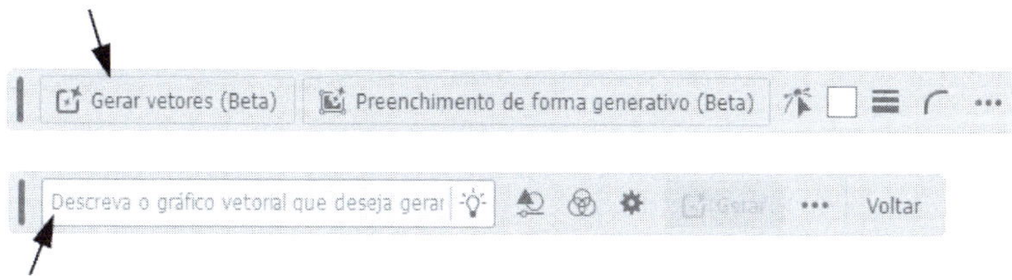

5. Para exemplificar o uso desse recurso, digite o seguinte texto: "Balões de ar quente num dia ensolarado sobre uma floresta". Em seguida, clique no botão *Gerar* (*Generate*).

6. Aguarde o processamento e veja o resultado. No painel *Propriedades* (*Properties*), você tem acesso às três variações criadas.

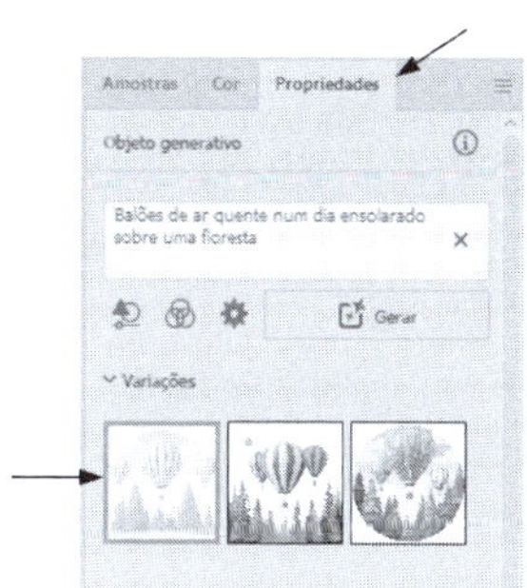

Na *Barra de ferramentas contextual* (*Contextual Task Bar*), existem três botões para configurar a criação do gráfico. Você deve fazer as escolhas antes de gerar seu gráfico.

Veja a seguir cada uma dessas opções:

Tipo de conteúdo – este item oferece as seguintes opções:

- *Cena*: gera uma cena vetorial completa.
- *Assunto*: gera um elemento vetorial com muitos detalhes e sem fundo.
- *Ícone*: gera um elemento vetorial menos detalhado e sem fundo para logotipos e conjuntos de ícones.

Detalhe – basta ajustar o controle deslizante para controlar o nível de detalhe na saída.

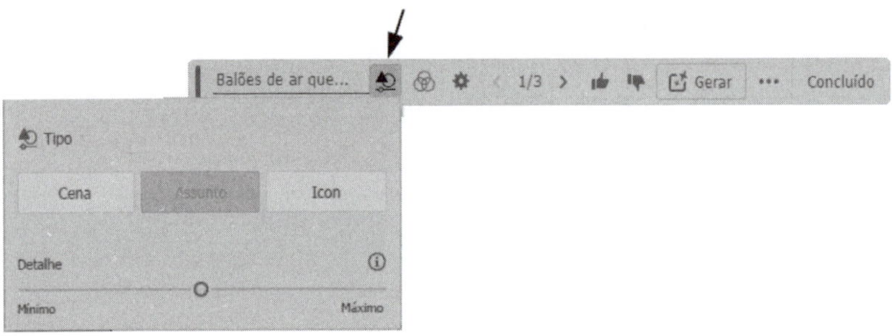

Referência de estilo – este item oferece as seguintes opções:

- *Referência de estilo*: com a opção *Automático* ativada, o estilo de saída corresponderá ao estilo dos objetos (vetor ou imagem) ao redor do retângulo selecionado. Caso prefira usar o estilo de um objeto específico em sua ilustração, selecione *Escolher ativo* e, em seguida, clique no objeto que deseja usar como referência.
- *Efeitos*: é possível selecionar um ou mais efeitos predefinidos.

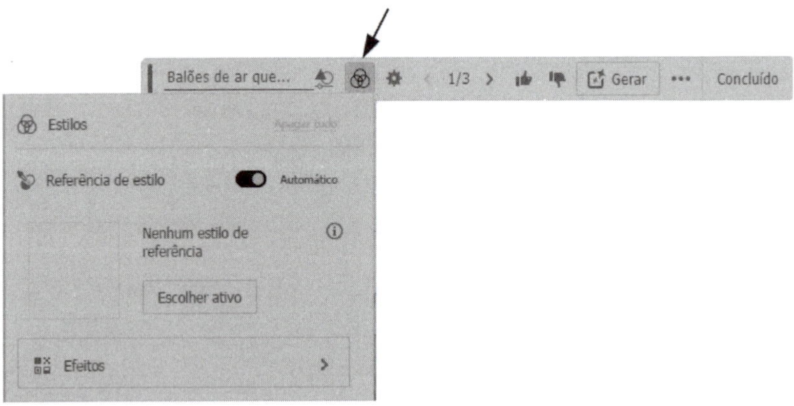

Ver todas as configurações – esse botão dá acesso à caixa de diálogo *Gerar vetores* (*Generate Vectors*), que apresenta todas as opções. Entre elas, está a seção *Cor e tom* (*Color and Tone*), que oferece as seguintes configurações:

- *Predefinições de cor*: permite selecionar uma predefinição de cor.
- *Nº de cores*: pode-se ativar a opção *Automático* ou definir manualmente o número de cores desejado na saída.
- *Especifique cores*: permite especificar até doze cores.

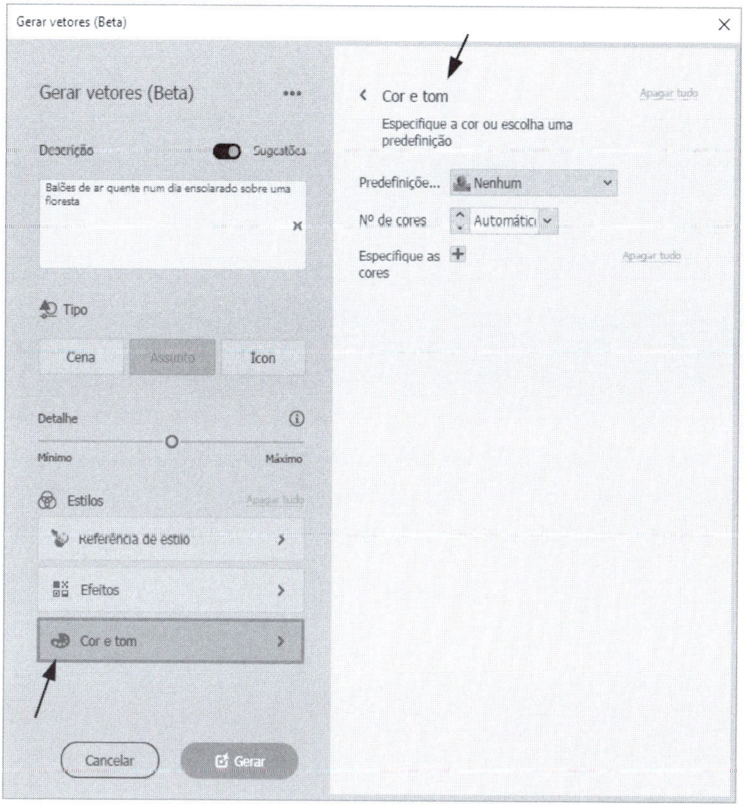

Você pode digitar uma nova descrição para gerar novas variações e assim chegar ao que procura.

A partir de uma variação escolhida, é possível editar todos os itens. Para isso, basta desagrupá-la e selecionar os itens que deseja alterar. É importante saber que, ao desagrupar uma variação, todas as demais variações vinculadas a ela serão descartadas.

Gerando um vetor sem descrição

Caso você não tenha ideia de como começar seu projeto, é possível gerar um vetor sem a necessidade de descrição. Nesse caso, não é preciso desenhar nada: com a prancheta em branco, basta clicar no botão *Gerar vetores* (*Generate Vectors*) e a janela de mesmo nome será exibida.

7. Desfaça qualquer seleção na prancheta e clique no botão *Gerar vetores* (*Generate Vectors*).
8. Do lado esquerdo, estão as opções de configuração; do lado direito, as sugestões de descrição que podem servir como inspiração. Basta pousar o cursor sobre uma sugestão para visualizar o texto descritivo que pode gerá-la.

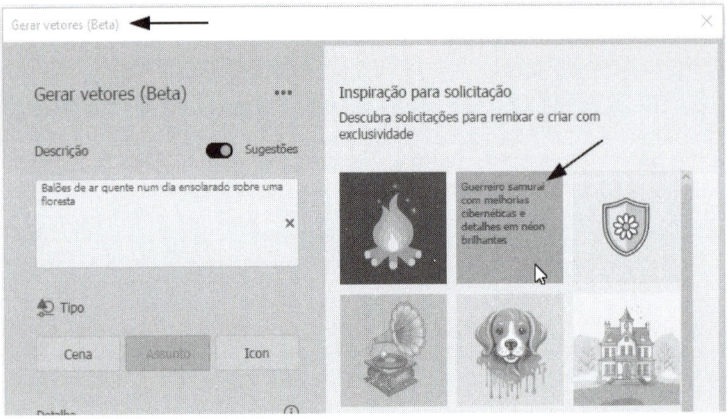

Portanto, use esse recurso como um ponto de partida para suas criações.

9. Feche o arquivo sem salvá-lo, pois foi apenas um teste.

Atividade 6 – Conhecendo os recursos de impressão e exportação para a web

Objetivos:
» Conhecer os procedimentos para impressão de ilustrações e exportação de arquivos para a web.

Tarefas:
» Imprimir uma ilustração.
» Visualizar separações.
» Imprimir separações de cores.
» Exportar uma ilustração para a web.

Imprimindo no Illustrator

1. Abra o arquivo *Projeto Fulô.ai*, criado nas atividades anteriores.
2. Navegue até a prancheta *Frente postal.*
3. No menu *Arquivo* (*File*), clique na opção *Imprimir* (*Print*) ou pressione as teclas de atalho *Ctrl + P* para exibir o quadro de diálogo *Imprimir* (*Print*).

O quadro de diálogo de impressão do Illustrator possui uma série de configurações disponíveis para você imprimir seu trabalho. Existe uma lista de itens do lado esquerdo do quadro e, dependendo do item selecionado, ele exibirá as opções para configuração. Logo abaixo, você encontra a área de pré-visualização, para ver como será o resultado da impressão. A seguir, acompanhe uma breve descrição desses itens:

- *Geral* (*General*): permite escolher o tamanho do papel, a orientação, quantas páginas serão impressas, qual escala deverá ser aplicada e quais páginas serão impressas.
- *Marcas e sangria* (*Marks and Bleed*): permite selecionar as marcas de impressão que serão impressas com a arte e cria um sangramento para a impressão.
- *Saída* (*Output*): permite gerenciar a separação de cores quando você criar fotolitos para impressão offset.
- *Gráficos* (*Graphics*): permite selecionar as opções de impressão para vetores, fontes, arquivos PostScript, gradientes, malhas e misturas.
- *Gerenciamento de cores* (*Color Management*): se você trabalhar com algum gerenciamento de cor, esse item permite a escolha de um predefinido.
- *Avançado* (*Advanced*): permite controlar como imagens raster ou vetoriais serão impressas.
- *Resumo* (*Summary*): exibe um resumo das opções escolhidas, permitindo que ele seja salvo para futuras aplicações.

4. No item *Tamanho de mídia* (*Media Size*), selecione o papel *A4 210 × 297 mm*.

Como você desenvolveu esse projeto/trabalho com múltiplas pranchetas, o quadro de pré-visualização também apresentará os botões de navegação para a escolha da prancheta que será impressa. Observe os botões de navegação embaixo da área de pré-visualização.

5. Clique no botão da direita para visualizar cada uma das pranchetas.
6. Se você tiver uma impressora disponível, clique no botão *Imprimir* (*Print*) para fazer a impressão, caso contrário, clique no botão *Cancelar* (*Cancel*).

Definindo outras áreas de impressão

Você pode adicionar mais pranchetas ao documento com o intuito de imprimir regiões específicas de seu projeto.

7. Ative a ferramenta *Prancheta* (*Artboard*) e desenhe uma nova prancheta de qualquer tamanho.
8. Posicione a prancheta sobre os dois textos e altere as dimensões dela para que caiba somente eles.

Apesar de você ter colocado uma prancheta sobre a outra, elas são totalmente independentes, tanto que essa última é a *Prancheta 4* do projeto. Observe isso no canto superior esquerdo da prancheta.

9. Ative a ferramenta *Seleção* (*Selection*), pressione *Ctrl* + *P* novamente para abrir o quadro de impressão e navegue até a *Prancheta 4* para ver o resultado.

10. Clique em *Cancelar* (*Cancel*) para fechar o quadro.

11. Ainda com a ferramenta *Prancheta*, selecione a prancheta criada e apague-a.

Exibindo as marcas

12. Pressione *Ctrl* + *P* novamente.

13. Selecione o item *Marcas e sangria* (*Marks and Bleed*) e depois clique na opção *Todas as marcas de impressora* (*All Printer's Marks*).

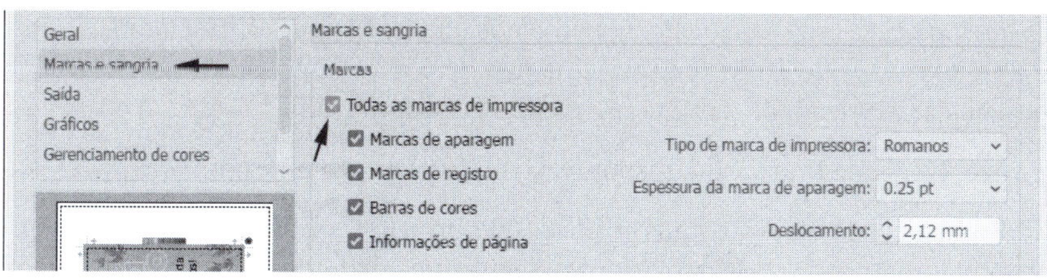

A opção *Todas as marcas de impressora* (*All Printer's Marks*) é muito importante para o trabalho de impressão em gráfica. Todo material que será impresso em gráfica no processo offset (máquinas gráficas de alta produtividade) necessita da separação de cores, por isso devem ser criados no padrão CMYK.

Com isso, será criada uma chapa de impressão para cada cor. Para garantir o perfeito encaixe das cores, as marcas de impressão são essenciais. Portanto, ativando-se a opção *Todas as marcas de impressora* (*All Printer's Marks*), uma série de marcas será impressa. Veja a figura a seguir para compreender o que cada uma delas significa.

- A e B – *Marcas de registro* (*Registration Marks*): pequenos alvos fora da área do documento utilizados para o alinhamento das separações de cores.
- C – *Informação do documento* (*Page Information*): funciona como uma etiqueta com as informações do nome do arquivo, data e hora da impressão, lineatura de tela utilizada, entre outras informações técnicas.
- D – *Marcas de corte* (*Trim Marks*): linhas horizontais e verticais finas que definem onde a arte será recortada (ou refilada). Também podem auxiliar no alinhamento das chapas de cor.
- E e F – *Barras de cores* (*Color Bars*): pequenos quadrados que representam as cores CMYK e os tons de cinza (em incrementos de 10%). São utilizados pela gráfica para ajustar a densidade da tinta na máquina de impressão.

14. Se você tiver uma impressora disponível, clique no botão *Imprimir* (*Print*).

Quando você definiu a opção *Sangria* (*Bleed*) no projeto, as laterais da ilustração extrapolaram as marcas de corte para fora. Isso evita que qualquer deslocamento no momento da impressão ou do refile resulte em uma borda branca (cor do papel) quando o corte for efetuado. Depois de recortar o papel, você terá um resultado semelhante às figuras a seguir.

15. Feche o arquivo sem salvar.

UTILIZANDO A VISUALIZAÇÃO DE SEPARAÇÕES

Para reproduzir as cores de imagens em tons contínuos no ambiente gráfico profissional, a arte-final é separada em quatro chapas chamadas cores processadas, ou escala, sendo uma chapa para o ciano, uma para o magenta, outra para o amarelo e uma para o preto.

Se forem utilizadas cores especiais, chamadas cores spot, geralmente compradas prontas, também será criada uma chapa para cada uma delas. No processo gráfico, a folha de papel é submetida a cada chapa, e as respectivas tintas são depositadas no papel em seus pontos específicos. Quando combinadas, as tintas resultaram na arte-final colorida. O processo de separar a arte-final em cores é chamado *Separação de cores*.

O Illustrator oferece um recurso que permite ao usuário inspecionar a separação em seu monitor antes de imprimir, evitando surpresas, como cores inesperadas ou superimposição indesejada, no momento da impressão. É pelo painel *Visualização de separações* (*Separations Preview*) que se faz esse tipo de verificação. Assim, de forma simples, é possível desligar e ligar cada uma das visualizações de cores do projeto.

Esse painel só funciona para os projetos feitos com cores CMYK, como é o caso do postal criado em atividades anteriores. Lembre-se de que todas as cores que foram utilizadas são CMYK. Por isso mesmo, e para poder exemplificar como se comporta esse recurso com o uso de cores especiais, você utilizará um arquivo especialmente preparado para esta atividade. Trata-se do verso do postal, com algumas alterações de cores e uso de cores especiais.

1. Abra o arquivo *Projeto Cores.ai*, disponível na pasta *Arquivos de trabalho*. Esse arquivo é uma versão diferente da que foi produzida por você, e contém apenas uma prancheta com o verso de um postal.

2. No menu *Janela* (*Window*), clique na opção *Visualização de separações* (*Separations Preview*) para exibir o painel.

3. Clique na base do painel e aumente sua altura para visualizar a lista completa de cores do projeto. Clique na caixa *Visualização de superimposição* (*Overprint Preview*) para habilitar as cores no painel.

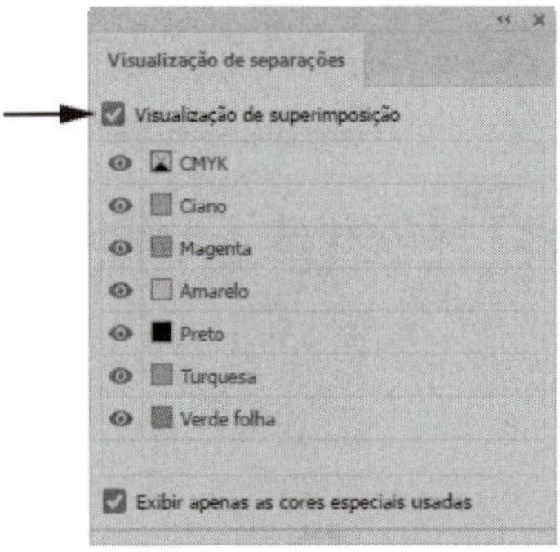

Cores especiais

Observe que nesse arquivo foram utilizadas duas cores especiais, listadas após as cores de escala, diferentemente do arquivo do postal criado por você, no qual foram utilizadas apenas cores de escala. Por isso, no painel *Visualização de separações* (*Separations Preview*) serão mostradas apenas as cores CMYK.

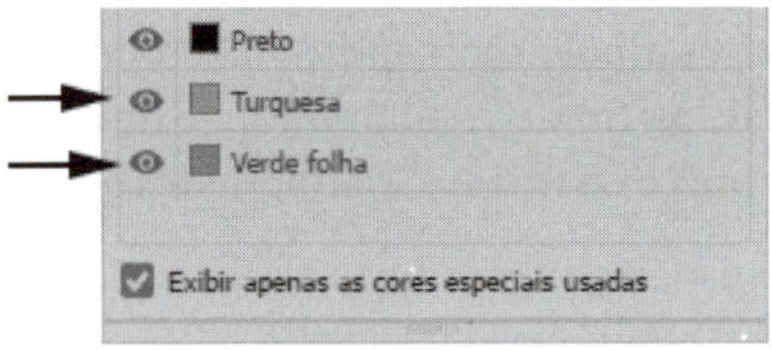

Você pode utilizar as cores especiais em seu projeto por meio de escalas de cores profissionais específicas para aplicação digital. A Pantone é um bom exemplo disso.

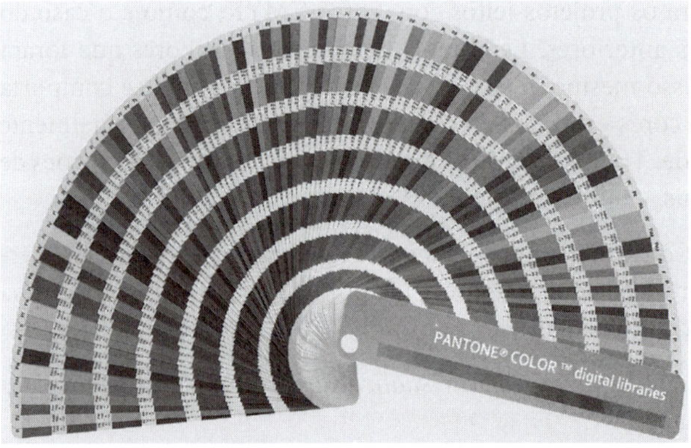

São escalas que listam as cores prontas disponíveis para compra. Junto a cada uma estão as porcentagens de CMYK para que sejam reproduzidas na tela, apenas para o desenvolvimento do projeto. A gráfica utilizará as tintas especiais no momento da impressão.

4. Prossiga desligando e ligando a visualização das cores no painel, deixando apenas uma de cada vez. Dessa forma, você visualizará na tela cada uma das cores como serão impressas.
5. Para exibir todas as cores, basta clicar na opção *CMYK* no painel.

A opção *Exibir apenas as cores especiais usadas* (*Show Used Spot Colors Only*), quando selecionada, exibe na lista do painel apenas as cores especiais usadas na arte, além das cores de escala, é claro.

Imprimindo separações de cores

Uma das opções do quadro *Imprimir* (*Print*) é a possibilidade de imprimir as separações de cores, o que é definido no item *Saída* (*Output*).

1. Utilize o mesmo arquivo anterior: *Projeto cores.ai*.
2. Pressione as teclas de atalho *Ctrl + P* para exibir o quadro *Imprimir* (*Print*).
3. No caso desta atividade, selecione a impressora *Adobe PDF*, que deve estar instalada em sua máquina. Dessa forma, você vai criar um arquivo em vez de enviar para uma impressora física.

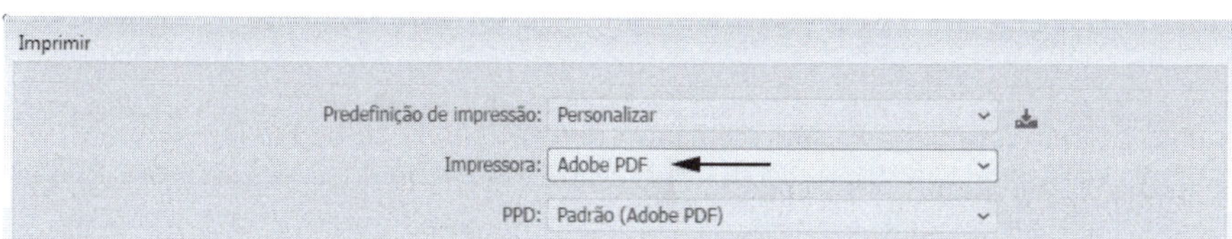

Caso você não tenha essa impressora, procure o driver de uma impressora PostScript para que possa fazer os testes.

4. Clique no item *Saída* (*Output*), no lado esquerdo do quadro, para exibir suas opções.

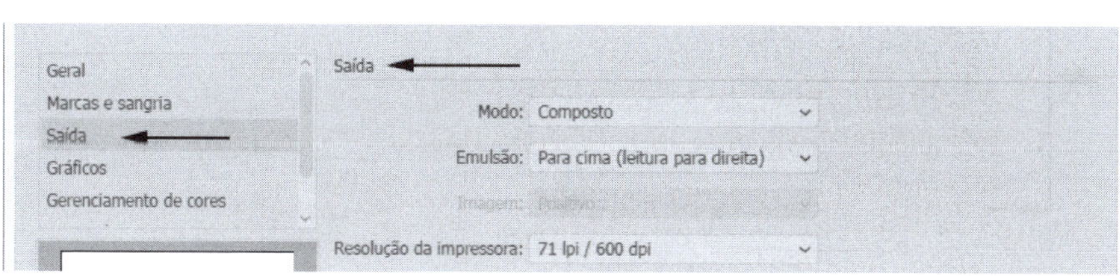

No item *Modo* (*Mode*) você define o tipo de impressão, se *Composto* (*Composite*) (todas as cores juntas) ou *Separações* (*Separations*) (impressão de cada uma das cores do projeto).

Ao utilizar a impressora *Adobe PDF* você terá duas opções: separações com base em host e separações in-RIP. A principal diferença entre elas é o local em que as separações são criadas:

- *No computador host* (o sistema que usa o Acrobat e o driver de impressora): em separações com base em host, o Acrobat cria informações PostScript para cada separação necessária ao documento e as envia ao dispositivo de saída.
- *No RIP do dispositivo de saída*: em separações in-RIP, o trabalho de separar um arquivo é realizado pelo RIP. Em geral, esse método é menos demorado que a criação de separações com base em host, mas requer um dispositivo de saída PostScript 3 com recursos de separação in-RIP. Para gerar separações in-RIP, é necessário ter um arquivo PPD com suporte para separações in-RIP e qualquer dispositivo de saída PostScript 3, ou um dispositivo PostScript nível 2 cujo RIP ofereça suporte para separações in-RIP.

5. Na caixa *Modo* (*Mode*) selecione, no caso desta atividade, a opção *Separações (baseadas em host)* [*Separations (Host-Based)*].

Observe que, ao escolher a opção, a lista de cores no quadro fica disponível. Em frente a cada uma há o ícone de uma impressora que pode ser desligada, caso você não queira imprimir uma determinada cor.

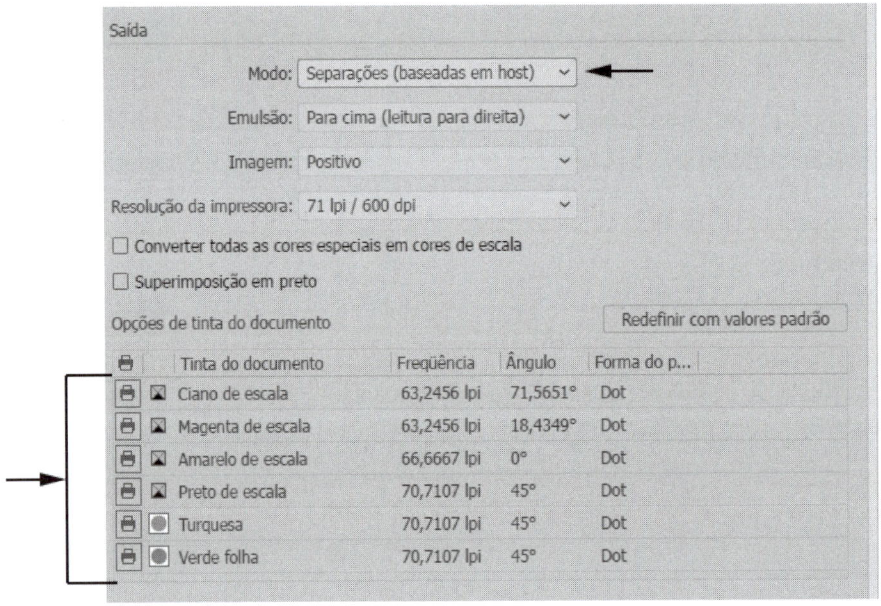

6. Clique em *Imprimir* (*Print*) e será exibida uma mensagem de processamento da impressão.
7. Em seguida, ele mostra o processamento do PDF, e ao final o Illustrator solicita um nome para o arquivo e um local.
8. Utilize o mesmo nome do arquivo e selecione sua pasta *Minhas ilustrações*.
9. Quando terminar, confira o arquivo PDF.
10. Feche o arquivo sem salvá-lo.

SALVANDO UMA ILUSTRAÇÃO PARA A WEB

O Illustrator disponibiliza um recurso para salvar qualquer ilustração para ser usada em projetos para a web. Os arquivos para a web precisam ser leves e ainda manter a qualidade.

Comando Salvar para Web (Save for Web)

Com o quadro de diálogo *Salvar para Web* (*Save for Web*), você fará a otimização de arquivos para a web, além de poder visualizá-los no browser de sua preferência.

1. Abra o arquivo *Logo-restaurante.ai*, criado no Capítulo 4.

Imagine que você precise preparar esse logotipo para ser utilizado na construção do site do restaurante.

2. No menu *Arquivo* (*File*), clique na opção *Exportar/Salvar para a Web* (*legado*) [*Export/Save for Web* (*Legacy*)] e o quadro de diálogo será aberto.

Na parte superior esquerda do quadro da imagem existem abas com as opções de visualização, como mostra a figura a seguir.

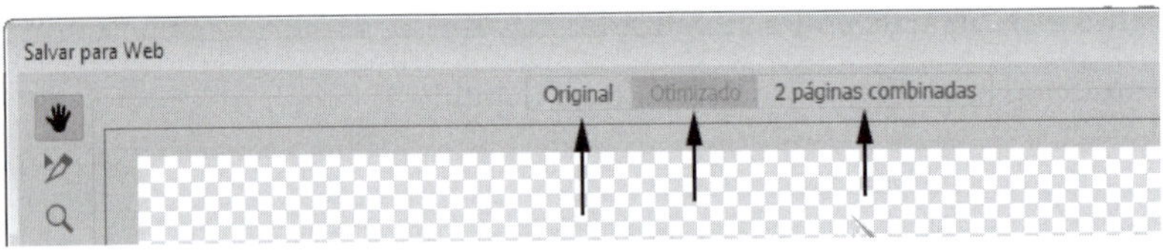

- *Original* (*Original*): exibe a ilustração original.
- *Otimizado* (*Optimized*): exibe a ilustração com a otimização-padrão.
- *2 páginas combinadas* (*2-Up*): exibe duas janelas, sendo a da esquerda com a ilustração original e a da direita com a otimização aplicada para que você possa comparar.

3. Clique na aba *2 páginas combinadas* (*2-Up*).

Do lado esquerdo estarão a imagem original e as informações do arquivo. Na base da janela, serão exibidos o nome do arquivo e o tamanho original.

4. Dê um clique na imagem do lado direito para selecioná-la. Observe os principais dados do arquivo.

- Formato do arquivo: GIF.
- Tamanho: 22,06 K.
- Pontilhamento de 100%.
- Número de cores: 247.

Os formatos de arquivo mais utilizados para a web são GIF, PNG e JPEG.

Na lateral esquerda do quadro, você terá todos os controles para fazer os ajustes da imagem na janela atual.

5. Portanto, clique na seta da caixa de formato de arquivo para ver as opções.

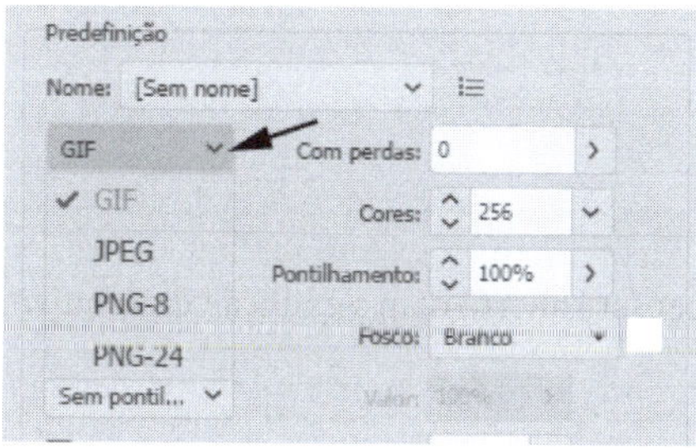

6. Mantenha a opção *GIF* para este exemplo.

7. Clique na seta ao lado da caixa *Cores* (*Colors*) e selecione a opção *4*.

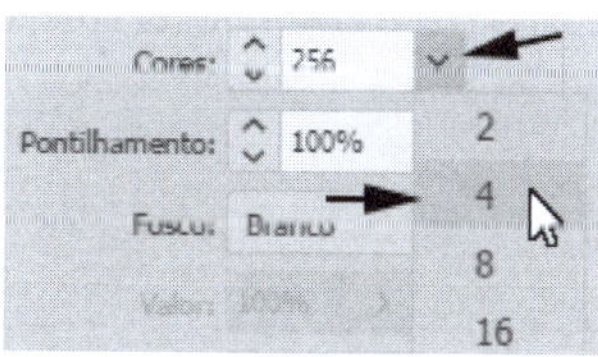

Compare o resultado dessa janela com a janela anterior. Veja que o tamanho do arquivo ficou bem menor, mas a qualidade da imagem ficou comprometida. Note, por exemplo, que o gradiente das frutas ficou pontilhado.

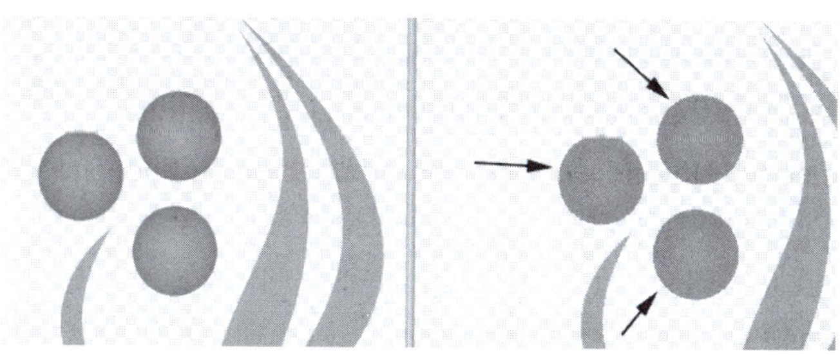

O trabalho de otimização do arquivo consiste justamente em experimentar e aplicar a melhor configuração para deixar o arquivo leve e, ao mesmo tempo, com boa qualidade visual.

Pré-visualização no browser

8. Mantenha selecionada a janela direita.

9. Você poderá visualizar o arquivo no browser a qualquer momento. Clique no botão *Visualizar no navegador padrão* (*Preview in Default Browser*) na parte inferior do quadro.

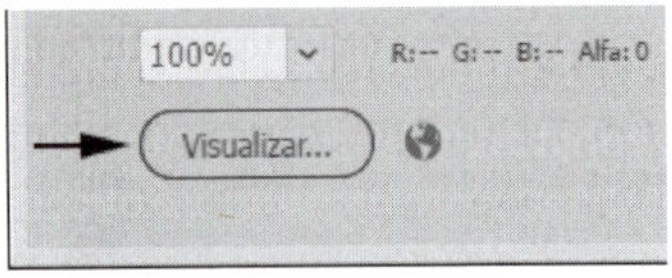

O seu browser padrão de navegação na internet será aberto com a exibição do arquivo.

10. Feche o browser e volte ao Illustrator.

Geralmente, ao utilizar arquivos na construção de sites, é necessário que as imagens sejam transparentes nas áreas fora do conteúdo. Para obter esse recurso, escolha o formato *GIF*. Com ele, você terá na área de configuração do quadro a opção *Transparência* (*Transparency*), que, por questões de padronização, já virá selecionada.

11. Clique na caixa *Transparência* (*Transparency*) para desativá-la e veja que na janela ativa será exibido o fundo branco da ilustração.

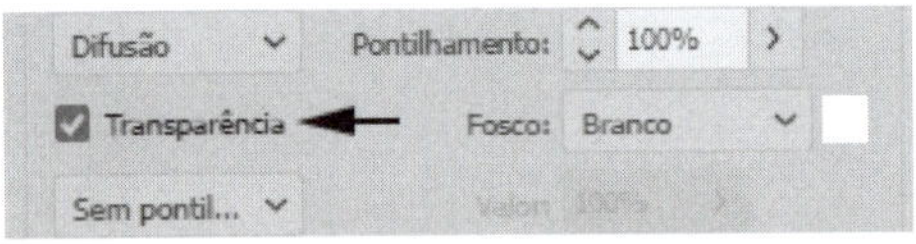

Outra importante opção é a caixa *Fosco* (*Matte*), que permite escolher uma cor de fundo para a imagem. Suponha que você precise colocar o logotipo no site e o fundo dele é verde-escuro. Na caixa *Fosco* (*Matte*), você poderá selecionar exatamente a mesma cor do site para aplicar ao fundo do arquivo.

12. Primeiro, desabilite a caixa *Transparência* (*Transparency*).

13. Em seguida, clique na seta ao lado da caixa *Fosco* (*Matte*), para exibir o menu, e selecione a opção *Outro* (*Other*).

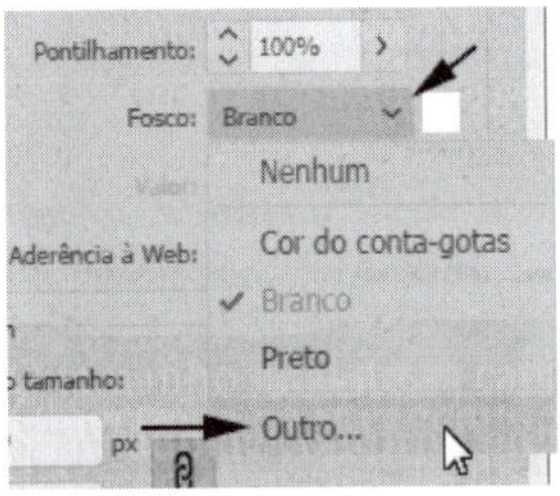

14. Será exibido o quadro de diálogo *Seletor de cores* (*Color Picker*). Selecione um tom de verde, clique no botão *OK* e observe que a cor escolhida será aplicada ao fundo da ilustração.

A imagem que será salva é a da janela que estiver selecionada. Portanto, lembre-se de clicar na janela com a opção de otimização escolhida antes de clicar no botão *OK*.

15. Para finalizar, clique no botão *Salvar* (*Save*). Será exibido o quadro de diálogo *Salvar otimizado como* (*Save Optimized As*). Basta dar um nome ao arquivo e depois clicar no botão *Salvar*.

16. Feche o arquivo do logo sem salvar.

Anotações

Sobre o autor

Marcos Serafim de Andrade é formado em administração de empresas pela Faculdade Hebraico Brasileira Renascença. É designer gráfico, web designer pela plataforma WIX e especialista nas áreas de desktop publishing, tratamento de imagens e desenvolvimento de materiais didáticos. É autor dos livros *Adobe Photoshop*, *Adobe Photoshop CC*, *Adobe InDesign*, *Adobe InDesign CC*, *Adobe InDesign CS6*, *Adobe Illustrator* e *CorelDRAW*, publicados pela Editora Senac São Paulo. Também é diretor de desenvolvimento e sócio da empresa Alamanda Digital Eireli.

Índice geral